Grundrisse
der
Rechtswissenschaft

Unter Mitarbeit von

Prof. Dr. Ernst v. Beling-München, Dr. Alexander Elster-Berlin, Prof. Dr. Friedrich Endemann-Heidelberg, Prof. Dr. Hans Fehr-Heidelberg, Prof. Dr. Heinrich Gerland-Jena, Prof. Dr. Julius v. Gierke-Halle a. d. S., Prof. Dr. Justus Wilh. Hedemann-Jena, Prof. Dr. Heinrich Lehmann-Köln a. Rh., Prof. Dr. Fritz Schulz-Göttingen, Prof. Dr. Claudius Freih. v. Schwerin-Freiburg i. B., Prof. Dr. Fritz Stier-Somlo-Köln a. Rh.

herausgegeben von den

Professoren Dr. Hans Fehr-Heidelberg, Dr. Heinrich Gerland-Jena, Dr. Justus Wilh. Hedemann-Jena, Dr. Heinrich Lehmann-Köln a. Rh.
und dem redaktionellen Leiter
Professor Dr. Fritz Stier-Somlo-Köln a. Rh.

Achter Band

Berlin und Leipzig 1921
Vereinigung wissenschaftlicher Verleger
Walter de Gruyter & Co.
vormals G. J. Göschen'sche Verlagshandlung :: J. Guttentag, Verlagsbuchhandlung :: Georg Reimer :: Karl J. Trübner :: Veit & Comp.

Gewerblicher Rechtsschutz

umfassend

Urheber- und Verlagsrecht
Patent- und Musterschutzrecht
Warenzeichenrecht und Wettbewerbsrecht

von

Dr. jur. Alexander Elster
Berlin

Berlin und Leipzig 1921
Vereinigung wissenschaftlicher Verleger
Walter de Gruyter & Co.
vormals G. J. Göschen'sche Verlagshandlung :: J. Guttentag, Verlagsbuchhandlung :: Georg Reimer :: Karl J. Trübner :: Veit & Comp.

Druck von Metzger & Wittig in Leipzig.

Vorwort.

Kommentare des Urheberrechts, des Patentrechts und der anderen zu dem Gesamtgebiet des gewerblichen Rechtsschutzes gehörenden Gesetze gibt es zur Genüge, in kleinerem und größerem Umfange, ebenso systematische Darstellungen des einen oder anderen Zweckes. Eine von einheitlichen Gesichtspunkten getragene Darstellung des Gesamtgebietes, einschließlich des Gesetzes gegen den unlauteren Wettbewerb, und zwar zum Studium des Wesentlichen, darf noch als Erfüllung eines Bedürfnisses gelten. Gerade in dieser Ausdehnung ist erst der Kreis für eine systematisch und methodisch geschlossene Darstellung vollendet, der Einblick in dieses ganze theoretisch und praktisch höchst interessante Gebiet geweitet, und das kann auch auf kurzem Raume in den wesentlichen Linien versucht werden. Namentlich Kohler, Osterrieth und Riezler haben die allgemeinen zusammenfassenden Probleme dieser Gesamtdisziplin erkannt und in wertvollen Werken im einzelnen niedergelegt. Ein kurzer Grundriß, der der vollen theoretischen Erfassung gerecht werden, die Grundgedanken noch weiter einheitlich entwickeln und zugleich für Studium und Praxis geeignet sein soll, war bisher nicht vorhanden. Da es nicht leicht ist, diese Doppelaufgabe einigermaßen zu erfüllen, so muß für den vorliegenden Versuch um Nachsicht gebeten werden.

Was dieses Buch will, ist hiernach zweierlei: es will auf Grund der gerade auf diesem Gebiet höchst anregenden wissenschaftlichen Fortschritte eine Synthese des gewerblichen Rechtsschutzes geben und zugleich in aller Kürze eine Analyse der Einzelbestimmungen. Es will also in den Geist dieser Rechtsmaterie als einer Ganzheit einführen und zugleich das wissenschaftlich und gewerblich Wichtige im einzelnen kurz und grundrißartig darstellen.

Es soll also für den Studierenden ein kurzgefaßtes Lehrbuch sein, entsprechend der Bedeutung dieses Faches als eines „Nebenfaches“, und doch unter Berücksichtigung der wesentlichen juristischen Feinheiten und kasuistischen Schwierigkeiten des Gebiets. Und ebenso soll es gerade auf Grund der Berücksichtigung dieser Schwierigkeiten der praktischen Benutzung im gewerblichen Leben dienlich sein.

Bezüglich des in diesem Buche benutzten und ausgeführten wissenschaftlichen Apparates darf erwähnt werden, daß eine erschöpfende Behandlung des Schrifttums und der Rechtsprechung nach der Aufgabe dieses Buches nicht beabsichtigt sein konnte.

Die Reformpläne auf dem Felde des gewerblichen Rechtsschutzes, die zuletzt in fruchtbarer Weise auf dem Kongreß für gewerblichen Rechtsschutz, Berlin 21.—23. Oktober 1920, erörtert wurden, sind in diesem Buche nur in geringem Maße besprochen worden, weil dieses Buch das geltende Recht zu geben bestimmt ist. Daß manches auf diesem immerhin recht hoch entwickelten Rechtsgebiet reformbedürftig ist, ergibt sich ohnedies aus der kritischen Betrachtung, die auf den folgenden Blättern keineswegs vermieden wird. Im Reichsjustizministerium sind Arbeiten zur Änderung des gewerblichen Rechtsschutzes, insbesondere des Patent- und Zeichenrechts in Vorbereitung. Und mit der sogenannten „Kulturabgabe“ wollen einige Interessentenkreise an dem Urheberrecht bestimmte einseitige Reformen vornehmen.

Ein gutes Urheber-, Erfinder- und Wettbewerbsrecht ist Grundlage und Hilfe für ein gedeihliches Arbeiten des Industrie- und Handelsfleißes, und so werden wir gerade diese Lehren immer weiter vertiefen und verbessern müssen, aber freilich darf das nicht von allzu kleinen Gesichtspunkten geschehen.

Möge das Buch ein wenig bei dieser Aufgabe helfen.

Berlin-Friedenau, im Sommer 1921.

Alexander Elster.

Inhaltsverzeichnis.

A. Grundlegender Teil.

B. Ausführender Teil.

A. Grundlegender Teil.

Der Grundgedanke des gewerblichen Rechtsschutzes. § 1.

A. Begriff und Wesen des gewerblichen Rechtsschutzes.

I. Der Begriff „Gewerblicher Rechtsschutz".

Gewerblicher Rechtsschutz als terminus technicus bezeichnet nicht jeden Rechtsschutz des Gewerbebetriebes, sondern nur den Rechtsschutz des gewerblichen Erzeugnisses als einer originalen geistig-technischen Schöpfung, die materiell ausgenutzt werden soll. Nicht Handelsgesetzbuch, Gewerbeordnung, Bürgerliches Gesetzbuch, Strafgesetzbuch, Konkursordnung enthalten den Rechtsstoff des gewerblichen Rechtsschutzes, sondern dieser ist enthalten in den Urheber- und Erfindergesetzen (Patentgesetz usw.) einschließlich des Warenzeichengesetzes und des Gesetzes gegen den unlauteren Wettbewerb. Vgl. die Gesetzestafel unten § 9. Diejenigen, die den Begriff des gewerblichen Rechtsschutzes nur auf die mehr industriell-kaufmännischen Teile dieses Gesamtgebietes — Patentrecht, Warenzeichenrecht, Wettbewerbsrecht — anwenden wollen (wie sich z. B. die bekannte Zeitschrift dieses Gebietes „Gewerblicher Rechtsschutz und Urheberrecht" nennt) und die literarisch-künstlerischen Teile (Urheber-, Kunstschutz-, Verlagsrecht) nicht von vornherein in diesen Begriff einschließen, verzichten damit freiwillig auf einen großen wissenschaftlichen Vorteil: nämlich auf die einheitliche, gegenseitige Durchdringung des geistesschöpferischen und des wettbewerblichen Gedankens — s. die §§ 2 ff. dieses Buches — in allen ihren Verzweigungen und begnügen sich mit einem — wenn auch an sich wertvollen — Stückwerk.

Osterrieth[1] hat durchaus erkannt, daß der gewerbliche Schutz erst aus der Tatsache eines schöpferischen Gedankens

[1] Lehrbuch des gewerblichen Rechtsschutzes. Leipzig 1908.

hervorgeht. Er sagt ausdrücklich, daß „der Schutz der Erfindungen, der Gebrauchsmuster und der Geschmacksmuster auf dem Gedanken des Schutzes der geistigen Arbeit im Gewerbe beruht, und daß dabei als weiterer Gesichtspunkt der Wettbewerbsgedanke in Betracht kommt. Hier ist die richtige Bahn gewiesen, und es bedarf nur zur volleren wissenschaftlichen Erfassung des ganzen Gebietes, daß dieser Gedanke weiter verfolgt und das literarische und künstlerische Urheberrecht grundsätzlich und bewußt mit eingeschlossen wird. Der Geschmacksmusterschutz liegt ja bereits auf der Grenze dieses durch Übergänge so eng verbundenen Gesamtgebietes. Und diese bewußte ausdehnende und zusammenfassende Behandlung ist keine methodische Spielerei, sondern, wie wir noch sehen werden, eine Notwendigkeit für die Erfassung der kompliziertesten Probleme des Gebietes.

Ob der schöpferische Gedanke mehr industriell-technisch oder rein geistig ist und so verwertet wird, kann einen methodisch erheblichen Unterschied nicht bedeuten. Denn auch die Wahl eines passenden Warenzeichens ist ein künstlerisch-schöpferischer Akt und die einem Patent zugrunde liegende Leistung ist durchaus wissenschaftlicher Natur. Erst in der speziellen Formgebung des Gedankens scheiden sich die Wege, die sich dann in der Art der Verwertung wiederum sehr beträchtlich nähern Dazu kommt, daß es gerade das subjektive Schaffen ist, auf das alles gewerbliche Schutzrecht letzten Endes zurückgeht. Bis in die Bekämpfung des unlauteren Wettbewerbs hinein zieht es sich wie ein roter Faden durch dieses ganze Rechtsgebiet, daß das im wirtschaftlichen Wettbewerb schutzfähige objektive Recht abhängt von der subjektiven aus eigenem Schaffen hervorgehenden Berechtigung, und daß das Moment der Unlauterkeit überall da eintritt, wo sich der in die Öffentlichkeit tretende Anspruch keine genügende Unterlage im Eigenschaffen (und wäre dies auch nur ein reelles geschäftliches Gebaren) hat und ein Wettbewerber sich die Früchte fremden Schaffens irgendwie zunutze macht.

Das ist das Besondere und das juristisch Bedeutsame an diesem Rechtsgebiet, daß seine letzten und schwierigsten Entscheidungen so auf dem Rechtsgedanken der Wahrhaftigkeit, die ein subjektiv-schöpferisches Problem ist, beruhen und ohne den Wahrheitsgedanken nicht befriedigend gelöst werden können.

Der Begriff des gewerblichen Rechtsschutzes ist mithin so zu fassen: „Gewerblicher Rechtsschutz" heißt derjenige Rechtsschutz im wirtschaftlichen Leben, der einer materiell ausnutzbaren, subjektiven, in bestimmte, zumeist gesetzlich umschriebene Erscheinungsform gebrachten Idee zukommt.

Mithin sind es drei Voraussetzungen, die vorhanden sein müssen, wenn der Rechtsbegriff des gewerblichen Rechtsschutzes vorliegen soll:

1. Es muß sich um eine geistige Schöpfung handeln.
2. Diese muß in verkehrsfähige Form gebracht sein.
3. Sie muß sich zum gewerblichen Wettbewerb eignen.

Diese drei Voraussetzungen müssen vorhanden sein, sie genügen aber auch; für den Rechtsbegriff des gewerblichen Rechtsschutzes bedarf es keiner weiteren. Damit ist natürlich nicht gesagt, daß nicht kraft positiver gesetzlicher Vorschrift für die (teilweise oder volle) Wirksamkeit des gewerblichen Rechtsschutzes noch andere Bedingungen gesetzt sind — wie die Anmeldung und Erteilung des Patents, die Eintragung des Warenzeichens, die Eintragung des wahren Verfassernamens in die Eintragsrolle — oder daß Ausnahmen von der grundsätzlichen Wirksamkeit des gewerblichen Rechtsschutzes vorgesehen sind — wie die Freilassung von öffentlichen Reden, die legale Gestattung des Abdruckes zu Kirchen- und Schulzwecken u. dgl. Diese Ausnahmen oder jene formalen Kautelen ändern nichts daran, daß der Rechtsbegriff des gewerblichen Rechtsschutzes auch bei den öffentlichen Reden oder bei dem noch nicht angemeldeten Patent gegeben ist.

Mit diesen begrifflichen Merkmalen und Voraussetzungen muß auch an die interessante Frage des Geheimnisschutzes herangegangen werden.[1] Das Geheimnis an sich ist die Vorstufe vor der Anwendung des gewerblichen Rechtsschutzes. Daher ist Geheimnisbenutzung oder gar Geheimnisverrat — sofern dies nicht durch gesetzliche Sonderbestimmungen wie beim Post-, Arzt-, Anwaltsgeheimnis oder durch allgemeine Rechtssätze wie das Verbot der Sittenwidrigkeit, des Betruges und der Vertragsverletzung[2] faßbar ist — an sich noch keine rechtlich angreifbare Rechtsverletzung. Dieser Tatbestand tritt erst ein, wenn die Benutzung des Geheimnisses als einer geistigen Schöpfung (Voraussetzung 1) in verkehrsfähige Form gebracht (Voraussetzung 2) zum gewerblichen Wettbewerb geeignet gemacht wird (Voraussetzung 3). Das kann ebensowohl bei literarischen Schöpfungen (Plagiat an unveröffentlichten Werken,

---

[1] Über diese Sonderfrage sehr eingehend und tiefgreifend J. Seligsohn, Geheimnis und Erfindungsbesitz. Berlin und Leipzig 1921.

[2] UWG. §§ 1, 17—20, BGB. §§ 823, 826.

nicht autorisierte Verwertung von literarischem Vorbehaltsgut wie z. B. bei Predigten) wie bei Erfindungen oder Warenmarken vorkommen. Denn ebenso wie jemand sich für seinen Privatgebrauch ein geschütztes Geisteserzeugnis abschreiben darf, darf er ein ihm anvertrautes Erfindungsgeheimnis für sich allein, wenn jede Wettbewerbshandlung ausgeschlossen wird, verwerten. „Geheimnis“ im Rechtssinne lag im einen wie im anderen Falle, also auch bei noch nicht für die Öffentlichkeit bestimmten Schriftwerken, vor, und diese Erkenntnis ist sicherlich geeignet, die Lehre vom Geheimnisschutz zu festigen. Die Gegenwirkung des gewerblichen Schutzrechtes tritt erst mit dem irgendwie gewerblichen, d. h. wettbewerblichen Moment ein, eine wirtschaftsrechtliche Tatsache, die nahezu die Kraft hat, den Rechtsbegriff des Geheimnisses, sicherlich aber den des Geheimnisverrats zu bestimmen.

II. **Das Wesen des gewerblichen Rechtsschutzes** liegt in dem Schutz der gewerblichen Ausnutzung einer in Verkehrsform gebrachten Idee.

a) Diese Idee muß in eine Form gegossen sein, die verkehrsfähig ist, ein Verkehrsgut hervorgebracht hat. Die Idee als solche ist frei. Jeder kann sie nachsprechen, nachschreiben, sich patentieren lassen; aber die geschriebene ist vor Nachschreiben, die gebaute vor Nachbauen, die patentierte vor konkurrierender Verwertung geschützt.

b) Erst an dieser Form kann ein Urheberrecht, ein Verlagsrecht, ein Patentrecht, ein Marken- und Modellrecht entstehen. Denn es muß eine sichtbare Arbeit vorliegen, ohne die ein Patent unmöglich, eine Warenkennzeichnung ausgeschlossen, ein Buch ungeschrieben sein würde, aber auch erst die sichtbare Form einer Wettbewerbshandlung wird zum Gegenstand des gewerblichen Rechtsschutzes.

B. Entstehung des gewerblichen Rechtsschutzes.

I. **Zwei Hauptarten der Entstehung.**

a) **automatisch** (**originär**) im Augenblick der Formgebung (literarisches und künstlerisches Urheberrecht, unlauterer Wettbewerb);

b) **durch** (**öffentlichen oder privaten**) **Rechtsakt,** nämlich Eintragung, Anmeldung, Patenterteilung, Vertragsschluß (Musterrecht, Patentrecht, Warenzeichenrecht, Verlagsrecht, Lizenzen).

II. **Die Entstehung durch einen Rechtsakt insbesondere** (oben I, b).

a) Hier folgt dem geistigen Akt der Konzeption noch ein besonderer Rechtsakt der Geburt des praktischen Rechtes, der kraft positiver Gesetzesvorschrift zum wirksamen Entstehen des Rechtes notwendig gehört. Dieser zweite Akt ist wiederum verschieden:

1. originär durch Parteiwillen (Verlagsrecht, Lizenzen);
2. deklaratorisch (Muster- und Modellschutz);
3. konstitutiv (Patenterteilung und Warenzeichenschutz).

b) Im einzelnen ist dazu zu sagen:

Zu 1. Das Verlagsrecht entsteht originär a) mit der Übergabe des Werkes und b) mit seiner Veröffentlichung, also in zwei Phasen, die jedoch lediglich durch Tatsachen, Verträge, konkludente Handlungen bestimmt werden.

Zu 2. Das Muster- und Modellrecht entsteht durch die nachgesuchte deklaratorische Eintragung, die ohne amtliche Prüfung geschieht und deshalb neben ihrer formalen Geltung noch eine materielle, ungeprüfte Richtigkeit und Rechtsfähigkeit voraussetzt. Die Eintragung also, die das Recht gibt, gibt dieses Recht nicht vollkommen, sondern sie deklariert, daß etwas entstanden sei, ohne sein Entstehen wirklich festzusetzen.

Zu 3. Im Patentrecht hingegen entsteht das Recht konstitutiv. Hier tritt eine weitere Stufe amtlicher Rechtssetzung auf. Da eine Patenterteilung nicht ohne vorherige sachliche Prüfung geschieht, wird gerichtsähnlich Recht gesetzt. Der Patentschutz entsteht vollkommen erst mit der Erteilung des Patents.

Ähnlich ist es mit dem Rechtsschutz für Warenzeichen. Dies steht auf der Grenze zum allgemeinen Wettbewerbsrecht (s. § 2).

Vgl. für das Nähere den § 8 über die Mittel des gewerblichen Rechtsschutzes.

C. Begrenzung des gewerblichen Rechtsschutzes.

Die Grenze des für den Einzelnen bestellten gewerblichen Schutzrechts aller Art liegt dort, wo das Eigeninteresse mit dem Gesamtinteresse zusammenstößt. Die Begrenzung der Dauer der Urheber- und Patentrechte ergibt sich aus dieser Abwägung zwischen Allein- und Gemeininteresse; der Begriff der Neuheit des Patents ergibt sich aus dem Problem des Monopolschutzes gegenüber den Forderungen der Allgemeinheit, die Unrechtmäßigkeit des Nachdruckes gegenüber berechtigten Zitaten, freier Benutzung, gesetzlichen Abdruckserlaubnissen ergibt sich wiederum aus dem Kompromiß zwischen Eigenrecht und Gemeininteresse. Überall tritt der gleiche Grundgedanke hervor: das Recht sucht die Grenze festzusetzen, wo es erlaubt oder unerlaubt ist, das vorhandene Kulturgut zu benutzen, ohne dem materiellen

Interesse des Schöpfers des Kulturguts zu enge Schranken zu ziehen. Es handelt sich dabei um eine Grenze nach beiden Seiten (wie bei jeder Grenze), also eine Grenze für und gegen das Eigeninteresse des Schöpfers des Geisteswerkes, zugleich eine Grenze für und gegen das Allgemeininteresse. Auf der gerechten Abwägung dieser Interessen beruhen wesentliche Grundsätze der gewerblichen Schutzgesetze, und bei Verkennung dieser Grundsätze können schwierige Rechtsfälle dieses Gebietes gar nicht gelöst werden. Denn auch diese Abwägung des Eigen- und Allgemeininteresses ist hier ein Teil des Wahrheits- und Lauterkeitsgrundsatzes — weil in dem Widerstreit der Wettbewerbsinteressen letzten Endes alles darauf beruht, ob die persönliche Geistesschöpfung wirklich ein Ausfluß individueller Schöpferkraft oder nur eine Nutzung allgemeiner, aus der Arbeit anderer sich mühelos ergebender Folgerungen ist. Weil diese Grenzen flüssig sind, hat man die Individual- und Persönlichkeitsrechte bei aller ihrer Pflege doch begrenzen müssen. Das Recht gestattet also die Benutzung des für die Allgemeinheit von Einzelnen Geschaffenen so weit, wie der Gewinn der Allgemeinheit größer erscheint als die Schädigung des Schaffenden, und gestattet es nicht, wenn das Wertverhältnis ein umgekehrtes ist. (Näheres darüber siehe bei Elster in Gew. Rsch. u. Urh. R. 1921 S. 41.) Daß dies im Einzelfall nicht immer scharf zu umgrenzen ist, ändert an dem Grundsatz nichts; der Grundsatz dient trotzdem sehr häufig zur Klärung der Entscheidung eines schwierigen Einzelfalles und darf nicht außer acht gelassen werden.

§ 2. Gewerblicher Rechtsschutz und Wettbewerb.

A. Zweck des gewerblichen Rechtsschutzes.

Der gewerbliche Rechtsschutz hat keinen Selbstzweck; der wäre sinnlos. Sinn erhält er erst durch den Gegenpol, den Wettbewerb. Der Satz, daß Gedanken zollfrei sind, und der Satz, daß geistige Erfindungen Gemeingut sein sollen, damit die Entwicklung der Menschheit auf den Schultern der Vergangenheit weiter bauen kann, muß eine Grenze dort haben, wo Ausbeutung zu fürchten ist.

Die Gefahr, daß bedeutsame Leistungen beliebig von anderen ausgebeutet werden können, würde die geistig schöpferische Arbeit mangels Entgeltlockung lähmen. Schutz von geistig-gewerblichen Schöpfungen ist also Schutz im Wettbewerb.

Damit ist nicht gesagt, daß zahlreiche Schaffende lediglich um der Sache selbst willen, um „Gotteslohn" zu schaffen wünschen. Aber die moderne wirtschaftliche Entwicklung hat diese — altrömische — Anschauung immer mehr eingeschränkt, weil sie mit dem heutigen Sozial- und Wirtschaftsleben und seinem Entlohnungsprinzip jeder, auch der geistigen, Leistung seit dem Wegfall des Mäzenatentums nicht vereinbar ist (vgl. unten §§ 3 und 4).

B. Wettbewerbsschutz.

So scheidet sich das Wettbewerbsrecht in drei Stufen:

I. **Der lautere Wettbewerb.**

Wettbewerb ist notwendig für allen Fortschritt; ist Ansporn und erlaubtes Mittel alles Handels, Gewerbefleißes, geistigen Schaffens. Die Erlaubtheit des Wettbewerbes ist ein Rechtsgrundsatz und muß es sein. Das ist der lautere Wettbewerb. Einschränkungen, die notwendig sind, müssen also eng nach Gesetz und Verkehrssitte ausgelegt werden. Nur was in Gesetzen an Einschränkungen festgelegt ist, ist als Einschränkung gültig. Das sind aber teilweise spezielle Beschränkungen und Verbote, teilweise allgemeine Grundsätze, deren allgemeinster die bona fides, die ja der wesentliche in den Gesetzen verwirklichte Rechtssatz ist.

II. **Speziell verbotener Wettbewerb**

ist kraft Gesetzes durch Patenterteilung, Musterschutzeintragung, Urheber- und Verlagsrecht festgesetzt. Denn dem speziellen Recht steht hier spezielles Unrecht naturnotwendig gegenüber.

Wenn ein Patent für ein Erzeugnis erteilt ist, so ist die Benutzung des gleichen und ähnlichen Gedankens oder Verfahrens in gleichem oder ähnlichem Gewande eben dadurch verboten. Wenn ein Modell eingetragen ist, so ist die Benutzung des gleichen Modells unter geringen Abwandlungen unlauterer Wettbewerb. Wenn ein Lehrbuch über einen Gegenstand geschrieben ist, so ist die Benutzung seines Wortlautes zu einem Konkurrenzwerk, wenn auch nur teilweise Benutzung vorliegt, unlauterer Wettbewerb.

Das alles gilt nicht, wenn das andere Erzeugnis oder Werk, in welchem die nachahmende Benutzung geschieht, so ganz anderer Art ist, daß der Wettbewerbsgedanke fortfällt. Dies ist eine moderne Errungenschaft der richtigen Erkenntnis des gewerblichen Rechtsschutzes. Also wenn eine für Zigarren eingetragene Marke als Romankapitelüberschrift wiederkehrt oder der Titel eines Buches zur Bezeichnung eines Schiffes benutzt wird oder wenn der Gedanke, der in einem Patent verwirklicht wird, einer neuen mathematischen Theorie zugrunde liegt und wissenschaftlich erörtert wird, so fällt das alles aus der Verfolgung nach gewerblichem Schutzrecht heraus, nicht weil das gewerbliche Schutzrecht damit verneint würde, sondern weil es an dem wettbewerbsfähigen Korrelat fehlt.

III. **Allgemein unlauterer Wettbewerb.**

a) Dem speziellen Wettbewerbsverbotsrecht steht das allgemeine Verbot unlauteren Wettbewerbs gegenüber, und ergänzt ganz selbständig, erhöhend und hinausragend, jene speziellen Verbotsrechte. Dies geschieht in dem Gesetz gegen den unlauteren Wettbewerb, während die Sätze zu II in den entsprechenden Spezialgesetzen stehen, der Satz zu I dagegen nirgends als in der allgemeinen juristischen Theorie oder in den bürgerlichen und Handelsgesetzen zwischen den Zeilen steht.

Das Gesetz gegen den unlauteren Wettbewerb ist eine Ausweitung und Paraphrase des Grundsatzes der bona fides im Verkehr, die im BGB. ausgedrückt wird mit den Worten „Treu und Glauben mit Rücksicht auf die Verkehrssitte" (§§ 157, 242).

b) Der allgemeine Wettbewerbsschutz gegen Unlauterkeit gründet sich nicht auf ein so spezielles Geisteserzeugnis wie beim Urheberrecht, beim Verlagsrecht, beim Muster- und Modellrecht, beim Patentrecht, sondern nur auf Bezeichnungen, Anpreisungen, Geschäftsmaßnahmen, die aber auch gerade wegen ihrer geistigen Selbständigkeit (Benennungen, Formgebung der Geschäftspraktiken) den besonderen Schutz genießen. Daher berührt sich der Markenschutz (Schutz der Warenbezeichnungen) aufs engste hiermit, wenn er auch im übrigen patentähnlich aufgezogen ist. Hier ist von irgendeinem ‚geistigen Eigentum' unmittelbar nicht die Rede. Wohl aber dient Markenschutz und allgemeiner Wettbewerbsschutz dazu, das geistige Erzeugnis, die geistige Arbeit, die in allen besseren wirtschaftlichen und kaufmännischen Maßnahmen, Methoden und Bezeichnungen liegt, mittelbar mitzuschützen. So namentlich beim Namen-, Titel- und Ausstattungsschutz. Ein Ergänzungsschutz also für das, was nicht unmittelbar als geistiges Eigentum geschützt werden kann.

Über das Wesen dieser Unterscheidung s. Näheres im folgenden § 3. Über die Verknüpfung von Urheberrechtsschutz und Wettbewerbsrechtsschutz s. unten § 7.

C. Rechtsschutz der Wahrheit.

Der letzte Grund des Kampfes der Rechtsordnung gegen Unlauterkeit im gewerblichen Rechtsschutz ruht auf dem Wahrheitsgedanken. Im speziellen Wettbewerbsrecht ist dies zu hoher methodischer Vollendung ausgebildet (s. unten § 58 A II). Aber dies geht auf einen grundlegenden Zug im Urheber- und Wettbewerbsrecht zurück. Wahrheit ist dabei das eigene Schaffen; Unwahrheit vor allem die Benutzung fremden Schaffens, als wäre es eigenes. Darin berührt sich ganz eng das Plagiat mit der Patentverletzung, der Nachdruck mit der falschen Kennzeichnung einer Ware.

In diesem Rechtsschutz der Wahrhaftigkeit liegt aber nicht allein, daß das geschaffene Werk nicht nachgeahmt und im Wettbewerb gestohlen werden darf, es liegt darin auch die Freiheit des Schaffenden und des Berechtigten, ob er sein Werk in die Öffentlichkeit geben will oder nicht. Zur wahren Gestalt seines Werkes gehört, daß er es selbst als Werk in der Öffentlichkeit sehen will. Andernfalls ist es ein Schemen, eine Maske und gehört zu dem Geschlecht der Lemuren. Deshalb ist die Erfindung auch vor der Patentanmeldung urheberrechtartig geschützt, deshalb ist der Abdruck unveröffentlichter Werke verboten, deshalb hat das Wettbewerbsgesetz den Geheimnisschutz ausgebildet.

Dieses Recht des Schaffenden, seine Werke oder Äußerungen zurückzuhalten, ist das Korrelat zu seinem Recht, sie herauszugeben. Aber ebenso wie das Herausgaberecht seine Grenze an öffentlichen Interessen hat (Verbot unsittlicher Druckwerke), so hat das Zurückhaltungsrecht auch eine Grenze an dem öffentlichen Interesse der Wahrheit, der Belehrung, des Kulturfortschritts und es kann da zum Streit kommen, welches Recht das größere ist und den Sieg davontragen muß.

Verbietet z. B. ein Fabrikant die Nennung seiner Firma oder seiner Waren in einem Verzeichnis oder ein Gelehrter die Zitierung seiner Arbeiten in einer anderen Arbeit, so wird diese Abwägung des Gemeininteresses gegen das Sonderinteresse (wie auch sonst im gewerblichen Schutzrecht, s. oben § 1) praktisch.

Es läuft dies darauf hinaus, ob der Herausgeber eines verkehrsdienlichen Verzeichnisses ein gewisses schutzfähiges Publikationsrecht für Wahres und Tatsächliches besitze. Ein solches Recht ist zu bejahen. Daß mit einer Veröffentlichung Wirkungen erzielt werden können, die dem Angekündigten nicht ganz erwünscht sind, liegt im Wesen der Publikation überhaupt begründet. Eine gewisse „Gefahr" teilt diese Nennung mit jeder Nennung in der Öffentlichkeit. Es kann hier keinen anderen Gradmesser als die Wahrheit geben.

Sind im allgemeinen die Namen- und Warenzeichenrechte nützliche Helfer für das spezielle Handelsinteresse eines Gewerbetreibenden gegen mißbräuchliche Benutzung und unlauteren Wettbewerb, so versagen sie völlig und müssen versagen gegenüber einem Publikationsinteresse, das eben auch ein schutzwürdiges Recht ist, sofern es die Werke, Namen und Zeichen nicht mißbräuchlich in dem gesetzlich verbotenen, strikt auszulegenden Sinne verwendet und auch sonst nicht gegen Regeln des Wettbewerbsgesetzes verstößt. Hier sind nicht nur die Rechtsgrundsätze des Gesetzes gegen den unlauteren Wettbewerb (§§ 1, 14) für das Problem des schutzwürdigen Publikationsinteresses von Wichtigkeit, sondern ebenso die Rechtsgrundsätze und Usancen im Urheberrecht, wonach also wahrheitsgemäße, nicht schikanöse, im Allgemeininteresse gelegene Nennung fremder Leistungen oder Nichtleistungen erlaubt ist.

3. Der geistige Gedanke des gewerblichen Rechtsschutzes.

A. Geistiger Gedanke und Wettbewerb.

I. Im § 2 wurde gezeigt, daß das gewerbliche Schutzrecht aller Art — einschließlich also des literarischen und künstlerischen Urheberrechts — in seiner letzten Bedeutung Wettbewerbsschutz ist. Dieser Wettbewerbsschutz hat seine höchste Spitze, seine Aufgabe im Geistigen. Dieses Geistige wird nur schwach bemerkbar, aber immerhin bemerkbar, im Zeichenrecht (Markenschutz) und in den einzelnen Partien des Schutzes gegen den unlauteren Wettbewerb, wesentlich mehr schon auf dem technisch-geistigen Gebiet des Erfinderrechts (Patent- und Musterschutz), ganz offensichtlich aber im Autorrecht (literarisches und künstlerisches Urheber- und Verlagsrecht).

II. Wird das geistige Moment nicht als ausschlaggebend betrachtet, so

a) würde jede wissenschaftliche Erfassung der gewerblichen Schutzrechte zerflattern. Denn: es würde keinen erlaubten Wettbewerb überhaupt mehr geben können, wenn der Schutz allen gewerblichen und ungeistigen Wettbewerb mit umfaßte; und

b) es würde die wissenschaftliche Erfassung zurückgestoßen auf eine rückständige Entwicklungsstufe. Denn: der Fortschritt der Kultur wäre allerdings gehemmt, jeglicher Abdruck oder dgl. verboten und die römisch-rechtliche Hilflosigkeit in diesen Dingen verewigt.

Das ist ja der Fortschritt, der durch die moderne Erfassung eines „Immaterialgüterrechts", eines „geistigen Eigentums" — oder wie man das Gebiet nennen will (s. im folgenden unter B) — erreicht ist, daß hier das in eine Verkehrsform gebrachte Geistesgut als solches in den wirtschaftlichen Wettbewerb eintritt, mag nun die rein ideale, geistige Förderung der Menschheit, die dadurch erzielt wird, größer oder geringer, wertvoller oder minder wertvoll sein. Selbst in der Ankündigung eines Ausverkaufs, in den eigentlichen öffentlichen Wettbewerbshandlungen wie Warenbenennung, Prospektabfassung, Kreditschädigung, Geheimnisentwendung liegt dieser Angriff auf geistige Leistung mit teilweise geistigen (Wort-) Waffen — während es niemandem verwehrt ist, ohne Ankündigung eine Art „Ausverkauf" zu machen oder rein kaufmännischen Wettbewerb zu treiben. Selbst bei der Preisschleuderei in Markenartikeln, um den äußersten Grenzfall dieses Gebietes zu streifen, wirkt hier der letzte Geistesinhalt der Warenmarke ein, der diese Verfehlung noch dem Gebiet des gewerblichen Rechtsschutzes einreiht.

B. Theorie des geistig-gewerblichen Rechtsschutzes.

I. Es ist, wie aus dem zu A Gesagten hervorgeht, notwendig, eine brauchbare Theorie des geistig-gewerblichen Rechtsschutzes festzulegen.

Dieser Theorie kann es nur förderlich sein, wenn sie sich nicht auf das literarisch-künstlerische Urheberrecht allein stützt, sondern den ganzen Komplex der geistig-gewerblichen Schutzrechte ausschreitet und in die gemeinsame Theorie einbezieht.

Das ist auch das Bedeutsame an Kohlers Theorie, der man sich um so mehr anschließt, je mehr man hier das Ganze überblickt, und trotz der Kritik, die sie gefunden hat, — neuerdings erst wieder in de Boor, Urheber- und Verlagsrecht. (Stuttgart 1917.)

Zum Urheberrecht im weiteren Sinne gehört auch das Erfinderrecht. Zum Urheberrecht gehört auch das Zeichenrecht. Denn wäre im Patent, im Musterschutz, im Zeichenrecht kein urheberrechtliches Moment, so hätte es jede Berechtigung verloren. Und dieses urheberrechtliche Element ist auch im Verlagsrecht vorhanden, auch wenn man — richtigerweise — das Verlagsrecht nicht als übertragenes Urheberrecht bezeichnet, und das urheberrechtliche Moment ist, wie unter A am Ende gezeigt, auch noch in dem Kampf um den lauteren und unlauteren Wettbewerb im allgemeinen mit wirksam.

II. Es gibt bisher **drei Theorien:**

1. Die Theorie des „Individual- oder Persönlichkeitsrechts" (Gierke).
2. Die Theorie des „geistigen Eigentums" (Dernburg u. a.).

3. Die Theorie des „Immaterialgüterrechts (**Kohler**, Osterrieth u. a.).

Zu 1: **„Individual- oder Persönlichkeitsrecht"**, ist zu sagen, daß diese Benennung nicht ausreichend ist. Sie sieht nur die eine Seite der Sache, die persönliche, und übersieht die materielle, die gewerbliche, namentlich auch die wettbewerbliche Betonung. Diese Bezeichnung ist denn auch verlassen worden.

Zu 2: **„Geistiges Eigentum"**, ist zu sagen, daß sie nicht falsch ist und als die gangbarste und bequemste Bezeichnung gelten darf, aber an dieser Gangbarkeit und Oberflächlichkeit auch leidet. Der Eigentumsbegriff paßt auf das Autorrecht nicht, geschweige denn auf das Erfinderrecht und das Zeichenrecht. Denn Nutzungsrechte sind kein Eigentum, außer an eigener Sache — aber die Sache, an der genutzt wird, existiert weder beim Urheberrecht noch beim Erfinderrecht als greifbarer einzelner Gegenstand, sondern als die gemeinsame Idee sehr zahlreicher Vervielfältigungen. Im Ausstattungsschutz z. B. ist sie nur eine kombinatorische Idee ebenso wie an einem patentierten Werkzeug oder der inhaltlich rubrizierenden Einrichtung einer Zeitschrift.

Dernburg gibt (Bürg. Recht, Bd. 6, S. 37) selbst zu, daß im römischrechtlichen Sinne des Eigentumsbegriffs „die Schutzrechte zugunsten geistiger Produktionen allerdings kein Eigentumsrecht" bilden. Aber innerhalb der Grenzen des Sachenrechts liege dieser Schutz, und man könne Befugnisse bezüglich nutzbarer Gerechtigkeiten in entsprechender Weise Eigentum nennen. Aber er nennt Kohlers Immaterialgüterrechtstheorie „auch nicht unrichtig" (S. 39 a. a. O.). Diese wird aber dem eigenartigen Wesen der geistig-gewerblichen Schutzrechte besser gerecht und verdient deshalb den Vorzug.

Zu 3. Kohler versteht unter dem Begriff des **Immaterialgüterrechts** das Recht an einem außerhalb des Menschen stehenden, aber nicht körperlichen, nicht faß- und greifbaren Rechtsgute (Urh. R. S. 1) Auf dem Begriffsmoment des „außerhalb des Menschen stehenden" Rechtsgutes liegt hier der Ton — denn dadurch unterscheiden sich diese Immaterialrechtsgüter von einem Immaterialrechtsgut wie es z. B. die Ehre ist. Es sollen „Güter" sein, Dinge, die der Güterwelt angehören, die sich als Schöpfung vom Schöpfer gelöst haben, so daß dieser richtige Kohlersche Gedanke treffend die Persönlichkeits- oder Individualrechtstheorie zurückweist. Aber auch dieser Gedanke trifft nicht den ganzen Komplex der Begriffsmerkmale des gewerblichen Rechtsschutzes. Denn viele geistige Schöpfungen des Menschen leben außerhalb des sie schaffenden Menschen und sind Immaterialrechtsgüter, ohne daß sie den spezifischen Komplex des urheber- oder wettbewerbrechtlich geschützten Rechts angehören. Vor allen Dingen die Taten oder Worte eines Menschen, die berühmt werden, seine Briefe, seine an der Materie aufgewendete Arbeit, die Verbesserung von vorhandenem Gut, seine Fernwirkungen u. dgl. m. — alles ungreifbare, außerhalb des schöpferischen Menschen stehende Güter (Gut im weiteren Sinne).[1] Auch als Rechtsgüter dürfen sie bezeichnet werden; denn die z. B. in eine Reparatur gesteckte Arbeit ist ein Rechtsgut, das entlohnt wird, und ist doch nicht greifbar (denn nur das Objekt, an dem gearbeitet worden ist, ist das Greifbare, evenso wie das Papier, auf dem das Geisteswerk geschrieben wird).

Damit Rechtsgüter entstehen, die dem spezifischen Schutz des „gewerblichen Schutzrechts" unterstehen, muß noch ein weiteres hinzukommen: der Wettbewerbsgedanke auf geistigem Gebiet, der mit dem Immaterialrechtsgut verbunden wird. Dadurch wird eine Modifikation der Immaterialgüterrechtstheorie nötig, so daß hier anzureihen ist:

4. Die Theorie des **Immaterialgüter-Wettbewerbsrechts.**

Erst durch das Hinzutreten des Wettbewerbscharakters werden geistige Schöpfungen (Briefe, Worte, Taten, Reden) zu Objekten dieses besonders gearteten, nach einheitlichen Grundsätzen aufgebauten Rechtsschutzes. Und umgekehrt: aller Wettbewerb gehört nur so weit diesem spezifischen Rechtsgebiet an, als er auf der Verwertung geistiger (oder im weitesten Sinne „literarischer") Schöpfungen beruht — bis hin zum Titel, zur Anpreisung, zum Geheimnisbesitz, der auch dann erst Gegenstand des gewerbl. Rechtsschutzes wird, wenn er auf schriftlichem oder, z. B. wie bei Homers Gesängen, auf mündlichem Wege literarisiert wird (s. oben § 1). Daß der Gedanke des Persönlichkeitsrechts dabei natürlich nicht ausgeschaltet werden darf und immer mitwirksam bleibt, ergibt sich hieraus von selbst. Denn die Immaterialgüter bleiben dank ihrer Entstehung immer ein Teil der sie schaffenden Persönlichkeit und sind von dieser Persönlichkeit nicht ohne Schädigung zu trennen; dies muß in um so höherem Maße der Fall sein, je mehr die geistigen Werte dabei die technischen überwiegen. Es ist nur ein gradueller Unterschied, der aber Beachtung verdient, so namentlich bei den persönlichkeitsrechtlichen Bestandteilen des Namens- und Urheberrechts (vgl. unten § 10).

---

[1] Vgl. a. unten § 6.

Diese Verknüpfung des geistig-gewerblichen Gedankens mit dem wettbewerblichen wird in den folgenden Paragraphen noch näher dargelegt.

Die Betonung des modernen geistig-gewerblichen Verkehrs ist wichtig, weil aus ihm diese Wettbewerbsschutzrechte erst voll verständlich werden. Sie sind eben ein Erzeugnis des modernen, auf sozialgeistigen Bahnen gehenden Wirtschaftsverkehrs, und als solches müssen sie gewertet werden. Ihre eigenen Rechtssätze werden erst dann ein einheitliches, großzügig zu erfassendes Rechtsgebiet und viele — gerade die schwierigsten — Zweifelsfragen werden erst aus dieser Vereinigung der beiden Leitgedanken lösbar.

C. Geschichtliches.

Für die zu 3 und 4 genannten Theorien spricht auch ein Blick in die Geschichte, d. h. zugleich in den schwierigen Kampf um eine das wahre Recht erkennende Form dieser Erscheinungen.

I. Das römische Recht hat sich mit dieser Frage herumgeschlagen, und zwar ohne brauchbares Ergebnis, weil es eben zu sehr am Eigentumsbegriff hing. Ein aus individuellem Recht fließendes geistiges Eigentum hat es anscheinend gekannt, wie aus der Behandlung von Briefen und Manuskripten hervorgeht, die des Schreibers oder Verfassers Eigentum bleiben. Aber der Begriff band sich meist ganz eng an das mühsam erarbeitete äußere Objekt, die Abschrift, das niedergeschriebene Manuskript, klebte also am Äußerlichen. Des Schöpfers Eigentumsübertragungswille blieb namentlich bezüglich des greifbaren Objekts maßgebend.

Ein Recht am geistigen Erzeugnis, unabhängig von dem Eigentum an der speziellen Niederschrift, kannte das römische Recht nicht, und das ist ja gerade der ausschlaggebende Gesichtspunkt.

Das ging so weit: Schrieb der Seius auf dem Papier des Titius ein Drama, so war das so geschriebene Drama, ohne Rücksicht auf irgendwelche Geistesrechte, Eigentum des Titius — nach Analogie der specificatio.

Zu diesem materiellen Güterrecht im römischen Urheberschutzrecht kam ein immaterieller, ein Persönlichkeitsschutz dadurch, daß jemand, der das geistige Erzeugnis eines anderen für sich benutzte, mit der Beleidigungsklage (actio injuriarum) belangt werden konnte, weil er in die persönlich-menschliche Interessensphäre des anderen eingedrungen war. Damit sind im römischen Recht die beiden Komponenten des geistig-gewerblichen Schutzrechtes embryonal, in ovo, gegeben — die „Eigentumsseite" und die „Persönlichkeitsseite". Aber die Synthese aus diesen Analysen zu finden, war Rom nicht vergönnt, vielmehr der modernen Lehre vorbehalten.

Das römische Recht fand den Ausweg nur so: In der literarisch-produktiven Zeit von Cicero bis tief in die Kaiserzeit hinein ging der Schriftsteller seinen Rechtsweg in der Richtung, daß er sein Werk einem Gönner (z. B. Maecenas, Atticus) dedizierte und dadurch dessen materielle Fürsorge erwarb, die sich dann häufig mit Verlagstätigkeit paarte. Ein gewisser tatsächlicher Schutz bestand in der Schwierigkeit und Langsamkeit des Herstellungsverfahrens; als Rechtsschutz war aber nur etwas ganz Unvollkommenes vorhanden.

II. Durch die Buchdruckerkunst und später durch die wirtschaftliche Expansion und den technischen Erfindungsreichtum mußte sich das alles ändern. Man half sich zunächst mit der Rechtsform des Monopols oder des Privilegs. Auch hier also hängt man noch zu ängstlich am äußeren Niederschlag, am Objekt des speziellen, nicht des allgemeinen und grundsätzlichen Schutzes.

Der Gedanke der Priorität tritt dann wirkungsvoll in diesen theoretischen Gesichtskreis, und als auch dies als ungenügend erkannt war, kam in Frankreich die Idee des „droit d'auteur" auf, das als geistiges Eigentum betrachtet wurde, weil man es zunächst als ein Recht an der Idee, nicht an der geistig-gewerblichen Erzeugnisform ansah, während erst später es ebenfalls Frankreich war, das in der Bekämpfung der concurrence déloyale das Korrelat zu jenem Gedanken fand. So war wenigstens die Bahn freigemacht für die endgültige Erkenntnis dieses interessanten und wichtigen Komplexes von Rechtsgebilden der modernen Wirtschafts- und Gesellschaftsorganisation.

Nun wird erkannt (vgl. oben § 1), daß die in eine verkehrsfähige, wettbewerbsfähige Form gebrachte Idee Rechtsschutz genießt, und zwar in eben dieser festgelegten Form: Die in Worte gebrachte epische Idee, das in Paragraphen gefaßte Lehrbuch, das in Druckbogen gefaßte Verlagswerk, das im Musterregister festgelegte und mitgeteilte Gebrauchs- oder Geschmacksmodell, das im photographischen Abzug vorliegende Bild, das als patentfähig bezeichnete, genau beschriebene und ausgeübte Verfahren, die für einen bestimmten Handelsgegenstand erdachte Kennzeichnung — alles Ideen in ganz bestimmten Formen. Der geistige Gedanke ist das Erste, die Form das Zweite.

§ 4. Der gewerbliche Gedanke des gewerblichen Rechtsschutzes.

A. Geistiges und Gewerbliches.

Von dem Geistig-Gewerblichen war die eine Seite, das Geistige, Inhalt des vorigen Paragraphen. Es ist das Erste, die Form das Zweite.[1]

Diese Form ist der gewerbliche Niederschlag, an dem das Recht wirksam wird. „Gewerblich" hat hierbei nicht die grobe materialistische Bedeutung, als ob die geschaffene Form nun ein Gegenstand des Gemüsekellers oder der Börsenspekulation zu werden geeignet sein müsse, wohl aber die Bedeutung einer gewissen Materialisation der Idee in verkehrsfähig-wettbewerbsfähiger Gestalt, d. h. es muß etwas da sein, was ins Wirtschaftsleben Eingang finden kann. Das ist also schon die nicht angemeldete Erfindung, das nicht veröffentlichte Gedicht, die eigenartige Verpackung einer Ware u. dgl. Ob diese Form größere oder geringere Gangbarkeit, Gefälligkeit, Wertigkeit hat, ob sie einen stärkeren oder schwächeren Grad von Greifbarkeit und Nutzbarkeit gewonnen hat oder zur vollen Verwirklichung der in ihr verkörperten Idee noch mannigfacher Wandlungen bedarf, ist nicht wesentlich. Es genügt die Tatsache, daß eine für gewerbliche Weiterbehandlung geeignete Formgebung vorliegt.

Damit diese Form für gewerbliche Behandlung geeignet werde, ist die Vervielfältigungsmöglichkeit und die Wettbewerbsfähigkeit wesentlich.

B. Gewerbliches.

Erst durch die Vervielfältigung tritt die Möglichkeit gewerblicher Ausnutzung und ein erheblicher Teil der Notwendigkeit eines Rechtsschutzes auf. Diese Werte sind zur Vervielfältigung bestimmt und dadurch der Gefahr widerrechtlicher Vervielfältigung von anderer Seite ausgesetzt. Das trifft für Urheber- und Verlagsrecht genau so zu wie für Erfinder- und Zeichenrecht. In der „Gefahr widerrechtlicher Vervielfältigung" liegt aber zugleich das Postulat der Wettbewerbsfähigkeit. Denn Äußerungen irgendwelcher Art können nur dann widerrechtlich vervielfältigt werden, wenn an dem Rechtsgut oder seiner ersten Vervielfältigung ein wettbewerblich-gewerbliches Inter-

[1] Den Dualismus des Geistigen und Materiellen hat gut dargestellt und als notwendig für eine brauchbare Theorie aufgezeigt: Riezler, Deutsches Urheber- und Erfinderrecht. München 1909.

esse besteht und bestehen kann. Briefe und Zeichnungen, die keinen wirtschaftlichen Marktwert haben, reizen niemand zu wettbewerblichem Sichvergreifen an ihnen, bedürfen also keines besonderen gewerblichen Rechtsschutzes — wobei es gleichgültig ist, ob das Wettbewerbsinteresse (ganz oder teilweise) mehr auf der Seite des Berechtigten oder des widerrechtlich Eingreifenden liegt. Es kann sehr wohl der Fall sein, daß ein gewerblich-wettbewerbliches Interesse nur bei einer der beiden Parteien liegt, ja das Wettbewerbsinteresse kann u. U. erst durch die Rechtsverletzung geweckt werden, da durch diese vielleicht erst das stille Objekt unwirtschaftlichen Schaffens in die laute Welt wirtschaftlicher Marktwerte gerückt wird oder beispielsweise eine Verpackungsart erst dadurch ihren Wettbewerbswert dartut, daß sie von einem Wettbewerber nachgemacht wird oder ein literarisch brauchbarer und irgendwo ziemlich absichtslos niedergelegter Gedanke erst in dem Augenblick zum schutzheischenden Rechtsgut wird, wo ein anderer den Gedanken für eigene Zwecke benutzt. Wer dem geistigen Gedanken seinen gewerblichen Einschlag gibt, wer die Vervielfältigungsfähigkeit des geistigen Gedankens aufzeigt, bleibt sich hier glücklicherweise gleich. Es ist hier nicht wie im allgemeinen kaufmännischen Rechts- und Wirtschaftsverkehr, wo jeder die guten Gedanken, die er von andern verwirklicht sieht, auch für sich selbst verwirklichen darf. Hier schiebt das Moment der geistigen Schöpfung einen Riegel vor und erzeugt, auch wenn die gewerbliche Vervielfältigungs- und Ausnutzbarkeit von dem Schaffenden selbst nicht erkannt worden war, den besonderen gewerblichen Rechtsschutz.

Im Patentrecht hat dieser Gedanke schwerwiegende Bedeutung erlangt in dem Problem der Auslegung des Patents bezüglich seines Schutzumfangs. Da dieser Schutzumfang aus dem geistig-gewerblichen Erfindungsgedanken nach dem Stande der Technik im Zeitpunkt der Erfindung erschlossen werden soll und sowohl nach seinem Wettbewerbswert wie nach seiner kulturellen Bedeutung erfaßt zu werden verdient, so mußte sich hier notgedrungen eine schwierige Streitfrage ergeben, da die formalistische Patenterteilung auf Grund einer formellen Anmeldung diesem immanenten Recht der Erfindung gar nicht in vollem Umfang gerecht werden kann. Über diese interessanteste Streitfrage des Patentrechts s. unten § 43 B III.

C Wirtschaftsrechtliches Ergebnis.

Aus dieser grundlegenden Tatsache ergibt sich ein wirtschaftsrechtliches Moment von erheblicher Bedeutung: der Grundsatz des Umsatznutzens als Grundlage der Autor- und Erfinderentgelte.

I. **Der Grundsatz.**

Die Festhaltung dieses wirtschaftsrechtlichen Grundgedankens erleichtert die richtige Beurteilung und Entscheidung urheber- und gewerbeschutzrechtlicher Zweifelsfragen ganz erheblich. Es ist der Gedanke der Tantieme an der gewerblichen Ausnutzung einer Idee für den, der die Idee gehabt und gestaltet hat. Wäre es nicht an dem, so hätten die guten Ideen nur persönliche, nicht aber güterrechtliche Bedeutung. Umsatz bedeutet dabei einmal wörtlich das „Umsetzen" der Idee in Form und namentlich der Form in den Wirtschaftsverkehr, zweitens aber den kaufmännischen Begriff des „Umsatzes" mit dem Nebensinne, daß der Gewinn mit der Größe des Umsatzes steigen muß.

In diesem Prinzip der Tantieme liegt es, daß ihr Betrag gemessen werden muß an der Breite der wirtschaftlichen Ausnutzung — und dies ist auch die einzig mögliche und der Gerechtigkeit am nächsten kommende Entlohnungsart für geistig-gewerbliches Schaffen, sobald man einsieht und anerkennt, daß der Erfolg ausschlaggebend ist, d. h. der Nutzen, den ein Erzeugnis für möglichst viele Menschen hat.

II. **Berechtigung des Grundsatzes.**

a) Für Patentrechte u. dgl. ist dies in bezug auf die gewerbliche Seite anerkannt. Je größer der Umsatz einer patentierten Sache, um so größer der Verdienst des Patentberechtigten. Nicht so anerkannt ist es für die geistige Seite (s. unten b u. c). Für literarische und künstlerische Urheberrechtsfragen wurde bisher mehr die geistige Seite dieses Komplexes anerkannt, nicht ganz so die gewerbliche. Aber auch diese verdient prinzipiell so erkannt zu werden. Wenn „um der Sache willen" so und so viele einen Aufsatz wegen seiner guten und nützlichen Gedanken abdrucken, so kann das geistig berechtigt sein, gewerblich ist es unberechtigt.

Berufung auf kulturellen Fortschritt kann nicht dagegen sprechen. Das müßte ja auch gegen jegliches patentrechtliches Monopol ins Feld geführt werden, wie das früher vielfach geschah. Man vergaß dabei, daß der mittelbare Nutzen für den Kulturfortschritt größer ist, wenn gute neue Erfindungen Schutz genießen. Auch geistig-literarisches Wertschaffen wird zweifellos gefördert durch Aussicht auf materiellen Gewinn. Was in dieser Hinsicht in Rom verpönt war, weil es der „gravitas" des civis romanus nicht entsprach, ist es heute nicht mehr und kann es auch nach Maßgabe der auf Arbeitsentgelt beruhenden wirtschaftlichen Verhältnisse nicht mehr sein. In Streitfragen, die sich an Nachdrucksvergehen anschließen, spielt gerade diese Frage eine besondere Rolle, indem die „Benutzer" und „Zitierer" gern mit der Allgemeinfreiheit der literarischen Arbeiten rechnen und ein gewisses soziales

Interesse der Allgemeinheit an der Benutzung statuieren möchten, während die Urheber naturgemäß ihre Rechte an ihren Erzeugnissen noch über den ersten Abdruck hinaus durch materielle Vorteile bestätigt sehen möchten.

b) Damit steht in wohltuendem Einklang, daß der im Juli 1913 veröffentlichte Entwurf eines neuen Patentgesetzes, über den freilich der Krieg hinweggegangen ist, das Recht des Erfinders (im Gegensatz zu dem des Patentanmelders) verstärkte — ein Fortschritt auf der Bahn klarer Erkenntnis des geistig-gewerblichen Zusammenklangs.

Bemerkenswert ist dabei, daß die Erläuterungen zu dem Patentgesetzentwurf wörtlich sagen: „Der Umstand, daß das bisherige Gesetz den Erfinder als solchen überhaupt unerwähnt läßt, steht in einem gewissen Widerspruch mit der Tatsache, daß aller Fortschritt in der Kultur doch schließlich auf der Erkenntnis, dem Willen, der Tat einzelner beruht. Auch die technischen Erfindungen verdanken ihre Entstehung dem persönlichen Wirken des menschlichen Geistes, und wer die entscheidende Gedankenverbindung in seiner Phantasie vollzieht, macht mit Fug das Recht geltend, über seine Erfindung zu verfügen und durch ihre Kundgabe den Patentschutz zu erlangen. Die Tatsache der geistigen Urheberschaft an der Erfindung sollte an sich genügen, um das Recht auf das Patent zu begründen."

Diese zutreffenden Ausführungen brauchten durchaus nicht in derselben Erläuterung zum Entwurf später abgeschwächt zu werden, denn der literarische und künstlerische Schöpfer ist auf seinem Gebiet ebensowenig freischaffend wie der gewerbliche Erfinder. Auch er steht auf dem Boden des vor ihm Geleisteten und mitten in der literarischen oder künstlerischen Bewegung seiner Zeit und es gibt auf diesem Gebiet ebenso wenige Fälle ganz neuer Originalbetätigung, wie sie es auf dem gewerblichen Gebiet gibt.

Auch hier hängen Ideen in der Luft, drängen Entwicklungen notwendig zur Gestaltung, und wir brauchen uns nur auf Goethe zu berufen, der als originaler Geist gewiß genügend anerkannt ist und der in den Gesprächen mit Eckermann einmal sagt (12. Mai 1825): „Man spricht immer von Originalität, allein was will das sagen! Sowie wir geboren werden, fängt die Welt an, auf uns zu wirken, und das geht so fort bis ans Ende. Und überall! Was können wir denn unser Eigenes nennen als die Energie, die Kraft, das Wollen! Wenn ich sagen könnte, was ich alles großen Vorgängern und Mitlebenden schuldig geworden bin, so bliebe nicht viel übrig."

Es ist da wenig Unterschied gegenüber patentierten Gegenständen. Dasselbe Buch darf kein anderer schreiben, verlegen oder überhaupt wirtschaftlich nutzen, ebensowenig wie einen patentierten Druckknopf. Wohl aber darf ein Fabrikant einen geänderten Druckknopf machen, ebenso wie ein Verleger ein Lehrbuch über denselben Gegenstand von einem anderen Verfasser verlegen darf.

c) Diese Einheitlichkeit der Idee des gewerblichen und geistigen Schutzrechtes ist neuerdings auch durch das Gesetz bedeutend gestützt worden. Man denke nur an die Lizenzen, die ein ausgesprochenes patentrechtliches Gebilde sind, aber als Zwangslizenzen in die Neugestaltung des § 22 des Urhebergesetzes gekommen sind.

Außer dieser Zwangslizenz sprechen noch folgende, von der Verkehrssitte geheiligten Gepflogenheiten im Urheber- und Verlagsrecht für die Berechtigung des Grundsatzes vom Umsatznutzen:

Tantieme von Aufführungen und musikalischen Vorträgen, Vergütung für jede Auflage eines Buches und vielfach bemessen nach der Höhe der Auflage („pro Tausend"), Abgabe vom Ladenpreis des verkauften Exemplars an den Verfasser, Anteil an der verkauften Filmmeterzahl, Erhöhung des Honorars bei Benutzung derselben Arbeit an verschiedenen Stellen des Verlagsberechtigten, Forderung von Nachdruckhonorar bei unberechtigtem Abdruck, so oft ein solcher geschieht.

d) Daß die Breite des Erfolges, nicht seine Tiefe, der Erfolg überhaupt und nicht der absolute Wert der Schöpfung, dabei ausschlaggebend sind, ist zu bedauern, aber nach der Lage der Kultur und den Umständen des menschlichen Zusammenlebens nicht zu ändern in einer Zeit, in der die Meisterschaft im Boxen unvergleichlich viel mehr einbringt als die Meisterschaft in Rechtsphilosophie, weil eben der wirtschaftliche Erfolg auf der Menge der Konsumenten und nicht auf ihrer Differenzierung aufgebaut ist. Dies in den Kauf zu nehmen, ist aber das kleinere Übel gegenüber der grundsätzlichen Nichtbeachtung des Umsatzes bei der Bemessung des Entgelts für geistig-gewerbliche Rechte.

Für den Anteil der Allgemeinheit an der literarischen Arbeit ist noch ausreichend gesorgt — einmal durch den Grundsatz, daß das Allgemeininteresse die Grenze des gewerblichen Sonderrechtsschutzes abgibt (s. oben § 1 a. E.) weiter aber durch die positiven gesetzlichen Ausnahmebestimmungen über Nachdrucksfreiheit ganzer Komplexe von schriftlichen und mündlichen Äußerungen, über Zitierfreiheit, über beschränkte Nachdrucksfreiheit journalistischer und tatsächlicher Zeitungsartikel (vgl. Näheres darüber Elster, Gew. Rsch. u. UrhR. 1913, S. 274).

Wir kommen also zu dem Ergebnis, daß ein gut Teil literarischer Arbeit dem onerösen Verkehr entzogen und freie Okkupationsware ist, also gewissermaßen extra commercium steht, wie es auch im Kunstschutzrecht gestattet ist, zu Studienzwecken Kopien von Gemälden für sich persönlich zu machen, wenn man sie nicht verkauft. Die anderen

Teile aber, die von Anfang an laut Gesetz und Verkehrssitte als Verkehrsgut, als res intra commercium behandelt werden, entsprechen dagegen ideal und real durchaus den wirtschaftlichen Gütern, die einen gewerblichen Rechtsschutz genießen, und es ist daher berechtigt und geboten, die literarischen Verkehrsgüter wie jene zu bewerten und auf sie den Grundsatz des Umsatznutzens anzuwenden.

Der Berechtigte des gewerblichen Rechtsschutzes. § 5.

A. Grundsätzliche Berechtigung.

I. **Der Urheber** = Autor, Schöpfer, Erfinder, Entdecker.

In einem reinen Geistesrechtssystem würde der Urheber der einzige originäre Berechtigte sein. Neben ihm würde derjenige stehen, dem (derivativ) das Recht oder seine Ausübung vom Urheber als dem einzig und primär Berechtigten übertragen worden ist

Dem ist aber in unserem bestehenden wirtschaftlichen Rechtssystem nicht so, d. h.: selbstverständlich hat an sich der Urheber und der Zessionar des Urheberrechts das Recht, aber dieses Prinzip ist nicht rein durchgeführt. Denn weder hat jeder Urheber das Schutzrecht (z. B. der Redner in öffentlicher politischer Körperschaft), noch ist das Schutzrecht auf den Urheber beschränkt (z. B. Patentanmelder, der Benutzer eines nicht von ihm erfundenen Zeichens, der Herausgeber einer editio princeps).

Es hat also auch das Schutzrecht:

II. der an dem Immaterialgut **Gewerbeberechtigte.**

Dies beruht darauf, daß es sich bei dem gewerblichen Schutzrecht, wie in § 3 und 4 ausgeführt, um ein gemischtes geistig-gewerberechtliches System handelt. Daraus erklärt sich, daß Berechtigter auch sein kann:

Der Verleger; der Patentanmelder und Muster- und Modellschutzanmelder, die nicht Erfinder sind; desgl. der Zeichenberechtigte ohne solches eigenes Erfinderrecht; der gegen unlauteren Wettbewerb Geschützte, ohne Rücksicht darauf, ob sein Prioritätsrecht auf eigener originärer Geistesarbeit beruht; der Herausgeber einer fremden Arbeit.

B. Nichtgrundsätzliche Berechtigung.

Es ist nicht so, daß nach Urheberrecht der Urheber das Schutzrecht besitzt, nach Patent- und Musterrecht aber der Gewerbeberechtigte. Vielmehr gibt es sowohl nach Urheberrecht Berechtigte, die nicht Urheber sind, wie es nach Patent- usw. -recht

Berechtigte gibt, die Urheber sind (und weil sie Urheber sind). Die volle Urheberschaft ist die Regel und soll als Grundlage des Rechts die Regel sein. Aus ihrer Originalität zieht das gewerbliche Schutzrecht seine Kraft. Diese Kraft aber erstreckt sich, namentlich durch die Vermutung der Urheberschaft oder durch Übertragung, auf andere, die am Wege bauen.

C. Arten der Schutzrechte.

Der Berechtigte hat gemäß der Zwiegestalt des geistig-gewerblichen Rechts auch als Subjekt dieser Rechte zweierlei Art von geschütztem Rechtsgut, nämlich rein persönliche Rechtsschutzelemente und rein gewerbliche Rechtsschutzelemente. Dazu kommt als Drittes die Kombination aus beiden.

I. **Persönlichkeitsrechte.**

Die rein persönlichen Urheberrechte sind u. a.: Erfinderschutz vor Veröffentlichung der Erfindung; Urheberschutz vor Veröffentlichung der Arbeit; Namenrecht, also Schutz gegen jeden Mißbrauch; Recht auf Nennung der Quelle; Recht auf unveränderten Abdruck.

Verletzung dieser Rechte ist Verletzung der Person, weil Verletzung der geistigen Sphäre.

II. **Gewerbliche Rechte.**

Die rein gewerblichen Urheberrechte sind u. a.: Verlagsrechte ohne eigene Miturheberschaft des Verlegers; Marken- und Zeichenrechte; Titelschutz, wenn kein persönlich-geistiges Interesse an dem Titel vorhanden; Patentrechte, wenn der Patentinhaber nicht selbst der Erfinder ist.

Verletzung dieser Rechte ist Verletzung der gewerblichen Schutzrechte allein.

III. **Persönlich-gewerbliche Rechte.**

Die gemischt persönlich-gewerblichen Urheberrechte bilden die Regel. Hierher gehören:

Das Urheberrecht am veröffentlichten Werk; das Verlagsrecht, wenn der Verleger mittätiger Miturheber ist; der Muster-, Modell- und Patenterfinder, der das eingetragene Recht praktisch verwertet; der gegen unlauteren Wettbewerb Geschützte, wenn sein Schutzrecht mit auf geistiger Schöpfung beruht.

Verletzung dieser Rechte ist Verletzung der gewerblichen Schutzrechte und zugleich Verletzung der persönlichen Rechtssphäre. Je nach der Art der Verletzung ist im einzelnen Fall der persönliche

Einschlag verschieden, darf aber bei der rechtlichen Beurteilung nicht übersehen werden. Denn manchmal ist es mehr die persönlichkeitsrechtliche Seite des Urheberrechts, die verletzt wird, manchmal die mehr gewerbs- oder wettbewerbsrechtliche. Für den Effekt, die Rechtswidrigkeit, macht das keinen Unterschied, wohl aber beruht ihre kausale Herleitung oftmals auf der Erkenntnis dieser Bestandteile des Urheberrechts (im weiteren Sinne).

D. Folgerungen für die subjektive Berechtigung.

Nach dem Vorhergehenden beruht die Berechtigung nur auf

1. der **Tatsache des geistigen Schaffens** und
2. der **Erfüllung von formellen Erfordernissen.**

Mithin bestehen weitere Voraussetzungen für die subjektive Berechtigung nicht. Es kann also auch Berechtigter sein:

I. Der **beschränkt Geschäftsfähige** — aber nur, soweit er die formellen Rechtserfordernisse (beim Patent- und Musterschutzrecht) erfüllen kann.

II. Der **Ausländer** — aber nur nach Maßgabe der internationalen Verträge.

III. Der **Bearbeiter** (oder Übersetzer) eines fremden Erzeugnisses oder der Fortführer einer fremden Idee — soweit ihr eigener Anteil eben für ein besonderes Schutzrecht ausreicht. Das erstreckt sich natürlich nicht auf Teile, die nicht zu ihrem Anteil gehören (Forderung der „Neuheit" im Patent- und Musterrecht, Forderung der „eigentümlichen Schöpfung" im literarischen und künstlerischen Urheberrecht).

IV. Der **Ungenannte.**

a) **Anonyme oder pseudonyme** Urheber und Erfinder erwerben selbstverständlich das persönliche Recht. Das Gewerbliche ist teilweise von der Nennung eines Namens (eines plausiblen Namens, nicht unbedingt des richtigen Namens) abhängig wie im Patentrecht, teilweise hinsichtlich der urheberrechtlichen Schutzfrist von Bedeutung wie bei der Eintragung in die Leipziger Eintragsrolle.

b) Im **Kunstwerkrecht** (§ 9 KU) besteht eine Rechtsvermutung für die Urheberschaft, wenn der Schöpfername durch kenntliche Zeichen ausgedrückt ist, bei pseudonymen oder anonymen Kunstwerken ist der Herausgeber oder Verleger berechtigt, die Rechte des Urhebers wahrzunehmen.

Der Name oder Namenszug des Urhebers darf natürlich (§ 13 KU.) nur von diesem oder mit seiner Einwilligung angebracht werden; das ist im Kunstwerkrecht eine ausdrückliche Bestimmung, die aber für alle anderen Urheber- und gewerblichen Schutzrechte auf Grund allgemeinen Persönlichkeits- und Namenrechts gilt.

c) Die Benutzung eines **Decknamens** (nom de guerre, **Pseudonym**) ist grundsätzlich erlaubt.

Dadurch, daß das Urhebergesetz ohne weiteres von dem Schutz pseudonymer Werke spricht, bestätigt es die Erlaubtheit des selbstgewählten Künstlerdecknamens. Wenn es den literarischen Urheberschutz an solchen Werken bei Eintragung des wahren Verfassernamens in die Eintragsrolle günstiger gestaltet als bei Nichteintragung, so ist das nicht einmal eine Herabsetzung der Rechtskraft bei Pseudonymität, sondern von rein praktischen Erwägungen diktiert. Denn wenn der Verfasser nicht öffentlich bekannt ist, kann natürlich kein 30jähriger Schutz vom Tode des Verfassers an laufen.

Ob § 12 BGB. für sich allein einen Schutz für den künstlerischen Decknamen bieten soll, konnte zweifelhaft sein und wurde so bestritten, daß man mit gleich guten Gründen für oder gegen diese Meinung Stellung nehmen konnte — nach dem staatlich geschützten Namenrecht des BGB. —, und daraus ergab sich nur, daß der berechtigte bürgerliche Name gegen ein gleiches Pseudonym Rechtsschutz genießt. Aber sobald die Namenrechtsfrage in das Gebiet des gewerblichen Rechtsschutzes tritt, klärt sie sich rasch im Sinne unbedingten Schutzes des Decknamens. Denn da vereinigt sie sich mit der Kennzeichnungs-, Benennungs- und Wettbewerbsfrage und zieht so viel Rechtskraft aus §§ 3, 4, 16 UWG. und dem Warenzeichengesetz, daß jeder Zweifel an der Geschütztheit des Pseudonyms weichen muß. Denn alle die geschützten Warennamen, Patentwörter, Titel und besonderen Bezeichnungen im gewerblichen Verkehr sind ja auch meist nichts anderes als Pseudonyme.

Hier handelt es sich also nicht allein um urheberrechtliche Probleme[1], sondern um einen allgemeinen Grundsatz des gewerblichen Schutzrechts.

Legt sich jemand einen bestehenden bürgerlichen Namen (Otto von Bismarck) oder einen bereits bekannten Decknamen (Carmen Sylva, Marie Madeleine, E. Marlitt, Lynkeus usw.) bei, so kann derjenige oder diejenige, die solchen Namen in der Künstler- oder Schriftstellerwelt durch Gebrauch für sich gefestigt haben, auf Grund des § 16 des Gesetzes gegen den unlauteren Wettbewerb dagegen einschreiten, selbst wenn man den Decknamen juristisch nicht als Namen, sondern nur als „be-

[1] Die Besonderheiten des Urheberrechts in dieser Hinsicht (Dauer des Schutzes, Eintragsrolle, „Nebenluftausgaben") werden unten im § 12 und im § 20 behandelt.

sondere Bezeichnung" betrachtet, denn auch diese ist für denjenigen geschützt, der sich befugterweise ihrer bedient. Es ist Kennmarke. Auf die Tatsache ‚daß sich der durch Priorität Berechtigte des Namens noch „bedient", kommt es an.

Mit einem Urteil, das auch den abgekürzten Künstlernamen gegen verwechslungsfähige Benutzung auf Grund der Priorität schützte (Ossi Osswalda gegen Ossi-Filmgesellschaft, JW. 1921, 348[2]) hat das Kammergericht eine alte Streitfrage in durchaus beifallswürdigem Sinne gelöst, und auch das Reichsgericht hat kurze Zeit darauf den Schutz des Decknamens festgelegt und damit die Frage wohl ganz endgültig gelöst (RG.-Urteil vom 21. Januar 1921 in der Juristischen Wochenschrift 1921, 621[1] und RGZ. 101, 226). Daß das RG. dabei den Schutz einer der Parteien aus mehr handelsrechtlichen (Firmen-) Gesichtspunkten, und daher wohl nicht ganz zutreffend zugesprochen hat, ändert nichts an der grundsätzlichen Bedeutung des Urteils für den Decknamenschutz.[1]

Die besondere wettbewerbrechtliche Behandlung der Benennungs- und Kennzeichnungsfrage wird unten in den §§ 58 und 59 besprochen.

V. Die **Juristische Person** tritt an die Stelle des ungenannten geistigen Urhebers, wenn sie sich als Urheber oder Erfinder geriert (§ 3 Lit.UrhG., § 5 KUG., Patentanmelder u. dgl.). Dergleichen wird auch praktisch in dem Fall, wo eine Behörde ein an sich vielleicht gemeinfreies amtliches Werk als eigene Schöpfung behandelt, in Verlag gibt und so durch bewußten Rechtswillen aus der Gemeinfreiheit löst. Es handelt sich bei dem Urheberrecht juristischer Personen, wie Riezler (a. a. O. § 12) mit Recht darlegt, in der Regel um eine (anfechtungsfähige) Rechtsvermutung auf Grund von Rechtsübertragung, aber nicht um eine Fiktion. Vgl. unten § 12.

Das gleiche gilt von anderen Personengemeinschaften.

VI. Die **Firma.**

Aus dem unter IV und V Gesagten ergibt sich die Möglichkeit der subjektiven Schutzberechtigung für Firmen, sei es, daß eine solche als Erfinder angemeldet und eingetragen wird, sei es, daß sie das Urheberrecht durch Übertragung sich sichert, sei es, daß sie nach Namenrecht oder sonstwie Berechtigte gegen unlauteren Wettbewerb ist. Denn „die Firma ist der Handelsname des Kaufmanns" oder noch schärfer „der Name des Kaufmanns ist die Firma", ist Name der Person des Kaufmanns (vgl. Staub, HGB. zu § 17).

[1] S. auch E. Adler dazu in JW. 1921, S. 622.

§ 6. Der Gegenstand des gewerblichen Rechtsschutzes.

A. Das Rechtsgut als Gegenstand des gewerblichen Rechtsschutzes.

Gegenstand des gewerblichen Rechtsschutzes ist ein — mehr oder weniger geistig betontes — Rechtsgut (Immaterialgut) (s. a. oben § 3), nicht die des Schutzes teilhaftige Ware. Diese ist nur Niederschlag — Substrat — des geschützten Rechtsgutes.

I. **Geschützt ist also die geistig-gewerbliche Form, nicht das gewerbliche Erzeugnis** (**Exemplar**); also das geschriebene Werk, nicht das Buch als solches; die Erfindung (auch Verfahren!), nicht das auf Grund der Erfindung hergestellte Produkt als solches; die Kennzeichnung der Ware, nicht die gekennzeichnete Ware und auch nicht das Kennzeichen ohne die Ware; das Muster und Modell in seiner imaginären Gestalt, nicht das reale Exemplar des Musters.

II Zwar wird oft das, was hier soeben als wahrer Gegenstand des Schutzes bezeichnet wurde, meist tatsächlich von dem, was nicht der eigentliche Gegenstand des Schutzes ist, nicht unterschieden werden können und das **Schutzrecht** so gut dem einen wie dem anderen, **dem gedanklichen wie dem realen Gegenstand**, dienen, — aber die Einsicht in die Unterscheidung ist sowohl theoretisch wie für schwierig liegende Einzelfälle wichtig.

B. Bewertung des Gegenstandes.

I. Auf den **absoluten Wert des Gegenstandes** oder des Verfahrens kommt es nicht an.

Ob das Werk wissenschaftlich oder künstlerisch hoch steht oder Alltagsware ist, ob die Erfindung technisch bedeutend ist oder nicht, ob das Zeichen oder Muster schön ist oder nicht, ob der geschützte Firmenname alt und bekannt ist oder nicht, ist gleichgültig. Vgl. RGSt. 19, 198; 39, 100.

Das ist bedauerlich, aber kaum zu ändern, da Wertmaßstäbe zu unsicher wären für rechtliche exakte Behandlung. Es liegt dies auf der gleichen Linie wie das in § 4 IId festgestellte Ergebnis.

II. Eine **Art Wertmaßstab** ist aber doch angelegt. Es wird Neuheit (Originalität) und Unbekanntheit (Priorität) verlangt. Das ist Werturteil, wenn auch mehr tatsächlicher Art, also juristisch faßbar. Nicht, ob das Werk die Kultur fördert, ist zu fragen, sondern ob die Eigenart, die sein Wesen ausmacht, noch nicht da war, eine geistige oder technische Neuerung, eine eigentümliche Schöpfung bedeutet, kein Abklatsch ohne ein gewisses Maß eigener Neuarbeit ist.

Darüber wird im ‚Besonderen Teil‘ dieses Buches an den einzelnen Stellen noch näher gehandelt, aber dieser Wertmaßstab der Originalität und der Priorität geht durch das ganze Gebiet des gewerblichen Rechtsschutzes.

C. Bedeutung der Art des Gegenstandes.

I. Kommt es nicht auf den Wert, so doch auf die **Art** des Gegenstandes oder Verfahrens an, und zwar ausschlaggebend.

Dies ist sogar der wesentliche Inhalt der gewerblichen Schutzgesetze und darüber muß der „Besondere Teil“ an den einzelnen Stellen eingehender handeln. Hier interessiert die allgemeine Tatsache, daß mancher Gegenstand von einer Art ist, daß er zu mehreren der Schutzgesetze gehören kann und hier und dort mit einem Teil seiner Kraft unterkommt. Darüber s. namentlich den folgenden § 7.

II. Die **Hauptmerkmale der Art** für ein gewerbeschutzberechtigtes Rechtsobjekt sind:

a) **Nicht-Fungibilität.** Eine gewisse Eigenart auf geistigem, technischem oder kennzeichnendem Gebiet muß vorhanden und feststellbar sein.

b) **Beziehung zu einem berechtigten Rechtssubjekt.** Diese Beziehung ist ebenfalls eine geistig-gewerbliche. Teils vorwiegend geistig (beim literarischen Urheber), teils vorwiegend gewerblich (beim Warenzeichenanmelder), teils auf der Grenze. Aber weder darf das geistig Kennzeichnende ganz fehlen (denn auch die Namengebung ist innere Beziehung des Berechtigten zu dem Gegenstand), noch darf das Gewerbliche ganz fehlen.

Denn Briefe ohne jede Veröffentlichungsmöglichkeit — ihrer Art nach — sind, obwohl trotzdem geistiges Erzeugnis, nicht gewerberechtlich schutzfähig, werden es vielmehr erst durch die Möglichkeit ihrer gewerblichen Ausnutzung; anderenfalls genießen sie nur Persönlichkeitsschutz ohne urheberrechtlichen Einschlag. Näheres s. unten § 10.

c) **Wettbewerbsfähigkeit** irgendwelcher Art. Dies ist, wie schon in § 2 näher dargelegt, das Rückgrat der gewerberechtlichen Seite des Schutzrechts. Daraus erklärt sich auch, warum Abschreiben zum persönlichen, ungewerblichen Gebrauch erlaubt ist (§ 15 UrhGes.), warum Gedanken zollfrei sind und nur gegen ihre vorzeitige Veröffentlichung und Verbreitung von unbefugter Seite Schutz gegeben wird, während das in verkehrsfähige Gestalt gebrachte Erzeugnis ungleich stärkeren Schutz genießt. Ferner warum ein Zeichen, ein Titel u. dgl. Schutz nur genießt, solange sich der Berechtigte seiner bedient (§ 16 UnlWG.). Hieraus erklärt sich auch, warum sehr wohl dieselbe Bezeichnung nebeneinander bestehen kann für ganz fern voneinander liegende Dinge und die Fragen der Priorität und der „Entlehnung" nicht akut werden, wenn beispielsweise „Grunewaldring" für eine Straßenbahnlinie und für einen Schmuckgegenstand, „Kommandobuch" für ein militärisches oder ein Tanzkommandobüchlein, „Salamander" als Marke für Papier und für Schuhe verwendet wird (vgl. OLGR. 34, 161 und RG. in M. u. W. 15, 226). Es ist ein großer Unterschied, ob etwa der Name „Luna-Park" für ein im Wettbewerb mit einem bekannten Etablissement stehendes kleineres Unternehmen ‚entlehnt' wird, oder ob es für ein Tischspiel für Kinder benutzt wird. Im letzteren Falle ähnelt das dem durchaus erlaubten Zitat, es wird etwas, was als Reklamewort gangbar geworden ist, für ein ganz anderes Gebiet zitiert, ohne daß von Vorteilsuchen auf Kosten fremden Namenrechts die Rede sein kann. Der Gegenstand und seine Verschiedenheit sind es, die hier einem formalen Schein der Verwechslungsfähigkeit wahrheitsgemäß entgegenstehen.

Über die Verknüpfung von Urheberrechts- und Wettbewerbsrechtsschutz s. den folgenden § 7.

§ 7. Beziehungen zwischen Urheberschutz und Wettbewerbsschutz.

A. Bedeutung der Beziehungen.

Die im vorigen § 6 angedeutete Notwendigkeit der Wettbewerbsfähigkeit des zu schützenden Werkes hat besondere theoretische und praktische Bedeutung für das Verständnis und die Auslegung schwieriger urheberrechtlicher Fragen. Deshalb wird es hier vorweg genommen.

B. Beispiel: Titelschutz.

Ein besonders einleuchtendes Beispiel ist der Titelschutz, der zu den verschiedenen Einzelgebieten des gewerblichen Rechtsschutzes nahe Beziehungen hat.

I. Die herrschende Meinung, daß es im geltenden deutschen Recht einen **Urheberrechtsschutz an Titeln** nicht gibt, ist revisionsbedürftig. Zum mindesten hat der Titel Anteil am Urheberrechtsschutz eines Werkes, das selber Urheberrechtsschutz genießt. Wenn er entlehnt wird, z. B. zusammen mit irgendwelchen anderen Entlehnungen aus dem betreffenden Werk, etwa der Idee des

Werkes oder des redaktionellen Aufbaues der Zeitschrift, so ist das Urheberrechtsverletzung (so auch Dernburg und Röthlisberger).

II. Dabei hängt es aber auch hier (vgl. oben § 6 B II) von der **Originalität und Priorität** des benutzten Titels ab. Alltägliche Bezeichnungen, gangbare Namen ohne jegliche Besonderheit, die nicht als besondere Kennzeichen gelten können, genießen weder Urheberschutz noch Markenschutz, und wer sie wieder verwendet, begeht an sich noch nicht unlauteren Wettbewerb (wenn der Tatbestand des unlauteren Wettbewerbs sich nicht auf andere Umstände des Falles stützt).

Also: ‚Lehrbuch des bürgerlichen Rechts', ‚Berliner Zeitung' sind keine besonderen Titel, ‚Struwwelpeter', ‚Sherlock Holmes' sind besondere Titel.

Das geistige Moment der Neuheit und Priorität, das etwas Schöpferisches bedeutet, kommt hier in Betracht, genau so wie in dem schutzfähigen Warenzeichen etwas Schöpferisches enthalten sein muß, während andrerseits als „Freizeichen" seine Eintragung und sein Schutz abgelehnt werden muß.

Es lassen sich auch an der Hand verschiedener interessanter Reichsgerichts- und Kammergerichtsentscheidungen klare Richtlinien in der Auffassung des höchsten Gerichtshofes feststellen, wonach die Kernpunkte der Frage darin liegen[1]:

1. ob der Titel ein Gattungsbegriff ist (z. B. Illustrierte Zeitung, Drogisten-Zeitung) oder nicht (z. B „Der Schneidermeister", „Sherlock Holmes"), und ob seine Benutzung einem gewissen Grad von Notwendigkeit entsprang oder nicht; 2. ob dem Titel ein Substrat (besonderer Gegenstand) zugehört, worauf der schärfere urheberrechtliche Schutz sich gründet.

Die erste Frage ist eine geistig-schöpferische, die zweite eine gewerbe- und wettbewerbrechtliche.

Zu 1: a) Liegt ersteres so vor, daß ein **nicht nur gattungsmäßiger Begriff** verwendet ist, sondern **ein schöpferischer,** so ist urheberrechtlicher Schutz gegeben, auch wenn der Substratbegriff dies nicht unterstützt, und der Schutz besteht in weitem Maße gegen Wiederverwendung des nichtgattungsbegrifflichen Titels.

b) liegt ersteres **nur so** vor, daß ein **Gattungsbegriff** (Illustrierte Zeitung) durch Gebrauch zu einem **Eigentümlichen** geworden ist, so ist der Schutz gegen Wiederverwendung (Berliner Illustrierte Zeitung) nicht so stark, zumal wenn das Substrat wesentlich abweicht.

[1] Zitate s. in meinen Aufsätzen in GR u. U 1914, 277 ff. und 1918, 62 ff. und unten § 59.

Zu 2: a) **Fehlt** es an der **Wettbewerbsfähigkeit des Objekts**, des Substrats, so fällt der Schutz urheberrechtlich und wettbewerbrechtlich weg (z. B. Verwendung eines Romantitels als Zigarrenmarke). Markenrechtlich bleibt er z. T. noch bestehen, aber wird auch um so schwächer, je weiter die Substrate sich im Wesen voneinander entfernen.

b) Die wettbewerbrechtliche **Verwechslungsgefahr** spielt hier auch eine erhebliche Rolle; denn der Titel gehört zu den „Bezeichnungen", die nach § 16 UnlWettbGes. nicht verwendet werden dürfen, wenn eine Verwechslungsgefahr (neben anderen Umständen) dadurch gegenüber der berechtigten Benutzung durch einen anderen hervorgerufen wird. Die Wahrhaftigkeit der Titelbezeichnung ist in höherem Sinne so zu verstehen, daß formale Wahrheit nicht genügt, wenn darin sich unlautere (unwahrhaftige) Wettbewerbsmomente geltend machen, Wahrheit im Rechtssinne vielmehr die selbstschöpferische Bezeichnung ist, die sich aus dem Substrat ergibt. Näheres unten § 59.

C. Beispiel: Ausstattungsschutz.

Was für den Titelschutz gilt, gilt auch für den Ausstattungsschutz. Es ist ein großer Unterschied, ob die gleiche oder ähnliche, also verwechslungsfähige Ausstattung sich bei zwei Druckwerken findet, die inhaltlich und für ihren Abnehmerkreis gar nichts miteinander zu tun haben, oder ob es bei zwei Druckwerken geschieht, die über den gleichen Gegenstand handeln und sich an dieselben Abnehmerkreise wenden. Es liegt darin ein starkes Beweismittel für die mala tides bezüglich der Verwechslungsabsicht, auf die § 15 des Warenzeichengesetzes ausdrücklich Bezug nimmt. In den §§ 12, 15 und 16 geht das WZG. weit über seinen ursprünglichen Rahmen hinaus und ist hier Vorläufer des Gesetzes gegen den unlauteren Wettbewerb. Der Formalschutz des WZG. erfordert eine nach tiefer schürfenden Wettbewerbsgedanken orientierte Ergänzung. Vgl. Näheres unten § 49.

D. Fall der Bearbeitung und ähnliches.

Der gleiche Gesichtspunkt tritt hervor, wenn jemand das Werk eines anderen bearbeitet, um sich selbst dadurch literarisch-gewerblichen Vorteil zu verschaffen. Der Bearbeiter geht oft hart bis an die Grenze der Benutzung, die ihm noch erlaubt ist, ohne daß ihm Nachdruck unbedingt nachgewiesen werden kann. Diese Grenze muß verschieden gezogen werden, je nachdem, ob es sich um Konkurrenzwerke handelt oder nicht. Ähnlich liegt es, wenn jemand die bewährte Einrichtung einer Zeitschrift im redaktionellen Teil benutzt und für sein eigenes Unternehmen verwendet. Geschieht das auf Gebieten, die ganz weit auseinander liegen und außerhalb jeder Konkurrenz miteinander stehen, so muß die Benutzung eher eine erlaubte sein, als wenn dies nicht der Fall ist.

Diese Fragen kommen wie in einem Brennpunkt zusammen bei dem Problem der „Freien Benutzung zu eigentümlicher Schöpfung". S. unten § 11.

Ähnliche Gedankengänge sind auch maßgebend bei der Feststellung eines Zitatmißbrauchs (s. unten § 14 c).

E. Andere Belegfälle.

Weil eine Handlung nach dem Urhebergesetz zulässig erscheint, entzieht sie sich noch nicht den Vorschriften des § 1 UnlWG. oder § 826 BGB. (Unlauterkeit). Auch beim Vorlagenschutz oder Anmaßung der Urhebereigenschaft zum Zwecke der Reklame oder bei Aufnahme von Anzeigen in ein Buch kann diese stärkere Wirksamkeit des Wettbewerbsrechts gegenüber dem Urheberrecht akut werden. Interessant ist in solcher Hinsicht eine Reichsgerichtsentscheidung vom 26. Oktober 1920 (RGZ. 101, 1). Ein Verkäufer selbstgefertigter kunstgewerblicher Erzeugnisse hat die Lieferung eines Bücherschrankes (neues eigenes Modell) zugesagt, hernach aber die Lieferung verweigert, weil er Kenntnis davon bekommen hatte, daß, wie schon vorgekommen, auch dieses Modell von dem Käufer bzw. seinem Gewährsmann nachgeahmt werden sollte. Das Reichsgericht gab dem Verkäufer recht. „Trotz des Mangels eines Urheberrechtsschutzes" heißt es in dem Urteile, „waren aber die Erzeugnisse der Beklagten nicht schutzlos jeder Nachbildung preisgegeben. Wie das Reichsgericht schon in mehrfachen Entscheidungen (RGZ. 73, 294; 77, 431; 79, 415; 83, 384; JW. 1913 S. 1106 Nr. 7; Warneyer, 1911, S. 86) dargelegt hat, werden durch die Sondergesetzgebung über das Urheberrecht die allgemeinen Vorschriften des BGB., die den Schutz gegen illoyale Handlungen im Verkehrsleben bezwecken, insbesondere die des § 826 BGB., nicht ausgeschlossen, außer wenn das Urheberrecht absichtlich den Schutz für einen bestimmten Tatbestand ablehnt. Darüber, ob eine Verletzung des § 826 vorliegt, entscheiden die Umstände des einzelnen Falles. In den erwähnten reichsgerichtlichen Entscheidungen ist ausgeführt, daß die Nachahmung für sich allein regelmäßig eine Verletzung des § 826 nicht enthalte, daß aber ein Verstoß gegen die guten Sitten des anständigen Geschäftsverkehrs dann zu bejahen sei, wenn der Nachahmer durch die Ausnützung der fremden Arbeitsleistung sich in den Stand setze, die Ware ohne erhebliche Aufwendungen billiger als der Erzeuger in den Handel zu bringen, und so den Erzeuger um die Früchte seines mit Mühe und Kosten hergestellten Erzeugnisses bringe." Vgl. auch unten § 24.

F. Fall der Nachbildung im Kunstwerkrecht.

Auch auf den Schutz einer (unberechtigten) Nachbildung gegen neue Nachbildung ist hier hinzuweisen (s. unten § 32 II 4). Denn wäre hier nicht das Wettbewerbsrecht maßgebend, dann müßte — kraft Urheberrecht — der Schutz der (unberechtigten) Nachbildung gegen neue unberechtigte Nachbildung (zumal durch den verletzten Original-Urheber, aber auch sonst) versagen, sich aufheben und gewissermaßen totlaufen. Aber trotz Verletzung des UR. war ein gewerbliches Schutzobjekt entstanden, das Verkehrsgutqualität hat und in solcher wiederum Schutz gegen unberechtigten Wettbewerb genießt. Der unlautere Wettbewerb wird nicht lauter gemacht durch Kompensation mit Unlauterkeit beim Verletzten; denn der große Schutzberechtigte ist der anständige Wettbewerb als solcher, der solche Durchbrechung des Prinzips nicht verträgt. (Nach RGZ. 93, 189 und der maßgebenden Literatur bezweckt das UnlWG. weniger des Schutz des Publikums als den Schutz des lauteren Wettbewerbs.)

§ 8. Die Mittel des gewerblichen Rechtsschutzes.

A. Sachliche Arten der Mittel des gew. Rsch.

I. Strafrecht.

Nach herrschender Methodik wird der gew. Rsch. dem Strafrecht zugeschrieben. Die Gesetze werden als strafrechtliche Nebengesetze klassifiziert.

Das ist nur insofern richtig, als alle hierher gehörigen Gesetze (mit Ausnahme des Verlagsgesetzes) Strafbestimmungen aufweisen, die die Durchführung ihrer Rechtssätze sichern sollen. Danach wären alle modernen (z. B. Kriegs-) Verwaltungsgesetze Strafgesetze. In Wahrheit kreuzen sich hier zivilrechtliche und strafrechtliche Tatbestände, Grundsätze und Rechtsfolgen dauernd.

Außer acht gelassen wird oft, daß z. B. in manchen Fällen des Nachdrucks es sich nach der wahren Lage und nach der Meinung der Parteien mehr um eine eigentümliche Art des onerösen Erwerbs statt um strafrechtlich zu ahndende Vergehen handeln soll (vgl. oben § 4). Die Grenze ist auch in anderen Fällen schwer zu ziehen, und der Grund dafür liegt darin, daß der Schutz der individuellen Interessen mit dem Schutz der Interessen der Allgemeinheit, des privaten Rechtsguts mit öffentlichen immateriellen Rechtsgütern Hand in Hand geht.

II. **Zivilrecht.**

Der bürgerlich-rechtliche Inhalt der Gesetze über den gew. Rsch. ist jedenfalls erheblich. Das Verlagsrecht ist rein bürgerlich-rechtlich, nur durch seine Verknüpfung mit dem Urheberrecht grenzt es ans Strafrecht.

Die Erfinderrechte entnehmen vielfach ihre Stärke dem strafrechtlichen Schutz, verfolgen aber durchaus auch zivilrechtliche Zwecke. Das gilt auch für das Gesetz gegen den unlauteren Wettbewerb. Vgl. hierüber unten § 61.

Zur Auslegung sind allgemeine Sätze des Strafrechts wie des bürgerlichen Rechts (z. B. BGB. §§ 138, 242, 823, 826, Verstoß gegen die guten Sitten, Auslegung nach der Verkehrssitte) heranzuziehen.

B. Formale Mittel des gew. Rsch.

I. Auf weiten Strecken **verzichtet** der gew. Rsch. **auf formale Mittel**: so vorwiegend im Urheber- und Kunstschutz und im Verlagsrecht. Er hält sich da lediglich an das gegenständliche Substrat des Rechts, das deutlich genug in die Erscheinung tritt und zur Unterlage des Schutzes wird.

II. Auf anderen Strecken bedarf es der **Eintragung** für die Wirksamkeit der Rechte: so

a) im **Urheberrecht bei anonymen oder pseudonymen** Erscheinungen;

b) im **Erfinderrecht fast durchweg** mit teils stärkeren, teils schwächeren Kautelen vor der Vornahme der Eintragung.

III. Ein formales, d. h. nicht in der Sache selbst gelegenes Rechtsmittel ist auch die **Begrenzung durch Zeitablauf** und die **Lizenzerteilung,** erstere als Mittel das Recht zu enden, letztere als Mittel es sichtbar zu begründen.

IV. Das **Verfahren** bedient sich der allgemein gültigen **zivil- und strafprozeßrechtlichen** Einrichtungen und Grundsätze. ZPO. und StPO. gelten also für das ganze Gebiet des gewerblichen Rechtsschutzes. Nur das **patentrechtliche Verfahren** ist besonders geregelt (s. unten § 41) und für das Urheberrecht gibt es Literarische Sachverständigenkammern (§ 49 UG.). Durchweg ist letzte Instanz das Reichsgericht (§§ 59 UG., 49 VG., 52 KG., 12 Gebr. MG., 33 PG., 21 WZG., 27 UWG.).

§ 9. Rechtsquellen und Literatur.

A. Die grundlegenden deutschen Gesetze.

I. Gesetz, betreffend das **Urheberrecht an Werken der Literatur und der Tonkunst.** Vom 19. Juni 1901, Fassung vom 22. Mai 1910 (RGBl. 1901 S. 227 u. 1910 S. 793). [64 §§.]

II. Gesetz über das **Verlagsrecht.** Vom 19. Juni 1901, Fassung vom 22. Mai 1910 (RGBl. 1901 S. 217 u. 1910 S. 793). [50 §§.]

III. Gesetz, betreffend das **Urheberrecht an Werken der bildenden Künste und der Photographie.** Vom 9. Januar 1907 (RGBl. S. 7). [55 §§.]

IV. Gesetz, betreffend das **Urheberrecht an Mustern und Modellen.** Vom 11. Januar 1876 (RGBl. S. 11). [17 §§.] (Geschmacksmusterschutzgesetz.)

V. Gesetz, betreffend den **Schutz von Gebrauchsmustern.** Vom 1. Juni 1891 (RGBl. S. 270). [15 §§.]

VI. **Patentgesetz.** Vom 7. April 1891 (RGBl. S. 79). [40 §§.]

VII. Gesetz zum **Schutz der Warenbezeichnungen.** Vom 12. Mai 1894 (RGBl. S. 441). [26 §§.]

VIII. Gesetz **gegen den unlauteren Wettbewerb.** Vom 7. Juni 1909 (RGBl. S. 499). [30 §§.]

B. Weitere Gesetze, Übereinkommen und Verordnungen.

1. Übereinkunft, betreffend die Bildung eines internationalen Verbandes zum Schutze von Werken der Literatur und Kunst. Vom 9. September 1886 (Fassung des Zusatzabkommens vom 4. Mai 1896; RGBl. 1887 S. 493 und 1897 S. 759).
2. Verordnung zur Ausführung des Patentgesetzes vom 7. April 1891 und des Gesetzes, betr. den Schutz von Gebrauchsmustern vom 1. Juni 1891. Vom 11. Juli 1891 (RGBl. S. 349).
3. Verordnung, betr. das Berufungsverfahren beim Reichsgericht in Patentsachen. Vom 6. Dezember 1891 (RGBl. S. 389).
4. Übereinkommen zwischen dem Deutschen Reich und Italien über den gegenseitigen Patent-, Muster- und Markenschutz. Vom 18. Januar 1892 (RGBl. S. 293).
5. Übereinkommen zwischen dem Deutschen Reich und der Schweiz, betr. den gegenseitigen Patent-, Muster- und Markenschutz. Vom 13. April 1892 (RGBl. 1894 S. 511).
6. Verordnung zur Ausführung des Gesetzes zum Schutze der Warenbezeichnungen vom 12. Mai 1894 und des Gesetzes, betr. den Schutz von Gebrauchsmustern vom 1. Juni 1891. Vom 30. Juni 1894 (RGBl. S. 495).
7. Gesetz, betr. die Patentanwälte. Vom 21. Mai 1900 (RGBl. S. 233).
8. Gesetz zum Schutze des Genfer Neutralitätszeichens. Vom 22. März 1902 (RGBl. S. 125).

9. Abkommen zwischen dem Deutschen Reich und der Schweiz zur Abänderung des Übereinkommens vom 13. April 1892. Vom 26. Mai 1902 (RGBl. 1903 S. 181).
10. Abkommen zwischen dem Deutschen Reich und Italien zur Abänderung des Übereinkommens vom 18. Januar 1892. Vom 4. Juni 1902 (RGBl. 1903 S. 178).
11. Bekanntmachung, betr. den Beitritt des Reichs zu dem Internationalen Verbande zum Schutze des gewerblichen Eigentums. Vom 9. April 1903 (RGBl. S. 147).
12. Gesetz, betr. den Schutz von Erfindungen, Mustern und Warenzeichen auf Ausstellungen. Vom 18. März 1904 (RGBl. S. 141).
13. Revidierte Berner Übereinkunft zum Schutze von Werken der Literatur und Kunst. Vom 13. November 1908 (RGBl. 1910 S. 965).
14. Übereinkommen zwischen dem Deutschen Reich und Österreich, betr. den gegenseitigen gewerblichen Rechtsschutz. Vom 17. November 1908 (RGBl. S. 655).
15. Übereinkommen zwischen dem Deutschen Reich und Ungarn, betr. den gegenseitigen gewerblichen Rechtsschutz. Vom 17. November 1908 (RGBl. S. 659).
16. Abkommen zwischen dem Deutschen Reich und den Vereinigten Staaten von Amerika, betr. den gegenseitigen gewerblichen Rechtsschutz. Vom 23. Februar 1909 (RGBl. S. 895).
17. Abkommen zwischen dem Deutschen Reich und Dänemark, betr. den gegenseitigen Schutz der Muster und Modelle. Vom 12. Juni 1909 (RGBl. S. 915).
18. Pariser Verbandsübereinkunft vom 20. März 1883 zum Schutze des gewerblichen Eigentums, revidiert in Brüssel am 14. Dezember 1900 und in Washington am 2. Juni 1911. Vom 2. Juni 1911 (RGBl. 1913 S. 209).
19. Gesetz zur Ausführung der revidierten Pariser Übereinkunft vom 2. Juni 1911 zum Schutze des gewerblichen Eigentums. Vom 31. März 1913 (RGBl. S. 236).
20. Bekanntmachung, betr. die Geltendmachung des in Artikel 4 der revidierten Pariser Übereinkunft vom 2. Juni 1911 zum Schutze des gewerblichen Eigentums vorgesehenen Prioritätsrechts. Vom 8. April 1913 (RGBl. S. 241).
21. Bekanntmachung, betr. vorübergehende Erleichterungen auf dem Gebiete des Patent-, Gebrauchsmuster- und Warenzeichenrechts. Vom 10. September 1914 (RGBl. S. 403).
22. Bekanntmachungen, betr. Erleichterungen auf dem Gebiete des Patent-, Gebrauchsmuster- und Warenzeichenrechts in ausländischen Staaten. Vom 20. Februar 1915 (RGBl. S. 107).
— Vom 12. März 1915 (RGBl. S. 151).
— Vom 31. März 1915 (RGBl. S. 212).
— Vom 13. Mai 1915 (RGBl. S. 278).
— Vom 23. September 1915 (RGBl. S. 626).
— Vom 13. April 1916 (RGBl. S. 278).
— Vom 5. Oktober 1916 (RGBl. S. 1144).
— (Finnland). Vom 10. April 1921 (RGBl. S. 487).

23. Bekanntmachungen, betr. die Verlängerung der in Artikel 4 der revidierten Pariser Übereinkunft zum Schutze des gewerblichen Eigentums vom 2. Juni 1911 vorgesehenen Prioritätsfristen. Vom 7. Mai 1915 (RGBl. S. 272).
— Vom 13. Mai 1915 (RGBl. S. 278).
— Vom 28. Juni 1915 (RGBl. S. 411).
— Vom 15. Juli 1915 (RGBl. S. 447).
— Vom 17. August 1915 (RGBl. S. 511).
— Vom 7. Januar 1916 (RGBl. S. 9).
— Vom 8. Februar 1916 (RGBl. S. 89).
— Vom 8. April 1916 (RGBl. S. 259).
— Vom 14. Juni 1916 (RGBl. S. 524).
— Vom 18. August 1916 (RGBl. S. 949).
— Vom 8. September 1916 (RGBl. S. 1007).
— Vom 22. Dezember 1916 (RGBl. S. 1430).
— Vom 12. Januar 1917 (RGBl. S. 39).
— Vom 5. Mai 1917 (RGBl. S. 401).
— Vom 22. Mai 1917 (RGBl. S. 428).
— Vom 15. November 1917 (RGBl. S. 1050).
— Vom 3. Januar 1918 (RGBl. S. 5).
— Vom 24. Mai 1918 (RGBl. S. 424).
— Vom 24. Oktober 1918 (RGBl. S. 1260).
— Vom 21. Juli 1919 (RGBl. S. 683).
— Vom 4. Februar 1920 (RGBl. S. 142).
— Vom 2. März 1920 (RGBl. S. 280).
— Vom 9. Mai 1920 (RGBl. S. 972).
— Vom 4. Juni 1920 (RGBl. S. 1125).
— Vom 30. Juni 1920 (RGBl. S. 1558).

24. Bekanntmachung über gewerbliche Schutzrechte feindlicher Staatsangehöriger. Vom 1. Juli 1915 (RGBl. S. 414).

25. Bestimmungen zur Ausführung der Verordnung über gewerbliche Schutzrechte feindlicher Staatsangehöriger. Vom 2. Juli 1915 (RGBl. S. 417).

26. Bekanntmachungen, betr. den Internationalen Verband zum Schutze des gewerblichen Eigentums. Vom 15. Januar 1916 (RGBl. S. 51).
— Vom 30. Dezember 1916 (RGBl. 1917 S. 3).
— Vom 16. Oktober 1919 (RGBl. S. 1797).
— Vom 1. November 1919 (RGBl. S. 1867).
— Vom 3. März 1920 (RGBl. S. 302).
— Vom 11. Februar 1921 (RGBl. S. 174).

27. Bekanntmachungen, betr. gewerbliche Schutzrechte von Angehörigen Portugals. Vom 23. Juni 1916 (RGBl. S. 575).
— Vom 28. Dezember 1917 (RGBl. S. 1128).

28. Bekanntmachungen, betr. gewerbliche Schutzrechte von Angehörigen Italiens. Vom 9. Januar 1917 (RGBl. S. 29).
— Vom 7. Mai 1917 (RGBl. S. 403).

29. Bekanntmachung, betr. die Verordnung über gewerbliche Schutzrechte feindlicher Staatsangehöriger. Vom 25. Januar 1917 (RGBl. S. 73).

30. Bekanntmachung über den Ausschluß der Öffentlichkeit für Patente und Gebrauchsmuster. Vom 8. Februar 1917 (RGBl. S. 121).

31. Bekanntmachung, betr. Zahlung patentamtlicher Gebühren. Vom 8. März 1917 (RGBl. S. 222).
32. Bekanntmachung über Vereinfachung im Patentamt. Vom 9. März 1917 (RGBl. S. 221).
33. Bekanntmachung, betr. den Wegfall von Erleichterungen auf dem Gebiete des Patent- und Warenzeichenrechts in den Vereinigten Staaten von Amerika. Vom 6. Mai 1917 (RGBl. S. 401).
34. Bekanntmachung, betr. Erleichterungen auf dem Gebiete des gewerblichen Rechtsschutzes in den Vereinigten Staaten von Amerika. Vom 3. Januar 1918 (RGBl. S. 6).
35. Bekanntmachung, betr. gewerbliche Schutzrechte von Angehörigen der Vereinigen Staaten von Amerika. Vom 3. Januar 1918 (RGBl. S. 6).
36. Bekanntmachung, betr. gewerbliche Schutzrechte von Angehörigen Japans. Vom 25. Januar 1918 (RGBl. S. 61).
37. Bekanntmachung, betr. gewerbliche Schutzrechte von Angehörigen Brasiliens. Vom 25. Februar 1918 (RGBl. S. 89).
38. Gesetz über den Friedensschluß zwischen Deutschland und den alliierten und assoziierten Mächten. Vom 16. Juli 1919 (RGBl. S. 687).
39. Ausführungsgesetz zum Friedensvertrag. Vom 31. August 1919 (RGBl. S. 1530).
40. Verordnung, betr. Aufhebung der Bekanntmachungen über gewerbliche Schutzrechte feindlicher Staatsangehöriger. Vom 11. Januar 1920 (RGBl. S. 37).
41. Bekanntmachungen, betr. den Schutz deutscher Warenzeichen, deutscher Gebrauchsmuster und Schutz deutscher Gewerbetreibender gegen unlauteren Wettbewerb in der Freien Stadt Danzig. Vom 27. März 1920 (RGBl. S. 355).
42. Gesetz, betr. eine verlängerte Schutzdauer bei Patenten und Gebrauchsmustern sowie die Wiedereinsetzung in den vorigen Stand im Verfahren vor dem Reichspatentamt. Vom 27. April 1920 (RGBl. S. 675).
43. Ausführungsbestimmungen dazu. Vom 8. Mai 1920 (RGBl. S. 916).
44. Bekanntmachung, betr. Schutz der deutschen Reichsangehörigen gegen den Verlust gewerblicher Schutzrechte infolge des Krieges in Österreich. Vom 3. Mai 1920 (RGBl. S. 1118).
45. Bekanntmachung, betr. Schutz der deutschen Reichsangehörigen gegen den Verlust gewerblicher Schutzrechte infolge des Krieges in der Schweiz. Vom 12. Mai 1920 (RGBl. S. 947).
46. Gesetz über patentamtliche Gebühren. Vom 4. Juni 1920 (RGBl. S. 1135).
47. Berner Abkommen zur Wahrung der durch den Weltkrieg geschädigten gewerblichen Schutzrechte. Vom 30. Juni 1920, mit deutschem Gesetz vom 3. August 1920 (RGBl. S. 1557).
48. Bekanntmachungen, betr. das Abkommen über die Erhaltung oder Wiederherstellung der durch den Weltkrieg betroffenen gewerblichen Eigentumsrechte. Vom 14. Januar 1921 (RGBl. S. 83). — Vom 21. April 1921 (RGBl. S. 493).

49. Bekanntmachungen, betr. das am 30. Juni 1920 in Bern unterzeichnete Abkommen über die Erhaltung oder Wiederherstellung der durch den Weltkrieg betroffenen gewerblichen Eigentumsrechte. Vom 26. März 1921 (RGBl. S. 446).

— Vom 6. April 1921 (RGBl. S. 479).

50. Gesetz, betr. die patentamtlichen Gebühren. Vom 6. Juli 1921 (RGBl. S. 826).

51. Gesetz zur Sicherung von gewerblichen Schutzrechten deutscher Reichsangehöriger im Ausland. Vom 6. Juli 1921 (RGB. S. 828).

52. Bekanntmachung, betr. die Begründung, Erhaltung oder Wiederherstellung von gewerblichen Schutzrechten der Angehörigen der Vereinigten Staaten von Amerika. Vom 6. Juli 1921 (RGBl. S. 844).

C. Aus der Literatur.

Allfeld, Urhebergesetz. München 1908.

de Boor, Urheberrecht und Verlagsrecht. Stuttgart 1917.

Damme, Patentrecht, 2. Aufl. Berlin 1911.

Daude, Die Reichsgesetze über das Urheberrecht an Werken der Literatur und der Tonkunst und das Verlagsrecht. Berlin 1910.

Dernburg, Bürgerl. Recht, Bd. 6, fortgesetzt von Kohler. Halle 1910.

Dunkhase, Beiträge zum Patentrecht, 2. Aufl., Heft I—VI. Berlin 1913—1914.

Freund und Magnus, Warenzeichengesetz, 5. Aufl. Berlin 1909.

Fuld, Urheberrecht an Werken der bildenden Künste und der Photographie. Berlin 1907.

— Gesetz gegen den unlauteren Wettbewerb. Hannover 1914.

Isay, Kommentar zum Patentgesetz, 3. Aufl. Berlin 1920.

Kent, Das Patentgesetz. 2 Bde. Berlin 1907.

Kloeppel, Grundlagen des Markenschutzes. Berlin 1911.

Kohler, Urheberrecht an Schriftwerken und Verlagsrecht. Stuttgart 1907.

— Kunstwerkrecht. Stuttgart 1908.

— Musterrecht. Stuttgart 1909.

— Lehrbuch des Patentrechts. Mannheim 1908.

— Handbuch des Patentrechts. Mannheim 1900.

— Unlauterer Wettbewerb. Berlin 1914.

— Warenzeichenrecht. Mannheim 1884.

Lindemann, Urheberrecht an Werken der Literatur und der Tonkunst. 4. Aufl. Berlin 1921.

Lutter, Patentgesetz, 8. Aufl. Berlin 1920.

Mittelstädt-Hillig, Urhebergesetz. Leipzig 1901.

Neuberg, Urheberrecht an Mustern und Modellen und Gebrauchsmusterschutz. Berlin 1911.
Osterrieth, Lehrbuch des gewerblichen Rechtsschutzes. Leipzig 1908.
Pinner-Elster, Gesetz gegen den unlauteren Wettbewerb, 7. Aufl. Berlin 1920.
Pinner-Eyck, Gesetz gegen den unlauteren Wettbewerb, 2. Aufl. Berlin 1910.
Riezler, Deutsches Urheber- und Erfinderrecht, Erste Abteilung (Urheberrecht). München 1909.
Rosenthal, Reichsgesetz gegen den unlauteren Wettbewerb. 5. Aufl. Berlin 1921.
Röthlisberger, Urheberrechtsgesetze und -verträge in allen Ländern. Leipzig 1914.
Schanze, Patentrechtliche Untersuchungen. Berlin 1902—1904.
— Erfindungen und Muster. Leipzig 1899.
Gutachten der Kgl. preuß. Sachverständigen-Kammern.
Seligsohn, Kommentar zum Patentgesetz, 6. Aufl. Berlin 1920.
— Kommentar zum Warenzeichengesetz, 2. Aufl. Berlin 1905.
Voigtländer-Fuchs, Urheber- und Verlagsrecht. Leipzig 1901.
Wassermann, Grundzüge des deutschen Patentrechts. Berlin und Leipzig 1910.

Zeitschriften:

Gewerblicher Rechtsschutz und Urheberrecht, Zeitschrift des deutschen Vereins für den Schutz des gewerblichen Eigentums, herausgeg. von Albert Osterrieth. Jetzt 26. Jahrgang.
Markenschutz und Wettbewerb. Monatsschrift für Marken-, Patent- und Wettbewerbsrecht. Organ der Gesellschaft für Weltmarkenrecht, herausgeg. von Martin Wassermann. Jetzt 20. Jahrgang.
Blatt für Patent-, Muster- und Zeichenwesen. Herausgeg. vom Reichspatentamt. Jetzt 27. Jahrgang.
Patentblatt (mit Auszügen aus den Patentschriften), Herausgeg. vom Reichspatentamt. Jetzt 45. Jahrgang.
Zeitschrift für Industrierecht, jetzt herausgeg. von Patentanwalt Dr. Landenberger.

B. Ausführender Teil.

I. Literarisches und musikalisches Urheberrecht.

(Gesetz v. 19. Juni 1901, RGBl. S. 227; Novelle v. 22. Mai 1910, RGBl. S. 793).

§ 10. Der Gegenstand des Urheberrechts.

I. **Subjekt und Objekt des UR.**

Das Subjekt des UR., der „Urheber", ist nicht von sich aus begriffsbestimmt. Er ist abhängig von dem Werk, dessen Urheber er ist. Der Begriff ist also relativ, er ist bezüglich auf das Objekt. § 1 des Ges. sagt, daß die Urheber der und der Werke geschützt werden, und § 2 sagt, Urheber ist der „Verfasser". Damit verweist uns das Gesetz auf das Werk, ehe wir vom Subjekt, vom persönlichen Träger des Schutzes für das Werk sprechen können.

II. **Begriff des UR. und seines Gegenstandes.**

UR. ist (vgl. oben § 1) das Recht an geformten geistigen Werten, die sich als Verkehrsgut eignen.

Damit ist nicht gesagt, daß der geistige Wert, der da geformt ist, schon Verkehrsgut geworden sein muß, um UR.-Schutz zu genießen, oder auch nur dazu bestimmt ist, sondern nur eignen muß er sich dazu (unveröffentlichte Dichtung, Briefe u. dgl.). Daher besteht an einer tatsächlichen brieflichen Mitteilung an sich keinerlei UR., nur Persönlichkeitsrecht, an den Briefen eines bedeutenden Mannes kann jedoch UR. entstehen.

Dabei aber ist es gleichgültig, ob es große oder kleine Münze ist, was da geschaffen ist. Briefe bedeutender Männer werden nicht wegen der Bedeutung ihres Inhaltes eher zu Gegenständen des Urheberrechts als die Briefe kleinerer Geister, sondern nur, weil sie eher zu verkehrsfähigen Gütern werden. Daß geistige Tätigkeit aufgewendet sein muß, wird verlangt, aber ob das im größeren oder geringeren Maße geschah, ist gleichgültig (RGSt. 39, 100, 282; 41, 401). Im übrigen kann jede Äußerung schriftlicher (unter

Umständen auch mündlicher) Natur Gegenstand des Urheberrechts werden, wenn sie sich als besondere geistige Schöpfung darstellt und verkehrsfähige, wettbewerbsmögliche Form hat, also auch Prospekte, Ankündigungen, Waren- und Preisverzeichnisse, Inserate, Gewinnlisten, Adreßbücher, Kochrezepte, Gebrauchsanweisungen, kurze sachliche Beschreibungen, geschäftliche Formulare, Vertragsschemata (vgl. RGZ. 27, 21; RGSt. 17, 195; 39, 100; 41, 401; 43, 229; 46, 159; 48, 330; RG. in M. u. W. 15, 133).

Es kann etwas nur dann Gegenstand des UR. sein, wenn es als Immaterialgut zugleich ein Persönlichkeitsgut ist. Das wird besonders an der oft umstrittenen Frage des UR. an Briefen deutlich.[1] Ein reines Persönlichkeitsrecht, das schon an sich UR. an Briefen begründete, wird vom Reichsgericht mit Recht abgelehnt und eine besondere urheberrechtliche Kraft der Briefe verlangt. Das kann aber nicht lediglich im Sinne „literarischer" Bedeutung verstanden werden, vielmehr hat das RG. zutreffend von den „persönlichkeitsrechtlichen Elementen" des UR. gesprochen. Diese müssen neben den wettbewerbsrechtlichen Elementen gewürdigt werden.

Eines dieser beiden Elemente allein genügt nicht; weder das geistige Schaffen an sich noch die verkehrsfähige Form ohne eigenes Schaffen gibt UR. Öffentliche Reden im Parlament sind ja nur deshalb nicht vor Nachdruck geschützt, weil sie nicht in die wettbewerbrechtliche Kategorie fallen, und journalistische Artikel und Nachrichten genießen eben aus diesem Grunde geringeren Schutz als feuilletonistische, weil die letzteren stets wettbewerblich als literarisches Verkehrsgut auftreten. Dies sind also persönliche Elemente des Urhebers, die das literarische Erzeugnis auch in seiner Rechtswirkung beeinflussen. Daher werden Briefe eines Dichters oder Philosophen (z. B. der Fall Nietzsche) leichter und unanfechtbarer urheberrechtlich geschützt erscheinen, als dies bei anderen der Fall ist. Aber das persönlichkeitsrechtliche Moment erschöpft sich nicht etwa nur im Literarischen. Auch aus anderen persönlichkeitsrechtlichen Interessen entsteht UR. an Briefen. Die besondere Stellung eines Autors und eines Schriftwerkes hat Einfluß auf die urheberrechtliche Stellung des Werkes. Das gilt für und wider den Berechtigten. Wenn die Reden, die der Kaiser oder

[1] Kohler, Das Recht an Briefen. Berlin 1893. Elster, Vom Urheberrecht der kaiserlichen Briefe an Bismarck, M. u. W. 20, 149; RGZ. 69, 403. Durch die freiwillige Freigabe der Kaiserbriefe in diesem Fall ist die Rechtsfrage der endgültigen juristischen Lösung entzogen worden.

Bismarck im Parlament[1] hielten, infolge dieser Stellung des Redners oder des Werkes ungeschützt sind, so sind andererseits ihre Briefe ebenso infolge ihrer Stellung geschützt. Infolge dieser Stellung ist die geistesschöpferische Bedeutung sowohl wie die wettbewerbrechtliche Verkehrsguteigenschaft[2] gegeben, und das hebt kraft immanenter urheberrechtlicher Grundsätze solche Briefe in den Rahmen der Schutzrechte.

So allein ist der Begriff des schutzfähigen Schriftwerks zu erfassen und festzulegen.

Gegen die Verkehrsgut-Eigenschaft[3] als notwendiges Erfordernis de Boor (Urheber- und Verlagsrecht), aber mit m. E. unzureichenden Gründen. Sein Versuch, das entscheidende Gewicht auf die Sprachform zu legen, läßt die gewerbeschutzrechtliche Seite vermissen und hält sich, zum Schaden der Richtigkeit, lediglich an die geistige Seite.

III. **Das geformte geistige Verkehrsgut.**

a) **Aufzählung.** Was Form des Geisteswerks nach lit. UR. bedeutet, wird aus der Aufzählung der geschützten Erzeugnisse in § 1 des Gesetzes klar:

1. Schriftwerke;
2. Solche Vorträge und Reden, welche dem Zwecke der Erbauung, der Belehrung oder der Unterhaltung dienen;
3. Werke der Tonkunst;
4. Solche Abbildungen und plastischen Darstellungen wissenschaftlicher oder technischer Art, welche nicht ihrem Hauptzwecke nach als Kunstwerke zu betrachten sind;
5. Choreographische und pantomimische Werke, auch wenn der Bühnenvorgang auf andere als schriftliche Weise festgelegt ist.

b) **Die einzelnen Formen.**

1. Schriftwerk.

Der Begriff des Schriftwerks ist in weitem Sinne zu fassen. Jede Art Schrift als Gedankenausdruck kommt in Frage, gleichgültig, wo sie festgelegt ist und wie sie erfolgt (Fremdenbuch, Wand, Stein; auch Blindenschrift, Notenschrift, Grammophonplatte, bildliche Darstellung).

---

[1] Daß diese Reden auch außerhalb öffentlicher Verhandlungen bei Staatsoberhäuptern und Ministern immer ungeschützt seien, wurde bei Beratung des UrhG. behauptet, ist aber mit Recht bestritten.

[2] Denn dank der Stellung des Autors und ihres Inhalts werden solche Briefe geeignet, in Buchform oder in Zeitschriften als Immaterialgut gewertet zu werden.

[3] Verkehrsgut-Eigenschaft ist nicht identisch mit Verlagsfähigkeit.

An sich ist Briefform (s. oben II) oder die Form als Verordnung, Erlaß oder dgl. natürlich für die Schriftwerkeigenschaft gleichgültig.[1]

Aber obwohl sie an sich Schriftwerke sind, sind aus politisch-sozialen Gründen kraft positiver Gesetzesvorschrift — ebenso wie die Vorträge und Reden in öffentlichen Verhandlungen s. unten sub 2 — gegen Abdruck ungeschützt (§ 16 UG.): Gesetzbücher, Gesetze, Verordnungen, amtliche Erlasse und Entscheidungen sowie andere zum amtlichen Gebrauche hergestellte Schriften.

Bezüglich der Gerichtsentscheidungen ist zu beachten, daß Bearbeitungen und kritische Auszüge anders zu beurteilen sind (RGSt. 36, 195); vgl. unten § 11. Abdruckfrei sind auch da nur die amtlichen Entscheidungen, nicht Entscheidungen privater Schiedsgerichte oder dgl.

Gesetzentwürfe, Protokolle, Denkschriften als amtliche Arbeiten sind abdrucksfrei. Nicht abdrucksfrei dagegen Privatarbeiten in amtlichem Auftrage. Aber es ist nicht ganz leicht festzustellen, was „amtliche Schriften" oder Schriften zum amtlichen Gebrauch im Einzelfalle sind.

Zu amtlichen Schriften gehört jedes Schriftstück, das eine öffentliche Behörde oder ein öffentlicher Beamter über einen amtlichen Gegenstand aus amtlicher Veranlassung verfaßt — natürlich nur, soweit sie für den amtlichen Gebrauch bestimmt sind. Nicht etwa, wie das den stenographischen Berichten bei der Beratung des UG. zu entnehmen ist, auch „Schriften, die von einer Behörde herausgegeben werden, sich aber von vornherein an das Publikum und nicht an die Adresse einer Behörde wenden". Dem Willen der Behörde bzw. des Verfassers ist da immerhin ein gewisser Spielraum gelassen und ein wichtiger Einfluß eingeräumt. Die Auslegung, ob eine amtliche Schrift vorliegt, kann von der Behörde selbst beeinflußt werden. Denn mit jedem Dazwischentreten einer erkennbaren individuellen Einzelleistung, die mit dem Anspruch auf Beachtung auftritt, stellt sich auch das subjektive UR. ein und die Gemeinfreiheit nach § 16 UG. schwindet. Auch gibt jedes Dazwischentreten einer Übergabe der Arbeit in bestimmten Verlag die Absicht der verlaggebenden Stelle (Behörde oder dgl.) kund, daß das Werk nicht als gemeinfrei für den Nachdruck zu gelten habe.

Einen Sonderfall würde es bilden, wenn eine gemeinfreie amtliche Schrift, die beispielsweise dem Parlament vorgelegt worden ist, außerdem einem Einzelnen in autorisierter Ausgabe überantwortet wird. Dann können sich Zweifel ergeben, wobei dann wohl jede Besonder-

---

[1] Über abdruckerlaubte Zeitungs- und Zeitschriftenbeiträge s. unten § 19.

heit der autorisierten Ausgabe geschützt ist, während der reine amtliche Text als gemeinfrei gelten kann, sofern er nur zu amtlichem Gebrauche (wozu auch der Gebrauch im Parlament gehört) bestimmt war. Man kann aber in dieser Hinsicht auch weiter gehen und behaupten, daß durch die Inverlaggabe einer autorisierten Ausgabe die Nachdrucksfreiheit des zum amtlichen Gebrauch vorgelegten Textes aufhört, weil hier das Moment der Verbreitung ins Publikum und des Dazwischentretens eines Monopolrechtes aus dem Willen der berechtigten Stelle sich ergibt.

2. Vorträge und Reden.

Den Gegensatz zu den erbauenden, belehrenden und unterhaltenden Vorträgen und Reden, die geschützt sind, bilden (nach § 17 UG.) Vorträge und Reden, die Bestandteil einer öffentlichen Verhandlung sind. Deren Wiedergabe ist für jedermann frei in Zeitungen oder Zeitschriften. Handelt es sich um Verhandlungen der Gerichte, der politischen, kommunalen und kirchlichen Vertretungen, so ist auch die Vervielfältigung der Reden und Vorträge in Buchform gestattet, außer in einer Sammlung, die der Hauptsache nach Reden desselben Verfassers enthält. Daß enge Auslegung der Bestimmung des § 17 UR. geboten ist, also Reden und Vorträge außerhalb der öffentlichen Verhandlungen nicht nachdruckfrei sind, auch wenn sie gleichen Gedankeninhalt wie Reden bei einer solchen Verhandlung haben, ergibt sich aus RGSt. 36, 8. Predigten u. dgl. gehören also nicht zu den frei wiederzugebenden Reden.

3. Werke der Tonkunst.

Akkorde sind nicht geschützt, Tonfolgen (Melodien) sind geschützt (§ 13 UG.). Auszüge und Einrichtungen sowie mechanische Wiedergaben (Grammophon) sind für den Urheber geschützt (§ 12 UG.). Der Schutz der Tonwerke ist also sehr streng. Den „Paraphrasen", Phantasieen, Variationen, Transkriptionen aus fremder Feder über bekannte Melodien, soweit die Schutzdauer nicht abgelaufen oder die Genehmigung des Urhebers erteilt ist, ist der Boden entzogen. (Näheres s. unten § 17).

4. Abbildungen.

Abbildungen, die ihrem Hauptzwecke nach zur Illustration von Schriftwerken dienen, sind nach UR. geschützt; Gegensatz: selbständige Kunstwerke, Kunstblätter. Diese fallen wie alle künstlerischen Bildwerke und Photographien an sich unter das Kunstschutzgesetz, s. Abschnitt III dieses Buches. Über das Recht der Abbildungen s. unten § 15.

Plastische Darstellungen als Abbildungen: wissenschaftliche Moulagen. Über Filmwerke s. unten § 18 dieses Buches.

5. Choreographische und pantomimische Werke.

An dem grundsätzlichen Urheberschutz dieser Werke zeigt es sich, daß de Boors Betonung der Sprachform als Grundlage des UR. falsch ist, daß vielmehr das geistige Erzeugnis seine Form beliebig wählen kann; auch Tanzfiguren sind wie Ausstattungen eines gewerblichen Schutzrechts teilhaftig, und als Bild, als Rhythmus, als Ergebnis geistig-schöpferischer Gestaltung gehören derartige Werke aus eigenem Recht in den urheberrechtlichen Schutz.

Hierzu müssen jetzt auch die Filmwerke gerechnet werden (s. unten § 18).

Bearbeitung und freie Benutzung. § 11

A. Wesen der Bearbeitung.

Vom Wesen der Bearbeitung soll schon jetzt die Rede sein, weil der Bearbeiter Urheber ist, also das Subjekt des UR. (s. unten § 12) erst vollends klargestellt ist, wenn auch das Wesen der Bearbeitung und „eigentümlichen Schöpfung" festgelegt ist.

Originalität in allen Dingen ist nicht möglich und wird nicht verlangt (jeder ehrliche Schaffende weiß, wie sehr er abhängig ist von alledem, was er bei anderen gesehen und gelesen hat). Jeder Urheber und Schöpfer ist also in gewissem Sinne Bearbeiter. Aber die Grenze des Eigenen gilt es aufzuzeigen und damit zugleich das Wesen des wahren Schaffens.

B. Begriff von ‚Werk' und von ‚Bearbeitung'.

Der **Begriff „Werk"** wird für ganz verschiedene Arten von Gegenständen des Urheber- und Verlagsrechts gebraucht.

I. Der Begriff gilt nicht nur für Erzeugnisse der verschiedenen Arten geistiger Betätigung: literarische, tonkünstlerische Werke und Werke der bildenden Kunst, er umfaßt auch die verschiedensten Arten der Vervielfältigung (Schriftform, Tanzform usw., s. den vorigen Paragraphen), er umfaßt auch in gleicher Weise große Bücher wie einzelne Zeitungsaufsätze („Beiträge"), große Kunstwerke wie einzelne Abbildungen, ebenso ganz originale Werke wie Bearbeitungen, sofern diese nur einen gewissen Grad von Originalität haben. Daraus ergibt sich der Schluß: es handelt sich nicht um Äußeres, sondern um Geistiges

Art. 2 der Berner Übereinkunft versucht eine Art Begriffsumschreibung, indem es dort heißt: „Der Ausdruck ‚Werke der Literatur und Kunst' umfaßt alle Erzeugnisse aus dem Bereiche der Literatur oder der Wissenschaft oder der Kunst ohne Rücksicht auf die Art oder die Form der Vervielfältigung, wie: Bücher, Broschüren und andere Schriftwerke; dramatische oder dramatisch-musikalische Werke, choreographische und pantomimische Werke, sofern der Bühnenvorgang schriftlich oder auf andere Weise festgelegt ist; Werke der Tonkunst mit oder ohne Text; Werke der zeichnenden Kunst, der Malerei, der Baukunst, der Bildhauerei; Stiche und Lithographien; Illustrationen, geographische, topographische, architektonische oder wissenschaftliche Pläne, Skizzen und Darstellungen plastischer Art." Und weiter: „Den gleichen Schutz wie die Originalwerke genießen, unbeschadet des Urheberrechts an dem Originalwerk, Übersetzungen, Adaptationen, musikalische Arrangements und andere Umarbeitungen eines Werkes der Literatur oder der Kunst sowie Sammlungen aus verschiedenen Werken."

Das ist eine Aufzählung fachlicher, nicht juristischer Kategorieen und legt das Wesentliche des Begriffes „Werk" nicht klar. Um so weniger, als der Begriff Werk nach deutschem Gesetz außer der geistigen Wertaussage auch noch eine graduelle Wertaussage (nach der äußeren Größe der Leistung) bedeutet. (Werk gegen Beitrag und Bearbeitung.)

II. Weiter umfaßt der Begriff sowohl die geistige Form im Rohbau wie das fertig hergestellte Buch, Bild, Filmerzeugnis usw.

Freilich ist diese letztere Bedeutung wohl nur im übertragenen Sinne zu verstehen, also in Zweifelsfällen rechtlich ohne Belang (vgl. die Beurteilung des § 29 UG. unten § 12 III b).

Es ergeben sich die Stufenleitern des Begriffs Werk:

a) **geistige Form, Manuskript, Buch;**

b) **selbständiges Werk, Beitrag, Bearbeitung** (Übersetzung, Umgestaltung).

Dabei steht der höhere Begriff im Ernstfalle dem niederen im Wege: also nicht nur das ‚Buch' als Ware darf unberechtigtermaßen nicht vervielfältigt werden, auch die geistige Form des Werkes, z. B. ein Roman mit bestimmtem Gedankeninhalt, das Lehrbuch eines bestimmten Wissensgebietes darf nicht, auch nicht in abgeänderter Form, vervielfältigt werden — es sei denn, daß ein wirklich neues, eigentümliches Werk daraus entsteht, was aber klar und nachweisbar, und von Fachkreisen als solches anerkannt, in Erscheinung treten müßte.

Ebenso steht naturgemäß das Werk als Original dem Werk als Bearbeitung im Wege und auch dem einem Sammelwerk zugehörigen Beitrag, falls es zu einer Kollision beider kommt.

Im allgemeinen gilt das, was für „Werke" bestimmt ist, auch für Beiträge und Bearbeitungen. (VG. §§ 1 ff.) Hier und da wird aber im Gesetz deutlich unterschieden zwischen Werk und Beitrag. (VG. §§ 3, 18, 25, 41—46.) Darauf muß bei der Benutzung und

Auslegung des Gesetzes geachtet werden. Bei der Auslegung des § 47 VG. (s. unten § 23) ergibt sich die Notwendigkeit dieser unterscheidenden Erkenntnis.

C. Das Recht der Bearbeitungen.

In §§ 12—14 UG. wird von dem Recht der **Bearbeitungen** gehandelt.

I. **Grundsatz des § 12:** Das Recht des Urhebers des Originalwerks erstreckt sich auch auf Wiedergaben in anderer Bearbeitung:

Übersetzung, Dramatisierung, Auszug und Einrichtung (namentlich bei musikalischen Werken), mechanische Wiedergabe, Filmung.

II. **Grundsatz des § 13:** Freie Benutzung ist zulässig, wenn die Bearbeitung zu einer „eigentümlichen Schöpfung" wird.

III. **Grundsatz des § 14:** Das im § 12 UG. dem Urheber vorbehaltene Recht auf Wiedergabe verbleibt ihm im Zweifel auch, wenn er das Urheberrecht auf einen anderen übertragen hat:

also für Übersetzung, Dramatisierung, mechanische Wiedergabe, Filmung, bei musikalischen Werken sogar für jede Bearbeitung, auch wenn sie nicht bloß Auszug oder Einrichtung ist. Also hier noch eine Verschärfung der Rechte des Urhebers, die im Übertragungsvertrag in der Regel nicht mit abgetreten werden.

D. Kritik und Lehre.

I. **Kritik.**

Das Gesetz geht hier nicht systematisch vor, und man darf hier von einem redaktionell-logischen Fehler sprechen. Der § 13 UG. steht da wie eine Ausnahme von § 12 UG., während er in Wirklichkeit Fortführung des Grundgedankens von § 11 UG. (UR. der Originalschöpfung) bedeutet, nämlich die Festsetzung, daß „eigentümliche Schöpfung" UR. mit sich bringt, auch wenn (§ 13 UR.) es sich auf der Bearbeitung oder freien Benutzung eines fremden Werkes aufbaut.

II. **Lehre.**

Der Gegensatz ist also nicht so sehr: Original gegen Bearbeitung, sondern: Eigentümliche Schöpfung gegen Wiedergabe in bearbeiteter Form. Mit dieser Grundlehre stimmen die Entscheidungen des Reichsgerichts in RGZ. 63. 158 und 82, 16 (Neuschöpfung eines Operettenlibrettos aus einem Lustspiel usw.) ziemlich überein, selbst wenn vielleicht die Entwicklung dahin gehen mag, strenger zu urteilen, sobald beide Werke unmittelbar miteinander in Wettbewerb treten. Der wesentliche Gegensatz ist aber: „Neuschöpfung" gegen „Wiedergabe mit veränderten Mitteln".

Daß dem so ist, ist erst völlig klar und akut geworden durch die Ausbreitung der Filmung von literarischen Werken.

Der Ton bei der Aufzählung in § 12 UG. liegt nicht auf den Worten „Dramatisierung" oder „kinematographische Benutzung" usw. — die anderen Fälle und Beispiele bieten zu Mißverständnissen keinen Anlaß —, sondern auf dem Wort „Wiedergabe". Nicht um bestimmte sachliche und fachliche Kategorien handelt es sich im Grunde sondern um eine Umschreibung dessen, was in der Regel als unfreie, nicht eigentümliche Schöpfung anzusehen ist, also als untergeordnete, nicht durch das Feuer der Neuschöpfung gegangene Bearbeitung. Ob das im einzelnen Fall vorliegt, ist Tatfrage, und nach ihr richtet sich das Urteil. Die Entscheidung ist natürlich nicht leicht, wird auch auf zahlreiche Grenzfälle stoßen. Aber ein wichtiges Mittel der Erkenntnis, das theoretisch und praktisch von Bedeutung ist, gibt es auch hier auf Grund unserer Festlegung des Gegenstandes des UR. (s. oben § 10: in Verkehrsform gebrachtes geistiges Gut).[1]

Die Verkehrsform ist gegeben durch Niederschrift der Gedanken; die Formgebung ist die künstlerische Formgebung an sich, nicht die spezielle Formgebung als Romankapitel, als Szenenfolge, als Lichtbild, in französischer statt deutscher Sprache. Das wäre nur Wechsel des Ausdrucksmittels, nicht der Formgebung, und die durch die Veränderung des Ausdrucksmittels erforderlich gewordene Änderung der Gestaltung ist keine neue künstlerische Formgebung im Sinne der Neuschaffung eines Geisteswertes. Nur wenn die höhere Form, die in der Seele des Schaffenden entstanden ist und dem Werk das Gepräge gibt, gewandelt wird, ist eine eigentümliche Schöpfung gegeben, die das UR. des Schöpfers des benutzten Werkes ignorieren darf und übertönen kann.

Da auch in diesen Fragen der Wahrheitsgedanke der geistigen Eigenschöpfung von ausschlaggebender Bedeutung ist, so ist das Merkmal der „eigentümlichen Schöpfung" kein schematisches. Auf einem Gebiet beispielsweise, das nicht mehr viel Abwandlung verträgt oder dessen Wandelung eng begrenzt ist, muß an die Neuschöpfung ein bescheidenerer Maßstab gelegt werden als auf einem Gebiet, wo alles noch frei ist und der neue Erbauer nicht nötig hat, dicht an den alten heranzurücken. Hat also jemand ein freigeschaffenes eindrucksvoll neues Sujet behandelt, so ist es gegen Wiederholung

[1] Daß die Bearbeitung selbständiges Urheberrecht gegen andere Bearbeitung verschafft, darüber s. im folgenden § 12.

in anderer Arbeit empfindlicher als etwa die Darstellung alter menschlicher Spruchweisheiten zur Belehrung oder religiöser Heilswahrheiten zur Erbauung, bei denen schon verhältnismäßig geringe neue Farbtöne das neue Werk zu einer eigenartigen Schöpfung machen. Dasselbe gilt von einfacheren Darstellungen von Tatsachen oder Vorgängen, die man nur schwer oder gar nicht anders ausdrücken kann, als es schon einmal geschehen ist; denn ein Monopol auf Beschreibungen bestimmter Vorgänge und Verfahren oder auf den Gebrauch allgemeingültiger Worte gibt es natürlich nicht. Auch hier ist maßgebend, ob die Ähnlichkeit gesucht oder im Gegenteil unvermeidbar war. Vgl. RGZ. 85, 248.

Der gleiche Gesichtspunkt der Wahrheit der durch inneres Feuer gegangenen Neuschöpfung ist zu beachten, wenn es sich um Bearbeitung schon behandelter Themata durch den Schöpfer der ersten Behandlung selbst handelt; denn dieser hat größere geistige Bearbeitungsrechte an seinem Werke als der Fremde, mag auch an der ersten Fassung Verlagsrecht einem Dritten eingeräumt sein. Der Wettbewerbsgedanke hat hier einen weiteren Weg bis zur Unlauterkeit als im Fall der Benutzung fremden Geistesguts zu eigener Bearbeitung. Es kommt auch hier — wie im gewerblichen Schutzrecht überhaupt — ganz erheblich darauf an, ob der Anlaß zur Neufassung das geistige Schöpferbedürfnis des sein Gesamtwerk immer bessernden Schöpfers ist oder ob die Nutzung fremden Guts der wettbewerbliche Anlaß war.

Hat ein „Bearbeiter" aber das Recht zur Bearbeitung, d. h. zur Wiedergabe, erworben, ist er also vom Berechtigten autorisiert worden — im Gegensatz zu seiner Auto-Autorisierung bei wirklich neuschaffender „eigentümlicher Schöpfung", dann hat er sich treu an das Original zu halten. Das bedeutet nicht, daß er bei musikalischen Arrangements und Paraphrasen nicht eigene Übergänge, andere Stimmverteilung, Vereinfachung oder Variationen anbringen darf, bei Filmung nicht das Erzählte mit Ausschmückung sichtbar, im Bild unverständliche Motivierung weglassen oder abwandeln, bei der Übersetzung nicht z. B. Gallizismen durch deutsche Sprichwörter ersetzen dürfe — das alles darf er —, es bedeutet jedoch: daß er sich im höheren Sinne treu an das Original halten müsse: nicht die musikalischen Motive verunstalten, nicht die künstlerisch-ethischen Beweggründe einer Handlungsweise des Stücks vergröbern, nicht einen falschen Sinn durch Übersetzung zustandekommen lassen darf. Das würde dem Wahrheitsgedanken widerstreiten, der sich durch das ganze gewerbliche Schutzrecht zieht. An dem wirklichen Inhalt des Originals durch Filmung oder Übersetzung u. dgl. Änderungen vorzunehmen, wäre Fälschung und somit eine Verletzung des UR. gerade in seinem persönlichkeitsrechtlichen Teil.

Hiernach ist auch die Frage zu beurteilen, ob der Erwerber eines Übersetzungsrechts damit zugleich die Verpflichtung übernehme, die Übersetzung nur in der Form wie das Originalwerk herauszugeben, etwa in dem Sinne, daß er nicht seine eigene Meinung irgendwie dabei zum Ausdruck bringen dürfe. Diese Forderung der Wahrung des Originals kann sich nicht erstrecken auf eine dem Buche selbst beigegebene Äußerung der Meinung des Übersetzers oder Herausgebers, sofern nur der originale Text ohne jede Verdunkelung als solcher kenntlich bleibt. Es ist sogar durchaus üblich, daß bei Übersetzungen Fußnoten gebracht werden als „Anmerkung des Übersetzers", und daß in solchen Anmerkungen der Übersetzer auch sachlich Stellung zu dem Inhalt des übersetzten Originalwerkes nimmt. Wie weit in solcher selbständigen Meinungsäußerung als kenntliche Zutat zum Originalwerk gegangen werden darf, ergibt sich lediglich aus den Umständen des Falles. Bei dem Erwerb des Übersetzungsrechts eines dichterischen Werkes ist nach Treu und Glauben gemäß der Verkehrssitte sachliche Stellungnahme des Übersetzers in der Regel nicht erlaubt, denn dazu läge keine Veranlassung vor und der Überlasser des Übersetzungsrechts kann dergleichen nicht vermuten; anders bei einem wissenschaftlichen oder politischen Werk. Immer aber wird ein Vorwort gestattet sein, in welchem etwa der Übersetzer oder Herausgeber kundtut, warum er das Buch übersetzt und wobei er unter Umständen sehr wohl sagen könnte, daß er trotz des Entschlusses, es zu übersetzen, nicht durchaus mit der Tendenz des Werkes einverstanden sei.

§ 12. Der Träger des Urheberrechts.

A. Regelfälle der Berechtigung.

Aus dem berechtigenden Werk (s. oben §§ 10 u. 11) ergibt sich der Berechtigte, der Träger, das Subjekt des UR.

I. **Berechtigter ist:**

a) **Der Schöpfer des Originalwerks.**

b) **Der Verfasser der Bearbeitung, Übersetzung, Filmung usw.**

c) **Der Träger des übertragenen UR.**

II. **Die Arten der Berechtigten des nicht übertragenen UR.**

a) **Verfasser.**

Nach § 2 UG. ist Urheber der Verfasser. In der Reichstagskommission wurde gesagt, Verfasser sei, wer dem geistigen Werke seinen sichtbaren Leib gegeben hat. Das ist dasselbe, was wir hier Formgebung nennen.

Aber in die Formgebung können sich auch mehrere teilen. Dann entsteht Miturheberrecht (s. unten c) oder es entstehen streitige Grenzfälle. Auch gibt es Teilung nach dem Gegenstand (Originalwerk und Bearbeitung, s. unten zu C Ia).

b) **Anreger, Besteller und Herausgeber.**

1. Das Gesetz hat übersehen, daß auch der Anreger eines Werkes UR. haben kann und daß der „Verfasser" nur Ausführender ist, dem es am (vollen oder teilweisen) UR. mangelt. Man ersieht daraus wieder, daß „Verfasser" kein ausschlaggebender Begriff ist, sondern daß der Träger des UR. sich nur aus dem Gegenstand des UR. und den dazugehörigen Umständen des Falles ergibt.

Daß solche Fälle vorkommen, erwähnt das Gesetz selbst in § 3, wonach „juristische Personen des öffentlichen Rechts, die als Herausgeber ein Werk veröffentlichen, dessen Verfasser nicht auf dem Titelblatt, in der Zueignung, in der Vorrede oder am Schlusse genannt wird", als Urheber des Werkes angesehen wird. Das ist nur eine Rechtsvermutung zu dem Zweck, damit ein Berechtigter überhaupt da sei, ein Träger des UR. an Stelle des Verfassers. Vgl. a. § 7 UG.

Einen Schritt weiter geht es, wenn bei Sammelwerken der Herausgeber oder der Verleger als Urheber gilt. Denn diese werden lebhafteren Verfasseranteil an der Schöpfung haben. (§ 4 UG.)

Über die Rechtsverhältnisse an Sammelwerken s. unten § 19.

2. Daß ein Verfasser seine Arbeit von vornherein so in fremdem Auftrage schreiben kann, daß er UR. originär für den Anderen entstehen läßt, ist unbestritten.

Zum Streit führt es aber leicht, ob das im einzelnen Fall geschehen ist und Absicht der Beteiligten war. Das hängt von dem zugrunde liegenden Vertragsverhältnis — zumeist Dienstverhältnis — ab, kann aber auch aus der Art der Arbeit, der Abfassung nach bestimmt vorgezeichnetem Plane, also aus den Umständen des Falles hervorgehen (vgl. u. a. die Behandlung des § 47 VG. unten § 29). Steht jemand im Dienstverhältnis eines anderen und schafft er nach dessen Anweisungen, mit dessen Mitteln, zu dessen gewerbsmäßigem Nutzen ein Schriftwerk, so ist stillschweigende Übertragung des UR. bzw. Entstehung des UR. des Anderen anzunehmen (RGSt. 15, 405; RGZ. 34, 105; RGSt. 48, 330). Damit ist aber nicht schon gesagt, daß jedes Persönlichkeitsrecht des Verfassers — oder auch nur die persönlichkeitsrechtliche Seite des UR. — dadurch unbeachtlich geworden sei; vielmehr kann trotz Übertragung des UR. an den anderen oder originärer Entstehung der gewerberechtlichen Seite des UR. für den andern doch die Namennennung des Verfassers rechtlich verlangt werden. Vgl. RGZ. 79, 398; OLG. Cöln in GR. u. U. 1919, 113. Es müssen hier für das Urheberrecht die gleichen Grundsätze gelten wie beim Erfinderrecht der Angestellten. Hierüber s. unten § 42 B III 3.

3. Wenig beachtet, aber wichtig und instruktiv ist die Urheberrechtsstellung des Verlegers bei Werken, die er angeregt hat (im Gegensatz zu solchen, die ihm übertragen sind, — hierüber s. unten zu IV a 1) —, überhaupt des mittätigen Anregers.

Zum Teil hängt das mit dem § 47 VG. zusammen, der von niederer Verfasserarbeit und solcher, die auf Werkvertrag beruht, handelt. Hier ist eine wichtige Brücke zwischen Verlagsrecht und UR. geschlagen.

Denn mit der Anerkennung reiner Werkverträge im Verlagsrecht erhält das Urheberrecht des Verfassers einen Stoß; schärfer noch als sonst taucht dann die Frage auf, ob es sich um ein Werk handelt, das in seinem vollen Umfange Urheberrecht für den Schreiber (Verfasser) entstehen läßt, oder ob der Anreger so sehr Herr des Unternehmens, geistiger Leiter und ins Einzelne dringender Plangeber ist, daß die ausführende Arbeit nicht mehr hoch genug steht, um die Sprosse der Urheberrechtsentstehung zu erklimmen. Es ist dabei ein Abwägen der Stellung des ausführenden Verfassers zu der Stellung des mittätigen Bestellers notwendig, gewissermaßen eine Differenzialdiagnose.

Hier wird bereits deutlich, daß der Wesenskern des bestimmten Verlagsvertrags ausschlaggebend ist für die Frage der Verteilung der UR. im Verlagsverhältnis.

Die Idee gemeinsam mit tätigem Anteil an der Formgebung hat rechtliche Kraft, weil es nach dem Wesen des UR. auf das geistig Schöpferische ankommt. Das dem umformenden Verwerter zugebilligte UR. (Bearbeitung) weicht hier sowohl dem UR. des Originalwerks wie dem UR. des mittätigen schöpferischen Anregers — entsprechend der allgemeinen Rechtsregel von besserem Recht, das dem schlechteren vorgeht.[1]

c) **Bearbeiter.**

Soweit kein besseres Recht entgegensteht, ist Träger des UR. auch der Verfasser der Bearbeitung, Übersetzung, Filmung usw.

Dieses UR. entsteht für die Bearbeitung usw. als solche und schützt sie gegen andere Bearbeitungen, die Übersetzung gegen neue Übersetzung, die Dramatisierung, Filmung, Übertragung auf Instrumente, wenn sie einmal berechtigterweise geschah, gibt

[1] Vgl. die nähere Begründung dieser Lehren in meinem Aufsatz „Das Urheberrecht des mittätigen Anregers", Gew. Rsch. u. UrhR. 1912, S. 99ff. und unten im § 29 sub III.

dem Urheber dieser Bearbeitungen selbständiges dingliches Recht gegen gleichwertige Verwendung, aber natürlich nicht z. B. dem Übersetzer gegen Filmung.

Dieses Recht beschränkt sich auf den Anteil, den die Bearbeitung an dem Werke hat, genießt aber keinen Teil an dem von der Bearbeitung nicht berührten Teilen. Das wird oftmals von Wichtigkeit bei neubearbeiteten Auflagen, die an dem Werk eines verstorbenen Verfassers von fremder Hand geschehen. Da verzweigt sich das UR. und entsteht für den Neubearbeiter nur an seinen Zutaten.

Der Fall ist z. B. praktisch geworden bei Büchmanns Werk „Geflügelte Worte", von dem neben der im Laufe der Jahre veränderten Originalausgabe andere Ausgaben auf Grund des frei gewordenen Büchmannschen Originalwerks veranstaltet worden sind. Diese eigenen Arbeiten im Anschluß an Büchmanns alten Originaltext sind erlaubt. Hier ist das Werk nicht mehr eine Einheit, wie es etwa bei der Frage der „Nebenluftausgaben" (s. unten B I a) der Fall ist, wo das Persönlichkeitsrecht des schaffenden Künstlers selbst das einigende Band für das Werk in den verschiedenen (auch veränderten) Auflagen darstellt.

Ein anderes instruktives Beispiel: Im April 1909 wurde ein Fall vom Reichsgericht (RGZ. 71, 92) entschieden über den Text der Oper „Carmen"; es handelte sich darum, ob die Übersetzung des Übersetzers Hopp, dessen Tod bereits mehr als 30 Jahre zurücklag, frei geworden war, obwohl der Mitverfasser des Originaltextes Halévy noch lebte. Von dem Freiwerden der Übersetzung konnte keine Rede sein, weil das Original noch geschützt ist und das Übersetzungsrecht nur von dem Verfasser des Originalwerkes neu erteilt werden kann.

Das übertragene Übersetzungsrecht wirkt also dem Originalwerk gegenüber auch nur solange, wie es nach allgemeinem UR. besteht. Fällt mit dem Freiwerden der Übersetzung die Schranke gegen neue Übersetzung weg, die von der bisher berechtigten Übersetzung gezogen war, so war doch die Schranke, die das UR. am Originalwerk hier errichtete, noch vorhanden. Vorher schützte schon die Schale des Werkes, jetzt sah man, daß außer der Schale (Übersetzung) auch der Kern noch schützte. Anders natürlich, wenn die Bearbeitung eine eigentümliche Schöpfung, die „Übersetzung" etwa eine freie Nachdichtung war.

B. Sonderfälle der Berechtigung.

I. **Grenzfälle.**

a) **Nebenluftausgaben.**

Als ein Mißbrauch erwies sich auch der Versuch, die ersten anonym oder pseudonym erschienenen Werke später berühmt gewordener Verfasser, deren Herausgabe mehr als 30 Jahre zurücklag, neu auf den Markt zu bringen (ich nannte dies „Nebenluftausgaben", was sich als Bezeichnung dafür eingebürgert hat), indem sie behaupteten, der Schutz dieser Ausgaben sei erloschen, unabhängig von dem 30jährigen Termin nach dem Tode des Verfassers.[1]

Den Ausschlag für die Beurteilung der Frage gibt nur die Feststellung des Werkbegriffes und des für den Verfasser entstandenen UR. Die Arbeit des jungen ungenannten Verfassers ist auch nach ihrer verbessernden Bearbeitung durch ihn selbst und nach ihrer Herausgabe unter seinem richtigen Namen dasselbe Werk, dieselbe geistige Form des Werkes. Also war er schon Träger desselben UR. für die Erstlingsausgabe wie für die spätere. (Vgl. meinen Aufsatz in Gew. Rsch. u. UR. 1914, S. 112 ff.) Dieser Einheitsgedanke der UR.-Trägerschaft übertönt an Wichtigkeit alle die schwierigen gesetzestechnischen Erörterungen, die für die Beurteilung dieser Frage ins Feld geführt worden sind

b) **Editio princeps.**

Die Editio princeps gibt ähnliche Probleme auf. So selten solche Fälle sind, daß wertvolle Geisteserzeugnisse nachmalig aufgefunden werden, so ist die Frage doch methodisch von Bedeutung, weil auch hier nach unserer bisher dargelegten Lehre Träger des UR. nur derjenige sein kann, der mit geistiger Arbeit (auch nur Entdeckung) durch Formgebung (z. B. Textfeststellung) das Werk verkehrsfähig (d. h. lesbar) gemacht hat.

Das UG. steht noch teilweise auf einem anderen Standpunkt. Daß unveröffentlichte Werke einen ewigen Urheberschutz genießen, ergibt sich aus § 29 UG., steht aber mit dem Geist des UR., auch wie er sich aus dem UG. ergibt, im Widerspruch. Daß für post mortem auctoris aufgefundene Werke, die noch nicht veröffentlicht waren, dieser Schutz „ewig" den Erben des Urhebers verbleibt, so lange noch Erben sich legitimieren können, und diesen 10 Jahre lang nach der Auffindung des Manuskriptes zukommt, ist eine Ungeheuerlichkeit des UR. wie des Erbrechts.

Die Vermutung, die der § 29 UG. aufstellt, daß das UR. dem Eigentümer des Werkes (Handschrift!?) in diesem Fall zustehe, ist — abgesehen von der Zweifelhaftigkeit des Werkbegriffes — eben nur eine Vermutung, die jeden Augenblick durch die Legitimierung der Erben, d. h. den Eigentümern an dem Werk (als Geistesprodukt?) zunichte gemacht werden kann.

---

[1] Es gibt darüber eine Monographie von Rud. Beissel, Die „Nebenluftausgaben" im deutschen Verlagswesen, Leipzig 1917.

Wenn der Urheberrechtsgedanke klar und rein verwirklicht werden soll, so ist die auf den Wortlaut des § 29 UG. sich stützende engherzige Auffassung dazu ungeeignet. Denn hier treffen zwei wesentliche Rechtsgrundsätze zusammen. Der eine lautet dahin, daß das geistige Gut von unbeschränkter Wirkung sein muß, damit die Menschheit mit seiner Hilfe fortschreiten kann. Der zweite Grundsatz besagt, daß niemand auf geistigem Gebiet sich gewerblichen Vorteil verschaffen soll, der auf Kosten fremder geistiger Arbeit geht. Mit der Behauptung, Unbekanntes könne nicht im Augenblick seines Bekanntwerdens „Kulturgut", „Gemeingut" sein (Allfeld), ist gar nichts erreicht; solche interessanten alten Funde sind dank ihrer Wesenheit Gemeingut, ob man sie kennt oder nicht.

Das ist bei Goethes „Ur-Meister" und dem umstrittenen „Joseph" praktisch geworden. Und es hängt auch mit dem Werkbegriff zusammen. Vgl. namentlich die erschöpfenden Ausführungen von Röthlisberger in der Frankfurter Zeitung Nr. 112 vom 24. April 1910 und Börsenbl. f. d. deutschen Buchh. Nr. 99 vom 2. Mai 1910.) Eigentümer des Werkes als Geistesprodukt waren die Goetheschen Erben, Eigentümer des Werkes als Manuskript die Barbara Schultheß; wer aber über beiden steht und die Präsumtion zunichte macht, ist der Entdecker, wenn er mit geistiger Arbeit Formgebung verkehrsfähiger Art geleistet hat. Denn er wird auch „Eigentümer" des Verkehrsgutes (durch Bearbeitung und Anwendung des § 29 UG.).[1]

c) **Staatsangehörigkeit.**

In staatsrechtlich-persönlicher Hinsicht wird für den vollen Urheberrechtsschutz für erschienene und nicht erschienene Werke Reichsangehörigkeit des Verfassers oder sonstigen Rechtsanwärters verlangt (§ 54 UG.). Ausländer genießen das Recht nur für Werke, die in Deutschland erschienen sind, oder für Vervielfältigungen der Vorrichtung, die in Deutschland vorgenommen sind (§ 55 UG.). Hier treten dann noch Reprozitätsgedanken auf — über diese und das in dieser Hinsicht wichtige internationale Recht überhaupt s. unten § 22.

II. **Der Berechtigte des übertragenen Urheberrechts.**

a) **Übertragung unter Lebenden.**

1. Das UR. kann beschränkt oder unbeschränkt übertragen werden (§ 8 UG.). Aber wirkliche Übertragungen „des UR." sind selten — viel seltener als das Gesetz selbst anzunehmen scheint. Denn was man gemeinhin als Übertragung des UR. ansieht, die Bestellung von Verlagsrechten, ist, wissenschaftlich richtig betrachtet, gar keine Übertragung von UR., sondern die Be-

---

[1] Für den „Joseph" s. M. u. W. 20, 92.

stellung von neuen Ausübungsrechten verlagsrechtlicher Art, die mit dem UR. verwandt, aber nicht identisch sind. Es ist nicht richtig, dies als sachlich beschränkte Übertragung von UR. zu bezeichnen. Denn das ist ein aus dem UR. abgeleitetes Nutzungsrecht, keine Übertragung der Substanz des Rechts.

Es ist also theoretisch schief und eine zu vulgäre Ausdrucksweise, wenn das Gesetz selbst (§ 14) die Befugnisse aufzählt, die „bei der Übertragung des UR." im Zweifel beim Urheber verbleiben: Übersetzung, Wiedergabe, Benutzung in bestimmter Art. Man vergißt dabei, daß das UR. nur an einem in eine bestimmte Form gebrachten Werk entstanden ist und daß dessen Übertragung selbstverständlich nur auf diese bestimmte Form sich beziehen kann. Die Rechtsübertragung an einer anderen Form des Werkes hat a limine darauf keinen Einfluß. In solchen Fällen von inhaltlich oder sachlich beschränkter UR.-Übertragung zu sprechen, ist dogmatisch verfehlt und auch praktisch irreführend. Vgl. die Ausführungen in § 18 (Vortrag und Aufführung).

2. Handelt es sich aber wirklich um Übertragung des UR., dann hängt das Maß des übertragenen Rechts allerdings ganz von dem Willen der Parteien, von dem Vertrage, ab. Es kann natürlich auch sachlich begrenzt werden, ebenso wie es räumlich und zeitlich begrenzt werden kann. Zum Überfluß ist im UG. das (dispositive) Verbot der Änderungen, Zusätze, Kürzungen durch den Erwerber (mit Androhung von Geldstrafe bis 300 Mk.) ausgesprochen, soweit dessen Einwilligung nach Treu und Glauben nicht versagt werden kann. (§ 9 UG.) Denn in der Regel ist das UR. eben an der betreffenden Verkehrsform des Werkes übertragen, die eine unantastbare Einheit bildet.

b) **Übertragung von Todes wegen.**

1. Die Erben erhalten grundsätzlich das gleiche Recht, das der Erblasser besaß. Wer nicht auf dem Boden der Persönlichkeitsrechts-Theorie steht, sondern auf dem des geistig-gewerblichen Rechts, hat auch keine Veranlassung, dieses derivate Recht als ein Tochterrecht gegenüber dem Mutterrecht des originären UR. zu bezeichnen. Nicht nur die materielle Ausübung des UR. wird vererbt, sondern ebenso das Immaterialgut, die Wahrung der literarischen und künstlerischen Ehre.

2. Schwierigkeiten bereitet nur der § 10 UG., der im Falle der Zwangsvollstreckung das originäre UR. anders behandelt als das vererbte.

Aus dieser Ausnahme, deren Gründe persönlicher Natur sind, dürfen weitgehende theoretische Schlüsse nicht hergeleitet werden. Gläubigerinteressen galt es zu schützen, indem Zwangsvollstreckung in das erschienene Werk gegenüber dem Erben auch ohne dessen Einwilligung zugelassen wurde. Persönliche Rücksichten aber galt es zu achten, indem (außerhalb vertraglicher Ansprüche aus dem Werk selbst, z. B. des Verlegers) die Zwangsvollstreckung auch in das erschienene Werk ohne des Verfassers oder Künstlers Einwilligung als unzulässig bestimmt wurde.

C. Gemeinsames, geteiltes und Mit-UR.

I. Anteil mehrerer UR.-Träger an dem gleichen Werk.

a) Bei **Bearbeitungen** ist der Bearbeiter, soweit er eine eigentümliche Schöpfung hervorbringt (s. oben A II c), Träger des UR. an seinem Anteil der Gesamtschöpfung, während der Verfasser des Originalwerkes an dem, was von ihm herrührt, UR. behält.

b) Bei **Sammelwerken** (Jahrbüchern, Kalendern, Enzyklopädien, Zeitschriften usw.) bleibt das UR. am einzelnen Teil dem Schöpfer des einzelnen Teiles, nur an dem Gesamtwerk als solchem erlangt der Herausgeber ein UR.

Ob aber nur ein geteiltes oder ein Mit-UR. vorliegt, entscheidet sich danach, ob die Teile trennbar sind oder nicht; daß sie nur unterscheidbar sind, genügt nicht.[1]

Näheres über die Rechtsverhältnisse an Sammelwerken s. unten im Abschnitt ‚Verlagsrecht'.

c) Bei **gemischten Werken** gilt folgendes:

Wird ein Tonwerk, ein Schriftwerk, ein Bildwerk, ein Werk der Photographie oder ein geschütztes Muster miteinander verbunden, so bleibt das UR. an jedem Teil dem Schöpfer des Teils, — also das gleiche Prinzip wie in den eben genannten Fällen a) und b), hier aber war es notwendiger zu betonen, da die Verbindung eine engere als bei b), die Abhängigkeit eine losere als bei a) ist. Sie berühren sich näher mit den gemeinsamen Werken (s. unten zu II).

Die Dauer der Schutzfrist läuft für jeden Anteilseigner gesondert.

Näheres über Lieder unten § 17, über Abbildungen in Schriftwerken unten § 15.

II. Mit-UR.[2]

a) Sind an einem und demselben Werke mehrere so beteiligt, daß sich ihre **Anteile nicht voneinander trennen lassen**, so entsteht ein Mit-UR., dessen Normen sich nach den §§ 741—758 BGB. („Gemeinschaft") richten. (§ 6 UG.)

---

[1] Neukamp, Die Rechtsstellung der Verfasser von Beiträgen zu Sammelwerken (Leipzig 1913) betont S. 14, beispielsweise bei dem Kommentar von neun Reichsgerichtsräten zum BGB. liege Mit-UR. vor, weil die einzelnen Teile, obwohl unterscheidbar, unselbständige Teile eines Ganzen darstellen und zu gesonderter Veröffentlichung sich nicht eignen.

[2] Außer der allgemeinen Literatur ist als Monographie zu nennen: Hans Hirschberg, Das Miturheberrecht, Jenaer Diss., Berlin 1901.

Die Fälle, in denen ein solches Mit-UR. entstehen kann, sind mannigfaltiger Art und scheiden sich namentlich in gleichzeitige und nachzeitige Mitarbeit; vereinbarte und nicht vereinbarte Zusammenarbeit. Zwei können zugleich an einem Werke arbeiten oder der eine kann das Werk eines anderen umarbeiten, bearbeiten, in eine andere Kunstgattung überführen (einen Roman in ein Drama, ein Gemälde plastisch nacharbeiten).

Läßt sich im letzteren Fall der beiderseitige Anteil trennen, so tritt das schon oben zu A II c besprochene Recht bei Bearbeitungen ein. Lassen sich die Anteile nicht trennen, so entsteht **Mit-UR.**

b) Ob Mit-UR überhaupt vorliegt oder der eine Teil der Gemeinschaftsarbeit so überwiegend ist, daß des anderen Rechtskraft verschwinden muß, hängt davon ab, in welchem **dynamischen Wertverhältnis** die Formgebung des einen zu der des andern steht und ob die Gemeinschaftsarbeit nur in der Idee oder auch in der Ausführung statthat. Denn wenn einer einem anderen eine Idee gibt, die der andere allein formt und verkehrsfähig macht, so müßte sich der Ideengeber einen Anteil vertraglich sichern, da er ihn sonst nach den allgemeinen Grundsätzen des UR nicht haben würde.

c) Besteht aber Mit-UR. auf Grund von Anteilen der Teilhaber an der Formgebung, so berechnen sich die **Anteile nach dem Bruchteil** ihrer schöpferischen Betätigung. Hat also ein Bearbeiter das Werk eines Verstorbenen auf den neuen Stand der Dinge zu bringen, und ist eine solche Einheit der Arbeit entstanden, daß sich die Zutaten und Verbesserungen von dem früheren Inhalt nicht trennen lassen, so muß im Streitfalle nach sachverständigem Urteil ermittelt werden, welcher Bruchteil am Gesamtwerk dem alten und welcher dem neuen Verfasser zukommt. Im Zweifel gilt (§ 742 BGB.) Gleichheit der Anteile.

Die meisten Einzelvorschriften des BGB. über die Gemeinschaft sind hier nur cum grano salis anwendbar. Das Verfügungsrecht der Teilhaber über ihren Anteil und das Recht auf Aufhebung der Gemeinschaft aber ist wichtig. Der Bearbeiter kann also seinen Anteil selbständig weiter benutzen und ausbauen (natürlich wenn keine Vertragsbestimmung dem entgegensteht), der Komponist seinem Liede einen anderen Text unterlegen, der Operettenverfasser seinen Text einem anderen Komponisten zur Verfügung stellen, der Berechtigte der Abbildung sie einem anderen Werke überlassen.

Die Miturheberschaft ist von der bloßen Gehilfenschaft zu trennen, bei welcher des Mitarbeiters Tätigkeit unter der Schwelle dessen bleibt, was ein UR. begründen könnte. Auch die bloße Überlassung einer Idee gehört (s. oben sub b) unter diesen Begriff der Gehilfenschaft.

d) Ein Mit-UR. kann auch entstehen durch Übertragung, insonderheit durch Erbgang, wenn mehrere Erwerber das originäre Recht derivativ erhalten. Auch kann ein Mit-UR. entstehen, wenn etwa mehrere gleichzeitig das gleiche Werk (z. B. eine Sentenz, eine Gebrauchsanweisung) schaffen.

Die Verletzung des Urheberrechts. § 13.

A. Arten der Urheberrechts-Verletzung.

Der Urheber wird geschützt gegen Plagiat, Abdruck und Nachdruck (§ 15 UG.) und gegen widerrechtliche Verbreitung.

I. **Plagiat.**

Plagiat ist die Benutzung fremden Geisteserzeugnisses als eigenes. An Ideen kann man wohl moralisch, nicht aber nach dem UG. ein Plagiat begehen, da das Gesetz ein Plagiat nur an der in eine gewisse Form gebrachten Idee kennt. Hierher kann auch das Zitat, das ohne Quelle wiedergegeben wird und nicht als Zitat kenntlich ist, gerechnet werden. Vgl. im übrigen über Zitat und Zitatmißbrauch unten § 14.

II. **Abdruck.**

Unbefugter Abdruck ist die Drucklegung eines unveröffentlichten Werkes oder geschützten Vortrags ohne Genehmigung des Autors. Denn der Urheber hat die ausschließliche Befugnis, das Werk zu veröffentlichen. Ausnahmen: eine Mitteilung des wesentlichen Inhalts eines Werkes durch einen anderen ist erlaubt, sobald der Urheber den Inhalt bereits selbst öffentlich mitgeteilt hat (so bei Vorträgen oder dgl.) (§ 11 Abs. 1 UG.); Vervielfältigung zum eigenen Gebrauch, wobei „eigener Gebrauch" nach RGStr. 41, 401 u. 43, 276 heißt: für die eigene Person oder die ihr durch ein persönliches Band familiärer oder gesellschaftlicher Natur Nahestehenden.[1] Der Sinn auch dieser Ausnahme liegt im Wettbewerbsrecht.

Auf gleicher Stufe mit dem unzulässigen Abdruck steht die eigenmächtige Aufführung eines Bühnenwerkes oder musikalischen Werkes, der öffentliche Vortrag eines noch nicht erschienenen Werkes.

III. **Nachdruck** (im engeren Sinne).

Nachdruck und Nachbildung sind die unbefugte Vervielfältigung, einschließlich der Verbreitung, eines geschützten

[1] Vgl. über diese Sonderfragen: H. Söhns, Die Vervielfältigung zum eigenen und persönlichen Gebrauch und das Urheberrecht (Hannover 1919).

Werkes. Denn der Urheber hat die ausschließliche Befugnis zur Vervielfältigung und gewerbsmäßigen Verbreitung seines Werkes, oder er hat diese Rechte an einen anderen übertragen. Dies bezieht sich bei Bildwerken auch auf die Vorführung mittels mechanischer oder optischer Einrichtungen.

IV. **Widerrechtliche Verbreitung.**

Die widerrechtliche gewerbsmäßige Verbreitung bildet einen besonderen Tatbestand der UR.-Verletzung neben den zu I—III genannten. Im Begriff Verbreitung liegt ein Verbringen in die Öffentlichkeit, also zu einer Mehrzahl von Menschen. Verleihen ist ausdrücklich ausgenommen (§ 11 UG.), aber ebenso auch jede private Weitergabe. Das Verbreiten bezieht sich logisch auf die vom UR. geschützte Verkehrsform des Werkes, also wäre auch ein Vorlesen in der Öffentlichkeit unerlaubt, wenn nicht § 11 Abs. 3 UR. dies ausdrücklich auf nicht erschienene Werke einschränkte. Tatsächlich also bezieht sich hier das Verbreiten auf die Vervielfältigungen des Werkes, aber Vervielfältiger und Verbreiter können verschiedene Personen sein und sind dann beide strafbar. Mit dem Recht der Vervielfältigung hat regelmäßig der Erwerber auch das Recht der Verbreitung. Einzelheiten der Verbreitung könnten nur vertragsrechtlich, nicht urheberrechtlich festgelegt werden. Über Grenzfragen zwischen dinglichem und obligatorischem Recht dieser Art s. RGSt. 39, 108.

B. Grenzen zwischen Erlaubtem und Unerlaubtem.

I. **Im Begriffsfelde des Plagiats.**

a) Es ist im einzelnen Fall mitunter schwer, **Plagiat**[1] und erlaubte Benutzung zu scheiden. Wer eine Novelle mit dem gleichen Inhalt, der gleichen Pointe schreibt, wie es in einer bereits vorhandenen vorliegt, wird, selbst wenn er andere Worte wählt, also nicht wörtlich abschreibt, doch des Plagiats schuldig sein; denn hier geht die Benutzung über den Rahmen der Idee hinaus und vergreift sich schon an der Form; denn Novelle wäre hier Form, gleicher Inhalt bei gleichen Aufbau ist Formgebung der Idee, die Pointe kann auch als Formgebung gelten. Anders, wenn der nämliche Stoff (Till Eulenspiegel, Faust, Don Juan) von verschiedenen Dichtern selbständig poetisch oder dramatisch zu meistern versucht wird. Das juristische Urteil ist hier schwer zu fällen und hängt ganz vom Begriff

[1] Plagiat stammt nach Kohler aus Martial, der (I, 52) seine ausgeplünderten Gedichte mit Kindern vergleicht, die von einem Menschenräuber (plagiator) entführt worden sind.

der „Formgebung" ab. Unrechtmäßig und strafbar ist die „Ausschlachtung fremder Arbeit unter der Maske eigener" (Voigtländer). Ausschlaggebend muß sein, ob eigene schöpferische Tätigkeit dazwischen getreten ist, um Neues hervorzubringen.

b) Das gilt auch für die **Benutzung eigener Arbeiten durch den Verfasser.** Aber er kann sein eigenes UR. nicht verletzen, er kann nur arglistig täuschen, indem er etwas einem anderen als Originalarbeit anbieten, was es nicht ist, oder er kann Verlagsrechte verletzen. Aber die Möglichkeit freier Benutzung muß bei den eigenen Arbeiten des Verfassers weiter sein als bei fremden, der Begriff der eigentümlichen Schöpfung zu neuem literarischen Zweck und neuer Formgebung liegt hier näher. Denn es ist ein in der menschlichen Sphäre des Schaffenden wohlbegründetes Streben, eigene Ideengänge und Schöpfungen immer wieder durch den reinigenden und bessernden Filter der Seele gehen zu lassen, um immer Vollkommeneres auf dem einmal begonnenen Wege zu erreichen. Besonders dem bildenden Künstler ist es oft Bedürfnis gewesen, einen Grundgedanken in immer neuen verbesserten, oftmals nicht gar zu weit voneinander abweichenden Formen zu gestalten. Maßgebend ist, ob das Neue als Ganzes etwas Eigentümliches ist, wobei die Eigentümlichkeit bei demselben Urheber eben gerade in den Abwandlungen gelegen sein kann, während man bei der Benutzung fremder Arbeiten den Begriff der Eigentümlichkeit weit strenger fassen muß.

c) **Zitatmißbrauch** (s. unten § 14) kann man als „teilweises Plagiat" bezeichnen.

d) **Strafe.** Auf das vollständige Plagiat steht Geldstrafe bis zu 3000 Mk., ferner Schadensersatz, eventuell Buße an den Berechtigten und Vernichtung der Exemplare des unerlaubten Druckes. Auf das teilweise Plagiat (Zitatmißbrauch) steht Geldstrafe bis zu 150 Mk. Darin liegt zugleich, daß auch ein zivilrechtlicher Schutz bei allen UR.-Verletzungen gegeben ist.

II. **Im Begriffsfelde des Abdrucks.**

a) Unerlaubter Abdruck ist ein **Vorwegnehmen der materiellen Nutzung** eines Geisteserzeugnisses gegenüber dem Berechtigten; es ist ein Eingriff zugleich in Persönlichkeits- wie Immaterialrechte. Hierher zu rechnen ist auch ein Eingriff in Umgestaltungsrechte.

b) Kraft positiver Gesetzesvorschrift (§ 12 UG.) ist **dem Urheber vorbehalten:** die Bearbeitung des Werkes, die Übersetzung in eine andere Sprache oder Mundart, die Rückübersetzung, die

Wiedergabe in anderer Form, also einer Erzählung in dramatischer Form und umgekehrt, die Herstellung von Auszügen oder Arrangements (nicht Phantasien und Paraphrasen) eines musikalischen Werkes. Alle diese Fälle gehören begrifflich zu dem Komplex des unerlaubten Abdrucks, der weder Plagiat noch Nachdruck im technischen Sinne ist.

c) Die **Strafen** sind die gleichen wie bei 1, bei vorzeitiger Mitteilung des wesentlichen Inhalts eines Werkes beträgt die Strafe aber nur bis zu 1500 Mk. (§ 39 UG.)

III. **Im Begriffsfelde des Nachdrucks** (im engeren Sinne) **und der Nachbildung.**

a) Nachdruck ist hier **etwas anderes als in der Geschichte des UR.,** wo ohne Gesetzesschutz der Nachdruck eine öffentliche Kalamität war. Heute ist er eine Gesetzes- und Rechtsverletzung, die durch die §§ 11 und 15 UG. verboten ist. Da der Urheber die ausschließliche Befugnis hat, sein Werk zu vervielfältigen und zu verbreiten, so ist jede Vervielfältigung und Verbreitung durch einen anderen, dem das Recht nicht von dem Urheber übertragen worden ist, verboten.

Über Nachbildung s. im Kunstschutzrecht, unten § 32.

Zu dieser Kategorie von UR.-Verletzungen gehören also die verschiedensten Formen der Verletzung, nicht etwa nur das Nachdrucken. In diesem Sinne ist das, was hier in den folgenden Paragraphen besprochen werden wird, Ausweitung und Paraphrase des Tatbestandes der UR.-Verletzung durch Nachdruck.

b) **Es bleibt sich gleich, durch welches Verfahren** die Vervielfältigung geschieht und ob nur in einem oder mehreren Exemplaren (also auch phonographische Wiedergabe). Nur die Vervielfältigung zu persönlichem Gebrauch und ohne beabsichtigte Erzielung einer Einnahme daraus (also stets ohne Verbreitung!) ist zulässig. (§ 15 UG.) Wörtliche Übernahme ist nicht wesentlich für den Nachdruck; gerade unwesentliche Änderungen werden oft zur Verschleierung des Nachdrucks vorgenommen. Auch hier muß immer — wie beim Plagiat — das Ganze angesehen werden, nach Gedankengang, Zweck, allgemeiner Formgebung. Ein Werk mit neuem Titel, welches ein anderes im wesentlichen abdruckt, ist Nachdruck, selbst wenn Zusätze, Auslassungen und Änderungen darin sind.

c) **Erlaubt** kraft positiver Gesetzesvorschrift (als Ausnahme, denn an sich wäre es Nachdruck) ist die **Wiedergabe amtlicher Schriftstücke** wie 1 Gesetze, Erlasse, Entscheidungen, öffentliche Aktenstücke. (§ 16 UG.) 2. Reden in öffentlicher Verhandlung sowie stets in politischen, gerichtlichen, kirchlichen, kommunalen Versammlungen, also die Reden der Abgeordneten, der Gerichtspersonen, der Beamten in ihren Amtssitzungen (§ 17 UG.); (hingegen werden Vorträge und Reden zur Erbauung, Unterhaltung und Belehrung vom UR. geschützt). Vgl. auch oben § 10 sub III b 1.

Die unerlaubte Aufnahme von kleineren Stücken in Schulbücher, Liederbücher, Anthologieen als „Großzitat" s. u. § 14.

Über die Nachdrucksfreiheit des rein journalistischen Inhalts der Tagespresse (Nachrichten) s. unten § 20.

C. Rechtsfolgen.

I. Vollendung des strafrechtlichen Tatbestandes.

Der Tatbestand der UR.-Verletzung ist vollendet, sobald ein Exemplar verkehrsfähig in der entsprechenden Form hergestellt ist. Aber auch schon ein Exemplar eines Teils, eines Bogens genügt. Nur der Vervielfältigungsakt an dem Teile muß vollendet sein (§ 41 UG.).

II. Bestrafung.

Bestraft wird (§ 38 UG.) nur der vorsätzliche Nachdruck, und zwar mit Geldstrafe bis zu 3000 Mk., eventuell Buße, Einziehung und Vernichtung — alles nur auf Antrag des Verletzten. (§ 45 UG.) Der Vorsatz bei der Begehung des Nachdrucks ist nicht identisch mit dem Vorsatz, eine unerlaubte Handlung zu begehen.[1] S. a. oben B I d, II c. Verjährung in drei Jahren (§§ 50, 51, 53 UG). Durch das Gesetz zur Entlastung der Gerichte ist die Rechtsverfolgung für den Verletzten sehr viel schwieriger geworden, da die Staatsanwaltschaft nur noch bei Vorliegen öffentlichen Interesses einschreitet, andernfalls auf den Weg der Privatklage verweist.

Vervielfältiger und Verbreiter werden selbständig belangt. Ort der Begehung der Tat ist der Druckort und der Ort, von dem aus die Verbreitung erfolgt.

III. Schadensersatz.

Zivilrechtlich besteht Schadensersatzpflicht (§§ 36, 37 UG.). Neben der Strafe kann auf Zahlung einer Buße an den Geschädigten

---

[1] Zutreffend Kohler (Urheberrecht, S. 376/377): „Es genügt das Bewußtsein, daß eine Darstellung in den Kreis eines fremden Schriftwerkes eingreift, dies braucht sich nicht zu dem Bewußtsein auszubreiten, daß die Darstellung in den Kreis eines fremden Schriftwerkrechts eingreift, sondern es genügt, wenn der Täter jenes Bewußtsein hat, verbunden mit der bewußten Pflichtwidrigkeit, sich in ein außerhalb seiner stehendes Bereich einzudrängen, ohne sich versichert zu haben, ob dieses außerhalb seiner Person stehende Bereich ein menschlich gemeinsames oder ein menschlich gesondertes ist."

erkannt werden (§ 40). Die Gegenstände der UR.-Verletzung unterliegen der Einziehung und Vernichtung (§§ 42, 46, 47, 52) oder sie können dem Berechtigten überlassen werden (§ 43, 48). Ob durch den Nachdruck der Verletzte wirklich ‚Schaden' (damnum emergens) erlitten hat, ist gleichgültig, auch entgehender Gewinn (lucrum cessans), z. B. wenn er für den Nachdruck nichts erhält, worauf er normalerweise Anspruch hätte, begründet die Schadensersatzpflicht.

§ 14. Entlehnung und Zitat.

A. Zitat oder Nachdruck?

Nachdruck, Abdruck, Plagiat gehen entweder aufs Ganze oder verletzen persönliche und gewerbliche Interessen. Daneben gibt es Entlehnung und Zitat, die unter gewissen Sicherungen erlaubt sind. (§§ 24, 25, 44 UG.) In der Mitte zwischen Nachdruck und Zitat steht der — juristisch interessante — Zitatmißbrauch

B. Was ist Zitat?

Es ist zu unterscheiden (nach Dernburg und Kohler):

I. Anführung oder Klein-Zitat.[1] II. Aufnahme oder Groß-Zitat.

I. **Anführung oder Klein-Zitat** dient zur Ergänzung eigener Ausführungen und ist

a) soweit es **Text** betrifft, Anführung einzelner Stellen oder kleinerer Teile aus erschienenen Werken in einer selbständigen literarischen Arbeit (§ 19, 1 UG.) oder einzelner Aufsätze oder Gedichte von geringerem Umfange in einer selbständigen wissenschaftlichen Arbeit (§ 19, 2 UG.);

b) soweit es **Abbildungen** betrifft, Wiedergabe einzelner Abbildungen aus erschienenen Werken in einem neuen Schriftwerk (§ 23 UG.) — vgl. auch unten § 15;

c) soweit es **Musik** betrifft, Anführung einzelner Stellen eines erschienenen musikalischen Werkes in einer selbständigen literarischen Arbeit (§ 21, 1 UG.) oder kleinerer Kompositionen in einer selbständigen wissenschaftlichen Arbeit (§ 21, 2 UG.).

II. **Aufnahme oder Groß-Zitat** dient als Beitrag in einem Sammelwerk und ist

[1] Groß-Zitat und Klein-Zitat sind Bezeichnungen von Dernburg und Kohler.

a) soweit es **Text** betrifft

1) Aufnahme einzelner Gedichte nach deren Erscheinen in ein Sammelwerk für Gesangsvorträge (§ 19, 3 UG.);

2) Aufnahme einzelner Aufsätze von geringem Umfang, einzelner Gedichte oder kleinerer Teile eines Schriftwerkes nach dem Erscheinen in eine Sammlung zum Kirchen-, Schul- und Unterrichtsgebrauch (§ 19, 4 UG.); auch Novellen gehören zu diesen „einzelnen Gedichten" oder kleineren Aufsätzen (RGZ. 80, 78);

3) desgleichen in ein Schriftwerk mit eigentümlichem literarischen Zweck (§ 19, 4 UG.); das sind Anthologieen u. dgl.

b) soweit es **Abbildungen** betrifft, liegt die nach § 19 Kunstschutzgesetz gestattete Aufnahme einzelner künstlerischer Werke (die erschienen oder bleibend öffentlich ausgestellt sind) in eine selbständige wissenschaftliche Arbeit oder in Schriftwerke für den Schul- und Unterrichtsgebrauch auf der Grenze zwischen Groß-Zitat und Klein-Zitat. Denn die Aufnahme dient meist nicht nur als ergänzende Anführung zum Text, sondern zugleich als künstlerischer Beitrag (vgl. auch unten § 15);

c) soweit es **Musik** betrifft, Aufnahme kleinerer erschienener Kompositionen in eine Sammlung zum Schulgebrauch mit Ausschluß der Musikschulen (§ 21, 3 UG.).

C. Praktisches.

I. Für das für **Schulbücher, Liederbücher, Anthologieen** bestehende Sonderrecht erlaubten Nachdrucks unter bestimmten Bedingungen ist der Grund ein kultureller; die Frage ist an sich aber auch sehr umstritten. Die Bestimmungen des Gesetzes haben deshalb den Charakter des Kompromisses.

II. **Einwilligung des Verfassers** ist nötig für die Aufnahme in „Sammlungen zu einem eigentümlichen literarischen Zwecke", d. h Anthologieen, Gedichtbüchern, „Dichtergrüßen" usw. Hier geben jetzt durch Zusammenschluß in dem Kartell lyrischer Autoren die Dichter ihre Einwilligung nur gegen Zahlung eines gemeinsam festgesetzten Zeilenhonorars, das dann proratarisch verteilt wird.

III. Da die Aufnahme ganzer Aufsätze und Gedichte soweit nicht im Druck erschienener Bildwerke **nur in wissenschaftlichen**, nicht in anderen literarischen Arbeiten erlaubt ist, da ferner das Zitat überhaupt **nur in selbständigen literarischen Arbeiten** zulässig ist, ist auf diese Unterscheidungen genau zu achten.

Eine selbständige literarische Arbeit ist nach Dernburg (UR. S. 186) eine solche, deren Zweck nicht ausschließlich darin besteht, das in ihr aufgenommene Fremde zu vervielfältigen und zu allgemeiner Kenntnis zu bringen, vielmehr muß es klar werden, daß das Zitat ein in das neue Werk eingeführter Fremdkörper ist.

In der Vorschrift, daß man Musik nicht in Musikstücken, Bilder nicht in Bildwerken (vgl. darüber den folgenden § 15) „zitieren" kann und darf, sondern eine selbständige literarische oder wissenschaftliche Arbeit als Grundlage gerechtfertigter Zitate verlangt wird, liegt bereits die Begriffsbestimmung des **Zitatmißbrauchs** auch für die Zitierung von Wortstellen in anderen Wortwerken. Das hängt aufs engste mit der Wettbewerbsfähigkeit der beiden Werke, aus dem und in dem zitiert wird, und von der Notwendigkeit des Zitierens ab. Setzt einer aus lauter Stellen aus geschützten Werken etwas Neues zusammen, ohne daß dies eine eigentümliche Schöpfung wäre, sondern nur um fremdes Geistesgut zu eigenem Vorteil im gewerblich-wettbewerblichen Leben zu nützen, so hat der Begriff „Zitat" hier nichts mehr zu suchen, vielmehr liegt dann Nachdruck vor. Auch für ein Wortzitat gilt, wenn es gerechtfertigt sein soll, die für Abbildungen gültige Vorschrift, daß sie „zur Erläuterung des Textes" dienen müssen. Also auch Wortzitate sind nur soweit erlaubt, als sie zur Erläuterung der eigenen Ausführungen dienen, oder in ihrem Zusammenhange eine eigentümliche Schöpfung darstellen (was beispielsweise auch im Falle der Polemik vorliegt).

§ 15. Abbildungen.

I. Abbildungen und Zitat.

Wie sich die Abbildungen in den Zitatgedanken einordnen, darüber wurde im vorigen Paragraphen (14) gesprochen. Daraus ergab sich auch, daß Abbildungen, die keine künstlerischen Werke sind und nicht bereits in einem Schriftwerk erschienen sind, überhaupt nicht unter diese Bestimmungen fallen und mithin gar nicht entlehnt werden dürfen.

II. Erlaubte und unerlaubte Entlehnung.

a) Namentlich bei der Übernahme von Abbildungen muß beachtet werden, daß sie nur **erläuternder Fremdkörper** in dem Text sein dürfen. Es ist nicht leicht festzustellen, wann das der Fall ist. Es wird nicht gefordert, daß die Abbildungen gegenüber dem Texte Neues, Ergänzendes bieten, auch nur die bildliche Wiederholung des mit Worten Gesagten genügt. Aber sie müssen in engem Verhältnis des Erläuterns zu dem Texte stehen und nicht lediglich bildliche Zutat sein. Weiter ist es schwierig festzustellen, wie weit die Übernahme gehen darf, ohne die Fremdkörpereigenschaft zu verlieren. Jedenfalls muß die Auslegung eng und streng sein da die Gefahr des Mißbrauchs naheliegt. Es kommt dabei auch darauf an, ob die Werke (das entlehnende, und das, aus dem entlehnt wird) Konkurrenzwerke sind.

b) Riezler betont, daß die Abbildungen deutlich sich als **Mittel zum Zweck** erweisen müssen. Gegen ziffernmäßige Abschätzung, daß nur eine gewisse Quantität von Übernahme-Material noch als erlaubtes Zitat gelten kann, äußern sich Riezler und Dernburg. Wenn man auch in der Tat die Quantitätsfrage (im Vergleich zur sachlichen Würdigung) nicht überschätzen darf, als Indizium und Symptom ist sie doch ganz wichtig.

Man denke aber z. B., daß jemand in einer Arbeit gegen eine andere polemisiert, die sich auf eine Anzahl von Abbildungen stützt. Wenn es auf diese Abbildungen ankommt, muß hier der Kritiker selbstverständlich sie sämtlich übernehmen können, und dies bleibt dennoch eine Übernahme ausschließlich zur Erläuterung des Inhaltes und ausschließlich zum Zweck der Idee des Textes.

Es kann auch vorkommen, daß relativ wenig Text bei viel Abbildungsmaterial die Bilder noch nicht zum Hauptteil macht, daß sie vielmehr nur einer leitenden, überragenden Idee zu dienen bestimmt sind, wobei diese literarische Idee darüber steht und die künstlerische oder bildhafte Wirkung, trotz der Menge der Abbildungen, ganz nebensächlich bleibt.

c) Dagegen ist eine **Zusammenstellung von Bildwerken** mit etwas verbindendem Text doch eine Verletzung der künstlerischen und literarischen Urheberrechte anderer. Wenn man beispielsweise das künstlerische Schaffen eines Malers so darstellt, daß man einen Band Text brächte, und in einem besonderen Band seine Gemälde in einheitlich gefaßten Kunstblättern, die jeder herauslösen und sich einrahmen lassen kann, so ist der etwa beigegebene Text oft nur ein vorgeschobener Scheinposten.

Eine Aneinanderreihung geschützter Modebilder würde, selbst wenn verbindender Text beigegeben ist, keine erlaubte Entlehnung darstellen. Wenn dagegen eine Entwicklungsperiode der Mode an diesen Bildern gezeigt werden soll, so würde diese literarische Idee die Entlehnung im allgemeinen rechtfertigen, falls nicht besondere Momente solcher Würdigung im Wege stehen.

Weiteres über das Recht der Abbildungen siehe in den Abschnitten Kunst-Urheberrecht und Kunstverlagsrecht unten § 30 ff.

Vortrag und Aufführung. § 16.

A. Zulässigkeit wie „Vervielfältigung".

Als **Grundsatz** ist in § 26 UG. — übrigens ziemlich überflüssigerweise — festgesetzt, daß bei Werken, deren Vervielfältigung erlaubt ist, auch Verbreitung, öffentliche Aufführung und Vortrag zulässig ist. Das steht essentiell auf der gleichen Stufe wie die Vervielfältigung, und die Zulässigkeit der Verbreitung bedeutete ja, daß kein UR. entgegensteht, es also auch nicht dem Vortrag und der Aufführung entgegenstehen kann. Es gibt also fast eine gesteigerte Vortragsfreiheit.

Das schließt ein, daß z. B. aus Sammlungen zum Schulgebrauch etwas aufgeführt werden darf und der Dichter eines Liedes nicht die Einwilligung zum musikalischen Vortrag zu geben braucht. Reden aus öffentlichen Versammlungen z. B., Zitate, kleine und große, „einzelne" Gedichte in einer vom Vortragenden zusammengestellten Sammlung oder Folge von Werken einer größeren Anzahl von Schriftstellern u. dgl. sind ebenfalls für den Vortrag frei.

B. Freier Vortrag.

Jedes erschienene Werk der Literatur (auch Bühnenwerk) darf frei, d. h. frei von Gebühren, öffentlich vorgetragen werden (bei Bühnenwerken aber ohne Szenenspiel — s. unten sub C). Nur **erschienen muß es sein,** d. h. im Druck veröffentlicht, aber ganz gleich, ob in Buchform oder in einer Zeitschrift. Erschienen heißt öffentlich und offiziell veröffentlicht. Ein Druck in nicht öffentlichen Vereinsdrucksachen oder Flugblättern würde nicht dahin gehören und den öffentlichen Vortrag eines solchen Werkes strafbar machen. Strafbar, nicht etwa nur gebührenpflichtig; denn von Gebührenpflicht ist beim Vortrag literarischer Werke überhaupt nicht die Rede.

Verboten ist also nur der Vortrag nicht erschienener literarischer Werke (§ 11 UG.), mögen diese nun in der Öffentlichkeit schon vorgetragen worden sein (vom Verfasser) oder nicht. Denn Vortragen ist kein „Erscheinen", wenn auch eine Veröffentlichung. Der Vortrag, der nicht erschienen ist, darf also nicht von einem anderen, der ihn etwa mitstenographiert oder (bei kurzen Sachen) sich gemerkt hat, wieder vorgetragen werden.

Nicht-öffentliche Vorträge und Aufführungen sind auch von geschützten Werken erlaubt.[1] Auch bei der Feststellung des Begriffs der Öffentlichkeit spielen Wettbewerbsmomente mit.

C. Unterschied von Vortrag und Aufführung.

Vortrag ist die **nicht-szenische** und in der Regel nur durch eine Person bewirkte Wiedergabe. **Aufführung** ist die **szenische**

[1] Vgl. H. Söhns, Die Vervielfältigung zum eigenen und persönlichen Gebrauch und das Urheberrecht (Hannover 1919).

Wiedergabe, in der Regel durch mehrere Personen. Der Vortrag erschienener noch geschützter Bühnenwerke ist frei, ihre Aufführung nicht.

Bei musikalischen Werken spricht man technisch von Aufführung, auch wenn es keine szenische, bühnenmäßige ist. Über das Aufführungsrecht von musikalischen Werken wird im folgenden § 17 besonders gehandelt, worauf hier verwiesen sei. Hier werden nur die gemeinsamen Rechtssätze besprochen.

D. Rechtsstellung des Vortragenden oder Aufführenden.

Der Vortragende oder Aufführende hat die urheberrechtliche Stellung wie ein Bearbeiter (§ 2 UG.) erlangt, also ein selbständiges UR. an dem Vortrag oder der Aufführung.

Es entsteht also u. U. folgende Rechtslage:

Caruso singt ein Lied von Richard Strauß in ein Grammophon für eine Grammophonfirma. Eine zweite Grammophonfirma überträgt dies unberechtigterweise auf ihre Platten; hier wird dann eine dreifache UR.-Verletzung begangen: der zweite Grammophonfabrikant verletzt 1. das UR. des ersten Fabrikanten, 2. das UR. Carusos an seinem Vortrag und 3. das UR. von Richard Strauß an dem Werk. Ob jeder der drei Vorgänger seinerseits berechtigt war, ist dabei eine Sache für sich.

Wenn angenommen wird[1], der redende, spielende oder singende Künstler übertrage sein UR. auf die Firma, die die Platte oder den Film herstellt, so ist das ein Irrtum. Von Übertragung des UR. ist auch hier (wie so oft, wo fälschlich mit diesem Begriff operiert wird, s. oben § 12 zu 3) nicht die Rede. Im Augenblick des Spieles, Gesanges oder Vortrags entsteht das UR. an dem Vortrag, und dann entsteht es, wenn der Künstler diesen Akt im Auftrage der betreffenden Firma, in deren Diensten und zum alleinigen Zweck ihres Erzeugnisses ausgeübt hat, originär für die Firma. Sie kann aus eigenem, nicht übertragenen gewerblichen Schutzrecht die Wiederholung des Aktes für Konkurrenzfirmen verbieten. Aufnahme ohne Wissen und Willen des Künstlers wäre Verletzung seines UR., das dann an dem Werk nur in seiner eigenen Rechtssphäre entstanden war.

Die persönliche Sphäre des UR. verbleibt dem Künstler, der ja als Bearbeiter oder Urheber „gilt". Gegen Nachahmung ist also auch er selbst geschützt (neben der Firma, in deren Auftrage er tätig war).

Über die Zwangslizenz, die nur für Tonwerke gilt, s. den folgenden Paragraphen.

Ein eigenes UR. besteht auch für den Gestalter einer Bühnenaufführung (Regiearbeit, Bühneneinrichtung).

---

[1] Z. B. Freiesleben, Recht und Tonkunst, S. 100.

E. Szenische Aufführung,

die verboten ist (§ 11 UG.), während Vortrag (Vorlesen) von Bühnenwerken erlaubt ist, ist eine solche mit verteilten Rollen und szenischen Vorrichtungen. Vorführung in Kostüm ist nicht nötig. Öffentliche Aufführung ist eine über einen individuell bestimmten Zuhörerkreis hinausgehende. Ob die Aufführung entgeltlich oder unentgeltlich stattfindet, bleibt sich gleich (im Gegensatz zur Aufführung von musikalischen Werken nach § 27 UG.). Die Rechtswidrigkeit einer Aufführung ist vollendet, wenn die rechtswidrige Aufführung begonnen hat.

§ 17. Musik.[1]

Schöpfer von Werken der Tonkunst genießen nach gleichen Grundsätzen UR. wie die Schöpfer von Schriftwerken; das gleiche Gesetz gilt ja für beide Gruppen. Dennoch bestehen einige Sonderbestimmungen. Nur von diesen ist an dieser Stelle zu sprechen. Sie haben im allgemeinen die Eigenheit, dem Tondichter günstiger zu sein als dem Schriftsteller. Besonders gilt das von der 1910er Novelle des Gesetzes, die mancherlei Zweifelsfragen in einem dem Tondichter günstigen Sinne entschieden hat. Jeder öffentliche Vortrag von Musikstücken gilt als Aufführung, ist, soweit er nicht ganz unentgeltlich geschieht, nicht frei gestattet und daher abgabepflichtig (e contrario nach § 27 UG.). Die Herstellung von Auszügen und Einrichtungen ist dem Tondichter vorbehalten (§ 12 UG.); also „Referate" solcher Art gibt es nicht. Ein besonderes Kapitel ist dabei das Recht der mechanisch-musikalischen Vervielfältigungen.

I. **Verbindung von Text und Musik.**

Auch nach der Verbindung bleibt das UR jedes der beiden — oder mehreren — Schöpfer gesondert bestehen (§ 5 UG.). Mit-UR. entsteht in der Regel nicht, da sich die Anteile deutlich scheiden lassen. Nur wenn beide gegenseitig und untrennbar an den Teilen mitgewirkt haben, ist Mit-UR. entstanden.

II. **Benutzung von Texten für Vertonung.**

Der Tondichter darf ohne Einwilligung des Dichters kleinere Teile einer Dichtung oder Gedichte von geringem Umfange nach ihrem Erscheinen als Text zu einem neuen Werk der

[1] Eine treffliche Sonderbehandlung des musikalischen Urheber- und Verlagsrechts ist das Buch „Recht und Tonkunst" von Gerhard Freiesleben, Leipzig 1914.

Tonkunst benutzen und so vervielfältigen lassen, auch in Konzertprogrammen den Text allein abdrucken lassen (§ 20 UG.).

Zu schon bekannten Melodien darf das nicht geschehen. Die Musik muß neu sein. Schon veröffentlichte Musik darf daher nicht nachträglich mit geschütztem Text unterlegt werden.

Texte, die ihrer Gattung nach zur Komposition bestimmt sind, stehen dem Tondichter nicht ohne Einwilligung des Textverfassers frei (§ 20 Abs. 2 UG.).

III. **Aufführung von Tondichtungen mit Text.**

Bei musikalischen Bühnenwerken, überhaupt solchen, zu denen ein Text gehört (Opern, Operetten, Oratorien, Chorwerke, u. A. auch Melodramen u. dgl.), genügt für die Genehmigung der Aufführung die Einwilligung des Tondichters (§ 28 Abs. 2 UG.), während nach Abs. 1 des § 28 bei Vorhandensein mehrerer Berechtigter die Einwilligung eines jeden erforderlich wäre.

Der Tondichter hat also auch hier ein deutliches Vorrecht, aber es hat seine Grenze an der Auslegung des Begriffs der „Zugehörigkeit des Textes" zu der Musik. Beispielsweise gehört der Operettentext zur Musik, der Oratorientext auch.

Bei Wildenbruch-Schillings' ‚Hexenlied' wäre es schon sehr schwierig, wenn nicht der ‚Vortrag' des Gedichtes sowieso frei erlaubt wäre und der Musikschöpfer nicht schon hier der Bevorzugte wäre, weil bei ihm von „Aufführung" die Rede ist. In Fällen wie Beethovens Egmont-Ouvertüre oder Mendelssohns Sommernachtstraum-Musik könnte man (wenn die Werke geschützt wären) nicht davon sprechen, daß hier der Text zur Musik gehörte.

Das Ganze ist Zweckmäßigkeitsvorschrift, die an dem UR. grundsätzlich nichts ändert. Ist das UR. des Tondichters erloschen, das des Textdichters noch nicht, so kann die Genehmigung zur Aufführung nur vom Textdichter erteilt werden (RGZ 67, 84; ferner RG. in Recht 1908, Nr. 916 und in Jur. Woch. 1908, S. 52, Nr. 3).

IV. **Genehmigung des Textverfassers.**

Die Fälle, in denen der Tondichter zur Vervielfältigung die Genehmigung des Textverfassers braucht, sind also, wie Freiesleben zutreffend (S. 87) zusammenfaßt:

a) Benutzung von **noch nicht erschienenen Dichtungen** jeder Art,

b) Benutzung erschienener **größerer Gedichte** oder **größerer Teile** von Dichtungen,

c) Benutzung von Dichtungen, die ihrer Gattung nach **zur Komposition bestimmt** sind,

d) Die **Umarbeitung von Dichtungen** (Erzählungen oder Schauspielen) **zu Operndichtungen,**

— sofern nicht, muß man hinzufügen, eine wirklich eigentümliche, d. h. selbständige Schöpfung des Textes daraus entsteht.

Nur in diesen Fällen hat der Textdichter Anspruch auf Aufführungstantiemen. Im Konzertsaal gilt für den Text (wie oben schon bei dem Beispiel Wildenbruch-Schillings hervorgehoben) nur der musikalische Teil als Aufführung (also tantiemepflichtig), der literarische als Vortrag, also frei gestattet.

V. **Andere musikalische Sonderrechte.**

Die besonders gute rechtliche Behandlung des Tondichters setzt sich noch weiter fort. Hierher gehört:

a) **Der unbedingte Schutz der Melodie.** Das ist eine Durchbrechung des Grundsatzes der eigentümlichen Schöpfung bei Bearbeitungen. Melodien, soweit sie erkennbar wiederkehren, können nie zu neuen eigentümlichen Schöpfungen werden, vernichten den sonstigen Charakter eigentümlicher Schöpfungen durchaus. Noch so starke Veränderung der Harmonie und Instrumentation stellt nicht das Recht der Melodie in den Schatten.

Das Gesetz will (mit Recht) die Transkriptionen, Variationen, Phantasien, Paraphrasen treffen, würde aber auch Werke wie Regers ‚Variationen über ein Thema von Hiller‘ oder Siegfried Ochs' Scherz über „Kommt ein Vogel geflogen“ treffen, wenn diese Melodien nicht frei gewesen wären, und bedeutet alles in allem eine Überschätzung der Melodie. (Vgl. dazu auch noch § 14, 3 UG.)

b) **Vortrag und Aufführung.** Werke der Tonkunst dürfen ohne Einwilligung des Berechtigten nur unter bestimmten Bedingungen öffentlich vorgetragen, d. h. „aufgeführt“ werden, nämlich wenn:

1. die Aufführung unentgeltlich stattfindet und keinem gewerblichen Zweck dient oder
2. wenn sie bei Volksfesten (außer den Musikfesten) oder
3. für wohltätige Zwecke oder
4. im Kreise geschlossener Vereine geschieht (§ 27 UG.).

Diese Ausnahmen waren notwendig als Milderung des im übrigen bestehenden Aufführungsverbots und der Abgabepflicht bei jedem sonstigen gewerblichen oder entgeltlichen Vortrag (in Kaffees, Gastwirtschaften, Kurkonzerten[1] usw.), während dergleichen bei literarischen Werken als erlaubter Vortrag gelten würde.

Für Bühnenwerke und überhaupt Musik-Textwerke (s. oben 2 c) gilt auch diese Milderung nicht (§ 27 Abs. 2 UG.).

[1] Daß Kurkonzerte als gewerbliche gelten, RGSt. 43, 189. Über Öffentlichkeit oder Geschlossenheit von Vereinsaufführungen s. RGSt. 48, 128.

V. Zitat.

Über erlaubte Wiedergabe als Klein- und Groß-Zitat (auch in Schulbüchern und Liederbüchern) s. oben § 14.

VI. Musikalisch-mechanische Wiedergabe (Lizenz).

a) **Die Novelle von 1910.**

Durch die Novelle zum UG v. 22. Mai 1910 sind die Rechtsverhältnisse der mechanischen Musikinstrumente neu und eingehend geregelt worden. Es handelt sich um die Übertragung auf Grammophon, Orchestrion, Spieldosen, Drehorgeln, Pianola, Phonola usw., und zwar wieder mit Unterschieden für die Kunstspielapparate im Gegensatz zu den ganz mechanischen Musikwerken, soweit es sich um Überbleibsel aus der Geltungszeit des Gesetzes von 1901 bis zur Novelle von 1910 handelt (s. unten).

b) **Wer ist Bearbeiter?**

Der künstlerische Übertrager (Vortragende oder technische Hersteller) gilt dabei als Bearbeiter (§ 2 UG.), d. h. in zweierlei Richtung: gegenüber dem Urheber und dem Publikum, also verantwortlich für die Berechtigung der Übertragung, da das Recht der Übertragung auf solche Instrumente und Vorrichtungen nach § 12, 5 und § 14, 4 UG. dem Urheber vorbehalten ist — und selbstberechtigt für die „Bearbeitung" gegenüber jedem Dritten (vgl. das Beispiel oben § 16 D).

c) **Zwangslizenz.**

Ist vom Urheber einem anderen die Übertragung eines Werkes der Tonkunst (was ebenso für den zu dem Musikstück gehörigen Text gilt) auf ein solches Instrument gestattet worden, so ist alsdann durch den neuen § 22 eine Zwangslizenz geschaffen worden; diese Erlaubnis muß dann ebenfalls jedem Dritten, der im Inland eine gewerbliche Hauptniederlassung oder den Wohnsitz hat, gegen angemessene Vergütung gestattet werden. Aufführungserlaubnis liegt darin (§ 22a UG.), aber dem Verleger des Werkes ist ein Teil der erhaltenen Vergütung von dem Urheber auszuzahlen. Die Erlaubnis ist vom Urheber zu erteilen (§ 22b UG.).

Die Technik der Erlaubniserteilung und Einziehung der Gebühren ist durch die im Jahre 1909 erfolgte Gründung der „Ammre" (Anstalt für mechanisch-musikalische Rechte G. m. b. H.) vereinfacht worden, die dies durch einheitliche Organisation besorgt.

Aus praktisch-wirtschaftlichen Gründen ist der Zustand nach dem Gesetz von 1901 auch nach der Novelle von 1910 noch zu einem Teil aufrecht erhalten worden (§ 63a UG.). Vor der Novelle von 1910 wurden die einwirkungsfähigen Spielapparate (Pianola, Phonola, Kunstspielapparate, bei denen „das Werk hinsichtlich der Stärke und Dauer des Tones und hinsichtlich des Zeitmaßes nach Art eines persönlichen Vortrags wiedergegeben werden kann") anders behandelt als die rein mechanischen Musikwerke; dies wurde geändert, aber um Schiebungen zu vermeiden, der 1. Mai 1909 als Stichtag festgesetzt in der Weise, daß alle Werke der Tonkunst, die vor diesem Termin einmal erlaubterweise musikmechanisch vervielfältigt worden sind, dauernd beschränkt und ohne Lizenzgebühr für alle mechanischen Musikwerke abgesehen von den einwirkungsfähigen benutzt werden dürfen, alle anderen aber unter dem neuen Recht stehen.

Verwickelte und schwierige Übergangsfragen ergeben sich daraus, die aber zu spezielles Interesse haben, als daß hier ausführlich darauf eingegangen werden könnte (vgl. die UG.-Kommentare zu § 63a und Freiesleben, Recht und Tonkunst, S. 66ff.).

§ 18. Film.[1]

Ein kinematographisches UR. ist erst durch die Novelle von 1910 im UG. festgelegt. Vorher wäre es aus der Ratio des Gesetzes vorhanden gewesen, war aber natürlich mangels ausdrücklicher Bestimmungen umstritten. Jetzt steht fest, daß es einen Urheberschutz gegen kinematographische Wiedergabe (§ 12, 6 und § 14, 5 UG.), aber auch einen Urheberschutz für das Filmwerk selber gibt (§ 1 Abs. 2 und § 13 UG.).

Von wissenschaftlichem und praktischem Interesse ist die Frage der „freien Benutzung" oder abhängigen Bearbeitung zwischen Schriftwerk und Kinodrama.

I. Filmung von Schriftwerken.

Die Filmung kann von untergeordneter Bearbeitung (Wiedergabe) bis zu fast völliger Neuschöpfung eines zugrunde liegenden literarischen Werkes alle Grade umfassen (vgl. oben § 11). Die Frage, wieweit die kinematographische Verwendung neue Formgebung sei oder nicht, darf nicht nach Äußerlichkeiten beurteilt werden, z. B. auf das Fehlen der Worte, die notwendige Verän-

---

[1] Das öffentliche Filmrecht (Filmzensur, Sicherheitsvorschriften, Kinderbesuch usw.) wird hier nicht behandelt (vgl. dafür namentlich Albert Hellwig, Rechtsquellen des öffentlichen Kinematographenrechts, M.-Gladbach 1913; Bruno May, Das Recht des Kinematographen, Berlin 1912; Komentare zum Filmzensur-Gesetz (12. 5. 1920) von Szczesny, Hellwig, Siepe); ebensowenig das Film-Handelsrecht (vgl. dafür Böhm, Filmverträge, Berlin 1919).

derung der Szenen- und Schauplatztechnik, überhaupt also nicht auf das Ausdrucksmittel abgestellt werden, sondern lediglich auf die geistig-künstlerische Formgebung des Werkinhalts. (Näheres darüber oben § 11.)

II. Erzählung nach Filmwerken.

Genau das gleiche Kriterium muß aber maßgebend sein für die (neuerdings vielfach geschehene) literarische Wiedergabe oder Bearbeitung erfolgreicher Filmstücke. Der Roman, der auf Grund des Films „Die Lieblingsfrau des Maharadscha" oder „Die Herrin der Welt" geschrieben wird, ist nicht schon deshalb eine eigentümliche Schöpfung, wenn er den Inhalt des Films erzählend weiter ausspinnt, Schilderungen und Gespräche einfügt u. dgl. mehr. Art. 14 der Rev. Berner Übereinkunft v. 13. Nov. 1908 spricht selbständigen kinematographischen Erzeugnissen den „gleichen Schutz wie Werken der Literatur und Kunst" zu. Die Streitfrage, ob dieser Satz auch nach deutschem Recht gilt, ist — selbst wenn § 1 Abs. 2 UR. nicht auf Filmwerke zu beziehen wäre —, dahin zu beantworten, daß nach den Grundsätzen des UG., wenn eine Bearbeitung eines Literaturwerks als Kinematogramm möglich, auch eine Bearbeitung eines Kinematogramms als Literaturwerk möglich sein muß und damit zugleich die Gültigkeit der Vorschriften der §§ 12 und 13 UG. sich auf diesen Bearbeitungsfall erstrecken müssen.

III. Kunstschutz oder Schriftwerkschutz.

Eine Streitfrage betrifft die Erwägung, ob das Kinematogramm nur Kunstschutz oder auch literarischen Urheberrechtsschutz genießen könne. Auch dies ist dahin zu beantworten, daß das Filmwerk den Schutz beider Gesetze genießt, auch des literarischen UG., da es literarische Erzeugnisse (Dramen usw.) spielt. Goldbaum spricht hier mit Recht von einer „Kombinationsidee".

Der Film genießt auch Kunstschutz als Bildwerk und Bildwerke genießen Kunstschutz gegen kinematographische Vorführung (nach § 15 KG.; vgl. unten § 32 IV 2). Aber ebenso genießt er grundsätzlich und originär Urheberschutzrecht, und zwar entweder als freigeschaffenes „Schriftwerk" — denn auch in Bildern kann man sprechen, erzählen, dramatische Handlung geben — oder als eigentümlich-schöpferische Bearbeitung. Die Zeiten, wo man ein Kinodrama nur als einen Abklatsch eines schon vorhandenen Literaturwerks betrachtete, sind vorüber, und wenn das UG. das freigeschaffene Kinostück nicht ausdrücklich unter den Gegenständen des geschützten UR. nennt, so ist die Entwicklung der Tatsachen darüber hinweggegangen und hat das Erzeugnis der Filmung aus den immanenten Grundsätzen des UR. zum mindesten neben die ebenso schutzfähigen „choreographischen und pantomimischen Werke" gestellt. Pantomime, überdies mit Worterläuterungen, wird da gespielt.

Der schon erwähnte Artikel 14 der Revidierten Berner Übereinkunft vom 13. November 1908 lautet: „Den gleichen Schutz wie Werke der Literatur oder Kunst genießen selbständige kinematographische Erzeugnisse sofern der Urheber durch die Anordnung des Bühnenvorgangs oder die Verbindung der dargestellten Begebenheiten dem Werke die Eigenschaft eines persönlichen Originalwerks gegeben hat. Unbeschadet der Rechte des Urhebers am Originale wird die Wiedergabe eines Werkes aus dem Bereiche der Literatur, der Wissenschaft oder der Kunst mittels der Kinematographie wie ein Originalwerk geschützt." Hier also sind beide Fälle, der der originalen Schöpfung und der der Bearbeitung nach einem Schriftwerk, genannt.

Für den Kunstschutz bleiben die lediglich bildnerischen, malerischen Filme, schon nicht mehr die belehrenden wissenschaftlichen und diejenigen Filme, die Tagesereignisse „erzählen". Diese stehen den Zeitungsartikeln im Wesen nahe. Warum soll die Unterscheidung nach Sache und Wesen, die sonst die Literatur von der bildenden Kunst trennt, vor dem Film halt machen? Weil der das Mittel der Photographie benutzt? Das tut das Buch mit seinen technischen, wissenschaftlichen oder künstlerischen Erläuterungen ebenfalls. Auf Zweck und Aufgabe des Werkes aber kommt es an. Es ist (was übrigens auch die tägliche Praxis lehrt) ein scharfer Unterscheidungsstrich zwischen tatsächlichen Films und den „Dramen" zu ziehen. Jeder Kinobesucher zieht — wenn auch unbewußt — solchen Strich; die Kunstwirkung ist bei beiden Gattungen eine ganz andere, einmal eine ästhetische für das Auge, das andere Mal eine erzählende, durch Vermittlung des Auges, in diesem Falle Literatur. Eine Parforcejagd, bei der ein Reiter stürzt, hat nichts Dramatisches; dieselbe Jagd, bei der dieser stürzende Reiter der Held einer Geschichte wäre, die künstlerisch aufgebaut ist, würde zu einer ganz andern Kunstgattung. Die Handlung schafft das Drama.

Das Wesentliche ist hier nicht mehr das Bild, sondern die dichtende Vermittlung eines Vorgangs, und was hier verbreitet und vervielfältigt wird, ist nicht ein Bild, sondern ein Vorgang. An dem Film selber kann niemand das Bild sehen, welches er darstellen soll. Die Aufnahme soll die Bewegung aufnehmen — das ist das Wesen des Kinos; das einzelne Bild des Filmstreifens, das einen in Wirklichkeit vorübergehenden Augenblick verewigt, ist deshalb etwas ganz Unwahres; wahr ist einzig dann wiederum die rasche Projektion, denn diese, und nicht die zu technischen Zwecken erfolgte Zerlegung der Handlung, ist das wirkliche Bild! Wenn das Oberverwaltungsgericht das Kinobild als „ein neues, bisher nicht vorhandenes Bild eines bewegten Vorgangs" bezeichnet, so wird die Sache dadurch nicht besser. Dieser bewegte Vorgang war ja da, ehe er aufgenommen wurde, und eben dieser bewegte Vorgang ist es, der aufgenommen werden sollte und der nun das allein richtige Bild ist.

Zeitungs- und Zeitschriftenbeiträge. § 19.

(Sammelwerke.)

I. **Begriffliches.**

Zeitungen und Zeitschriften gehören urheberrechtlich zu den Sammelwerken; man nennt sie auch periodische Sammelwerke. Grundsätzlich bleibt das UR. bei dem Verfasser des Beitrages und es entsteht, solange die Beiträge theoretisch und praktisch trennbar sind, kein Mit-UR. (vgl. oben § 12). Daneben besteht ein UR. des Herausgebers oder Redakteurs oder Verlegers am Ganzen, an dem Aufbau und Plan des Werkes, an der Einrichtung der Zeitschrift mit ihren Rubriken usw. Die Unterscheidung zwischen den Arten der Sammelwerke (periodische und nicht-periodische), ferner zwischen Zeitung und Zeitschrift hat urheber- und verlagsrechtliche Bedeutung und wird auch im Abschnitt „Verlagsrecht" wiederkehren (s unten § 29).

II. **Rechtssätze für periodische Sammelwerke.**

a) **Für Zeitungen und Zeitschriften gilt:**

1. Erlaubnis der Wiedergabe eines Vortrags oder einer Rede, die Bestandteil einer öffentlichen Verhandlung waren, in Zeitungen und Zeitschriften (§ 17, 1 UG.).

2. Erlaubnis des Abdrucks von vermischten Nachrichten tatsächlichen Inhalts und Tagesneuigkeiten aus Zeitungen und Zeitschriften (§ 18 Abs. 3 UG.).

b) **Für Zeitungen** (nicht für Zeitschriften) **gilt:**

1. Erlaubnis des Abdrucks einzelner Artikel aus Zeitungen in Zeitungen mit Quellenangabe und wenn nicht die Abdrucksrechte ausdrücklich vorbehalten sind („Nachdruck verboten"). Das gilt also für die sog. Zeitungsschau in den Tagesblättern.

2. Die Rechtslage ist mithin folgende:

Leitartikel, Meinungsäußerungen (ohne Vorbehalt des Abdrucksrechts), also meist das eigentlich Journalistische, dürfen in anderen Zeitungen unter Quellenangabe, Tatsachenmitteilungen dürfen ohne Quellenangabe nachgedruckt werden. „Ausarbeitungen wissenschaftlichen, technischen oder unterhaltenden Inhalts" dagegen genießen den vollen Schutz gegen Nachdruck (§ 18 Abs. 2 UG.), Die Berichte der Gerichtsverhandlungen und ähnliches werden von den Gerichten nach Vorgang der Stellungnahme der Literarischen Sachverständigenkammern als geschützte Ausarbeitungen angesehen. Ob hier die Quelle angegeben wird, ist ganz gleichgültig; ihr Nachdruck ist in jedem Falle strafbar. Vgl. § 44 UG.

3. Diese Bestimmung dient dem Schutze des Schriftstellers, während durch jene erstgenannten Freiheiten dem öffentlichen Verkehr und der Kultur ein Dienst getan werden soll. Auf den literarischen Wert oder die Neuigkeit dieser feuilletonistischen u. dgl. Artikel kommt es nicht an; hier ist ganz überwiegend die Formgebung geschützt. Auch kleine Plaudereien, die sich an Tatsachen anschließen, Mitteilung von Vorgängen in literarisch ausgearbeiteter Form, die sich über den Charakter der Nachricht erheben, sind geschützt. Aber nicht der Ton allein, die äußere Formgebung macht die Darstellung von Tatsächlichkeiten zu geschützten Ausarbeitungen. Eine nur launige Schilderung genügt nicht. „Die geistige Tätigkeit des Urhebers muß in der selbständigen Behandlung des zur Unterhaltung des Lesers dargebotenen Gedankeninhalts bestehen, sei es, daß sie durch Einkleidung des Stoffes in eine nicht nur eigenartige, sondern in gewissem Maße künstlerische Form oder auf andere Weise, wie durch Hinzufügung eigener Erörterungen oder Betrachtungen bewirkt wird" (RGSt. 47, 293). Auch hier kommt es also wiederum stets auf den Wahrheitsgedanken eigenen Schaffens, auf die Schöpfung im eigenen Feuer an (s. oben § 11). Dieses Feuer und der geschaffene Gegenstand können klein sein, sie müssen aber freies Schaffen, nicht nur Bastelei oder ärmliche Spezifikation an fremdem Gute aufweisen.

III. **Unterscheidung von Zeitschriften und Zeitungen.**

Diese Unterscheidung ist (nach dem Vorhergehenden) wichtig, aber eine scharfe Begriffsbestimmung schwierig. Voigtländer sagt: „Zeitungen bezwecken die unbegrenzte Erörterung und den Nachrichtendienst des gesamten öffentlichen Lebens, Zeitschriften pflegen begrenzt die Erörterung eines bestimmten Gebiets". Das gibt ein sehr wichtiges Merkmal, genügt aber nicht. Auch alle anderen Definitionsversuche (vgl. Riezler, S. 266 und die auf S. 261 von ihm genannte Literatur) erschöpfen die Frage nicht. Es kommt der ganze, oft in Einzelheiten abweichende Charakter des Blattes in Betracht, ferner namentlich die Erscheinungsweise, die äußere Aufmachung, auch der Dauerwert, die Erhältlichkeit in Bibliotheken, die Art des Anzeigenteils u. dgl. mehr.

So sind die „Illustrierte Zeitung", „Die Woche", „Deutsche Juristen-Zeitung", „Preußische Lehrer-Zeitung" unstreitig Zeitschriften. Das „Börsenblatt für den deutschen Buchhandel" ist, obwohl es täglich erscheint,

Zeitschrift (Fachzeitschrift). Die Korrespondenzen sind weder Zeitschrift noch Zeitung im Gesetzessinne, sondern in gewissem Sinne Manuskripte, und jedenfalls besondere Schriftwerke mit eigenem Vertrags- und Gewohnheitsrecht. Über dieses wird im Abschnitt „Verlagsrecht" gehandelt.

Schutzdauer. § 20.

I. Zweck der zeitlichen Begrenzung.

Die Begrenzung des Urheberschutzes hat den sittlichen Zweck, der Allgemeinheit zu geben, was ihr auf die Dauer nicht entzogen werden kann, und einen Ausgleich dafür zu bieten, daß der Schaffende auch den besten Teil seines Schaffens aus dem Allgemeingut und aus dem Schatz der Vergangenheit empfing. Das Allgemeininteresse fordert das gegenüber dem Einzelinteresse.

In diesen Ideenkreis gehört der verschiedentlich, zuletzt in den Teuerungsjahren 1920/21 wieder mit besonderer propagandistischer Schärfe aufgetauchte Gedanke, durch eine Art „Kulturabgabe" von gemeinfreien Werken die wirtschaftlichen Nöte der lebenden Schriftsteller zu lindern. Dieser Gedanke ist wesentlich materiell-wirtschaftlicher Natur und hätte insbesondere in der Art, wie er unter Belastung der Verleger von gemeinfreien Werken durchgeführt werden soll, mit einer juristischen Betrachtung des Urheberrechts an sich gar nichts zu tun, wenn er nicht von den Befürwortern seiner Durchführung als eine „Reform des Urheberrechts" bezeichnet würde. Er wird als eine Art Verlängerung der Schutzdauer, aber nur zum Besten bestimmter Dritter, betrachtet. Gerade insofern ist diese „Kulturabgabe" — oder wie man sie sonst nennen will — eine Beeinträchtigung des Allgemeininteresses zugunsten bestimmter, an den betreffenden Wertobjekten unbeteiligter Dritter, für deren Aktivlegitimation nur schwer ein schlüssiger Beweis geführt werden kann. Der lebende Schaffende verdankt der Vorwelt soviel, daß man — jedenfalls aus dem Gesichtspunkt des Urheberrechts wie überhaupt des gewerblichen Schutzrechts — nicht gerade die qualifizierte Sonderverwendung allgemeinen Kulturguts für seine Eigenzwecke gutheißen kann, unbeschadet der Notwendigkeit, daß dem notleidenden Schaffenden wirtschaftlich geholfen werde.

II. Gesetzliche Schutzdauer.

a) Unveröffentlichte Werke.

Über die unbegrenzte Schutzdauer unveröffentlichter Werke und die Schutzdauer aufgefundener posthumer Werke (§ 60 UG.) s. oben § 12 sub 2 e.

b) Veröffentlichte Werke.

Für jedes Werk tritt ein Zeitpunkt ein, wo Nachdruck gestattet ist. „Nachdruck" als solchen gibt es dann nicht mehr (Plagiat gibt es auch dann noch, aber ohne einen Berechtigten, der es verfolgen könnte).

Dieser Zeitpunkt tritt nach Ablauf von 30 Jahren nach dem Tode des Urhebers ein, wenn außerdem 10 Jahre seit der

Veröffentlichung[1] des Werkes verstrichen sind (§ 29 UG.). Das Todesjahr wir nicht mitgerechnet (§ 34 UG.).

Ist der Verfasser nicht unter falschem Namen genannt (anonyme und pseudonyme Veröffentlichungen) oder ist der Schutzberechtigte eine unpersönliche Gesamtheit, „juristische Person" (Akademie, Universität), so läuft der Schutz 30 Jahre nach dem Erscheinen[1] des Werkes ab. (§ 31, 32 UG.) Auch hier wird das Jahr des Erscheinens nicht mitgerechnet (§ 34 UG.). Die Dauer des Rechtsschutzes für anonyme und pseudonyme Werke kann dadurch verlängert werden, daß der Autor seinen wahren Namen zur Eintragsrolle (in Leipzig, s. § 56—58 UG.) angibt; in diesem Falle läuft auch bei ihm der Rechtsschutz erst 30 Jahre nach seinem Tode ab.

Bestand an dem Werke ein Miturheberrecht (s. oben § 12 III 2), so erlischt es erst 30 Jahre nach dem Tode des Letztlebenden (§ 30 UG.). Bei Sammelwerken geht das UR. am Sammelwerk 30 Jahre nach dem Tode des Herausgebers unter, während dasjenige an den einzelnen Beiträgen selbständig läuft.

Bei einem mehrbändigen Werk, dessen Bände zu verschiedenen Zeiten erschienen sind, berechnet sich die Dauer für jeden Band besonders, ebenso bei Heften von Zeitschriften u. dgl., bei Lieferungswerken nach der letzten Lieferung (§ 33 UG.).

c) **Bei Übertragung des UR.**

Keinen Einfluß auf den Ablauf der Schutzfrist hat im allgemeinen die Übertragung des UR. Denn in allen den Fällen, in denen das UR. nur teilweise oder nur seiner Ausübung nach übertragen wird (z. B. durch Verlagsverträge, aber ebenso durch allerlei andere Verträge) richtet sich die Schutzfrist nach dem Verfasser.

Das Gesetz spricht aber nicht vom Verfasser, sondern vom Urheber im Rechtssinne. Hat der Verfasser also, wozu ja die Möglichkeit vorliegt, sein UR. wirklich im ganzen auf einen anderen übertragen, so ist dieser eben in die Rechte des Urhebers in ihrer ganzen Ausdehnung eingetreten, und die Schutzfristen rechnen demnach nach ihm — ähnlich wie es auch in den Fällen sein muß, wo ein Bearbeiter als Urheber „gilt". Ausschlaggebend für diesen — allerdings seltenen — Fall ist der für die UR.-Übertragung zugrunde liegende Vertrag.

III. **Nebenfragen.**

I. Bezüglich der sog. **„Nebenluftausgaben"** s. oben § 12 sub 2 d.

II. **Internationale Komplizierungen** der Schutzdauer s. im folgenden § 21.

---

[1] Die Veröffentlichung muß eine berechtigte sein (§ 35 UG.).

Internationales Urheberrecht. § 21.

A Berner Übereinkunft.

Die internationalen, für das UR auch des Inländers lebenswichtigen Beziehungen sind durch internationale Verträge, die Berner Übereinkunft v. 9. September 1886 mit Zusatzakten v. 4. Mai 1896 und 13. November 1908 („Revidierte Berner Übereinkunft" — 30 Artikel — v. 13. November 1908), geregelt

I. **Vertragsstaaten.**

Der Berner Übereinkunft gehören an: Deutschland, Belgien, Frankreich (mit Kolonieen), Großbritannien (mit Dominien und Kolonieen), Spanien (mit Kolonieen), die Schweiz, Italien, Haiti, Liberia, Tunis, Dänemark, Japan, Luxemburg, Monaco, Norwegen und Schweden, Polen, mit einigen Vorbehalten Portugal und Holland; Österreich ist auf Grund des Friedensvertrages von St. Germain der Berner Übereinkunft beigetreten und hat demgemäß sein UG. v. 26. Dezember 1895 erheblich geändert. Mit den Vereinigten Staaten ist der gegenseitige Schutz des UR. deutscher Reichsangehöriger durch Übereinkommen v. 15. Januar 1892 gesichert. Eine Erweiterung der durch die Berner Konvention gesicherten Rechte hinsichtlich der Übersetzungen und öffentlichen Aufführungen ist zwischen Deutschland einerseits und Frankreich, Belgien und Italien andererseits in Sonderverträgen von 1883/1884 und 1907 vereinbart worden.

II. **Der Grundgedanke der Berner Übereinkunft.**

Den Angehörigen eines Landes in einem anderen Lande, in welchem sie ihr Werk zum ersten Male veröffentlichen, wird der Schutz, der für die dortigen Landesangehörigen gilt, gesichert (Artt. 5, 6 BÜ.). Also nur relative Gleichheit, Reziprozität ist gewährt, die nationale Ungleichheit bleibt bestehen. Während also der Ausländer in den Vertragsstaaten das UR. des Inländers genießt, gibt es hinsichtlich der Dauer des Schutzes eine Sonderbestimmung (s. unten C). Wegen weiterer Einzelheiten muß auf die Übereinkunft selber verwiesen werden. Sie hat in den beteiligten Ländern auch Ausführungsverordnungen und materielle Änderungen der Gesetze notwendig gemacht.

B. Ausländisches Recht.

Der Inhalt der ausländischen Gesetze ist hiernach in gewissem Maße auch für den deutschen Urheber wichtig. Namentlich für die Schutzdauer gilt das.

I. **Schutzdauer im Ausland.**

Österreich und die Schweiz haben wie Deutschland die 30jährige Frist — (Österreich aber bei nachgelassenen Werken nur 5 Jahre, die Niederlande bei unveröffentlichten 30 Jahre). Frankreich, die Niederlande, Dänemark, England, Belgien und Rußland haben eine 50jährige, Italien und die Vereinigten Staaten von Amerika eine geteilte und noch längere Frist (Amerika Copyright auf 28 Jahre und Möglichkeit der Erneuerung auf weitere 28 Jahre, Italien auf 40 Jahre von der Veröffentlichung des Werkes an bis zum Tode, eine zweite Frist von 40 Jahren, bei der der Nachdruck zwar erlaubt, aber an die Zahlung einer Abgabe von 5 Prozent des Gewinnes geknüpft ist, Aufführungsrechte 80 Jahre)

II. **Grundsätze im ausländischen Recht.**

In Österreich[1], der Schweiz, Frankreich, Belgien, England, Italien, Dänemark usw., neuerdings auch in Rußland, sind die Prinzipien für die Objekte wie die Subjekte des UR. ungefähr die gleichen wie in Deutschland. Die Vereinigten Staaten gewähren den UR.-Schutz nur bei Eintragung in das Register of Copyright. Auch in Frankreich ist die Erlangung des UR. von der Niederlegung von 2 Exemplaren bei der Nationalbibliothek, in Italien von der Einreichung beim Präfekten abhängig.

C. Der Begriff des „Ursprungslandes" im internat. Recht.

Wichtig für die Anwendung der internationalen Bestimmungen ist die Festlegung, was als Ursprungsland des Werkes anzusehen ist (Art. 4 BÜ.).

I. Für nicht veröffentlichte Werke ist dies das **Heimatland** des Urhebers.

II. Für veröffentlichte Werke das **Land der ersten Veröffentlichung.**

III. Bei gleichzeitiger Veröffentlichung in mehreren Verbandsländern das **Land der kürzesten Schutzdauer.**

IV. Bei gleichzeitiger Veröffentlichung in einem Verbandsland und einem Nichtverbandsland das **Verbandsland.**

Die Schutzfrist. Die Berner Übereinkunft gewährt generell eine Schutzfrist von 50 Jahren nach dem Tod des Urhebers, aber

[1] Das neue österreichische Gesetz v. 13. Juli 1920 (Staatsgesetzbl. Nr. 96) hat das österreichische Recht noch mehr dem deutschen und der Berner Übereinkunft angeglichen.

läßt die Schutzfrist sich im einzelnen Fall richten nach dem Gesetze desjenigen Landes, wo der Schutz beansprucht wird; sie darf aber die in dem Ursprungslande festgesetzte Dauer nicht überschreiten (Art. 7 BÜ.). Daß sie nicht unterschritten werden dürfe, ist nicht gesagt.

Wird auf solche Weise ein Werk in einem Lande früher frei als in einem andern, so darf der berechtigte Ausländer aber das Werk nicht in dem noch schützenden Lande drucken lassen; denn der Ort des Druckers ist Deliktsort (Kammergericht in DJZ. 1903, Nr. 550). Auch die Verbreitung des im Auslande rechtmäßig gedruckten Buches ist in dem noch schützenden Lande untersagt (nach RGStr. 28, 175 werden der Vervielfältiger und der Verbreiter besonders belangt).

D. Einfluß des Krieges und Friedensvertrages.

An sich sind durch den Weltkrieg die internationalen Bestimmungen, die Bestandteile des inländischen Rechts geworden sind, nicht aufgehoben worden (RGZ. 85, 374). Der Versailler Vertrag hat sich auf einen anderen Standpunkt gestellt, die Geltung der Bestimmungen aber wieder eingeführt. Dadurch ist für deutsche Urheber ein Zeitraum unsicheren oder aufgehobenen Rechtsschutzes entstanden. Für Maßnahmen der Feinde gegen deutsche Immaterialgüterrechte wird Ersatz nicht geleistet. (Für Amerika gilt das alles nicht.) Diese Bestimmungen, die für alle gewerblichen Schutzrechte gelten, sind unten im Abschnitt „Patentrecht" (s. § 47) noch näher mitgeteilt. In Betracht kommen die §§ 289 und 306 ff. des Friedensvertrags. Was für Lizenzen dort gesagt ist, gilt auch für Verlagsverträge und anderweite Überlassung der Ausnutzung des Urheberrechts, vgl. namentlich Seligsohn in Gew. Rsch. und UR. 1919, 229 und Lindemann, Urheberrecht, 4. Aufl., Berlin 1921, S. 139.

Für das Verhältnis zu den nicht am Kriege beteiligt gewesenen Ländern ist eine Regelung durch das „Berner Abkommen zur Wahrung der durch den Weltkrieg geschädigten gewerblichen Schutzrechte vom 30. Juni 1920" erfolgt (RGBl. S. 1557; mit Begründung in M. u. W. 20, 49; s. unten § 47).

B. Literarisches und musikalisches Verlagsrecht.

(Gesetz v. 9. Juni 1901 [RGBl. S. 217] und Novelle v. 22. Mai 1910 [RGBl. S. 793]).

§ 22. Wesen des Verlagsrechts.

A. Begriff des Verlagsrechts.

Verlagsrecht hat zwei Bedeutungen:

a) **objektiv:** die Zusammenfassung der Rechtssätze über das Verlagsverhältnis.

b) **subjektiv:** das aus dem Verlagsvertrag entstandene Recht, das vom Verlaggeber bestellt wird und zugleich für den Verlagnehmer wirksam wird.

Zu a) **Der objektive Begriff** wird benutzt im Titel des Gesetzes über das Verlagsrecht und bei allen wissenschaftlichen Zusammenfassungen dieses Rechtsgebiets. So gibt es Verlagsrecht an literarischen, musikalischen, künstlerischen Erzeugnissen. Aber nicht alles, was urheberrechtlich geschützt ist, kann auch verlagsrechtlichen Schutz genießen — einmal nicht, weil Urheberrecht originär entsteht und dem Bestehen eines Urheberrechts nicht ohne weiteres auch eine Verlagsfähigkeit sich zugesellt, dann aber auch, weil das Erfinderrecht ein Urheberrecht im weiteren Sinne ist, während die gewerblichen Auswirkungen des Erfinderrechts nicht verlagsrechtlicher Natur sind. Immerhin sind auch dort die Lizenzen u. dgl. stark verlagsrechtähnlich.

Zu b) **Der subjektive Begriff.**

Interessanter ist die subjektive Bedeutung. Hierüber ist viel geschrieben worden, denn das Problem liegt nicht einfach. Das Wesen des Verlagsrechts ist nur durch scharfe Abgrenzung gegenüber dem Urheberrecht zu erfassen. Es lediglich oder auch nur überwiegend als „übertragenes Urheberrecht", also rein derivativ zu fassen, geht nicht an. Es ist ein selbständiges, durch Vertrag geschaffenes, das Urheberrecht beschränkendes oder belastendes Recht. Dies erfordert nähere Darlegung.

B. Wesen des Verlagsrechts.

I. **Nicht Übertragung, sondern Belastung des UR.**

Es gibt eine vollständige oder teilweise Übertragung des Urheberrechts, bei der immer der Name des Verfassers, oft auch noch andere Teile des gesamten Urheberrechts ihm verbleiben, aber wirklich Teile „des Urheberrechts" übertragen werden. Das ist etwas ganz anderes als die Übertragung von Rechten, die, wenn auch urheberrechtsähnlich, das Urheberrecht belasten und beschränken, aber nicht ihre Kraft direkt aus Urheberrechtssätzen, sondern aus dem Verlagsvertrag, damit allerdings indirekt aus Urheberrechtssätzen neben der direkten Einwirkung der Verlagsrechtssätze ziehen.

a) Es muß mit dem Irrtum gebrochen werden, jede Übertragung gewisser aus dem Urheberrecht hervorgehender Befugnisse schon von vornherein als Übertragung des Urheberrechts, auch nur als teilweise, zu bezeichnen. Denn das Wesen des Urheberrechts ist seine originäre Entstehung und grundsätzliche Nichtbeschränkung, das Wesen des Verlagsrechts ist seine derivative Entstehung und grundsätzliche (transitive und intransitive) Beschränkung.

b) Der Träger des Urheberrechts hat im Zweifel alle Rechte, die nicht nachweislich übertragen sind, der Träger des Verlagsrechts hat im Zweifel alle Rechte nicht, die ihm nicht nachweislich übertragen sind. Das ist wie bei jeder dinglichen Belastung stärkerer Rechte.

c) Während bei der Übertragung „des Urheberrechts" nur der Name als letztes Persönlichkeitsrecht grundsätzlich außerhalb der Übertragung bleibt, bleibt bei der Verlagsrechtbestellung, der Lizenzerteilung, der Überlassung von Aufführungs-, Übersetzungs-, Vortragsrechten das Urheberrecht als Immaterialgüterrecht selbst außerhalb der Übertragung.

II. **Wesen des dinglichen Rechts.**

Der Verlaggeber (der Berechtigte des Urheberrechts) bestellt dem Verlagnehmer durch Vertrag ein dingliches Recht, das dem Nießbrauch ähnelt und eine Belastung des Urheberrechts (wie beim Eigentum) in sich schließt. Ebensowenig wie der Nießbrauch ein beschränktes Eigentumsrecht ist, ist das Verlagsrecht ein beschränktes Urheberrecht; vielmehr besteht neben dem Verlagsrecht das beschränkte Urheberrecht fort, weil dieses eben durch das Verlagsrecht beschränkt ist.

Beweis dafür ist u. a.: daß der Verleger seine Abdrucksrechte nicht weitergeben, nicht veräußern darf, es sei denn unter ganz bestimmten, eng beschränkten Kautelen; daß die Entschädigung für unberechtigt geschehenden Nachdruck nicht ihm allein zufließt; daß die „Ausschließlichkeit" seines Rechts sich im Verbieten erschöpft; daß da, wo die Ausschließlichkeit — bei Beiträgen zu periodischen Unternehmungen — sich nicht aus den Umständen des Falles ergibt, die Rechte sich noch mehr vermindern; daß das Recht der Übersetzung, Bearbeitung usw. grundsätzlich beim Urheber verbleibt; daß das Verlagsgesetz ganz vorwiegend dispositives Recht gibt, das dem Vertragswillen größte Freiheit läßt, u. dgl. mehr.

III. Zusammengehörigkeit von UR. und VR.

Trotz der grundsätzlich scharfen Unterscheidung des Verlagsrechts vom Urheberrecht darf aber die geistig-wissenschaftliche Zusammengehörigkeit nicht verkannt werden.

a) Der § 2 VG. verbietet dem Verfasser während der Dauer des verlagsrechtlichen Vertragsverhältnisses jede Vervielfältigung und Verbreitung, die einem Dritten während der Dauer des Urheberrechts untersagt ist. Dieser gesetzliche starke Hinweis auf das Urheberrecht ist Auslegungsregel für das Verlagsrecht und deutet zugleich auf den urheberrechtlichen Wirkungscharakter des Verlagsrechts.

b) Deshalb darf nicht (mit de Boor, Urheber- und Verlagsrecht, S. 230ff.) behauptet werden, die urheberrechtlichen Sätze träten nur akzessorisch den verlagsrechtlichen hinzu; sie bestimmen vielmehr den positiven Inhalt des Verlagsrechts auf erhebliche Strecken hin, füllen den Rahmen, den die Beschränkung setzt, mit Bildern und Gestalten. Ein lediglich „akzessorischer" Charakter träfe den Kern der Sache nicht, ließe das Warum ungeklärt. Denn das Verlagsrecht ist kein Urheberrecht, aber sein Inhalt ist vom Urheberrecht entliehen und bestimmt, und nur die Grenzen sind vertrags- und verlagsrechtlich gezogen. Vgl. auch unten § 24.

c) Die Frage des Verlagsrechts als Belastung des Urheberrechts ist theoretischer Natur. Die praktischen Fragen des Inhalts des Verlagsvertrags und des durch diesen begründeten Verlagsverhältnisses sind Gegenstand des folgenden Paragraphen.

§ 23. Allgemeiner Rechtsinhalt des Verlagsverhältnisses.

A. Verlagsvertrag und Verlagsverhältnis.

Aus dem Verlagsvertrag entsteht das Verlagsverhältnis, das seinerseits die Grundlage für das Entstehen des subjektiven

Verlagsrechts des Verlagnehmers abgibt. Denn dieses wird durch den Vertrag bestellt und ist dinglicher Natur. Es ist der rechtliche Ausdruck des bestehenden, auf Dauer berechneten Verlagsverhältnisses.

Das Verlagsverhältnis beginnt durch Abschluß des Vertrages, nicht erst, wie man in Überspannung der Theorie gelegentlich gemeint hat, durch den Akt der Übertragung des Werkes, das in Verlag gegeben wird. Diese Übertragung ist bereits Folge des Verlagsverhältnisses. Daß das Verlagsrecht an dem Werk erst durch die körperliche Übertragung entsteht, sagt der § 9 VG., aber er kann nur den dinglichen Teil des Verlagsrechts meinen (vgl. unten § 25 sub B). Vorher ist es virtuell vorhanden und ganz natürlich auf die Forderung der Übertragung des Werkes beschränkt, also schuldrechtlich vorhanden und rein tatsächlich noch nicht weiter auswirkungsfähig. Hieraus ergibt sich die sehr wichtige, bisher wenig beachtete Rechtsfolge, daß der Verlagsvertrag Wesen, Beginn und Ende des Verlagsrechts, also des dinglichen Rechts, bestimmt, der Inhalt des dinglichen Rechts aber aus allgemeinen urheberrechtlichen Grundsätzen bestimmt wird. Das Ende des Verlagsrechts entsteht dann aber automatisch aus dem Ende der Vertragspflicht, denn die Pflicht der Vervielfältigung und Verbreitung oder der Möglichkeit dazu gehört essentiell zum Verlagsvertrag und zur Ausübung des dinglichen Rechts. Sobald also die Möglichkeit dieser Vervielfältigung und Verbreitung, sei es durch tatsächliche, sei es durch rechtliche Endigungsgründe des Vertrags, aufhört, hört damit auch das dingliche Verlagsrecht auf. So, wenn die Auflage vergriffen ist und eine neue nicht veranstaltet wird (§ 17 VG.), so, wenn bei nicht ausschließlicher Übertragung des Verlagsrechts (§ 42 VG.) ein Nachdruck geschieht, der zwar unberechtigt gegen den Verfasser ist, aber nicht gegen den Verleger eine Rechtsverletzung bedeutet. Es gilt also der Satz, daß sich der Umfang des Verlegerrechts mit dem Umfang der Verlegerpflicht deckt, und zwar gerade — worauf es hierbei letzten Endes ankommt — in dinglicher Hinsicht.[1]

B. Der Verlagsvertrag.

I. **Vertragscharakter.**

Welcher Vertragsart der Verlagsvertrag zugehört, ist nicht ohne Bedeutung. Es ist ein zweiseitiger Nominatkontrakt. Nach Kohler ist er ein Vertrag „sui genesis“; das ist richtig, aber sagt noch wenig Positives.

[1] Näheres s. Elster, Die Tragweite des Verlagsrechts in M. u. W. 20, 205.

a) Vom Kaufvertrag unterscheidet sich der Verlagsvertrag in folgender Beziehung: es sieht so aus, als verkaufe der Verfasser dem Verleger ein Werk. Er verkauft ihm aber keine Sache, sondern ein Recht an einer Sache, verschafft ihm daran Nießbrauch, legt außerdem als Essentiale negotii einen modus darauf, aber die Kaufsumme ist kein Essentiale negotii.

b) Von der Miete scheidet ihn ebenfalls namentlich die essentielle Leistungs- (Vervielfältigungs-, Verbreitungs-)Pflicht des Verlegers, während hier das Detinere zum vertragsmäßigen Gebrauch einer im Eigentum des Vermieters bleibenden Sache Ähnlichkeiten schafft. Aber die produktive Bearbeitung und Nutzung, eventuell unter Abgabe von Gewinnanteilen an den Vermieter, spricht gegen die Miete und eher für Pacht.

c) Dem Pachtvertrag steht er am nächsten, obschon hier die Qualität der verpachteten Sache ein geistiges Gut darstellt, auf das der „Verpächter" hier fortdauernd seinen Einfluß geltend machen kann.

d) Zudem gibt es Verlagsverträge über noch nicht vorhandene Arbeiten. Das nähert sich dem Werkvertrag, unterscheidet sich von diesem aber wieder durch die Verpflichtung des Bestellers, für das gelieferte Werk etwas ganz Bestimmtes zu tun und es nach erledigter Mission zurückfallen zu lassen. Hier wird der Lieferer zur Lieferung seiner spezifisch geistigen Leistung für ein bestimmtes Milieu verpflichtet, der Besteller zur Beschaffung dieses Milieus in vertragsmäßigem und verkehrsüblichem Zustand zur Aufnahme der Leistung.

e) Andere Verlagsverträge sind so gefaßt, daß man sie vom Gesellschaftsvertrag zu scheiden Mühe hat.

Aus alledem ergibt sich aber, daß der Verlagsvertrag eine Vertragsart von besonderer systematischer Einreihung ist und daß die hier genannten Vertragsarten Einfluß auf ihn ausüben müssen (davon unten IV).

II. Wesentliche Unterscheidungsmerkmale.

Drei Hauptpunkte der Unterscheidung machen sich hier klar geltend: a) die nur teilweise Hingabe des Werkes an den Verleger; b) die geistige Natur dieses Werkes; c) die Verpflichtung des Verlegers für das Werk.

a) Der Verfasser behält sein Werk als persönliches Rechtsgut; er überläßt einigen wirtschaftlichen Nießbrauch daran (in bestimmter Richtung) dem Verleger.

b) Dieser Nießbrauch hängt an dem materiellen Niederschlag einer immateriellen Kraft, dem geistigen Wert.

c) Es ist kein Nießbrauch oder mehr als Nießbrauch, weil essentiell mit ihm die Pflicht verbunden ist, den Nießbrauch auszunutzen, und zwar an Stelle dieser bloßen Benutzung die Pflicht ganz bestimmter, obligatorisch erzwingbarer Ausnutzung. (So namentlich Kohler, UrhR., S. 259.)

d) Das bleibt auch gültig, wenn der Verlagsvertrag über ein erst zu schaffendes, ja selbst über ein nach bestimmtem Plane zu schaffendes Werk (z. B. einen Beitrag für ein Sammelwerk) abgeschlossen wird.

Das alles sind aber keine Sonderheiten des Vertrags, die ihn scharf von anderen herausheben; ja, da sie sich bei den verschiedenen Verlagsverträgen erheblich abwandeln, erlangt der Verlagsvertrag trotz seiner klaren Grundgestalt doch wie unter einer Tarnkappe Anlehnung an verschiedene andere Vertragsarten im Einzelfall.

III. **Der Begriff des Verlagsvertrags.**

Es ergibt sich folgende Begriffsbestimmung:

Der Verlagsvertrag ist ein zweiseitiger Vertrag, durch welchen eine begrenzte kapitalistische Benutzung von Rechten an geformten geistigen Werten in bestimmter dinglicher Form einem anderen übertragen wird, dieser aber sich zur Veröffentlichung und Verbreitung in bestimmtem Milieu verpflichtet.

Er berührt sich also eng mit dem Lizenzvertrag im Patentrecht und ähnlichen, die ein Monopol zum Vertragsgegenstand haben. Essentiell in diesem eigenartigen Vertrag ist:

1. die Möglichkeit der Verschaffung eines besonderen Rechts an geistigem Gut, und zwar an einem in eine Form gebrachten geistigen Gut;

2. die Benutzung dieses Rechts in dinglicher Form auf Grund des Vertrages;

3. die Veröffentlichungs- und Verbreitungspflicht in bestimmtem Milieu.

Von wem die Idee ausging, welche der beiden Parteien die Offerte machte, ob der Vertrag in gesellschafts- oder werkvertragsähnlichen Formen zustande kommt, ist für seine Klassifizierung gleichgültig, kann aber seinen besonderen Inhalt erheblich beeinflussen.

Aber mit der Begriffsbestimmung ist noch nicht gesagt, welches die bestimmte dingliche Form und welches der Rechtsinhalt der Übertragung ist. Der Verlagsvertrag ist eine Vertragsform; aber es ist mit dem Abschluß eines „Verlagsvertrags" noch nichts Endgültiges über wesentliche Teile seines Rechtsinhalts gesagt.

Man spricht von einem Gegensatz zum Werkvertrag; denn verschiedentlich werden Verlagsverträge ausdrücklich als Werkverträge abgeschlossen und andere sind als Werkverträge auszulegen. So zumeist bei Redaktions- und Herausgeberverträgen, auch bei Herstellung von niederer Verfasserarbeit, z. B. nach § 47 VG., worüber noch näher unten im § 29 gehandelt wird. Dies bedeutet dann, daß die urheberrechtlichen Bestandteile des Verlagsrechts beim verlagsrechtlichen Werkvertragsverhältnis nicht auftreten, während andrerseits wichtige Sätze des Werkvertragsrechts, sei es durch ausdrückliche Gesetzesbestimmung, sei es durch Brauch, für den Verlagsvertrag unanwendbar sind.

So z. B., daß der Besteller zur Übertragung seiner Rechte auf einen anderen nicht der Zustimmung des „Unternehmers" bedarf, im Gegensatz zu § 28 VG., dann die Kündigungsbefugnis des Bestellers laut § 649 BGB. im Gegensatz zu § 18 VG., ferner die Verzugs- und Verjährungsbestimmungen der §§ 642, 643, 638 BGB., die auf Verlagsverträge nicht passen.

Es zeigt sich also, daß das Verlagsvertragsverhältnis ein Rahmenvertrag ist, dessen Inhalt noch durch andere Vertragsarten bestimmt wird. Darüber im folgenden.

IV. Inhalt und Auslegung des Verlagsvertrags.

Die Art und der Umfang des durch den Verlagsvertrag übertragenen dinglichen Rechts bestimmt sich erst durch den in dem Verlagsvertrag des einzelnen Falles mit enthaltenen Vertrag — nämlich dem Zellkern des Verlagsvertrags. Dieser Kernvertrag ist es, der beispielsweise den viel umstrittenen Fall des § 47 VG. (niedere Verfasserarbeit) im Rahmen des allgemeinen Verlagsvertrags ganz eindeutig bestimmt und einengt, und dieser Kernvertrag ist es, aus dem eine Reihe innerster Auslegungsfragen des allgemeinen Verlagsvertrags im besonderen Fall allein gelöst werden können. Das ist bisher völlig übersehen worden.

Aus dem wahren Inhalt des Verlagsvertrags ergibt sich erst, wie auch sonst im Verhältnis zwischen Schuldrecht und Sachenrecht, ob ein Miturheberrecht zwischen Verfasser und Verleger oder gar ein volles Urheberrecht des Verlegers oder etwa nur eine undingliche Detention eines Kommissionärs vorliegen soll. Dies ist gar nicht zu beantworten, wenn man den Verlagsvertrag als einen eindeutigen Vertrag sui generis ansieht und seinen schuldrechtlichen Kerngehalt außer acht läßt; vielmehr muß stets danach gefragt werden, ob der Verlagsvertrag im betreffenden Fall werkvertraglichen oder kaufvertraglichen oder gesellschaftsvertraglichen oder noch anderen (Leihe, wie beim nicht ausschließlichen Recht, § 42 VG.) Charakter hat. In dem einen Fall verkauft der Verfasser „alle Rechte" an seinem Buch an den Verleger, in dem anderen ist er nur beauftragter Lieferer gewesen, in einem dritten treten beide in ein gesellschaftsrechtliches Verhältnis am Buche (z. B. durch Verträge mit Gewinnanteilen, mit Abgabe vom einzelnen Exemplar u. dgl.), in einem vierten gewährt er die Nutzung nur vorübergehend zu bestimmtem Zweck, und gemäß aller dieser Verschiedenheiten bestimmt sich dann auch die räumliche, sachliche und ebenso die zeitliche Tragweite des Verlagsrechts. So muß beispielsweise bei gesellschaftsvertraglichem Kerngehalt eine dauernde Interessengemeinschaft der Kontrahenten entstehen, bei werkvertraglichem Kerngehalt bleibt der Besteller der Herr des Unternehmens, beim leihvertraglichen Kerngehalt bleibt es der Leiher. Sätze des Verlagsvertrags können nicht so ausgelegt werden, daß sie dem Charakter des Kernvertrags zuwiderlaufen.[1]

Gerade die beiden Fälle des § 45 und des § 47 VG. zeigen, daß „Verlagsvertrag" keine eindeutige Erscheinung des Schuldrechts ist. Im engeren Sinne bedeutet es den Vertrag, der „Verlagsrecht" verschafft, und in dieser engeren Bedeutung wird der Ausdruck von denen gebraucht, die den „Verlagsvertrag" dem Werkvertrag und dem Dienstvertrag (z. B. bei Redaktionsverträgen) gegenüberstellen. Aber der Fall des § 45, Abs. 2 VG., der ein Essentiale negotii (die Verbreitungspflicht) unter Umständen einfach beiseite setzt und nur die Vergütungspflicht (ein Nicht-Essentiale des Verlagsvertrags) bestehen läßt, also diese Art „Verlagsverträge" glatt in die Kaufvertragsart hineinversetzt, zeigt mit voller Deutlichkeit, daß es sich bei der Mehrzahl der Verlagsverträge darum handelt, sie nicht nur nach den „Umständen des Falles", sondern sehr genau nach ihrem Kernvertrag auszulegen. Mit dem § 47, der gewisse dem Verlagsvertrag gleich erscheinende Verträge völlig in die Werkvertragsart versetzt, ist es das Gleiche. Die Übergänge sind aber zahlreich und jede Etappe dieser Übergänge kommt in der Praxis vor. Die §§ 45, 47 u. a. geben nur kasuistisch Grenzfälle an. Sie bedeuten, daß die Erscheinungsform des Verlagsvertrages verschiedenartigen Inhalts sein kann. Der Gesetzgeber hat damit nur ganz oberflächlich und unklar ausgedrückt, was eigentlich Rechtens sein soll, hat aber den Weg wenigstens für die Auslegung freigemacht. Die logische Weiterführung seines embryonal gegebenen Gedankens ist diese Lehre vom Rahmen- und Kernvertrag im Verlagsverhältnis. Daher müssen stets neben den Sätzen vom Verlagsvertrag die Sätze der betreffenden mitspielenden Kernverträge zur Auslegung mit herangezogen werden, und auf solche Weise entsteht ein klares schuldrechtliches Bild mit seinen dinglichen (urheberrechtlichen) Folgen.

Durch solche Erkenntnis aber ist nicht etwa die Bedeutung des Verlagsvertrags herabgesetzt; im Gegenteil: der Rahmen dieses

[1] Vgl. auch Voigtländer-Fuchs, S. 227.

Vertrags ist um das Rechtsverhältnis gespannt im Sinne einer eigenartigen Verbindung zwischen dem Verlaggeber und Verlagnehmer, die ein besonderes Vertrauensverhältnis bedeutet. Darauf legen die Parteien zumeist hohen Wert, weil sie auf geistigem Gebiet miteinander verbunden sind, der Eine zum Hüter des Geistesgutes des Anderen gemacht ist, der es ihm anvertraut hat. Auch wenn im Einzelfall dies verkannt wird, die Regel deutet sehr stark auf dieses Vertrauens- und Treueverhältnis und mit Recht hat ein Urteil des Kammergerichts (6. Juli 1918 in GR. u. U. 1918, S. 128) dies betont unter Hinweis auf das Persönlichkeitsrecht des Verfassers. Auch das Persönlichkeitsrecht des Verlegers ist ein beachtlicher Umstand des Falles, wenn etwa Zumutungen an den Verleger gestellt werden, die mit seinem Namen und Ansehen nicht in Einklang zu bringen sind. Dieser Unterschied gegenüber manchem anderen Vertragsverhältnis ist hier ein Ausfluß der persönlichkeitsrechtlichen Bestandteile des Urheberrechts, das beim Verfasser liegt und an dem durch Nießbrauchbestellung ein Anteil dem Verleger übertragen wird.

V. **Rechtsfolgen.**

a) **Der Rechtsschutz des Verfassers gegenüber dem Verleger** entspringt:

1. aus seinem Urheberrecht und er hat daher alle Repressalien, die ihm dieses gibt (vgl §§ 36—40 UG., Schadensersatz, Vernichtung des Werkes, Geldstrafe bis 3000 Mk., Buße bis 6000 Mk.). Er hat hier gegen den Verleger die gleichen Rechte wie gegen jeden Dritten, nur beschränkt durch den Verlagsvertrag.

2. aus seinem Vertrag mit dem Verleger, so daß hier auch Schadensersatzansprüche usw. entstehen.

Über die Schadensersatzpflicht und die daraus wie überhaupt beim Rücktritt vom Verlagsvertrage entstehenden Ausgleichungsgrundsätze geben die §§ 35, 37, 38 des VG. in Verbindung mit den §§ 346—356 BGB. das Nähere. Hier tritt das schuldrechtliche Verhältnis klar zutage.

Aus den beiden Komponenten des Verlagsverhältnisses (dem schuldrechtlichen und dem urheberrechtlich-dinglichen) ergibt sich, daß Rechtsverletzungen gegen den Verfasser wie auch gegen den Verleger teils urheberrechtlicher, teils verlags-(vertrags-)rechtlicher Natur sein können So bildet ein widerrechtlich veranstalteter Druck (zu hohe Auflage, Abdruck an nicht vereinbarter Stelle, anastatischer Neudruck u. dgl.), wenn der Verleger beliebig neue Auflagen gegen Entschädigung drucken darf, bei Nichtleistung der Entschädigung nur eine Vertragsverletzung, während es bei Nichtvorliegen des Verlegerrechts auf beliebige Auflagenhöhe zugleich Verletzung des Urheberrechts des Verfassers ist (vgl. RG. in M. u. W. 15, 235 und 20, 165).

b) **Der Rechtsschutz des Verlegers gegenüber dem Verfasser.**

1. Dem Verleger stehen kraft ausdrücklicher Vorschrift (§ 9 Abs. 2 VG.) für den dinglichen Teil seines Rechts die Rechtsschutzmittel des Urheberrechts — und zwar gegen den Verfasser wie gegen Dritte — zu und

2. aus dem Vertrage ebenfalls analoge Ersatz- und dgl. Ansprüche, wie sie dem Verfasser zustehen.

Auch dem Verleger gegenüber kann der Verfasser Verlagsvertrag und dingliches Verlagsrecht verletzen, so, wenn er nicht nur verabredungswidrig an einem Konkurrenzwerk mitarbeitet (Vertragsverletzung), sondern dort auch den gleichen Beitrag veröffentlicht (Urheberrechtsverletzung), wobei der aus dem Vertrauensverhältnis (s. oben IV) sich ergebende verstärkte Wettbewerbsschutz außerdem mitspricht (s. unten § 24 B III d).

C. Der Kommissionsverlag.

I. Wesen des Kommissionsverlags-Vertrags.

Beim Kommissionsverlag übernimmt der Verleger nur die Mühe und die Kosten des Betriebs, während er das Werk selbst entweder fertig hergestellt sich vom Verfasser (oder seinem Rechtsvertreter, ausländischem Verleger o. dgl.) übergeben läßt oder zwar die Mühe, aber nicht die Kosten der Besorgung der Herstellung übernimmt, jedenfalls nicht das Risiko.

Das eigentlich kapitalistische Moment, das in der Begriffsbestimmung des Verlagsvertrags (oben I, 4) hervorgehoben werden mußte, fällt hier also fort. Dieses Essentiale negotii gab dem Verlagsvertrag das Gepräge und muß daher dahin führen, den Kommissionsverlagsvertrag in eine andere Rechtskategorie zu bringen.

II. Wirtschaftlicher Zweck des Kommissionsverlagsvertrags.

Auch der wirtschaftliche Zweck und Aufbau des Vertrags ist ein anders gearteter als beim reinen Verlagsvertrag. Die kapitalistische Ausnutzung, die Übertragung von Urheberrechten, die dingliche Form sind ganz andere, und nur das Moment der Veröffentlichung und Verbreitung eines Geisteserzeugnisses führt diese Geschäfte zur Verlagstätigkeit.

III. Rechtssätze.

Der Kommissionsverlag richtet sich nach den Vorschriften des HGB. §§ 383—406. Insbesondere hat der Verlager — abweichend von seiner sonstigen Rechtsstellung — hier den Weisungen des Verfassers hinsichtlich Ausstattung, Preis, Vervielfältigung und Verbreitung Folge zu leisten, deren Unkosten ihm aber zu ersetzen sind. Er erlangt auch kein ausschließliches Recht an dem Werk, wenn er auch auf Beeinträchtigungen des obligatorischen Verhältnisses mit Schadensersatzansprüchen antworten kann. Ferner ist der Kommissionsverleger dem Verfasser über die Abwicklung des Geschäfts, Vorrat und Verbleib der Exemplare in höherem Maße Rechenschaft schuldig als der Verleger, dem das Werk „gehört".

Denn dem Verleger des normalen Verlagsvertrages „gehört" die Form B (Buchform), in die er die Werkform A des Verfassers gegossen hat. Die geistige Form A verbleibt dabei dem Verfasser zu eigen, an der äußeren Form B hat der Verleger weitgehende Gewerberechte (z. B. Ausstattungsschutz!). Beim Kommissionsverlag vermindern sich die Verlegerrechte auch an der Form B und wachsen dem Verfasser zu.

§ 24. Verschaffung des Rechts vom Verfasser an den Verleger.

A. Verschaffung des Rechts und des Gegenstandes.

Die erste Leistung des Verfassers aus dem Vertrage, und seine hauptsächliche Leistung, ist die Verschaffung des Verlagsrechts für den Verleger und die Überlassung des Gegenstandes des Rechts (des Substrats). Nach § 1 VG. wird der Verfasser durch den Verlagsvertrag verpflichtet, dem Verleger das Werk zur Vervielfältigung und Verbreitung zu überlassen, nach § 8 VG. hat er dem Verleger das ausschließliche Recht dazu zu verschaffen.

B. Verschaffung des (Verlags-)Rechts insbesondere.

I. **Was für ein Recht ist zu verschaffen?**

Der Verfasser hat dem Verleger im Zweifel das ausschließliche Recht zur Vervielfältigung und Verbreitung des Werkes zu verschaffen (§ 8 VG.), also sich während der Dauer des Vertragsverhältnisses selbst jeder Vervielfältigung und Verbreitung, „die einem Dritten während der Dauer des Urheberrechts untersagt ist", zu enthalten (§ 2 VG.), also auch keinem anderen das Verlagsrecht gleichzeitig zu übertragen. (Anders unter Umständen bei Zeitschriftenbeiträgen und bei Zeitungsbeiträgen, wie in § 29 näher ausgeführt werden wird).

II. **Verhältnis der §§ 2, 8 und 9 VG.**

Bei der Klarlegung des Verhältnisses der §§ 2, 8 und 9 VG. zueinander (nach § 9 hat der Verleger auch gegen die Verfasser die Befugnisse, die zum Schutze des Urheberrechts durch das Gesetz vorgesehen sind) tritt die ganze Schwere des Problems der Beziehungen zwischen Urheber- und Verlagsrecht hervor (s. oben § 22). Mit dem Anschluß an diejenige Ansicht, die eine nießbrauchähnliche Belastung des Urheberrechts betont und die urheberrechtlichen Sätze als Auslegung des Inhaltes des Verlagsrechts heranzieht, ist diese Frage im Sinne der herrschenden Lehre entschieden, aber auch zwischen zu starker Bevorzugung der vertragsrechtlichen Seite oder der dinglichrechtlichen Seite der Mittelweg gehalten.

Nicht festgelegt ist die Stellung der §§ 2, 8 und 9 zueinander, also ob (wissenschaftlich, nicht bloß gesetzestechnisch betrachtet) die Übertragung der urheberrechtlichen Grundsätze (§§ 2 und 9) auf das Verlagsverhältnis und das Verlagsrecht des Verlegers das Primäre ist oder ob erst aus der Übertragung des ausschließlichen Rechts (§ 8) die Anwendung der §§ 2 und 9 folgt. Letztere Ansicht muß schon um deswillen den Vorzug verdienen, weil es ja Verlagsrechtsübertragungen nicht ausschließlicher Natur auch von Rechts und Gesetzes wegen gibt (vgl. §§ 3 und 42 VG.). Wenn dies auch als Ausnahmefall gedacht ist, so entstehen doch tatsächlich die aus dem Urheberrecht hergeleiteten Rechte des Verlegers erst aus dem Umstand und dem Akt der vertragsrechtlichen Bestellung des Verlagsrechts.

III. **Welche Rechte werden übertragen?**

Ist das ausschließliche Verlagsrecht übertragen, dann hat der Verleger von den aus dem Urheberrecht hervorgehenden Rechten diejenigen, die sich auf die Form B (s. oben § 23 a. E.) beziehen, während die eine neue Formgebung A schaffenden dem Verfasser verbleiben.[1]

a) Dem Verfasser bleibt vorbehalten (nach § 2 VG.):

Die Befugnis zur Übersetzung, zur Wiedergabe einer Erzählung in dramatischer Form oder eines Bühnenwerkes in Form einer Erzählung, zur Bearbeitung eines Werkes der Tonkunst, soweit sie nicht bloß ein Auszug oder eine Übertragung in eine andere Tonart oder Stimmlage ist; zur Wiedergabe von Tonwerken auf mechanischen Apparaten oder von Schrift- und Bildwerken auf kinematographischem oder ähnlichem Wege.

b) Da der Verfasser nicht mehr Rechte bestellen kann, als er selber hat, kann ihm der Verleger ferner nicht untersagen,

[1] Soweit nicht im Verlagsvertrag ausdrücklich etwas anderes ausgemacht ist; denn die meisten Sätze des Verlagsgesetzes sind dispositiver Natur, s. unten sub f.

was der Verfasser keinem Dritten auf Grund des Urheberrechts untersagen kann. Der Verfasser darf also dem Verleger gegenüber alles tun, was auch Dritte dürften, also nach §§ 15—23 UG.: Vervielfältigung zu persönlichem Gebrauch ohne den Zweck pekuniärer Einnahme; das Zitat, wie es die §§ 19, 21, 23 UG. umschreiben, und die Aufnahme einzelner Gedichte in eine Anthologie oder einzelner Stücke in Lesebücher, Musikschulen u. dgl.; der Abdruck als Liedertext und als Textbuch für die Hörer (§ 20 UG.).

c) Dahin gehört auch, daß der Verfasser seine Arbeit nur zur Hervorbringung einer neuen „eigentümlichen Schöpfung" frei benutzen darf. Die entsprechenden Bestimmungen des UG. in §§ 12 und 13 dienen dem Schutz des Verfassers, bei ihrer Übertragung auf das Verlagsrecht dienen sie dem Schutz des Verlegers gegenüber dem Verfasser wie jedem Dritten. Sie untersagen das Plagiat, die Ausschlachtung einer Arbeit durch wiederholte Veröffentlichung mit geringen Abweichungen. Geschützt ist hier also beim Verleger sein Recht an der Form B. Ausschlaggebend ist hier verlagsrechtlich die sachliche Notwendigkeit neuer Formgebung. Neue Tatsachen, neue Ergebnisse, Änderung der Ansichten drängen zu neuer Veröffentlichung. Vertragsrechtlich ist die wirtschaftliche Rücksicht auf den Verleger nach Wettbewerbsgrundsätzen entscheidend.

Gibt ein Autor beispielsweise neben seinem kurzen Lehrbuch in einem anderen Verlag ein größeres Lehrbuch über denselben Gegenstand heraus, so verletzt er das Verlagsrecht nicht, weil er urheberrechtlich eine neue eigentümliche Schöpfung hervorgebracht hat, den Verlagsvertrag mit dem Verleger aber verletzt er aus Wettbewerbsgrundsätzen, wenn ausschließliches Verlagsrecht übertragen wurde. Ist letzteres nicht der Fall, dann ist der strengen Auslegung wettbewerbsrechtlicher Grundsätze vorgebeugt und es ist bei Zeitungs- und Zeitschriften-, Sammelwerk- oder ähnlichen Beiträgen die Forderung der „eigentümlichen Schöpfung" leichter zu nehmen, das Vorhandensein der „eigentümlichen Schöpfung" anders auszulegen. Denn es handelt sich hier nicht um absolute Maßstäbe, sondern um den Konkurrenzcharakter. (vgl. oben § 7).

d) Ein urheberrechtsähnlicher Wettbewerbsschutz, der zum Teil mit dem Recht an der Formgebung A, zum Teil aber mit Wettbewerbsgrundsätzen zusammenhängt, liegt in folgenden Fällen vor:

Ist Gegenstand des Verlagsvertrags ein Werk, an welchem der Urheber keinen Rechtsschutz genießt (Gesetze, Gerichtsentscheidungen, öffentlich (im Sinne des § 17 UG.) gehaltene Reden und Vorträge), so ist die gleichzeitige Herausgabe bei verschiedenen Verlegern, obschon Dritten dies nicht untersagt wäre, dem Verlaggeber untersagt, weil aus der Übertragung eines Verlagsrechtes an einer nicht durch das Urheberrecht geschützten Arbeit gerade die Verzichtleistung des Verfassers auf anderweitige Verwendung während der Dauer des Vertrages den Grundsätzen des Wettbewerbsrechts, also den wirtschaftlichen Rücksichten und der Verkehrssitte entspricht (z. B. Reichsgerichtsentscheidungen). (Vgl. §§ 39, 40 VG.)

Der Dritte, und also auch der Verfasser, darf aber auch nicht dieselbe Auswahl als eigene Sammlung herausgeben, denn an der Form dieser Auswahl besteht ein urheberrechtsähnlicher Wettbewerbsschutz.

Aber mehr noch: der Verfasser darf, zumal wenn er seinen Namen dazu gibt, nicht zwei, auch sachlich verschiedene, Ausgaben urheberrechtlich erlaubter Arbeit veranstalten, weil aus dem obligatorischen Verlagsverhältnis ein verstärkter Wettbewerbsschutz als gewerblicher Rechtsschutz hervorgeht. Das ist wieder einer der interessanten Fälle (vgl. oben § 7 und oben c am Ende), in denen ein nicht bis zur Rechtsverletzung nach Urheberrecht heranreichender Tatbestand als Rechtsverletzung aus der Verknüpfung zwischen urheberrechtlichen und wettbewerblichen Satzungen hervorgeht.

e) Zur Aufnahme seiner Arbeit in eine Gesamtausgabe ist der Verfasser trotz noch laufenden Verlagsvertrages berechtigt, wenn seit dem Ablaufe des Kalenderjahrs, in welchem das Werk erschienen ist, zwanzig Jahre verstrichen sind. Erscheinen „des Werkes" bedeutet dabei: Erscheinen der ersten Auflage, falls nicht das Werk inzwischen so grundlegend geändert ist, daß es nicht mehr als dasselbe Werk bezeichnet werden kann. Das Erscheinen neuer Auflagen also schiebt den Beginn der Frist nicht hinaus. Der Verleger dagegen darf (§ 4 VG.) kein Einzelwerk in einer Gesamtausgabe oder einen Teil eines Sammelwerks als Sonderausgabe verwerten.

f) Durch Vertrag können die Grundsätze über den Umfang des zu verschaffenden Verlagsrechts zeitlich und örtlich (z. B. geteiltes Verlagsrecht für bestimmte Gebiete oder Länder) beschränkt werden. Das bewirkt naturgemäß auch dingliche Abänderungen.[1]

---

[1] Über die Form des Verlagsvertrags s. Voigtländer-Fuchs S. 227 ff.

§ 25. Verschaffung des Werks als Substrat der Verschaffung des Rechts.

A. Grundsatz.

Um die dem Verleger ausschließlich zugebilligte Form B (s. oben § 23 am Ende und § 24 III) des Werkes zu ermöglichen, bedarf es der Ablieferung des Werkes als Substrat an den Verleger (§ 1 VG.). Hiermit „entsteht" das Verlagsrecht (§ 9 VG.) (nicht der Verlagsvertrag).

B. Entstehen des Verlagsrechts.

Mit diesem „Entstehen des Verlagsrechts", von dem der § 9 für den Augenblick der Ablieferung des Werkes ausdrücklich spricht, kann nur der tatsächliche Beginn der dinglichen Ausübung des Verlagsrechts, des eigentlich dinglich-urheberrechtlichen Teils des Verlagsrechts, gemeint sein, nicht etwa der Beginn aller Rechte aus dem Verlagsvertrag, also des schuldrechtlichen Teils des Verlagsrechts. Wenn aus der Bestimmung des § 9 VG. geschlossen wird, daß daher auch der Verlagsvertrag vor Ablieferung des Werkes noch kein eigentlicher Verlagsvertrag sei, sondern nur ein auf Begründung eines Verlagsrechts gerichteter Vorvertrag (Voigtländer-Fuchs), so ist das eine zu hohe Einschätzung des Wortlauts des § 9 VG. gegenüber der gebotenen umfassenderen Auslegung des Begriffes „Verlagsrecht". Die Praxis widerstreitet dem. Der Verleger stellt seine „Verlagsrechte" in die Bilanz oder die Wertung seines Geschäfts ein, auch wenn von den betreffenden Werken noch nichts erschienen oder wenn sie zur Zeit vergriffen sind. Denn das Gleiche gilt auch, wenn die Werke vergriffen sind. In der Theorie sagt man, das Verlagsrecht „ruhe" zwischen den beiden Auflagen; auch das bezieht sich nur auf die dingliche Ausübung, ebenso wenn das Verlagsrecht „endigt", wenn das Werk vergriffen ist. Der Vertrag hört meistens damit noch nicht auf. Vgl. oben § 23 sub A.

C. Ablieferung des Werkes.

I. **Wann und wie ist abzuliefern?**

a) Das Werk ist, falls es bei Abschluß des Vertrages schon vorliegt, im Zweifel „sofort" abzuliefern. Dieses „sofort" ist (wie Henneberg, Rechtsstellung des Verlegers, S. 52, mit Recht hervorhebt) nachgiebig auszulegen, weil dem Verfasser Änderungen des Werkes bis zur Beendigung der Vervielfältigung gesetzlich zustehen, also demgemäß um so mehr noch vor Beginn der

Vervielfältigung zustehen müssen und hierzu Zeit erforderlich ist. Dieses „sofort“ ist also mit „in angemessener Frist“ auszulegen und bedeutet nur, daß unangemessene Verzögerung der Einlieferung zum Rücktritt vom Vertrag u. dgl. berechtigt. Diese „angemessene“ Frist ist naturgemäß wesentlich kürzer als die „angemessene“ Frist für die Herstellung eines noch nicht verfaßten Werkes (§ 11 VG.).

b) Das Werk ist auch in einem für die Vervielfältigung geeigneten Zustand abzuliefern (§ 10 VG.), d. h. so, daß (bei einem Druckmanuskript) ein Setzer von durchschnittlicher Tüchtigkeit es nach dem Manuskript ohne erhebliche Verlangsamung seiner durchschnittlichen Arbeitsleistung absetzen kann. Vorlagen, die diesem Erfordernis nicht entsprechen, sind keine vertragsmäßigen Leistungen des Verfassers; unvollendete Arbeiten ebenfalls nicht.

Die Abbildungen, die den Text erläutern sollen, gehören dazu, es sei denn, daß der Verleger die Illustrierung des Werkes zu besorgen übernommen hat (Prachtausgaben, illustrierte Romane).

c) Handelt es sich bei dem Verlagsvertrag um ein Werk, welches erst hergestellt werden soll (§ 11 Abs. 2 VG.), so ist es in einer der Arbeitsleistung des Verfassers (subjektives Moment) entsprechenden Frist zu liefern. Hierbei sind unabwendbare Abhaltungen, wie Dienstgeschäfte, Erkrankung, arbeithindernde Ereignisse mit in Rechnung zu setzen, und zwar in der im bürgerlichen Recht bei solchen Taxen üblichen Weise, daß die Beurteilung in verständiger Würdigung (objektives Moment) der besonderen Verhältnisse und Eigenschaften des Leistungsverpflichteten (subjektives Moment) zu geschehen hat.

Anderweitige Tätigkeit des Verfassers ist nur dann hierbei für ihn entschuldbar mitzurechnen, wenn der Verleger von dieser Tätigkeit beim Abschluß des Vertrages Kenntnis hatte oder Kenntnis hätte haben müssen.

d) Ist der Ablieferungstermin vertraglich festgelegt, so kommt der Verfasser schon mit dem fruchtlosen Ablauf dieses Termins in Verzug (was indessen bei der Monopolartigkeit der Autorleistung höchst selten von seiten des Verlegers zur Anwendung der schärferen Rechtsfolgen benutzt wird).

Gleichermaßen ist die Frist bestimmt, wenn es sich um eine für einen zeitlich bestimmten Zweck dienende Arbeit handelt — etwa eine Festschrift, eine Jubiläumsdenkschrift, einen Gedenkartikel u. dgl.

II. **Rechtsfolgen nicht ordentlicher Ablieferung.**

a) Die Rechtsfolgen der Fristversäumnis des Verfassers setzt § 30 VG. fest: „Wird das Werk ganz oder zum Teil nicht rechtzeitig abgeliefert, so kann der Verleger, statt den Anspruch auf Erfüllung geltend zu machen, dem Verfasser eine angemessene Frist zur Ablieferung mit der Erklärung bestimmen, daß er die Leistung nach dem Ablaufe der Frist ablehne. Zeigt sich schon vor dem Zeitpunkt, in welchem das Werk nach dem Vertrag abzuliefern ist, daß das Werk nicht rechtzeitig abgeliefert werden wird, so kann der Verleger die Frist sofort bestimmen; die Frist muß so bemessen sein, daß sie nicht vor dem bezeichneten Zeitpunkt abläuft. Nach dem Ablaufe der Frist ist der Verleger berechtigt, von dem Vertrag zurückzutreten, wenn nicht das Werk rechtzeitig abgeliefert worden ist; der Anspruch auf Ablieferung des Werkes ist ausgeschlossen. (Abs. 2): Der Bestimmung der Frist bedarf es nicht, wenn die rechtzeitige Herstellung des Werkes unmöglich ist oder von dem Verfasser verweigert wird oder wenn der sofortige Rücktritt von dem Vertrag durch ein besonderes Interesse des Verlegers gerechtfertigt wird. (Abs. 3): Der Rücktritt ist ausgeschlossen, wenn die nicht rechtzeitige Ablieferung des Werkes für den Verleger nur einen unerheblichen Nachteil mit sich bringt. (Abs. 4:) Durch diese Vorschriften werden die im Fall des Verzugs des Verfassers dem Verleger zustehenden Rechte nicht berührt."

Dieser eingehend regelnde Paragraph, der den Bestimmungen der §§ 634 flg. des BGB. über den Werkvertrag nachgebildet ist, weist hiermit auf alle Rechtsfragen hin, die bei diesen Vorschriften des BGB. auftauchen, und ferner auf die Rechtsfolgen des Verzuges (BGB. §§ 284 flg. mit §§ 276 und 326).

Näheres hierüber unten im § 28 bei der Besprechung des Rücktritts, der Kündigung, der Mängel der Leistung.

b) Entsprechende Anwendung finden diese Vorschriften auf den Fall nicht vertragsmäßiger Beschaffenheit des Werkes (§ 31 VG.), wobei der Verleger auch statt des Rücktrittsrechts den Anspruch auf Schadenersatz wegen Nichterfüllung geltend machen kann, wenn der Mangel der Arbeit auf einem vom Verfasser zu vertretenden Umstande beruht. Er kann also auch hier nach Maßgabe der Bestimmungen des § 30 eine Frist für die Einlieferung eines vertragsmäßigen Werkes bestimmen usw. Selbst den Mangel zu beseitigen, ist er nicht ohne weiteres berechtigt, da ihm hier die Bestimmung des § 13 VG. über Änderungen entgegensteht.

Die „nichtvertragsmäßige Beschaffenheit" bezieht sich aber auf äußerliche oder halbäußerliche Dinge, nicht auf eine kritische Stellungnahme zum Inhalt des Werkes. Die allgemeine, auf die Kommissionsberichte gestützte, auch von Kohler geteilte Meinung sagt, daß nicht die zugesicherte Güte des Werkes für § 31 in Betracht kommt, wohl aber die Zusagen „bezüglich bestimmter, nach objektiv wissenschaftlichen Merkmalen bestimmt feststellbarer Eigenschaften, und bezüglich bestimmter, für die Absatzfähigkeit des Werkes bedeutsamer äußerer Vorgänge". (Gute Beispiele bei Henneberg, Rechtsstellung des Verlegers, S. 36 ff. und Voigtländer-Fuchs S. 346/47.)

Das Werk muß also nach Art und Inhalt eine Erfüllung der Aufgabe sein, ohne Rücksicht darauf, ob die Erfüllung gut oder schlecht ist. Aus literarisch-kritischen Erwägungen ist der Verleger nicht zur Ablehnung berechtigt, wohl aber, wenn das Werk etwas generell anderes ist, als geliefert werden sollte, oder unsittlichen oder strafbaren Inhalt hat. Einen stärkeren Schutz seiner Interessen kann sich der Verleger nur durch besondere Vertragsbestimmung sichern.

III. **Die Vorlage als Substrat.**

Wenn der Verfasser es einseitig wünscht und vor dem Beginn der Vervielfältigung erklärt, so erhält der Verleger die Vorlage nur als Substrat, zur Detention, nicht zu Eigentum am körperlichen Objekt (Manuskript als Autogramm, Papier u. dgl.); er hat daher üblicherweise das Manuskript nach vertragsmäßiger Verwendung, d. h. nach erfolgter Vervielfältigung zurückzugeben (vgl. § 27 VG., der bei dem dispositiven Charakter des Verlagsrechts recht überflüssig ist. Die Praxis geht daher mit der Verkehrssitte regelnd über ihn hinweg).

Denn beim Buchverlag geschieht die Rückgabe regelmäßig, selbst wenn sich der Verfasser dies lt. § 27 VG. nicht vorbehalten hat, wegen des praktischen Nebenzweckes der vom Verfasser zu lesenden Korrektur. Zeitungen und oft auch Zeitschriften behalten die Manuskripte als Dokumente des im übrigen vielfach stillschweigenden Vertragsschlusses und als Belege für die Richtigkeit der abgedruckten Fassung.

Die Verlegerpflicht der Vervielfältigung und Verbreitung. § 26.

A. Die wesentliche Vertragspflicht des Verlegers.

Die wesentliche Verpflichtung des Verlegers aus dem Verlagsvertrage ist die Pflicht der Vervielfältigung und Verbreitung. Dies, nicht die Vergütung, ist Essentiale negotii. Er hat die Form A des Werkes erhalten, damit er die Form B (Buch, Beitrag) daraus ersichtlich werden lasse.

B. Erfüllung der Verlegerpflicht.

I. **Allgemein.**

Vervielfältigung und Verbreitung müssen a) in zweckentsprechender, b) in üblicher Weise geschehen (§ 14 VG.). Der

Verleger hat die Art der Vervielfältigung und Verbreitung zu bestimmen, aber sie muß sachgemäß sein.

Es ist das Milieu herzustellen, in welchem der Verleger die Veröffentlichung zugesagt hat oder wie sie im allgemeinen oder bei ihm (ob der allgemeine oder besondere Maßstab anzuwenden ist, ergibt sich aus den Umständen) für derartige Zwecke üblich ist, also hinsichtlich der Form, der Ausstattung, der Bezeichnung, bei Beiträgen hinsichtlich des in Aussicht gestellten Sammelwerks oder Journals.

II. **Die Vervielfältigung.**

a) Mit der Vervielfältigung ist (§ 15 VG.) **zu beginnen,** sobald das vollständige Werk dem Verleger zugegangen ist, oder, wenn es in Abteilungen erscheinen soll, sobald eine Abteilung eingeliefert ist, und die Drucklegung ist (wie aus § 15 per analogiam zu entnehmen ist) tunlichst rasch zu fördern.

b) Zu dem „Milieu" gehört auch **die Anzahl** der versprochenen Abzüge, die „Auflage", und der Verleger hat die Verbreitungsmöglichkeit dauernd aufrecht zu erhalten, indem er rechtzeitig dafür zu sorgen hat, daß der Bestand nicht vergriffen wird (§ 16 VG., der zwingendes Recht ist). Ob darin, wie manche Kommentatoren annehmen, liegt, daß im Falle des Aufhörens der Nachfrage und noch nicht völliger Herstellung der ganzen Auflage Satz 1 des § 16 (Verpflichtung zur Herstellung der ganzen Auflage) aufgehoben wird, erscheint fraglich.

Ein Zusammenhalten der §§ 7 und 16 VG., nach welchen der Verleger untergegangene Exemplare nur nach vorheriger Anzeige an den Verfasser durch neue ersetzen darf, die ganze Auflage aber herstellen muß und somit eigentlich nie etwas makulieren darf, ergibt Widersprüche. Der Verleger hat die Pflicht, nach Kräften die ganze Auflage zu verbreiten, und deshalb ist der Ersatz untergegangener Exemplare ein Mittel zur Erfüllung seiner Pflichten. Aber wenn die Verbreitung sich als unmöglich herausstellt, darf er makulieren.

Damit ist ihm, wenn durch ein sachlich berechtigtes Makulieren die Auflage vergriffen wird (auch bei der Verschleuderung an den Restbuchhandel), u. U. eine einseitige Möglichkeit zur Lösung des Vertragsverhältnisses gegeben (nach § 29 VG.). Dieser Ansicht ist auch unter Berufung auf die Ausführungen von Osterrieth, Mittelstaedt-Hilig u. a. ein Urteil des LG. Leipzig v. 11. Januar 1909, GR. u. U. 1909, 213.

c) **Auflage** ist entweder die Gesamtzahl der von einem hergestellten Satz auf einmal abgezogenen Exemplare oder die Zahl von 1000 oder die im Vertrag vereinbarte Anzahl oder die der Kalkulation zugrunde gelegte Zahl. (Vgl. unten d.) Nicht eingerechnet werden in diese Zahl (§ 6 VG.) die Zuschuß- und die beschränkt zugelassenen Freiexemplare; der Verleger darf demgemäß über die limitierte Anzahl eine verkehrsüblich je nach der Schwierigkeit der Druckleistung zu bemessende Zahl von Exemplaren für Fehldrucke, beschädigte Exemplare u. dgl. zugeben und außerdem 5 Prozent der Auflage, die für Frei- und Rezensionsexemplare zu verwenden sind. Dies sind aber ausdrücklich Zweckexemplare, die nicht verkauft werden dürfen. Freiexemplare für den Buchhandel (9 pro 8, 18 pro 16 usw. bei Partiebezug als Form der Rabattgewährung) ebenso wie die Pflichtexemplare für Bibliotheken gehören nicht hierher.

d) Der **Auflagebegriff** ist nicht eindeutig. „Ist die Zahl der Abzüge nicht bestimmt, so ist der Verleger berechtigt, tausend Abzüge herzustellen" (§ 5 VG.). Daraus leitet man den *juristischen* Auflagebegriff her: 1000 Exemplare. Neben ihm steht aber in der Praxis der *technische* Auflagebegriff: die Anzahl der in einem Druckgang oder nach einmaligem Druckauftrag abgezogenen Exemplare (z. B. 6. Auflage: 11. und 12. Tausend). Der einmalige Druckgang, die einmalige Zurichtung aber ist auch nicht unbedingt maßgebend für den technischen Auflagebegriff. Maßgebend ist entweder die im Vertrag festgesetzte Anzahl oder, wenn dem Verleger die Anzahl freigestellt ist, die der geschäftlichen Kalkulation zugrunde gelegte Zahl.

e) Der Verleger, der das Recht hat, eine **neue Auflage** herzustellen, ist nicht verpflichtet, von diesem Rechte Gebrauch zu machen (§ 17 VG.). Die frühere Ansicht, daß der Verleger diese Pflicht habe, ist dadurch beseitigt, aber zum Schutze der Verfasser ist bestimmt, daß der Verfasser dem Verleger eine Frist setzen kann, binnen deren er sich erklären muß, ob er die neue Auflage herstellen wolle, und er kann, weigert der Verleger dies, vom Vertrage zurücktreten. Freilich ist dazu nötig, daß die vorliegenden Auflage abgesetzt ist. Solange noch Exemplare der laufenden Auflage zum Verkauf stehen (nicht etwa nur in der Geschäftsbibliothek vorhanden sind), ist die Auflage nicht vergriffen und das alte Verlagsvertragsverhältnis noch in Kraft (§ 29 VG.).

Ein Rücktritt oder eine Auflösung des Vertrages durch den Verfasser ist solange nicht möglich, weil der Verleger das dingliche Verlagsrecht an dem Werk hat, solange er Exemplare in der berechtigten Auflage zum Verkauf hat. § 29 VG. bestimmt ausdrücklich, daß das Verlagsverhältnis, wenn der Vertrag auf eine bestimmte Zahl von Auflagen oder von Abzügen beschränkt ist, endigt, sobald die Auflagen oder Abzüge vergriffen sind. Darin liegt zugleich, daß es nicht früher endigt und daß dieses Nichtfrüherendigen auch für das Verlagsverhältnis „für alle Auflagen“ gilt.

Der Verleger kann also zwar erklären, daß er die neue Auflage nicht machen wolle, und damit wird der Vertrag aufgelöst. Erklärt er dies aber nach der Aufforderung durch den Verfasser (gemäß § 17 VG.) nicht, sondern läßt sich in Unterhandlungen ein, dann hat er sich damit seines Rechts des Rücktritts (der Kündigung) begeben und muß von seinem „Rechte“, eine neue Auflage herzustellen, Gebrauch machen, wenn der Verfasser nicht seinerseits kündigt. Die spätere Nichteinigung über Bedingungen läßt also zwar dem Verfasser noch immer das Kündigungsrecht, dem Verleger aber nicht, wenn er sich dieses Recht nicht noch ausdrücklich auf die Frage des Verfassers hin gewahrt hat.

f) Ist das Werk herzustellen oder eine neue Auflage zu machen, so ist die Frage der Zulässigkeit oder Gebotenheit von **Änderungen** wichtig.

1. Bis zur Beendigung der Vervielfältigung darf der Verfasser Änderungen an dem Werke vornehmen (§ 12 VG.), soweit nicht ein berechtigtes Interesse des Verlegers verletzt wird. Übersteigen die Änderungen in der Korrektur das übliche Maß und sind diese nachträglichen Änderungen nicht durch besondere Umstände gerechtfertigt, so hat er die dadurch entstehenden Kosten zu ersetzen. Der Verleger darf an dem Werke selbst, an dessen Titel und an der Bezeichnung des Urhebers Zusätze und Kürzungen oder sonstige Änderungen nicht vornehmen, soweit es sich nicht um Änderungen handelt, für die der Verfasser seine Einwilligung nach Treu und Glauben nicht versagen kann (§ 13 VG.).

Exemplare mit unzulässigen Änderungen kann der Verfasser vernichten lassen. Bei Sammelwerken ist dem Verleger eine freiere Stellung zuzubilligen, eine noch freiere bei Periodica, wenn der Beitrag anonym erscheint.

Der Verleger hat (nach § 20 VG.) für die Korrektur zu sorgen und einen Abzug rechtzeitig dem Verfasser zur Durchsicht vorzulegen. Der Abzug gilt als genehmigt, wenn der Verfasser ihn nicht binnen einer angemessenen Frist dem Verleger gegenüber beanstandet. Bei periodischen Sammelwerken ist Vorlegung einer Korrektur nicht erforderlich (§ 43 VG.). Verkehrsüblich wird bei Werken auf die Erteilung des Imprimatur durch den Verfasser gewartet, bei periodischen und anderen Sammelwerken, die einen Redakteur haben, nur auf die Rücksendung der Korrektur, während die Revision und Erteilung des Imprimatur von der Redaktion besorgt wird.

2. Bei der Herstellung einer neuen Auflage hat der Verfasser sogar Anspruch darauf, daß ihm Gelegenheit gegeben werde,

Änderungen vorzunehmen, aber auch hier darf er nur Änderungen vornehmen, die nicht berechtigte Interessen des Verlegers verletzen (geschäftliche Interessen, Renommee, Stellung und Aufgaben des Verlags).

Neubearbeitung ist nicht nur ein Recht des Verfassers; es ist auch eine Pflicht des Verfassers. So wenigstens hieß es in der Verlagsordnung, der bekannten Vorläuferin des Verlagsgesetzes, und so wird es in den meisten Verlagsverträgen über wissenschaftliche Werke bestimmt. In der amtlichen Begründung zum Verlagsgesetz wird jedoch ausdrücklich gesagt: „Zur Vornahme der Änderungen ist der Verfasser berechtigt, aber nicht verpflichtet." So wenig also ein Autor künstlerischer, dichterischer, belletristischer Werke zu Änderungen verpflichtet ist, so sehr ist es doch dem Sinne der Sache nach der Verfasser wissenschaftlicher Literatur, soweit sich Wissenschaft und Praxis eben geändert haben. Der Verleger kann es u. U. auch rechtlich verlangen, gemäß § 31 VG., weil er die Annahme der Arbeit ablehnen darf, wenn sie nicht von vertragsmäßiger Beschaffenheit ist.

III. **Die Verbreitung.**

Die Bestimmung des Ladenpreises steht dem Verleger zu. Ermäßigungen sind ihm gestattet, Erhöhungen nur mit Zustimmung des Verfassers (§ 21 VG.).[1] Beim Kommissionsverlag steht dem Verfasser die Bestimmung über den Preis zu.

Vorschriften über bestimmte Vertriebshandlungen (Ankündigung in bestimmten Blättern, Versendung einer bestimmten Zahl von Besprechungsexemplaren) braucht der Verleger von dem Verfasser nicht entgegenzunehmen, wenn er nur alles Sachgemäße, Zweckdienliche in üblichem Maß und Rahmen tut. Das bestimmt sich nach der Verkehrssitte und den Umständen des Falles.

Vergütung. § 27.

A. Vergütung nicht Essentiale negotii.

Der Umkreis der beiderseitigen Pflichten im Verlagsverhältnis: einwandfreie Verschaffung des Rechtes und des Gegenstandes vom

[1] Diese Bestimmung hat den starken Wertwandlungen der Kriegs- und Nachkriegszeit nicht standhalten können. Es ist anzunehmen, daß die richtige Auslegung die ist, daß bei notwendiger Preiserhöhung aller Verlagswerke oder ganzer Gruppen, also bei umstürzender Wandlung des Geldwertes, der Verfasser seine Zustimmung nach Treu und Glauben gar nicht versagen kann (etwa analog dem § 28 VG.), aber unter Umständen billigerweise daraus einen Anspruch auf Erhöhung seiner Vergütung, wenn diese noch nicht abgegolten war und auch der Wertwandlung unterliegt, herleiten kann. Vgl. die schon für die Zeit vor dieser Wertwandlung treffenden Ausführungen in Voigtländer-Fuchs S. 314.

Verfasser an den Verleger und einwandfreie Vervielfältigung und Verbreitung des Werkes durch den Verleger wurden in den vorhergehenden §§ 25 und 26 besprochen. Das waren die Essentialia negotii im Rechtssinne. Die Vergütung an den Verfasser gehört nicht dazu, obwohl sie praktisch zu den Wesentlichkeiten des Geschäfts gehört. Die Rechtsfragen, die sich daran schließen, sind nicht ohne Wichtigkeit und Schwierigkeit.

B. Arten der Vergütung.

Die Arten der Vergütung sind: Zahlung eines festen Honorars in Pauschalsumme oder nach dem Umfang, Beteiligung am Gewinn oder Abstufung der Vergütung nach dem Absatz (v. Dadelsen, Arch. f. Bürg. Recht, 40, S. 357 flg., vergleicht das richtig mit Tantieme oder Provision).

Genauer gefaßt muß die **Unterscheidung** der Verlagsverträge lauten in solche:

I. bei denen ein Honorar **unabhängig vom Erfolg** gezahlt oder nicht gezahlt wird (dahin gehören also auch diejenigen Verlagsverträge, bei denen von einem Honorar von vornherein und endgültig abgesehen wird) und

II. bei denen die Vergütung **abhängig ist vom Erfolg.**

Diese letzteren scheiden sich nun wieder in die drei Untergruppen:

a) Vergütung, **abhängig vom Absatz** (wobei u. U. die Vergütung negativ werden kann, wenn nämlich vertragsmäßig der Verfasser zu den Kosten herangezogen wird, falls innerhalb einer bestimmten Zeit ein bestimmter Absatz nicht erzielt worden ist),

b) Vergütung, **abhängig vom Gewinn,**

c) Vergütung, **abhängig vom Gewinn und Verlust** (wobei die Vergütung auch negativ werden kann, also Tragung des Defizits seitens des Verfassers).

Diese Unterscheidung, klar erfaßt, ist wichtig für die Entscheidung in streitigen Fällen; denn nach ihr wird deutlich, wie und wann der Honoraranspruch im Rechtssinn entsteht (so wenn eine Honorarrate nach Absatz einer gewissen Anzahl von Exemplaren, nach Erreichung einer gewissen Kostendeckung oder dgl. fällig werden soll; vgl. Elster, Arch. f. Bürg. Recht 42, S. 207 ff.).

C. Der Anspruch auf Vergütung.

§ 22 VG. bestimmt daher, daß eine **Vergütung nur geschuldet** wird, wenn

a) eine solche **vereinbart** ist,

b) **nach den Umständen** der Vertrag dahin auszulegen ist, daß die Überlassung des Werkes nur gegen eine Vergütung zu erwarten ist (so ist die Fassung des § 22 VG. „gilt als stillschweigend vereinbart" zu deuten).

I. **Die Umstände des Falles.**

Diese Umstände ergeben sich unter anderem aus der Gattung des Werkes, Absatzfähigkeit, Präzedenzfällen, Gepflogenheit des Verlags, Beruf des Verfassers, Form des Angebots. Es ist reine Auslegungsfrage. Ebenso ist die Höhe der Vergütung, wenn sie nicht bestimmt ist, da sie nach dem Gesetz dann in angemessener Höhe in Geld zu zahlen ist, durch Auslegung nach der Verkehrssitte zu bestimmen. Die Beweislast der „Umstände des Falles", die eine Vergütung rechtfertigen, trifft, falls sie nicht als zur Auslegung gehörig vom Richter ex officio festzustellen sind, den Verfasser.

II. **Vergütung für neue Auflagen.**

Da nach § 5 für neue Auflagen im Zweifel die gleichen Abreden wie für frühere gelten, so kann, falls die Vergütung keine „angemessene" war, aber für die neue Auflage nichts vereinbart worden ist, dennoch nicht mittels § 22 Abs. 2 VG. eine Abänderung erzielt werden, sondern es bleibt bei den Bedingungen der früheren Auflage, auch dann, wenn das Recht zur Herstellung einer neuen Auflage nicht von vornherein, sondern erst nach Verkauf der alten Auflage übertragen worden ist. (So zutreffend eine nicht veröffentlichte Jenaer OLG.-Entscheidung.)

Die „gleichen" kann aber nach Treu und Glauben nur als sachlich und sinngemäß gleich, nicht als schematisch gleich ausgelegt werden. Ist also ein Bogenhonorar vereinbart und eine Gesamtsumme ausgeworfen, so muß das Bogenhonorar bei verändertem Umfang neu berechnet werden, und die frühere Gesamtsumme ändert sich. Wird anderes Format gewählt, so muß das Bogenhonorar umgerechnet werden, je nachdem, ob künftig mehr oder weniger Text auf die Seite geht.

III. **Fälligkeit der Vergütung.**

a) Die Vergütung ist fällig (§ 23) bei der Ablieferung des Werkes und — wie das Gesetz nicht hinzufügt — der Annahme seitens des Verlegers als einer vertragsmäßigen Leistung (Verzögerung der Prüfung über einen angemessenen Zeitraum hinaus berührt die Pflicht zur Honorarzahlung nicht; sonstige Anfechtungsbefugnisse können hier nicht erörtert werden).

Ist die Höhe der Vergütung unbestimmt oder hängt sie von dem Umfang der Vervielfältigung, insbesondere von der Zahl der Druckbogen ab (was die überwiegende Regel ist), so wird die Vergütung fällig, sobald das Werk fertig vervielfältigt ist.

Verkehrsüblich wird Titel, Vorwort usw. mit honoriert. Überschreitet das Werk den vereinbarten Umfang und hat der Verleger sich weder die Beschränkung auf ein Maximalhonorar gesichert noch das Werk wegen seiner Raumüberschreitung als nichtvertragsmäßig zurückgewiesen, so muß es als in dieser Gestalt angenommen gelten und das Honorar wird für die ganze Bogenzahl, die das Werk einnimmt, fällig.

b) Bestimmt sich die Vergütung nach dem Absatz, so hat der Verleger jährlich dem Verfasser für das vorangegangene Geschäftsjahr Rechnung zu legen (üblicherweise im Herbst für das vergangene Kalenderjahr, wegen der Ordnung der buchhändlerischen Abrechnungsarbeiten). Soweit es für die Prüfung erforderlich ist, hat der Verleger dem Verlaggeber Einsicht in seine Geschäftsbücher zu gestatten (§ 24 VG.).

IV. **Freiexemplare als Vergütung.**

Zu der Honorierung kann man auch die Gewährung von Freiexemplaren des Werkes rechnen, von denen gesetzlich 1 Prozent der Auflage, aber nicht weniger als 5 und nicht mehr als 15 Exemplare gegeben werden müssen, außer (auf Verlangen) einem Exemplare in Aushängebogen (Reindruckbogen als Beleg über den Fortgang der Drucklegung) (§ 25 VG.). Diese gesetzliche Festsetzung der Zahl gilt nur für Literaturwerke; für Werke der Tonkunst ist der Brauch maßgebend (§ 25 VG.). Ferner hat der Verleger dem Verfasser auf Verlangen Exemplare seines Buches „zu dem niedrigsten Preise, für welchen er das Werk im Betriebe seines Verlagsgeschäfts abgibt", zu überlassen (§ 26 VG.). Es handelt sich hier nach übereinstimmender Ansicht um den Buchhändlerpreis (Sortimenterpreis), der an Stelle des Ladenpreises tritt und gewöhnlich um 25—35 Prozent niedriger als dieser ist.

Die Bestimmung hat zu Streitigkeiten zwischen Autoren und Verlegern geführt, da die Verleger den Verfassern die Bücher nicht zum Wiederverkauf (z. B. an Schüler) gemäß der buchhändlerischen Verkehrsordnung abgeben wollten. Das Reichsgericht hat die Frage zugunsten der Verfasser entschieden.[1] Was die Verfasser mit den auf solche Weise erstandenen beliebig vielen Exemplaren tun, geht den Verleger, wenn auch geschäftlich, so doch rechtlich nichts an. Kann der Verfasser doch

[1] RG. v. 14. Oktober 1905 in DJZ. 1906, 81; dazu Gutachten von Ludwig Beer; ferner Oskar Siebeck in Dtsch. Verl.-Ztg. 1921. Vgl. namentlich auch Voigtländer-Fuchs S. 327f.

auch die ganze Auflage ohne Angabe von Grund oder Zweck aufkaufen. Höchstens kann aus dem Gemeinschaftsverhältnis zwischen Verfasser und Verleger, wenn ein solches vorliegt, ein anderer Schluß gezogen werden. Und wirtschaftliche Rücksichten lassen eine Verständigung geraten scheinen.

Beendigung des Verlagsverhältnisses. § 28.

A. Normale Endigung.

Das Verlagsverhältnis endigt normalerweise **durch Erfüllung des Verlagsvertrags**, d. h. durch völligen Absatz des Werkes, wenn nicht über weitere Auflagen von vornherein abgeschlossen worden ist. Ist dies geschehen, so endigt es normalerweise erst mit dem Ablauf der urheberrechtlichen Schutzfrist. Denn ein Verlagsrecht des Verlegers besteht dann noch, wenn auch seine dingliche Ausübung zurzeit unmöglich ist (vgl. oben § 23.) Ist der Verlagsvertrag für eine bestimmte Zeit abgeschlossen — ein seltener Fall, den aber § 29 VG. ausdrücklich hervorhebt —, so endigt das Verlagsverhältnis natürlich mit Ablauf dieser Zeit. Unnormalerweise endigt das Verlagsverhältnis durch Kündigung, Rücktritt, Wegfall des Zwecks, Unmöglichkeit der Erfüllung, Übertragung des Verlagsrechts.

B. Kündigung und Rücktritt.

I. **Grundsatz.**

Grundsätzlich und allgemein gibt es im Verlagsverhältnis eine Kündigung nicht; denn da das Gesetz die Fälle, in denen eine Auflösung des Vertrages stattfinden kann, ausdrücklich aufzählt, schließt es damit den Kreis und charakterisiert es als Ausnahme. Freilich können die Parteien sich Auflösungsgründe vertraglich selbst setzen.

II. **Die Begriffe „Rücktritt" und „Kündigung" im Verlagsgesetz.**

Aus § 38 VG.: „Wird der Rücktritt von dem Verlagsvertrage erklärt, hängt es von den Umständen ab, ob der Vertrag teilweise aufrechterhalten bleibt", ergibt sich, daß das Gesetz die beiden Begriffe Rücktritt und Kündigung in unzulässiger Weise miteinander vermengt hat. Die Umstände des Falles sollen danach ergeben, ob nicht der bis zu einem gewissen Zeitpunkt schon geleistete Teil der Vertragsverpflichtung als gültiger Vertrag gilt und Rechte und Pflichten durch ihn erzeugt werden, während erst für einen weiteren Teil des Vertrages die Auflösung gültig wird.

Auch § 17 VG., der den Verfasser berechtigt, vom Verlagsvertrag „zurückzutreten", wenn die Veranstaltung einer neuen Auflage nicht rechtzeitig erfolgt, gibt nichts anderes als eine „Kündigung", auf die beispielsweise die Sätze der §§ 346—356 BGB. über das „Rücktrittsrecht" nicht angewendet werden können (Rückgewähr der gegenseitig empfangenen Leistungen u. a.).

III. **Das Recht der Auflösung des Verlagsverhältnisses.**

Die Auflösung des Verlagsverhältnisses ist nach verschiedenen Rechtssätzen geordnet, je nachdem ob es sich um den Verfasser oder den Verleger handelt:

a) **Auflösung seitens des Verlegers.**

1. Nach § 17 VG. kann der Verfasser vom Vertrage zurücktreten, wenn der Verleger, nachdem ihm eine Frist gesetzt worden ist, die neue Auflage nicht veranstaltet. Tatsächlich ist dies also ein Kündigungsrecht des Verlegers, nur ist dem Verfasser hier ein Rechtsmittel gegeben, die Entscheidung des Verlegers zu beschleunigen. Solange der Verfasser nicht erklärt, kann der Verleger sich noch frei entschließen.

2. Bei Wegfall des Zwecks der Arbeit kann der Verleger zurücktreten; darüber s. unten IV.

3. Wenn der Verfasser das Werk nicht rechtzeitig oder nicht in der vertragsmäßigen Beschaffenheit geliefert hat (§§ 30 und 31 VG.), so kann der Verleger zurücktreten. Die Folgen der Fristversäumnis nach § 30 VG. sind oben im § 25 C II genannt. Hier handelt es sich um die Folgen der Nichtlieferung, die zeitlich oder qualitativ eine Nichtlieferung ist. Dies ist wirklich ein Rücktrittsrecht des Verlegers. Über den bloßen Rücktritt hinaus kann der Verleger (§ 31 VG.) Schadensersatz von dem Verfasser fordern, wenn er die mangelhafte Leistung zu vertreten hat.

Zwangsvollstreckung in die Leistung ist nur möglich, wenn das Manuskript ganz oder teilweise fertig ist. Das teilweise fertige Manuskript kann der Verleger von anderer Seite fertig machen lassen.

Was „nicht vertragsmäßige Beschaffenheit" ist, ist oben in § 25 C II dargelegt worden.

Der Verleger muß einen Vertrag auch erfüllen, obwohl er nachträglich ungünstige Kritiken über früher erschienene Werke des Verfassers kennen lernt, die ihn zu anderer Entschließung gebracht haben würden. Eine solche Entscheidung betrifft den Anfechtungsfall wegen Irrtums; aus ihr geht hervor, daß das Recht dem Verleger keine Hilfe bietet, wenn er sachliche Minderwertigkeiten des Verfassers oder des Werkes zu spät, d. h. nach dem Vertragsabschluß erkennt.

Der Verleger als Geschäftsmann und als Sachkenner muß sich vorher über die Qualitäten des Autors, mit dem er abschließt, und über die Absatzfähigkeit des Werkes unterrichten; das Risiko, das er hier läuft, ist das dem Verlagsbuchhandel eigene Risiko. Nur bei arglistiger Täuschung durch den Verfasser liegt das anders.

4. Tod des Verfassers läßt das Verlagsverhältnis endigen und löscht die beiderseitigen Verpflichtungen. Der Verleger kann aber, ohne den Vertrag ganz fallen zu lassen, für den gelieferten Teil des Werkes den Verlagsvertrag aufrechterhalten.

b) **Auflösung seitens des Verfassers.**

1. § 32 VG. gibt die dem Verleger nach §§ 30 und 31 VG. zustehenden Rechte (s. oben a 3) analog dem Verfasser, wenn der Verleger das Werk nicht vertragsmäßig vervielfältigt und verbreitet.

Dahin gehört z. B. Überschreitung der zugebilligten Auflagenhöhe, Veranstaltung einer neuen Auflage ohne besondere Berechtigung, Unterlassung der üblichen und zweckmäßigen, nach Lage der Verhältnisse und der geschäftlichen Anforderungen gebotenen Vertriebshandlungen (Ankündigungen, Inserate, Versendung von Prüfungs- und Besprechungsexemplaren, à cond.-Versendung an den Buchhandel).

2. Nach § 36 VG. kann der Verfasser zurücktreten, wenn der Verleger in Konkurs gerät und zur Zeit der Eröffnung des Konkursverfahrens die Vervielfältigung des Werkes noch nicht begonnen hatte. Ist mit der Vervielfältigung schon begonnen worden, gehört das Verlagsrecht an dem Werke und das Werk selbst zur Konkursmasse.

3. Das wichtigste Rücktrittsrecht, das ein gewisses Privileg für den Verfasser bedeutet, ist das in § 35 VG. festgesetzte Rücktrittsrecht, „wenn sich bis zum Beginn der Vervielfältigung Umstände ergeben, die bei dem Abschluß des Vertrages nicht vorauszusehen waren (nicht etwa: die bloß vom Verfasser nicht vorausgesehen wurden) und den Verfasser bei Kenntnis der Sachlage und verständiger Würdigung des Falles von der Herausgabe des Werkes zurückgehalten haben würden". Dies bezieht sich auf Umstände, die ganz objektiv das Werk betreffen, z. B. wenn ein gleichartiges Werk eines anderen Verfassers inzwischen erschienen ist, wenn das Thema des Buches gegenstandslos geworden ist oder einen erheblichen Teil seiner Bedeutung eingebüßt hat.

Vgl. auch unten sub IV: Wegfall des Zwecks.

Das Auflösungsrecht ist aber nur bis zum Beginn der Drucklegung gegeben. Der Verfasser hat die von dem Verleger inzwischen gemachten Aufwendungen zu ersetzen, und wenn er etwa innerhalb eines Jahres seit der Auflösung des Vertrages das Werk doch, und zwar bei einem anderen Verleger, herausgibt, so muß er sogar den dem Verleger entgangenen Gewinn ersetzen.

Ein analoges Rücktrittsrecht hat der Verleger nicht; er hat die Pflicht, alle Umstände und Veränderungen vorauszusehen und das daraus sich ergebende Risiko zu tragen. Einzige Ausnahme ist der „Wegfall des Zwecks", und auch da bleibt ihm ein erhebliches Risiko. Vgl. das Folgende:

IV. **Wegfall des Zwecks des Werkes.**

a) Fällt der Zweck, welchem das Werk dienen sollte, weg (bei Sammelwerken: unterbleibt die Herstellung des Sammelwerks), so kann der Verleger das Vertragsverhältnis zwar **kündigen** (hier handelt es sich in Wirklichkeit um Rücktritt, nicht um Kündigung!), muß aber die vereinbarte **Vergütung zahlen** (§ 18 VG.) — eine Bestimmung, die um deswillen besonders interessant ist, weil hier ein Accidentale negotii (die Vergütung) sich von erstaunlicher Lebensfähigkeit über den Vertrag hinaus erweist.

Auf die Vergütung muß sich aber (analog dem § 649 BGB.) der Verfasser das anrechnen lassen, was er durch Wegfall der Arbeit erspart (Literaturanschaffung) oder durch anderweitige Verwendung seiner Arbeitskraft erworben oder zu erwerben böswillig unterlassen hat.

b) **Was heißt Wegfall des Zwecks?** Beispiele: Wenn das Fest, für das eine Festschrift bestellt wird, nicht stattfindet, oder wenn das Gesetz, für das ein Kommentar vereinbart war, nicht zur Verabschiedung gelangt, oder wenn durch umwälzende Ereignisse (Krieg) das Thema seine Bedeutung verloren oder etwa gänzlich verändert hat, und ähnliches mehr.

Die Fälle sind streng, nicht ausdehnend zu interpretieren. Sinnes- und Meinungsänderungen des Verlegers — etwa wie beim Verfasser, s. oben III b 3 — werden dadurch nicht gedeckt. Das Gesetz bürdet hier dem Verleger das Risiko, die Gefahrtragung, für den Plan und seine Glückhaftigkeit oder Verfehltheit von Anfang an auf (habent sua fata libelli). Die Grenze findet das nur in der Unmöglichkeit der Erfüllung, s. unten C.

c) Wann tritt hier die **Pflicht zur Zahlung der zugesagten Vergütung** ein? Das Gesetz fordert dies auch dann, wenn der Verfasser das Werk noch gar nicht geliefert und vielleicht auch noch gar nicht geschrieben hat. Die herrschende Meinung hält diese Verpflichtung zur Vergütung für berechtigt, und eine Verringerung, wie sie § 649 BGB. angibt, nur dann für angezeigt, wenn es sich um Ersparung von äußeren Kosten, z. B. Abschreibegebühren, handelt, nicht aber wenn dem Verfasser durch den Wegfall des Erscheinens des Buches Studien und Studienaufwendungen erspart werden. Das Gesetz scheint nach seiner Bestimmung „der Anspruch des Verfassers auf die Vergütung bleibt unberührt" dieser Auffassung rechtzugeben. Eine Auslegung, die die wirtschaftlichen Verhältnisse und die Verkehrssitte berücksichtigt, muß aber zu anderen Ergebnissen kommen, insbesondere wenn das Wesen des „Anspruchs" erkannt wird. Dieser Anspruch auf die Vergütung entsteht gar nicht schon in dem Augenblick, wo der Vertrag abgeschlossen wird, sondern erst bei der Ablieferung des Werkes. Denn sonst ist nicht vorgeleistet, und es erscheint alsdann billig, wenn von der Vergütung auch das abgezogen werden kann, was der Verfasser an Zeit, Mühe und Studienaufwand erspart, da er doch unter normalen Verhältnissen diese Zeit, Mühe usw. anderweitig nutzbringend verwerten kann! Es ist ferner nicht anzunehmen, daß der Verfasser stets nur auf Bestellung des Verlegers tätig wurde; vielmehr ist es häufig so, daß das Werk auf alle Fälle geschrieben wird, mag ein Vertrag schon vorliegen oder nicht. Jedenfalls müssen solche Umstände des Falles zur Berücksichtigung herangezogen werden. So sehr also die Entschädigung für geleistete Vorarbeit, die mit Rücksicht auf den Vertrag geschah, vergütet werden muß, so wenig ist ein Anspruch für Nichtgeleistetes (Spekulationsgewinn) berechtigt.

C. Endigung durch Unmöglichkeit der Erfüllung.

I. **Tod des Verfassers.**

Stirbt der Verfasser vor Vollendung des Werkes oder wird die Vollendung aus einem anderen nicht vom Verfasser zu vertretenden Umstand unmöglich, so endigt damit das Verlagsverhältnis und löscht die beiderseitigen Verpflichtungen (§ 34 VG., § 275 BGB.). Aber der Verleger ist, wenn ein Teil des Werkes ihm bereits abgeliefert war, berechtigt, für diesen Teil den Vertrag (durch eine Erklärung gegenüber den Erben) aufrecht zu erhalten. Läßt er das Werk durch einen anderen vollenden, so muß er die Substitution deutlich kenntlich machen.

II. **Untergang des Werkes.**

Eine Reihe verwickelter und klippenreicher Fragen knüpft sich an den zufälligen oder zu vertretenden Untergang des Werkes (Manuskriptes) beim Verfasser oder beim Verleger, verbunden mit der Frage der Unmöglichkeit der Erfüllung. Grundsätzlich zu unterscheiden ist der Fall, daß das Werk, wenn auch mit einiger, aber nicht übermäßiger Mühe, wiederhergestellt werden kann, von dem Fall, daß dies nicht geht. Nur im letzteren Fall liegt wirklich Unmöglichkeit der Erfüllung vor und erhebliche und schwierige Schadensersatzansprüche, während es sich in dem anderen Fall nur um einfachere Schadensersatzansprüche handelt. (§ 33 VG.)

Verschulden trifft den Verfasser nicht schon deshalb, weil er keine Abschrift behalten hat (Kammergericht v. 2. Oktober 1905 in GR. u. U. 1905, 372). Ist das Manuskript verloren und unersetzbar, so erlischt das Verlagsverhältnis, aber die schuldrechtlichen Ansprüche bleiben bestehen, aber umgewandelt in Schadensersatzansprüche — sei es des Verlegers, wenn der Verfasser den Untergang zu vertreten hat, sei es des Verfassers, wenn der Untergang des Manuskriptes in der Rechtssphäre des Verlegers geschah. Die Abmessung des Schadens ist sehr schwierig, wenn die Vergütung nicht nach festem Pauschalsatz bemessen war, und auch bezüglich der Aussichten neuer Auflagen. Der Zeitpunkt des Gefahrüberganges bei Übersendung richtet sich nach allgemeinen Vertragsrechtsregeln.

D. Übertragbarkeit des Verlagsrechts als Endigung des speziellen Verlagsverhältnisses.

I. Kontroverse.

Hier ist eine schon lange bestehende Kontroverse auch heute noch nicht völlig erledigt. Gerber, Osterrieth, Alexander-Katz und andere verneinen die Übertragbarkeit der Verlegerrechte, Klostermann, Allfeld, Laband und andere bejahen sie, Kohler, Wächter, Mittermaier, Voigtländer lassen die Übertragung des ganzen Verlagsgeschäfts oder eines Verlagszweiges ohne weiteres, die eines einzelnen Verlagswerkes aber nur mit Zustimmung des Verfassers zu.

Das Verlagsgesetz (§ 28) schließt sich im wesentlichen der Mittelmeinung an, indem es aber den eigentlichen Differenzpunkt nicht erledigt, sondern der Auslegung überläßt. Die Verlegerrechte erklärt es prinzipiell für übertragbar, und zwar ohne Zustimmung des Verfassers, wenn die Übertragung sich nicht nur auf einzelne Werke bezieht (Verlagszweige, ganze Verlagsgeschäfte).

II. Rechtsfolgen.

Da gehen dann die Rechte und Verpflichtungen auf den Rechtsnachfolger über, und das liegt auch durchaus im Interesse des Verkehrs. Handelt es sich aber um einen Übertragungsvertrag an einem einzelnen Werk, so muß die Zustimmung des Verfassers eingeholt werden; diese kann aber nur verweigert werden, „wenn ein wichtiger Grund vorliegt“. Damit ist die Entscheidung in das objektive Ermessen des Richters gegeben (so auch RG. in JW. 36, 116 und GR. u. U. 1907, 273). Einen Übergang aus angesehenem in einen unbedeutenden Verlag wird der Verfasser verweigern können, bloße launische Verbietungsrechte stehen ihm nicht zu.

Ist bei dem Erwerber des Rechts die Veröffentlichung und Verbreitung in einem dem früheren adäquaten Milieu gewährleistet, so ist dasjenige Moment des Verlagsverhältnisses, das hier als einziges der Gefahr einer Veränderung unterlag, juristisch unverändert geblieben und damit die Übertragbarkeit auch in diesem Falle zu Recht gestellt.

Die Pflicht des alten Verlegers reicht grundsätzlich so weit, für weitere ordnungsmäßige Erfüllung die Voraussetzungen zu schaffen. Weitergehende „Haftbarkeit" kann jedoch kaum gefordert werden.

Sammelwerke, Zeitungen, Zeitschriften.[1] § 29.

A. Begriffliches.

I. Sammelwerke.

Sammelwerke im Sinne des Verlagsgesetzes sind entweder periodische oder unperiodische Sammelwerke. Ihr Recht ist z. T. verschieden, so daß die Rechtsverhältnisse der unperiodischen Sammelwerke gesondert von den Rechtsverhältnissen an Zeitungen und Zeitschriften besprochen zu werden verdienen.

Als unperiodische Sammelwerke kommen hauptsächlich in Betracht die Veröffentlichungen wissenschaftlicher Gesellschaften, insonderheit aber die großen Sammelwerke wie Handwörterbücher, wissenschaftliche Ergebnisse einer Forschungsreise, Enzyklopädien, systematische Handbücher, an denen eine Reihe von Mitarbeitern mitgewirkt haben; als periodische sind die Zeitschriften und Zeitungen, Jahrbücher, Kalender bekannt.

II. Werk und Beitrag.

Im Gegensatz zu selbständigen Werken spricht das Verlagsgesetz von „Beiträgen" zu (periodischen und unperiodischen) Sammelwerken. Es macht aber nicht immer einen deutlichen Unterschied zwischen solchen Bestimmungen, die nur für selbständige Werke, und solchen, die nur für Beiträge gelten. Mithin gelten zahlreiche Bestimmungen für Werke und Beiträge, auch wo das Gesetz nur von „Werken" spricht. Das geht u. a. aus der Stellung der Ausnahmevorschriften für Beiträge im Gesetz hervor (§ 3 VG., § 18 Abs. 2 VG., § 41 VG.). Die Ausnahmevorschriften sind hiernach streng auszulegen und dürfen als erschöpfend angesehen werden.

---

[1] Vgl. insbesondere Neukamp, Die Rechtsstellung der Verfasser von Beiträgen zu Sammelwerken. Leipzig 1913.

B. Rechtssätze.

I. **Für alle Sammelwerke Gültiges.**

a) An solchen Ausnahmen bestimmt § 3 VG., daß Beiträge zu Sammelwerken, **wenn keine Vergütung** für sie gezahlt wird, vom Verfasser anderweit verbreitet werden dürfen, wenn seit dem Anlauf des Kalenderjahres, in welchem sie erschienen sind, **ein Jahr verstrichen** ist. Das kann bei Veröffentlichungen wissenschaftlicher Gesellschaften, Sitzungsberichten u. dgl. praktisch werden.

b) Aus dem Gesichtspunkt der Verbreitungspflicht des Verlegers für ein bestimmtes Milieu geht dann die Vorschrift des § 18 VG. und die des § 4 VG. hervor, wonach die Veröffentlichungs- und Verbreitungspflicht wegfällt, wenn die **Herstellung des Sammelwerkes unterbleibt**, für welches der Beitrag bestellt war (gegen Mißbrauch schützen die Sätze von Treu und Glauben!), und daß der Verleger nicht berechtigt ist, ein Einzelwerk in ein Sammelwerk aufzunehmen und einen Beitrag als Sonderausgabe zu verwerten.

Unterbleibt die Herstellung des Sammelwerks, so ist das (entsprechend der Rechtslage bei Wegfall des Zwecks) entweder ein Fall von Unmöglichkeit der Erfüllung (s. oben § 28 C) oder es tritt die Rechtsfolge ein, daß die Vergütung an den Verfasser trotz Nichterscheinens zu zahlen ist (vgl. darüber oben § 28 B IV c).

c) **Sondervorschriften** bestimmen, daß der Verleger berechtigt ist, in einer Neuauflage eines Sammelwerkes einzelne Beiträge wegzulassen (§ 19 VG.), und daß er Sonderabzüge als Freiexemplare geben kann (§ 25 Abs. 3 VG.). Im Zweifel nimmt man bei der Bestellung eines Beitrages für ein Sammelwerk an (ausgenommen bei Festschriften), daß die Abfassung gegen Vergütung erfolgen solle.

Urheberrecht hat der Verfasser nur an seinem Beitrag, nicht an dem ganzen Sammelwerk, auch nicht etwa als Miturheber.

Zur Vornahme von Änderungen an dem Beitrag ist der Verleger auch hier nicht ohne weiteres berechtigt (nur für Periodica gilt die weitergehende Ausnahmevorschrift des § 44 VG., s. unten). Aber die Vorschrift des § 13 hat hier eine durch die Umstände erweiterte Bedeutung. Die Änderungen, zu denen der Verfasser nach Treu und Glauben seine Einwilligung nicht versagen kann, müssen hier mit Rücksicht auf die Gestaltung des Sammelwerks und den wirtschaftlichen Zweck weitergehende sein, und durch die Tatsache, daß Herausgeber oder Redakteure des Sammelwerks die Beiträge bestellen und die Art ihrer Abfassung vorschreiben, ist eine gewisse

Befugnis zu Änderungen gegeben wie auch eine sachliche Erweiterung der Rechte aus §§ 30 und 31 (Ablehnung bei nicht rechtzeitiger Ablieferung und nicht vertragsmäßiger Beschaffenheit des Beitrags).

d) Sowohl die **„angemessene" Frist** wie die **vertragsmäßige Beschaffenheit** sind unter Berücksichtigung der besonderen Verhältnisse und Bedürfnisse der Sammelwerke zugunsten des Verlegers auszulegen. Die für das bestimmte Milieu zugesagte Mitarbeit verpflichtet von vornherein zu engerer (sachlicher, räumlicher und zeitlicher) Bindung an den Plan, ohne daß deshalb diese Mitarbeit zu niederer Arbeit des § 47 VG. herabzusinken und dieser umstrittene § 47 herangezogen zu werden braucht.

e) Aus dem **§ 47 VG.** hat man entnehmen wollen, daß jegliche Mitarbeit an enzyklopädischen Werken unter Werkvertragsrecht, nicht unter Verlagsvertragsrecht stehe.

Entgegen den Meinungen in allen Kommentaren halte ich dies für falsch, wobei ich mich unter anderem auf die Ansicht des Oberlandesgerichts Dresden (vgl. Sächs. Arch. 5, 376) stützen kann. Ich habe an anderer Stelle diese Ansicht eingehend begründet.[1]

Der § 47 VG. schafft nicht Sonderrecht für bestimmte formelle Kategorieen von Arbeiten, sondern er stellt ein für alle Kategorieen (Werke und Beiträge) gültiges Prinzip auf, wonach niedere bestellte Arbeit, die nicht die für die schöpferische Formgebung entscheidende Tätigkeit umschließt, den Sätzen des Werkvertragsrechts unterworfen wird, nicht aber etwa alle Beiträge zu enzyklopädischen Werken aus dem Verlagsrecht in das Werkvertragsrecht wahllos hinauswirft.

Denn erstlich gilt hier die oben im § 23 gegebene Lehre von der inhaltlichen Wandelbarkeit der in Verlagsvertragsform sich darstellenden Vereinbarung ganz besonders, weil an einem Grenzfall diese Proteusgestalt des Zellkerns im Verlagsvertrage sich dem Gesetzgeber aufdrängte, ohne daß er die ganze Bedeutung der Tatsachen erkannte. Zweitens aber hat sich gerade hier gezeigt, daß die wirtschaftliche Entwicklung „enzyklopädischer Werke" eine ganz andere geworden ist, als man früher gemeint hat, und das, was vordem in solchem Fall stets als verhältnismäßig niedere Mitwirkung sich darbot, sich jetzt — man vergleiche z. B. ein Werk wie das Handwörterbuch der Staatswissenschaften — in ganz anderen „Umständen des Falles" zeigt. Über die Kasuistik des § 47 ist die Entwicklung hinweggegangen,

---

[1] GR. u. U. 1911, 129 und 1913, 33. Die neue Auflage von Voigtländers Kommentar hat sich dieser Ansicht angeschlossen. Neuerdings gegen meine Ansicht Hessenberg, GR. u. U. 1915, 145 und mein Schlußwort ebd. 242.

aber zugleich ist dadurch seine wirkliche methodische Bedeutung um so klarer geworden: daß nämlich der Werkvertragskern bei verfasserartiger Hilfsarbeit die Verlagsvertragszelle fast ganz ausfüllt, je nachdem wie selbstschöpferisch oder wie hilfsförmig die betreffende Verfasserleistung ist.

II. **Das Rechtsverhältnis zwischen dem Herausgeber und Redakteur einerseits und dem Verleger andererseits.**

Über diese Rechtsbeziehungen enthält das Verlagsgesetz keine, das Urhebergesetz aber in § 4 die Bestimmung, daß bei Sammelwerken der Herausgeber das Urheberrecht am ganzen Werk hat, wenn aber kein Herausgeber genannt ist, gilt der Verleger als Herausgeber.

Geben mehrere gemeinsam ein Werk heraus, ohne daß sich ihre Anteile räumlich abgrenzen lassen, so entsteht ihnen ein Miturheberrecht am Ganzen. Ein solches Verhältnis kann auch zwischen dem Herausgeber und dem Verleger bei Sammelwerken und Zeitschriften vorliegen, so daß ihre verlagsrechtlichen Beziehungen auf dem Boden des Gesellschaftsvertrags erwachsen. Mit den Herausgebern oder Redakteuren schließt der Verleger ebenso wie Verlagsverträge sehr häufig auch Werkverträge, Dienstverträge, Gesellschaftsverträge, oder Verlagsverträge, in denen eine der eben genannten Vertragsarten mehr oder weniger stark wirksam sind. Das ist Auslegungsfrage auf Grund des Vertragswortlauts und der Umstände des Falles und oft nicht leicht zu entscheiden.

Das Reichsgericht führt in der Entscheidung vom 17. Januar 1908 (RGZ. 68, 49) aus, die Rechtsstellung des Herausgebers einer Zeitschrift könne sehr verschieden sein; bei manchen Zeitschriften sei der Verleger derart Herr des gesamten Unternehmens, daß es ihm freistehe, dem Herausgeber zu kündigen und einen anderen an seine Stelle zu setzen; bei anderen Zeitschriften sei es gerade umgekehrt, der Herausgeber sei der eigentliche Herr des Unternehmens, so daß es ihm freistehe, dasselbe mit einem anderen Verleger oder im Selbstverlage fortzuführen.

Daraus ergeben sich dann die Folgen, was beim Ausscheiden eines Herausgebers, Tod des Herausgebers, Auflösung der Firma des Verlegers oder dergleichen zu geschehen hat. Beim Verlagsvertrag würden die Erben auf die Fortführung des Unternehmens und Wahl eines neuen Herausgebers Einfluß haben, beim Werkvertrag und beim Gesellschaftsvertrag würde das Verhältnis, wenn im Vertrag nichts vorgesehen ist, beim Eintritt eines solchen Falles gelöst sein. Sind mehrere Herausgeber vorhanden, so ist im Zweifel das Vorliegen von Werkverträgen und kein verlagsrechtliches Verhältnis anzunehmen.

III. **Periodische Sammelwerke (Zeitungen und Zeitschriften).**

a) **Zeitungen.**

Artikel für Zeitungen können „alsbald" nach ihrem Erscheinen anderweit verwertet werden (§ 42 VG.). Indessen ist es verkehrsüblich, daß die Wiederverwendung, sofern sie nicht durch Abänderungen zu einer neuen „eigentümlichen Schöpfung" gemacht ist, als „Zweitdruck", also als nicht originale Arbeit dem Abnehmer gegenüber bezeichnet wird. Dabei ist aber der Begriff der „eigentümlichen Schöpfung" wesentlich milder auszulegen mit Rücksicht auf die wirtschaftlichen Bedürfnisse des Verkehrs, als es sonst geschieht, wo es sich um selbständige Werke und um Benutzung fremder Geistestätigkeit handelt. Ein eigener früherer Zeitungsartikel kann z. B. durch die Hinzufügung neuer Ergebnisse aktuell und selbst für größere Zeitungen brauchbar werden. Denselben Beitrag gleichzeitig mehreren Zeitungen anzubieten, ist bei tatsächlichen Nachrichten gesetzlich berechtigt und auch üblich, sofern die von dem Berichterstatter bedienten Blätter getrennte räumliche Wirkungskreise haben und keine Sonderverpflichtungen eines Berichterstatters für ein (namentlich größeres) Blatt bestehen. Bei größeren (sog. „Original-) Artikeln wird man bei großen Tageszeitungen (nach Analogie des § 42 VG.) auf die verkehrsübliche Übertragung eines ausschließlichen Verlagsrechts schließen müssen.

Über die Bedeutung des § 42 VG. für Zeitschriftenbeiträge s. unten.

Die Vorlegung einer Korrektur ist bei Zeitungsbeiträgen nicht erforderlich. Änderungen an den Beiträgen (vorzugsweise an den anonym erscheinenden) sind nach § 44 VG. dem Verleger (bzw. dem Redakteur als dessen Vertreter) in dem üblichen Rahmen gestattet. Freiexemplare können nicht verlangt werden, ebensowenig die Lieferung von Nummern zum Buchhändlerpreise (§ 46 VG.). Wird der Beitrag nicht innerhalb eines Jahres nach der ausschließlichen Annahme veröffentlicht, so kann er zurückgezogen und trotzdem das Honorar verlangt werden (§ 45 VG., vgl. auch unten Weiteres zu § 45 VG.).

b) **Zeitschriften usw.**

1. Für Beiträge in Zeitschriften, Kalendern, Jahrbüchern und anderen Periodica gelten zunächst von den eben für Zeitungen angegebenen Bestimmungen diejenigen über die Vornahme von Änderungen durch den Verleger, die Zurückziehung des unveröffentlichten Beitrags nach einem Jahr unter Aufrechterhaltung des Anspruchs auf Vergütung, die Nichterforderlichkeit der Korrektursendung und Unbeschränktheit des Verlegers in der Zahl der herzustellenden Abzüge.

2. Nach § 45 steht dem Verfasser des Beitrags ein Anspruch auf Veröffentlichung und Verbreitung nur zu, wenn der Beitrag unter Angabe eines Erscheinungstermins akzeptiert worden

ist. Der Verleger soll also, falls er nicht für einen bestimmten Zeitpunkt die Veröffentlichung der Arbeit zugesagt hat, von seiner Verpflichtung zur Veröffentlichung und Verbreitung los und ledig sein.

Aus dieser Vorschrift des Gesetzes hat man herleiten wollen, daß ein solcher Vertrag über Beiträge für Periodica gar kein Verlagsvertrag sei, weil ja ein Essentiale negotii (Veröffentlichungspflicht) wegfalle.

Mit Röthlisberger (GewRsch. u. UR. 9, 279) bin ich der Meinung, daß der Vertrag trotzdem nicht aufhört, ein Verlagsvertrag zu sein. Es handelt sich hier nur darum, daß durch eine streng auszulegende Ausnahmevorschrift dem Verfasser ein klagbarer Anspruch auf Veröffentlichung und Verbreitung des Beitrags versagt ist — aus praktischen Gründen —, was indessen an der Eigenschaft des Vertrags, auf den vielmehr im übrigen alle Bestimmungen des Verlagsgesetzes anzuwenden sind, nichts ändert. Denn niemand wird sagen, daß z. B. der veröffentlichte Beitrag nicht auch verbreitet werden müsse. Dies wird vollends deutlich durch die oben im § 23 gegebene Lehre, daß der Verlagsvertrag als Rahmenvertrag gültig bleibt, auch wenn der Kern sich in bestimmten anderen Vertragsarten darstellt.

3. Von besonderer Wichtigkeit ist der § 42 VG.: „Sofern nicht aus den Umständen zu entnehmen ist, daß der Verleger das ausschließliche Recht zur Vervielfältigung und Verbreitung erhalten soll, verbleibt dem Verfasser die anderweitige Verfügung über den Beitrag (Abs. 2). Über einen Beitrag, für welchen der Verleger das ausschließliche Recht zur Vervielfältigung und Verbreitung erhalten hat, darf der Verfasser anderweit verfügen, wenn seit dem Ablaufe des Kalenderjahres, in welchem der Beitrag erschienen ist, ein Jahr verstrichen ist." (Analog sind die Bestimmungen für den bildnerischen Buchschmuck nach § 11 des KunstUrhG.) Die Bestimmung beruft sich ausdrücklich auf die Auslegung nach den Umständen des Falles. Maßgebend für die Vermutung, daß dem Verleger ein ausschließliches Verlagsrecht (für 1—2 Jahre) übertragen werden sollte, ist die Verkehrssitte der beteiligten Kreise, insbesondere nach den Motiven die „Absicht der Parteien" und die ausdrücklich bekanntgegebenen Bedingungen eines Blattes.

Hiermit ist nicht viel anzufangen, und die Meinung der Motive, daß im Zweifel kein ausschließliches Recht übertragen wird, ist ebenso irrig wie Voigtländers Ansicht, daß bei Zeitschriften stets ausschließliches Recht übertragen wird. Es gehören mehrere Kriterien hier zur Entscheidung: Für ein ausschließliches Recht spricht hohes Honorar, gute Verbreitung der Zeitschrift, besondere Bedeutung des Blattes — gegen ein ausschließliches Recht die umgekehrten Fälle: geringe oder gar keine Vergütung, obskure Blätter, Journale von lokaler oder sonst eng begrenzter Bedeutung. Dabei hängt dann von dieser Entscheidung nicht nur ab, ob der Verfasser selbst seine Arbeit vor Ablauf der genannten Frist wieder verwerten darf, sondern auch weiter, ob bei etwa widerrechtlich geschehenem Nachdruck durch einen Dritten die Entschädigung nur dem Verfasser oder zu gleichen Teilen ihm und dem Verleger gebührt.

c) **Korrespondenzen.**

Zeitungs- und Fachkorrespondenzen nehmen teil an dem strengeren Recht der Zeitschriften, mögen sie auch manchmal wie Tageszeitungen erscheinen. Die Umstände des Falles sprechen hier stets für Einräumung ausschließlicher Rechte seitens des Verfassers. Denn Höhe der Vergütung und wettbewerbrechtliche Rücksichten, zumal aber Zweck und Art des Vertriebs der Korrespondenzartikel bedingen das. Andernfalls wäre dem Korrespondenzinhaber jede Kontrolle über den Abdruck der von ihm erworbenen und verbreiteten Beiträge unmöglich gemacht. Ausschließlichkeit des Verlagsrechts ist hier generell als lex contractus anzusehen.

III. Kunstwerkrecht.

(Gesetz v. 9. Januar 1907, RGBl. S. 7, Novelle v. 22. Mai 1910, RGBl. S. 793.)

§ 30. Gegenstand des Kunstwerkrechts.

A. Der allgemeine Gegenstand des Kunstschutzes.

Es handelt sich um etwas dem Gegenstand des literarischen und musikalischen Urheberschutzes durchaus Analoges. Das Gesetz vom 9. Januar 1907 bildet keine grundsätzliche Abweichung von den literarischen Schutzgesetzen von 1901, sondern ist diesen mehr verwandt als etwa seinem eigenen Vorgänger von 1876. Vieles vom Inhalt des 1907er Gesetzes ist also aus den Grundgedanken der 1901er Gesetze (Teil B I und II dieses Buches, §§ 10—29) zu verstehen.

B. Der besondere Gegenstand des Kunstschutzes.

Das ist das künstlerisch geschaffene Werk (§ 1 KG.). Das heißt:

I. **Begriff des Kunstwerkes.**

a) **Eine bildnerische Schöpfung.**

Bildnerisch muß die Schöpfung sein, aber ohne Rücksicht auf ihren größeren oder geringeren Kunstwert, ohne Rücksicht auf höherstehende oder weniger hochstehende Kunstgattung. Also sowohl Kunstgewerbe wie Photographie sind des Kunstschutzes teilhaftig (§ 2 KG.), womit eine langjährige Streit- und Zweifelsfrage nun erledigt ist. Ausschlaggebend ist also nur, daß es sich um eine künstlerische Schöpfung in Gestalt bildnerischer Darstellung handelt. Daher genießen auch Bauwerke, soweit sie künstlerische Zwecke verfolgen, den Kunstschutz (§ 2 KG.).

b) **Eine künstlerische Schöpfung.**

Künstlerisch ist eine Schöpfung, wenn sie Kunst sein will, d. h. wenn die Absicht des Schaffenden auf eigenartige ästhetische

Wirkung außerhalb der rein gewerblichen Zweckmäßigkeit gerichtet ist. Ob die ästhetische Wirkung gelungen, der künstlerische Zweck mehr oder minder erreicht ist, bleibt sich gleich. Abbildungen ohne Kunstabsicht genießen keinen Kunstschutz, weil die Absicht fehlt.

II. **Eine Formgebung künstlerischen Inhalts.**

Nicht die Idee, sondern die Formgebung auf Grund einer künstlerischen Idee (analog dem Schriftwerkschutz) ist Gegenstand des Schutzes, und zwar des Schutzes gegen Wettbewerb. Daher wird nicht der Inhalt, das „Motiv", das „Sujet" an sich geschützt, sondern seine in Form gebrachte Darstellung. Und weil es sich um den Schutz einer in Form gebrachten Darstellung handelt, mußten auch Photographie und Kunstgewerbe geschützt werden; denn sonst hätte der Wettbewerb gegenüber künstlerischer Schöpfung allzu freie Bahn. Die künstlerische Idee in der Formgebung bleibt geschützt auch in gewerblicher Zweckgestaltung. Vgl. RGSt. 43, 329

III. **Folgerungen aus dem Begriff des Kunstwerks.**

a) **Entwürfe** (§ 4 KG.) nehmen aus dem gleichen Grunde am Schutze teil, denn ohne Rücksicht auf Zweck und Zweckerreichung sind sie ebenfalls Formgebung auf Grund einer künstlerischen Idee und verlangen ebenso den Wettbewerbsschutz für ihren geistig-künstlerischen Inhalt.

b) Ebensowenig wie der Verwendungszweck ist die Technik des Werkes Gegenstand des Kunstschutzes, sondern **der geistige Inhalt des Kunstwerkes,** der in der Formgebung ans Licht kam, ist es. Mithin hängt der Schutz nicht an dem einen körperlichen Erzeugnis („Werk"), sondern an dem „Werk" im Sinne des Werkes unter der Decke der Erscheinungen! Diese Erwägung ist auch besonders wichtig für die Begrenzung des Kunstschutzes der Bauwerke. Kohlers Ausdruck, nur die „Monumentalidee" des Bauwerkes und nur sein Äußeres seien geschützt, ist zu eng (was auch aus § 20 Abs. 2 KG. hervorgeht). Die originale baukünstlerische Idee, auf die es ankommt, kann außen und innen verwirklicht sein.

c) **Originalität der künstlerischen Arbeit** ist nach alledem notwendige Voraussetzung des Kunstschutzes, denn

1. nur das Originale ist als Schöpfungswert anzusehen,
2. nur das Originale verdient Wettbewerbsschutz. (Vgl. oben § 11.)

In Kopieen und Entlehnungen kann kein Recht auf Schutz gegen wettbewerbliche Kopie und Entlehnung liegen. In neuen Arbeiten genießt also auch nur der originale Teil den Schutz, nicht genießen ihn etwaige entlehnte Bestandteile. Das ist ganz analog dem Schriftwerksschutz zu beurteilen.

d) Die herrschende Meinung versagt den Kunstschutz dem **Gesamtbild von zusammengesetzten Einzelgegenständen,** also Zimmereinrichtungen, Ausstattungen eines Theaterstückes, szenisches Bild, Regieleistung (so auch Kohler, Riezler u. a.). Diese Ansicht kann nicht richtig sein. Es hieße die Raumkunst, die geistig-künstlerische Gestaltung von ganzen Raum- und Bildkomplexen schutzlos gegen Wettbewerb machen (im Theater-, Kino-, Ausstellungswesen usw.), wenn man diese oft sehr hochstehenden originalen künstlerischen Leistungen aus dem regelrechten Schutz herausnehmen wollte. Die bisher genannten Voraussetzungen des Begriffs und die daraus sich ergebenden Folgerungen treffen durchaus zu, und da es einen Bauwerkschutz gibt, ist nicht einzusehen, warum solches innere Bauen, auch wenn es aus einzelnen beweglichen und selbst dem Kunstschutz zugänglichen Gegenständen besteht, schutzlos sein sollte. Im Gegenteil: Der Bauwerksschutz nach § 2 KU. ist hierfür gültig, vielleicht auch der Schutz der Entwürfe (nach § 4 KU.).

§ 31. Träger des Kunstwerkrechts.

A. Der Rechtsgrundsatz.

Grundsätzlich ergibt sich (wie beim Schriftwerkrecht) der Träger des Rechtes aus dem Gegenstand des Rechtes. Der Schöpfer des schutzwürdigen Werkes genießt den Urheberschutz. Wie im Schriftwerkrecht ist also Berechtigter: 1. der Schöpfer, 2. der Bildner einer schutzwürdigen Bearbeitung, 3. der Träger des übertragenen Kunstschutzrechts. Die grundsätzliche Gestaltung ist die gleiche wie im Schriftwerkrecht (vgl. oben § 12).

B. Kategorieen von Trägern des Rechtes.

I. **Persönliche Kategorieen.**

a) **Reichsangehörige** genießen den Schutz für alle Werke, ob sie erschienen sind oder nicht. **Nichtreichsangehörige** genießen den Schutz für Werke, die zuerst im Inland erschienen sind (§ 51 KU.).

b) **Juristische Personen** des öffentlichen Rechtes genießen den Schutz für Werke ohne Urhebernamen, die von ihnen herausgegeben werden (§ 5 KU.).

II. **Sachliche Kategorieen.**

a) **Bei Sammelwerken** genießt der Herausgeber oder der Verleger den Schutz (§ 6 KU.).

b) **Miturheberrecht** (§ 8 KU.) ist genau wie im Schriftwerkrecht festgelegt (vgl. oben § 12 III 2).

c) Zu unterscheiden vom Miturheberrecht und vom Recht an Sammelwerken ist das **Recht der Verbindungen** von Kunstwerken. Solche Verbindungen geschehen häufig: Bildwerke werden mit Schriftwerken (nicht lediglich zur Erläuterung als Abbildungen, sondern als selbständige Kunstwerke) verbunden, kunstgewerbliche Gegenstände mit geschützten Mustern, Tonwerken usw. Da bleibt nach § 7 KU. der Urheber des Einzelwerkes auch nach der Verbindung dessen Urheber. Jeder kann also einzeln über seinen Teil verfügen, die Schutzdauer läuft getrennt usw.

III. **Sonderfragen.**

a) Über das **Namenrecht** bei Kunstwerken vgl. oben § 5 IV 4.

b) **Das Recht am eigenen Bilde** ist an sich kein urheberrechtliches oder wettbewerbsrechtliches Gut, sondern ein Ausfluß reinen Persönlichkeitsrechts. Nur daraus ist es zu erklären, daß der Abgebildete einschränkende Rechte gegenüber dem Schöpfer des Porträts oder einer Personenphotographie hat. Es gehört also nicht in das KU.-Gesetz, wo es aber trotzdem (in §§ 22—24) folgende Regelung gefunden hat:

Zur Verbreitung und Schaustellung von Bildnissen ist die Einwilligung des Abgebildeten (nach seinem Tode noch 10 Jahre lang die Einwilligung des Ehegatten, der Kinder oder Eltern) erforderlich, wenn nicht:

1. der Abgebildete für die Gestattung des Abbildens entlohnt worden ist,

2. er zum „Bereich der Zeitgeschichte" gehört,

3. nur Beiwerk neben Landschaft oder Örtlichkeit ist,

4. nur Teil einer größeren Personenmenge bei Versammlungen, Aufzügen oder ähnlichen Vorgängen ist,

5. ein höheres Kunstinteresse die Verbreitung oder Schaustellung rechtfertigt,

6. die Rechtspflege oder öffentliche Sicherheit es erfordert (Steckbrief, Verbrecheralbum).

§ 32. Erlaubte und unerlaubte Vervielfältigung, Verbreitung, Vorführung.

A. Grundsatz.

Entsprechend den Urheberrechtsgrundsätzen beim Schriftwerk erstrecken sich auch im Kunstwerkrecht die ausschließlichen Rechte des Urhebers auf dreierlei: die Vervielfältigung, die Verbreitung und die Aufführung (Vorführung). Die Besonderheiten im Kunstwerkrecht ergeben sich aus der Eigenart des Gegenstandes, nicht etwa aus grundsätzlichen Abwandlungen. Die drei Rechte sind insofern selbständig, als nicht in dem einen bereits die anderen enthalten sind.

B. Die drei Grundrechte.

I. **Vervielfältigung (Nachbildung).**

a) **Schutzrecht und konkurrierende Rechte.** Auch im Kunstwerkrecht deckt sich das Eigentum am körperlichen Substrat nicht mit dem Urheberrecht an dem Werk. Der Eigentümer des Originals darf weder selbst das Werk vervielfältigen lassen noch einem anderen ein Recht dazu einräumen, solange das Recht des Urhebers Schutz genießt.

Das sog. „Recht am eigenen Bilde" (s. oben § 31 B III b) wird aber hier wirksam, insofern nach § 18 KG. der Besteller oder sein Rechtsnachfolger Bildnisse photographisch vervielfältigen lassen darf.

Wie im Schriftwerkrecht darf sich jedermann zum eigenen lediglich persönlichen Bedarf ohne Einwilligung des Urhebers Kopien anfertigen oder sonstige Vervielfältigungen vornehmen lassen, wenn dies unentgeltlich bewirkt wird (§ 18 KG.). Nur das Nachbauen ist auch in solchen Fällen untersagt.

b) **Art und Zahl der Vervielfältigung gleichgültig.** Im übrigen unterliegt auch die Herstellung einer Einzelkopie der urheberrechtlichen Verfolgung (§ 17 KG.). Ob die Vervielfältigung unmittelbar nach dem Original oder auf dem Umwege über eine rechtmäßige Nachbildung geschieht, ist für die Frage der Rechtmäßigkeit oder Unrechtmäßigkeit der neuen Nachbildung gleichgültig. Auch das Entwerfen schon schließt den Tatbestand der unrechtmäßigen Wiedergabe ein, nicht erst die vollendete Ausführung. Ebenso ist die widerrechtliche Ausführung eines fremden Entwurfes Rechtsverletzung. Es ist gleichgültig, in welchem Verfahren, ob im gleichen oder anderen, die Nachbildung geschieht, wenn nur irgendeine erkennbare körperliche, bildnerische Wiedergabe erfolgt.

c) **Bearbeitung und freie Benutzung.** § 16 KU. entspricht genau dem § 13 Lit. UG. und bestimmt: „Die freie Benutzung eines Werkes ist zulässig, wenn dadurch eine eigentümliche Schöpfung hervorgebracht wird." Es entstehen also hier die gleichen Streit- und Zweifelsfragen wie beim Schriftwerkrecht über den Gegensatz von „Bearbeitung" eines vorhandenen Werkes ohne Hervorbringung einer „eigentümlichen" Schöpfung und „freier Benutzung" zur Hervorbringung einer „eigentümlichen" Schöpfung. Auch hier die Frage, wie weit Änderungen in Größe, Auffassung, Verfahren, Wirkung des Kunstwerkes relevant sind, oder wie weit es sich hingegen nur um Benutzung der gleichen Motive, Sujets, Leitgedanken in völlig eigener Schöpfung handelt. (Vgl. RGSt. 42, 83.)

Wesentlich ist die Formgestaltung. So ist als Änderung der Form nicht anzusehen: andere Größenmaße im gleichen oder ähnlichen Verhältnis zueinander, andere Kunstgattung. Dagegen ist als Änderung der Form anzusehen: die Karikatur eines Kunstwerkes, seine Umdeutung auch bei Benutzung ähnlichster Formen. Denn hier wird am Ursprung, im Gedankengebiet, die Änderung vorgenommen.

Aber auch das allein kann nicht immer und durchaus das treffende Kriterium abgeben: ausschlaggebend bleibt auch hier — wie im ganzen gewerblichen Schutzrecht —, ob die Urschöpfung und die Nachschöpfung (Benutzung) einander geradeswegs Wettbewerb machen — und zwar mittels des Schöpfungsgehalts des benutzten Werkes! So allein ist dem Begriffe, ob es sich um ein „anderes Werk" handelt, beizukommen. (Vgl. oben § 11.)

d) **Das Recht der Nachbildung.** Nachbildung ist an sich, wie aus dem Bisherigen hervorgeht, eine Rechtsverletzung; aber wer durch Nachbildung ein „anderes Werk" hervorbringt, hat Urheberrecht daran (§ 15 Abs. 2 UG.). Er darf aber die Rechte der Vervielfältigung, Verbreitung und Vorführung nur mit Einwilligung des Urhebers des Originalwerkes (wenn dieser noch Schutz genießt) ausüben. Ob er nicht die Rechte des Originalurhebers verletzt hat, ist dabei eine Frage, die zunächst ausschaltet und die einer besonderen Rechtsverfolgung unterliegt. Hat der Nachbildner also etwa zu Unrecht, d. h. unter Verletzung des Rechtes des Originalurhebers, ein Gemälde durch Skulptur wiedergegeben, so kann der Schöpfer des Gemäldes den Nachbildner wegen Verletzung des Urheberrechts belangen, aber der Nachbildner kann zugleich denjenigen belangen, der die Skulptur photographiert hat und dieses

Bild verbreitet, selbst wenn das etwa gar der Schöpfer des Gemäldes selber wäre.

Auch das alles ist nur aus Gesichtspunkten des Wettbewerbsrechts, nicht lediglich des Urheberrechts, restlos zu erklären (vgl. oben § 2).

II. **Verbreitung.**

Das Verbreitungsrecht ist nicht schon im Vervielfältigungsrecht enthalten, ebensowenig wie das Vorführungsrecht schon ohne weiteres im Verbreitungsrecht enthalten ist.

Denn es gibt

a) ein **Recht der Vervielfältigung** zum eigenen Bedarf ausdrücklich ohne Verbreitungsrecht.

b) ein andere ausschließendes **Verbreitungsrecht** selbst an einem unrechtmäßig vervielfältigten Bildwerk.

c) die Bestimmung des § 15 KG., die nach der herrschenden Meinung so auszulegen ist, daß **Vorführung nicht schon Verbreitung** sei (s. unten III).

Verbreitung ist nicht dasselbe wie Veröffentlichung. Verbreitung liegt bereits bei einem individuell bestimmten Kreis von Personen vor, während Veröffentlichung begrifflich die Unbestimmtheit der Personenart und -zahl bedeutet. Also Verbreitung ist der weitere Begriff, und in dieser Weite ist das Recht ausschließlich dem Urheber vorbehalten. Nur das Verleihen kann er nicht verbieten (§ 15 KG.), wenn es nicht durch Leihanstalten erfolgt. Denn nur gewerbsmäßige Verbreitung kann er verbieten, diese aber immer und überhaupt. Die nicht gewerbsmäßige ist frei.

III. **Vorführung.**

a) **Schaustellung** wird von der herrschenden Meinung unter Stützung auf die Fassung des Gesetzes von der gewerbsmäßigen Verbreitung unterschieden. Man denkt da ans körperliche „Verbreiten", nicht an das geistige Verbreiten des Anschauungswertes. Es mag zweckmäßig sein, ein besonderes Schaustellungsrecht bei Kunstwerken neben dem Verbreitungsrecht zu statuieren (gegenüber dem Kunsthandel), logisch richtig ist es nicht.

b) **Vorführung.** Ebenso ist dem Urheber vorbehalten, das Werk „gewerbsmäßig mittels mechanischer oder optischer Einrichtungen vorzuführen". Das trifft nicht nur die Wiedergabe durch Kinematograph (obgleich dies das Wichtigste), sondern auch im Mutoskop und Projektionsapparat. Stereoskopische Schaustellung kann entweder als Schaustellung oder als Vorführung betrachtet werden (bestritten).

Beim Film ist also nach § 15 KG. geschützt

1. das einzelne photographische Bild gegen kinematographische Wiedergabe,

2. die Filmbilderreihe gegen Vervielfältigung,

3. das Ganze gegen „Vorführung",

4. das Ganze gegen Verbreitung, da Vorführung in diesem Falle auch Verbreitung ist,

5. die Filmidee gegen literarische Wiedergabe (vgl. oben § 18).

C. Ausnahmen, Schutzdauer, Rechtsfolgen.

I. **Ausnahmen.**

Für Vervielfältigung, Verbreitung und Vorführung frei sind nach ausdrücklicher gesetzlicher Ausnahmevorschrift:

a) Die Werke an öffentlichen Straßen und Plätzen (nicht bloß unter freiem Himmel), die sich bleibend dort befinden. Nachbauen und plastische Wiedergabe ist aber nicht gestattet, ebensowenig die Wiedergabe irgendwelcher Art an einem Bauwerk. Erlaubt ist: Wiedergabe des Kunstwerkes oder der äußeren Ansicht des Bauwerks durch Malerei, Zeichnung, Photographie, Stickerei, Mosaik und ähnliche nicht plastische Verfahren (§ 20 KG.).

b) Ebenso ist erlaubt die Benutzung für wissenschaftliche und Schul- und Unterrichtsschriftwerke zur Erläuterung des Inhalts (§ 19 KG.) im Sinne des Zitats (vgl. hierüber oben § 14).

c) In beiden Fällen ist Änderung an den Werken nicht erlaubt mit Ausnahme der Übertragung in eine andere Größe und solcher Änderungen, die das Vervielfältigungsverfahren mit sich bringt (§ 21 KG.).

II. **Schutzdauer.**

Unerlaubtes wird zu Erlaubtem durch Ablauf der Schutzdauer. Diese endigt, wenn seit dem Tode des Urhebers 30 Jahre abgelaufen sind (§ 25 KG.); 10 Jahre seit Erscheinen des Werkes brauchen (im Gegensatz zum Schriftwerkrecht) hier nicht abgelaufen zu sein. Bei Werken der Photographie endigt der Schutz aber schon 10 Jahre nach dem Erscheinungsjahr (§ 26 KG.).

Die übrigen Bestimmungen über Schutzdauer bei Werken juristischer Personen, bei Miturheberrecht, bei Erscheinen in Lieferungen usw. (s. §§ 25—30 KG.) sind ganz analog dem Schriftwerkrecht (s. oben § 20).

Eine Eintragsrolle für anonyme und pseudonyme Erscheinungen gibt es im Kunstwerkrecht nicht.

III. **Die Rechtsverletzungen**
gegen die hier verzeichneten Vorschriften werden nach §§ 31—50 KG. geahndet, und zwar durch:

a) **Schadensersatz** (Verjährung des Anspruchs in 3 Jahren).

b) **Geldstrafe** bis 3000 Mk. (Verjährung der Strafverfolgung in 3 Jahren).

c) **Buße** (neben der Strafe) an den Verletzten bis 6000 Mk. (schließt die Geltendmachung weiteren Schadensersatzes aus).

d) **Vernichtung der** widerrechtlich hergestellten, verbreiteten oder vorgeführten **Exemplare** (und Formen, Platten, Steine, die dazu gedient), oder statt dessen Abgabe der Exemplare und Vorrichtungen an den Verletzten oder unter Umständen Zahlung einer Vergütung.

§ 33. Kunstverlagsrecht.

A. Einige verstreute Rechtssätze.

Das Kunstschutzgesetz hat einige wenige Bestimmungen verlagsrechtlicher Natur, die zumeist dem literarischen Verlagsgesetz nachgebildet sind, so in §§ 6 und 9 (der Verleger gilt u. U. als Herausgeber), § 11 (Zeitungs- und Zeitschriftenbeiträge wie in § 42 VG.), § 19 (Zitatrecht). Es ist nicht recht ersichtlich, warum diese geringen Anklänge hier wiederkehren; daß alle anderen verlagsrechtlichen Gedanken für das Kunstverlagsrecht keine Geltung haben, kann damit nicht gesagt sein. Im Gegenteil: in Ermangelung eines Kunstverlagsgesetzes muß die Analogie des literarischen Verlagsgesetzes sogar sehr stark herangezogen werden; ja es ist der einzige Anhaltspunkt und darf einstweilen als soweit anwendbar gelten, wie nicht die in der Natur der Sache liegenden Abweichungen die einzelne Bestimmung unanwendbar macht. Der Ausschuß für Urheber- und Verlagsrecht im Börsenverein der Deutschen Buchhändler hat (1921) die Verkehrssitte im Kunstverlag niedergeschrieben und der allgemeinen Beurteilung vorgelegt. Dabei hat er namentlich betont, daß es im Kunstverlag nicht essentiell auf die Vervielfältigungs- und Verbreitungspflicht des Verlegers, sehr wohl aber auf die Vergütung ankomme, daß man zumeist an eine in der Zahl unbeschränkte Auflagenhöhe denkt u. dgl. mehr.

B. Ungeklärte Fragen.

I. **Einige besondere Rechtsfragen.**

a) Ob der Verleger eine zum Abdruck erworbene Illustration (künstlerisches Werk) mehrfach und immer wieder verwerten darf oder nur einmal und nur an der einen bestimmten Stelle, für die ihm die Abdruckserlaubnis zunächst gegeben war?

b) Ob und wie weit der Verleger das von ihm benutzte, rechtmäßig hergestellte Klischee an Dritte abgeben darf?

c) Ob der Verleger in der Zahl der Abzüge grundsätzlich unbeschränkt sein soll?

d) Ob die Übertragung eines Verlagsrechts an einem Bildwerke ohne weiteres auch für artlich verschiedene Verwendung des Bildwerkes gilt (z. B. Vertrieb photographischer Wiedergaben und Druckherstellung durch Autotypie oder andere Reproduktionstechnik)? s. a. folg. Nr. II.

II. **Wirtschaftliche Rücksichten.**

Der wirtschaftliche Zweck, der Sinn des Überlassungsvertrags (auch des konkludenten) muß ausgelegt werden; enge Auslegung im Sinne der Urheberinteressen ist geboten, wilde Überschreitung der übertragenen Rechte nicht angebracht und auch nach den Grundsätzen des literarischen Verlagsrechts nicht zulässig. Mit Recht entschied OLG. Hamburg (M. u. W. 20, 93), daß, wer das Vervielfältigungsrecht für Postkarten erwirbt, diese Postkarten nicht als Kalenderschmuck gewerbsmäßig verwenden darf. Die oben als ungeklärt bezeichneten Fragen werden fast durchweg gegen den Rechtsempfänger (den Verleger) zu entscheiden sein. Mangels eines Kunstverlagsgesetzes ist mithin zu vertraglich genauen Abmachungen beiden Parteien stets zu raten.

IV. Musterschutzrecht.

(Geschmacksmusterschutz und Gebrauchsmusterschutz.)

(Gesetze v. 11. Januar 1876, RGBl. S. 11, u. v. 1. Juni 1891, RGBl. S. 290.)

§ 34. Wesen und Gegenstand des Musterschutzrechts.

A. Wesen des Musterschutzrechts und Abgrenzung gegenüber anderen gew. Schutzrechten.

Wenn es im gewerblichen Rechtsschutz zwei Gruppen gibt — das Urheberrecht und das Erfinderrecht —, dann geht die Grenze mitten durch das Musterschutzrecht, und zwar zwischen Geschmacksmuster und Gebrauchsmuster.

Der Geschmacksmusterschutz kommt vom Kunstschutz her, hängt in dessen Lehren und Anschauungen und unterscheidet sich von ihm nicht stark, wohl aber graduell (s. unten § 35). Der Gebrauchsmusterschutz dagegen tendiert ganz zum Patentrecht hinüber.

Andererseits ist aber das Musterschutzrecht die Brücke vom Urheber- zum Erfinderrecht, vom Geistigen zum Technischen.

B. Gegenstand des Musterschutzrechtes.

I. **Im Vergleich zu den anderen gew. Schutzrechten.**

a) **Neuheit und Eigentümlichkeit** wird im Schriftwerk- und Kunstwerkrecht präsumiert, im Muster- und Patentrecht ausdrücklich **gefordert**, d. h. in jenen ersteren Rechten müssen diese Eigenschaften als nicht vorhanden nachgewiesen werden, wenn der Schutz bestritten wird, in diesen letzteren Rechten müssen solche Eigenschaften als vorhanden nachgewiesen werden, wenn der Schutz erlangt werden soll.

b) Soweit das Geschmacksmuster **Kunstwerk** (auch nur Kunstgewerbe) ist, genießt es den Schutz nach Kunstschutzgesetz. Wann das der Fall ist, s. unten § 35. Auch ist es ohne weiteres nach den Regeln des Wettbewerbsgesetzes gegen den unlauteren Wettbewerb geschützt. Der eigentliche Musterschutz entsteht durch Schaffung des Werkes, wenn es neu und eigentümlich ist (§ 1 GeschmMG.), wird aber nur wirksam (tatsächlich verfolgbar), wenn es zur Eintragung in das Musterregister angemeldet und ein Exemplar oder eine Abbildung bei der Musterregisterbehörde niedergelegt ist (§ 7 GeschmMG.).

c) Mit dem Patentrecht hat das Musterrecht die Notwendigkeit der **Registereintragung** gemein, vom Patentrecht unterscheidet es sich aber dadurch, daß die Eintragung ohne Prüfung erfolgt und das Recht nicht ausdrücklich erteilt wird.

II. **Nach Musterrecht.**

a) **Neuheit und Eigenart.** Geschmacks- und Gebrauchsmuster liegen nur vor, wenn durch individuelle Formgebung ein neues und eigenartiges Erzeugnis geschaffen ist, wenn, wie die Umschreibung des Begriffs in der reichsgerichtlichen Rechtsprechung lautet, „ein bisher im Verkehr noch nicht vorhanden gewesenes Muster sich als Ergebnis individueller schöpferischer Kraft darstellt" (vgl. RGZ. 49, 179; 61, 178; 72, 162; 76, 340). Dabei kommt es nicht auf Einzelheiten an, die neu oder eigentümlich sein müssen, sondern auf den Gesamteindruck (z. B. bei einer neuen Drucktype). Ebenso bleibt es sich gleich, woher die Vorlage stammt (unmittelbar aus der Natur oder aus vorhandenen Vorlagen, Gegenständen, Werken), wenn nur das Ganze als solches neu und eigenartig ist. Ebenso macht es keinen Unterschied, ob der Grad des Geschmacks oder der Gebrauchsfähigkeit ein höherer oder geringerer ist, wenn nur überhaupt ein gradueller Unterschied bezüglich Neuheit und Eigenart gegenüber bereits Vorhandenem erkennbar ist. Bloße Nachbildung in anderem Stoff ist keine Neuheit und Eigentümlichkeit, wenn nicht besondere neue eigenartige Errungenschaften damit erzielt werden.

b) **Ergebnis, nicht Verfahren.** Da individuelle Formgebung geschützt wird, so wird nur das Ergebnis, nicht das Verfahren (die Herstellungsmethode) geschützt. Ergebnis kann aber auch schon in einem Halbfabrikat gegeben sein (vgl. RGZ. 61, 50; 84, 66). Und im Ergebnis nicht das einzelne Stück, sondern die darin verkörperte (unkörperliche) Idee des (körperlichen) Gegenstandes.

c) **Gewerblicher Zweck.** Die Musterschutzrechte haben gewerbliche Zwecke, wenn sie auch ästhetischen oder technischen Inhalt zur Voraussetzung haben.

„Gewerblich" bedeutet damit nicht gewerbliche Entstehung, sondern gewerbliche Benutzbarkeit. Es bedeutet mithin auch nicht einen Gegensatz zum Künstlerischen. Es muß nur (mit Riezler, UR., S. 462) „seiner Art nach generell, also ohne Rücksicht auf die individuellen Verhältnisse und die Marktlage, geeignet sein, als Vorbild für die Gestaltung eines Industrieerzeugnisses zu dienen".

So stellt sich auch aus diesem Gesichtspunkt das Musterschutzrecht als ein Bindeglied zwischen Urheber- und Wettbewerbsrecht, als ein echtes, spezifisch gewerbliches Schutzrecht auf geistiger Grundlage dar.

§ 35. Geschmacksmuster und Gebrauchsmuster.

(Abgrenzungen und genauerer Inhalt.)

A. Abgrenzungen.

I. Scheidungen und Gemeinsamkeiten zwischen den beiden Rechtsgebilden.

Das Reichsgericht stellt in einem Urteil (RGZ. 87, 369) die oben in § 34 sub 1 schon näher bezeichnete Schranke zwischen Geschmacksmuster und Gebrauchsmuster ganz hoch auf. Es setzt die für Patente und Gebrauchsmuster geltenden Grundsätze in scharfen Gegensatz zu den für Geschmacksmuster geltenden (z. B. für internationales Recht) und sagt: „Das Geschmacksmustergesetz nähert sich sachlich mehr dem Urheberrecht, insbesondere dem Kunstschutzgesetz, als dem Patentgesetz oder dem Gebrauchsmusterrechte". Dennoch liegt in dem Charakter als Muster und Modell auch viel Gemeinsames zwischen Geschmacksmuster und Gebrauchsmuster (s. oben § 34), und andererseits ist auch der Unterschied zwischen Geschmacksmuster und Kunsturheberrecht nicht ganz verwischbar (s. unten II).

Der wesentliche Unterschied zwischen Geschmacksmuster und Gebrauchsmuster liegt im Zweck. Das Geschmacksmuster hat Neues und Eigenartiges zu bieten im Ästhetischen, das Gebrauchsmuster im Praktisch-Technischen. Beides kann in demselben Gegenstand vereinigt sein, dann er ist nach beiden Gesetzen schutz- und eintragungsfähig. Zum Geschmacksmuster gehört z. B. noch (Riezler, a. a. O., S. 464) die durch besondere Stellung der Gewebefäden zueinander hervorgerufene Changeant-Wirkung, da hier zwar das Mittel praktisch-technisch, der Zweck aber ein ästhetischer ist.

II. **Scheidungen und Gemeinsamkeiten gegenüber anderen Rechtsgebilden.**

a) **Geschmacksmusterschutz** und **Kunstwerkschutz** dürfen nicht völlig zusammengeworfen werden (wie dies manche Autoren tun: Allfeld, Daude, E. Müller, Riezler). Unterschiede bestehen wirklich (dieser Ansicht sind u. a. Kohler, Dernburg, Osterrieth, Mittelstädt, Schanze). Namentlich das Reichsgericht teilt (trotz der Anerkennung der nahen Verwandtschaft beider Rechtsgebilde, s. oben I) den Standpunkt, daß Unterschiede erkennbar und nicht unwesentlich sind. So heißt es in einer Entscheidung, RGZ. 76, 344: „Es entscheidet der größere oder geringere ästhetische Gehalt. Nicht jeder kleine Zierat, nicht jede geschmackvolle Anordnung erhebt das Produkt der Industrie in die Sphäre der Kunst. Formschöpfungen an einem Gebrauchsgegenstande, bei denen die Zweckmäßigkeit erkennbar in den Vordergrund tritt und nur nebenher ein stimmungsvolles Motiv mitspielt, mögen in das Musterregister eingetragen werden. Ein Werk der angewandten Kunst — im Sinne des Gesetzes ein „Erzeugnis des Kunstgewerbes" und damit zugleich ein „Werk der bildenden Künste" — liegt nur dann vor, wenn der zu der Zweckmäßigkeit der Form hinzukommende ästhetische Überschuß, gleichgültig welches sein künstlerischer Wert ist, einen Grad erreicht, daß nach den im Leben herrschenden Anschauungen von Kunst gesprochen werden kann."

Ein Beispiel für diese klare und richtige Ansicht ist u. a. der in RGZ. 87, 369 behandelte Fall eines Geschmacksmusterschutzes für einen Schuhschnürhaken, bei dem durch sinnreiche praktische Erfindung der ästhetische Zweck erreicht war, daß man den Metallteil der Spange nicht sieht. Das ist sicher ein Geschmacksmuster, aber sicher kein kunstgewerbliches Erzeugnis.

b) Das **Gebrauchsmuster** unterscheidet sich vom **Patent** dadurch, daß beim Gebrauchsmuster eine Darstellung im Raum nötig ist, beim Patent nicht, also das Patent auch ein Verfahren, das Gebrauchsmuster nur ein körperliches Muster (d. h. die im körperlichen Muster verwirklichte Idee) schützen kann; weiter, daß die Forderung eines Erfindergedankens beim Gebrauchsmusterschutz minder streng ist als beim Patentrecht, bloße Förderung des Gebrauchszweckes ohne besondere neue Anwendung von Naturkräften wohl Gebrauchsmusterschutz, aber nicht Patentschutz genießen kann.

B. Genauerer Inhalt des Rechts.

I. Die neue „Formgebung".

Wie beim Geschmacksmuster ästhetische neue und eigenartige Formgebung erforderlich, ist beim Gebrauchsmuster praktische Gebrauchsfähigkeit der neuen und eigenartigen Formgebung (neue „Gestaltung, Anordnung oder Vorrichtung") erforderlich, und zwar Gebrauchsfähigkeit als Gebrauchsgegenstand oder Arbeitsgerät oder als Teile solcher (§ 1 GebrMG.). Gebrauchsgegenstand und Arbeitsgerät umschließt den Begriff der Dauer. Was beim Gebrauch untergeht (Speisenzusatz, Backmehl) ist kein Gebrauchsgegenstand. Auch eine Gebrauchsanweisung ist kein Gebrauchsgegenstand. Arbeitsgerät ist auch die relativ einfache Maschine, während die komplizierte in den Patentschutz zu verweisen ist. Ein Gegenstand kann natürlich zugleich gebrauchsmusterschutz- und patentschutzfähig sein und beide Rechte erwerben.

Die Neuheit und Eigenart beim schutzfähigen Gebrauchsmuster muß sich auf den Gebrauchszweck beziehen. Deshalb ist bloße Änderung des Stoffes nicht schutzfähig. RGZ. 86, 229 drückt dies klar aus, indem es sagt, der gewerbliche Fortschritt, den der Gedanke des betreffenden Gebrauchsmusters der Technik gebracht habe, beruhe nicht auf der Änderung des Materials (die allerdings in dem betreffenden Falle zuerst ins Augen sprang), sondern auf der Erkenntnis, daß die Verwendung dieses geeignetsten Stoffes sich bei den erheblichen Herstellungskosten überhaupt lohnt; diese für den gewerblichen Fortschritt allein wesentliche Erkenntnis müsse als eine technische Erfindung deshalb anerkannt werden, weil es zu ihrer Gewinnung schwieriger technischer Maßnahmen und Versuche bedurfte. Auch in RGZ. 84, 67 wird die Verwendung eines neuen Stoffes insofern als Grundlage eines Gebrauchsmusterschutzes anerkannt, als die dadurch erstrebten Vorteile sinnlich wahrnehmbar in die Erscheinung treten.

Hier kann diese Wahrnehmung auch im Fühlen (Greifen), Hören (beim Grammophon), Schmecken (bei Dosen), Riechen geschehen, während beim Geschmacksmusterschutz nach herrschender Meinung Wahrnehmbarkeit durch den Gesichtssinn gefordert wird.

Verbreitung (auch unberechtigte) und Beschreibung in Druckschriften zerstören den Charakter der Neuheit sowohl beim Geschmacks- wie beim Gebrauchsmuster. Zur Verhütung dieser Rechtsfolge bei Ausstellung der neuen Muster und Modelle ist das RG. v. 18. März 1904 (RGBl. S. 141) betr. den

Schutz von Erfindungen, Mustern und Warenzeichen auf Ausstellungen, erlassen.

II. **Kombinationsmuster.**

Von Kombinationsmustern spricht man, wenn unter Benutzung von Bekanntem eine neue, als solche schutzfähige Gesamtgestaltung, Zusammensetzung, Gesamtwirkung erzielt wird. Dies kann auch durch Vereinigung von gebrauchs- und geschmacksmusterschutzfähigen Objekten geschehen. Hier wird solcher Schutz der Kombinationsidee als selbstverständlich angesehen, während er beim Kunstschutz (mit Unrecht, vgl. oben § 30 II 7) bestritten wird. Der Gedanke des geistig-gewerblichen Rechtsschutzes verlangt in beiden Fällen gleichermaßen den Schutz. Dieser Schutz der Kombinationsidee kehrt auch im Rechtsschutz des Films wieder, den man als Kombinationsidee (aus geistigen, bildnerischen, gewerblichen Komponenten) bezeichnet hat.

Träger des Musterschutzes. § 36.

A. Rechtsgrundsatz.

Wie beim Urheberrecht ergibt sich beim GeschmMR. der Träger des Rechts zunächst grundsätzlich aus dem Gegenstand des Schutzes: der Urheber, der Schöpfer des schutzfähigen Gegenstandes ist der Träger des Rechts (§ 1 GeschmMG.) Ausnahme s. unten B I a. Anders im GebrMR.: Hier wird von der grundsätzlichen Urheberschaft abgesehen und dem Anmelder das Recht versprochen, das er durch Eintragung erwirbt (§ 3 GebrMG.).

B. Kategorieen der Träger des Rechts.

I. **Persönliche Kategorieen.**

a) **Angestellte und Arbeitgeber.**

Die Ausnahme von dem Grundsatz des Urheberrechts in GeschmMR. lautet (nach § 2 des Ges.): bei solchen Mustern und Modellen, welche von den in einer inländischen gewerblichen Anstalt beschäftigten Zeichnern, Malern, Bildhauern usw. im Auftrage oder für Rechnung des Eigentümers der gewerblichen Anstalt angefertigt werden, gilt der letztere, wenn durch Vertrag nichts anderes bestimmt ist, als der Urheber der Muster und Modelle.

Dieses „gilt" bedeutet keine „Fiktion" im Rechtssinne, sondern bestätigt eine wirkliche Verschiebung des gewerblichen Schutzrechts von dem geistigen Herrn auf den gewerblichen Herrn. Daher die Betonung der „gewerblichen" Anstalt und des „Eigentümers" dieser Anstalt und des Beschäftigungs- (Dienst- oder

Werkvertrags-)verhältnisses der schaffenden Personen. Die Schöpfung muß im Bereiche der Betriebsaufgaben des Beschäftigten gelegen haben. Dieses Prinzip durchbricht sogar das Prinzip der Anmeldung. Der Angestellte ist nach GeschmMG. nicht anmeldungsberechtigt, nach GebrMG. muß dies jedoch angenommen werden.

Kunstschutz kann der Angestellte aber trotzdem natürlich für sich genießen; denn der Kunstschutz unterliegt nicht dem GeschmMG.

b) **Erben usw.**

Der Erbe und der sonstige Erwerber des Rechts ist schutzberechtigt, denn das GeschmMR. (§ 3 des Ges.) und das GebrMR. (§ 7 des Ges.) sind vererblich und (beschränkt oder unbeschränkt) veräußerlich.

c) **Inländer und Ausländer.**

Der Ausländer ist nur dann wie der Reichsangehörige Träger des Musterschutzes, wenn er eine gewerbliche Niederlassung im Reiche hat (§ 16 GeschmMG.). Für den GebrMSch. muß er einen inländischen Vertreter bei der Anmeldung bestellen, außerdem besteht für den GebrMSch. eine internationale Reziprozität (§ 13 GebrMG., ähnlich dem internationalen Patentrecht, s. dies unten § 47).

d) **Juristische Personen.**

Träger des Musterschutzrechts kann auch eine Firma sein, — überhaupt eine juristische Person — und zwar wird sie es beim GebrMSch. originär (als Anmelder), beim GeschmMSch. derivativ (nach § 7 des Ges.).

II. **Sachliche Voraussetzung der Rechtsträgerschaft.**

Anmeldung und Eintragung in das Register sind für die Trägerschaft des Musterschutzes wesentlich.

Sie wirken beim GeschmMSch. deklaratorisch, beim GebrMSch. konstitutiv (s. das Folgende).

1. **Geschmacksmusterrecht.**

a) Beim GeschmMSch. ist das Urheberrecht schon vor der Anmeldung und Niederlegung vorhanden, ist auch schon vererblich und veräußerlich und schwer zu scheiden vom Kunstschutzrecht. Die volle Wirkung erreicht es aber erst durch die Anmeldung, durch die es als jedem Dritten gegenüber gültig festgestellt wird (deklaratorisch).

Nicht erst durch die Eintragung; schon Anmeldung des Musters und Niederlegung eines Exemplars oder einer Abbildung genügt (§ 7 GeschmMG.). Niederlegung einer Beschreibung genügt nicht. Anmeldung und Niederlegung brauchen nicht gleichzeitig, wohl aber müssen sie vor irgendwelcher Verbreitung eines Exemplars des Musters erfolgen. Vorherige Verbreitung tötet das Anmelderecht (s. a. oben § 35 B I).

b) Eine Prüfung der Berechtigung zur Anmeldung — persönlicher oder sachlicher Berechtigung, abgesehen von offensichtlicher Untauglichkeit — findet nicht statt (§ 10 GeschmMG.). Der Anmelder gilt aber (nach § 13 GeschmMG.) nur bis zum Gegenbeweise als Urheber. Ein solcher Gegenbeweis zeigt, daß der deklaratorische Akt irrig war, daß das, was „deklariert" werden sollte, nicht vorhanden gewesen ist. Die Beweislast hat der Anfechtende, der den Gegenbeweis führen will.

c) Die Anmeldung hat schriftlich zu geschehen bei der mit der Führung des Musterregisters beauftragten Behörde (dezentralisiert!) (§ 9 GeschmMG.). Nähere „Bestimmungen über die Anmeldung von Gebrauchsmustern" sind am 22. November 1898 erlassen worden (6 Paragraphen mit Anlagen). (Vgl. Neuberg, Geschmacks- und Gebrauchsmusterschutzgesetz, Guttentagsche Sammlung dtsch. RGes., Nr. 102, S. 124 ff.) Der Inländer, der weder Wohnsitz noch gewerbliche Niederlassung im Reiche hat, hat die Anmeldung beim Handelsgericht in Leipzig zu bewirken (§ 9 GeschmMG.).

2. **Gebrauchsmusterrecht.**

a) Beim GebrMSch. entsteht das Recht erst mit der vom Patentamt verfügten Eintragung in die Rolle für Gebrauchsmuster (Eintragung von Namen, Wohnsitz und Zeit der Anmeldung, § 3 GebrMG.); denn nach § 4 GebrMG. hat die Eintragung „die Wirkung, daß dem Eingetragenen ausschließlich das Recht zusteht, gewerbsmäßig das Muster nachzubilden, die durch Nachbildung hervorgebrachten Gerätschaften und Gegenstände in Verkehr zu bringen, feilzuhalten und zu gebrauchen".

b) Hier findet eine formelle Prüfung der Anmeldung durch das Patentamt statt und ein konstitutiver Akt durch Eintragungsverfügung des Amtes. Die Eintragung ist also hier im Gegensatz zum GeschmMSch. zentralisiert. Die Prüfung aber erstreckt sich nicht (wie es beim Patentschutz geschieht) auf die sachliche Schutzberechtigung. Nur ob der Form (nach § 2 GebrMG.) genügt ist, wird geprüft, im übrigen ist die gerichtliche Nachprüfung der Sachberechtigung offen. § 6 GebrMG.: „Liegen die Erfordernisse des § 1 nicht vor, so hat jedermann gegen den Eingetragenen Anspruch auf Löschung des Gebrauchsmusters".

Fällt die gerichtliche Prüfung negativ aus, so ist der konstitutive Akt unberechtigt gewesen und daher nichtig. Ein Recht war dann nicht entstanden und das Urteil hat rückwirkende Kraft. So RGZ. 71, 195, wo die Ansicht Schanzes, daß der „Anspruch auf Löschung" nur ein obligatorisches Recht auf Abgabe der Löschungsbewilligung geltend mache, abgewiesen und gesagt wird: „Der Wortlaut des Gesetzes und die übliche Fassung des Urteils dürfen über das Wesen der Sache nicht täuschen. Liegen die Erfordernisse des § 1 nicht vor, so ist ein Schutzrecht in Wahrheit nicht vorhanden; nur der Schein eines solchen Rechtes wird durch die Eintragung in die Musterrolle vorgespiegelt".

Jedermann kann daher klagbar vorgehen, ein besonderes Interesse braucht er nicht nachzuweisen, die Beweislast hat derjenige, der anficht oder klagt.

§ 37. Erlaubte und unerlaubte Benutzung.

A. Berechtigte (erlaubte) Benutzung als Zweck des Rechts.

Der berechtigten Benutzung durch den Urheber oder den Anmelder steht auch im Musterrecht — wie im Urheberrecht — die unberechtigte Nachbildung gegenüber.

Berechtigte Benutzung ist berechtigte Nachbildung. Nachbildung ist eines der wesentlichsten Rechte des Berechtigten. Gerade die gewerbsmäßige Nachbildung, Vervielfältigung und Verbreitung ist — gemäß dem Wesen aller gewerblichen Schutzrechte — der Zweck dieser Rechte. In dem Umsatz des gewerblichen Geisteserzeugnisses soll der Nutzen des Erfinders oder Urhebers liegen.

B. Unberechtigte (unerlaubte) Benutzung.

I. **Begriff.**

Unerlaubte Nachbildung ist im Musterrecht alles, was zum Zwecke des Wettbewerbs den Gedanken des anderen ohne eigenen Geistesaufwand in gewerblichen Erzeugnissen verwirklicht, insbesondere sind es die im folgenden genannten Arten der Benutzung:

II. **Arten.**

a) **Nachbildung auch mit der Hand,** nicht nur mechanische. Denn der Wettbewerbscharakter bleibt sich gleich.

b) **Nachbildung an Erzeugnissen anderer Gewerbszweige** (§ 5 Nr. 1 GeschmMG.). Daß ein Wettbewerb hier nicht in Frage kommt, ist nur scheinbar. Denn selbst wenn an einem andersartigen Gewerbserzeugnis das Muster wiederkehrt, wird die Kraft seiner Neuheit und Eigenart in dem anderen Gewerbszweig trotzdem beeinträchtigt.

Also die Wiederverwendung von Gobelinmustern auf Möbelstoffen ist ebenso untersagt wie die Wiederverwendung eines Stickereimusters als Bootsverzierung. § 6 Nr. 2 GeschmMG. aber bestimmt, daß die Nachbildung von Mustern, die für Flächenerzeugnisse bestimmt sind, durch plastische Erzeugnisse (und umgekehrt) erlaubt ist; also z. B. eines gemalten Musters durch Eisenkonstruktion, offenbar weil durch die Übersetzung in die Plastik eine wesentliche Veränderung des Musters vor sich geht und die Wettbewerbskraft gemindert wird.

c) **Nachbildung in anderem Verfahren** (§ 5 Nr. 1 GeschmMG.). Denn dadurch wird der Wettbewerbscharakter beim Geschmacksmuster nicht aufgehoben.

d) **Nachbildung in anderen räumlichen Abmessungen oder Farben** oder nur mit schwer wahrzunehmenden Änderungen (§ 5 Nr. 2 GeschmMG.) — aus gleichem Grunde.

e) **Nachbildung von der Nachbildung** (§ 5 Nr. 3 GeschmMG.) — aus gleichem Grunde.

f) **Nachbildung,** die **in** früher eingetragene **Musterrechte** oder **Patentrechte eingreift** (§§ 4 und 5 GebrMG.). Obwohl anscheinend hier ganz verschiedene Begriffe maßgebend sind (a—e für GeschmMSch., f für GebrMSch.), sind sie im Wesen doch gleich und ergeben ein zusammenhängendes geistig-gewerbliches Musterrecht.

III. **Ausnahmen.**

So sind auch die Ausnahmen zu bewerten, die, richtig betrachtet, gar keine Ausnahmen, sondern nur Folgerungen aus den sub II gegebenen Sätzen sind. Erlaubt ist also:

a) **Nachbildung für eigenen Gebrauch** ohne die Absicht gewerbsmäßiger Verbreitung und Verwertung (§ 6 Nr. 1 GeschmMG.). Denn da liegt kein Wettbewerbscharakter vor, und das gleiche muß, ohne daß das Gesetz es sagt, auch für das Gebrauchsmuster gelten.

b) **Aufnahme von Nachbildungen** einzelner Muster oder Modelle in ein Schriftwerk (§ 6 Nr. 3 GeschmMG.), falls sie nicht da als Muster selbständig verwendet werden (Vignette, Leiste). Gleicher Grund wie bei a und ebenfalls logisch erstreckbar auf Gebrauchsmuster. Es darf aber kein bloßes Musterbuch sein, das etwa Wettbewerb erschleicht, ähnlich wie im Schriftwerk- und Kunstwerkrecht die Aufnahme von Abbildungen zum Text nicht zu einem Bilderatlas werden darf.

c) **Freie Benutzung zu eigentümlicher Schöpfung** nach § 4 GeschmMG. und nach ganz allgemeiner, durchgängiger Regel im ganzen Urheber- und Erfinderrecht. Hier kommen die gleichen Regeln über Motivenbenutzung usw. zur Geltung, die schon oben in §§ 11 und 32 erörtert sind und ebenfalls einen wesentlichen Inhalt der Patentstreitigkeiten abgeben (Neuheit und Eigenart).

IV. **Rechtsverletzungen werden geahndet:**

a) nach **GeschmMG.** § 14 gelten die Strafbestimmungen des alten Urhebergesetzes v. 11. Juni 1870 (seine §§ 18—36 und 38) noch, die nicht nur den vorsätzlichen, sondern auch den fahrlässigen Nachdruck bestrafen (eine Anomalie!) und zwar mit Geldstrafe bis zu 1000 Talern. Ferner steht auf Rechtsverletzungen außer (zivilrechtlich) Schadensersatz, als weitere strafrechtliche Folge Einziehung der Nachdrucksexemplare, Formen, Platten usw., mit der Maßgabe, daß diese Nachbildungen und Vorrichtungen nicht vernichtet, sondern ihrer gefährdenden Form entkleidet oder bis zum Ablauf der Schutzfrist amtlich aufbewahrt werden.

Gegen die schematische Aufrechterhaltung der alten, von dem inzwischen ergangenen Urhebergesetz von 1901 grundsätzlich abweichenden Bestimmungen (z. B. der Bestrafung fahrlässigen Nachdrucks) sind indessen stärkste wissenschaftliche Bedenken angebracht. Eine formalistische Auslegung macht sich da breit, die dem Geiste des modernen Urheberrechts zuwiderläuft. Daß das 1876er Geschmacksmustergesetz die 1870er Bestimmungen, weil es sich um analoge Dinge handelt, übernimmt, ist klar; es wollte damit das Geschmacksmusterrecht in Einklang mit dem Urheberrecht in dieser Hinsicht bringen. Diese Absicht gilt es zu verwirklichen. Mithin müssen heute durch logischen Schluß die veränderten Bestimmungen des 1901er Urhebergesetzes auch auf das Geschmacksmustergesetz Anwendung finden, damit die vom Gesetz beabsichtigte Einheit hergestellt werde. Fahrlässiger Nachdruck also könnte jetzt auch nicht mehr bei diesem Sondergebiet des Urheberrechts strafbar sein.

Indessen die herrschende Meinung lautet anders.

b) nach **GebrMG.** §§ 9, 10 und 11 ist

1. zivilrechtliche Folge Schadensersatzpflicht für wissentliche oder grobfahrlässige widerrechtliche Benutzung eines Gebrauchsmusters (Klageverjährung 3 Jahre),

2. strafrechtliche Folge Geldstrafe bis 5000 Mk. oder Gefängnis bis zu 1 Jahre nur für wissentliche (nicht fahrlässige) widerrechtliche Benutzung eines Gebrauchsmusters (Verfolgung nur auf Antrag). Bei Bestrafung ist öffentliche Bekanntmachung der Verurteilung zuzusprechen.

3. Was grobe Fahrlässigkeit ist, bestimmt sich nach allgemeinen zivilrechtlichen Regeln. Hier muß ein Schade entstanden sein, damit die zivilrechtliche Folge eintritt. Die Strafbarkeit dagegen ist unabhängig von der Entstehung eines Schadens. Der

Versuch ist nicht strafbar. Die Frist für die Stellung des Antrags auf Strafverfolgung ist die übliche (3 Monate seit Kenntnis).

4. Statt Entschädigung kann der Verletzte Buße (neben einer Bestrafung) verlangen (bis zu 10000 Mk. im einzelnen Fall), wenn er sich dem Strafverfahren als Nebenkläger anschließt. Die Buße schließt andere Schadensersatzansprüche aus, aber Schadensersatzforderung schließt nicht einen weitergehenden Bußanspruch aus.

Dauer des Musterschutzes. Gebühren. § 38.

A. Schutzdauer.

I. **Normalerweise** dauert der Musterschutz

a) beim GeschmMSch. nach Wahl 1—3 Jahre (§ 8 GeschmMG.),

b) beim GebrMSch. 3 Jahre (§ 8 GebrMG.).

II. **Durch besonderes Verlangen** kann der Musterschutz gegen entsprechende Gebührenzahlung (s. unten B) verlängert werden

a) beim GeschmMSch. bis auf 15 Jahre (§ 8 GeschmMG.) (was bei der ersten Anmeldung oder nach Ablauf einer 3- oder 10jährigen Schutzfrist verlangt werden kann),

b) beim GebrMSch. auf weitere 3 Jahre (§ 8 GebrMG.).

III. **Unnormalerweise** endigt der Musterschutz

a) durch Verzicht (nach Analogie des Patentrechts und nach § 8 GebrMG.),

b) durch Löschung auf Grund eines Urteils.

B. Gebühren.

Die Gebühren betragen

a) beim **GeschmMSch.** 1 Mk. für 1 Jahr, 2 Mk. für 2 Jahre, 3 Mk. für 3 Jahre (für einzelne Muster oder ein Musterpaket mit höchstens 50 Mustern), für weitere Jahre bis zum zehnten je 2 Mk., von 11—15 Jahren je 3 Mk. für jedes einzelne Muster (§ 12 GeschmMG. vgl. auch Bestimmungen über die Führung des Musterregisters v. 29. Febr. 1876 und 23. Dezbr. 1886). Hierzu kommen noch Stempelgebühren.

b) beim **GebrMSch.** 60 Mk. für jedes angemeldete Muster, 300 Mk. für die Verlängerung um 3 Jahre (§§ 2 und 8 GebrMG.); vgl. auch Bestimmungen über die Anmeldung von Gebrauchsmustern v. 22. Nov. 1898 und Bekanntmachung dazu v. 22. Nov. 1898 und Ges. v. 6. Juli 1921 (RGBl. S. 826).

V. Patentrecht.

(Gesetz vom 7. April 1891, RGBl. S. 79.)

§ 39. Wesen und Zweck des Patentrechts.

A. Wesen des Patentrechts.

I. Das Patentrecht als Erfinderrecht.

a) **Stellung des Patentrechts im System der gewerblichen Schutzrechte.** Das Patentrecht ist das Kernstück des Erfinderrechts in gewissem Gegensatz zum Urheberrecht. Als Teil der geistig-gewerblichen Rechte nach der materiellen Seite (im Gegensatz zu der mehr ideellen Seite der literarischen und künstlerischen Urheberrechte) ist es von überragender Bedeutung und hat in seiner Art nur das Gebrauchsmusterrecht und den Warenzeichenschutz neben sich: Den Gebrauchsmusterschutz als eine Art kleines Patentrecht, den Warenzeichenschutz als eine Art Patentnamen- und Patentausstattungsrecht. Denn diese beiden Rechte dienen ebenfalls dem Schutz einer zweckmäßigen und neuen Erfindung, nur daß es sich um ein bescheideneres Objekt als im Patentrecht handelt.

Aber der Gegensatz zum Urheberrecht ist kein fundamentaler (methodischer), sondern nur ein sächlicher (praktischer). Der Gegenstand, an dem das Schöpferische betätigt wird, ist hier ein anderer; der schöpferische Akt als solcher ist seinem Wesen nach der gleiche, und die gleichen Anforderungen der Wahrheit des Schöpfungsaktes werden beim Urheberrecht wie beim Patentrecht gestellt. Bei beiden kommt es nicht auf den absoluten Wert der Schöpfung, wohl aber auf ihre Verkehrsgutqualität, ihre Brauchbarkeit, ihre Neuheit (Priorität) und Eigenart (Originalität) an. Die Grundsätze sind also die gleichen und lassen Urheber- und Erfinderrecht als die beiden einander ebenbürtigen Hauptgebiete des gewerblichen Rechtsschutzes erscheinen.

Daß die Erfindung „Schöpfung" ist, und zwar geistig-gewerbliche Schöpfung, sagt Dunkhase[1] mit folgenden kennzeichnenden Worten: „Die Schöpfung des Erfinders beruht auf Erkenntnis, nämlich auf der Erkenntnis, daß bei gewissen Kombinationen von Elementen gewisse Ergebnisse eintreten. Es handelt sich dabei aber nicht um die bloße Auffindung einer Wahrheit, sondern um eine schöpferische Kombination. Unter einer unendlichen Zahl von Kombinationen diejenige Kombination herauszufinden, die ein bestimmtes wirtschaftlich brauchbares Ergebnis liefert, ist ebensogut eine Schöpfung, wie es eine Schöpfung ist, unter der unendlichen Zahl von Ton-Kombinationen eine bestimmte musikalisch wertvolle Melodie herauszufinden. Zur Erfindung gehört ein Inverbindungbringen von Elementen, die an sich nicht schon in Verbindung stehen."

Diese Gegenüberstellung und Vergleichung ist durchaus treffend. Dunkhase hätte jedoch zunächst noch nicht vom „wirtschaftlich brauchbaren" Ergebnis, sondern vom technisch brauchbaren Ergebnis sprechen sollen — wie es dem Sinne nach ja auch aus seiner weiteren Darlegung hervorgeht. Der Gegensatz ist hier das technische gegenüber dem musikalischen, künstlerischen, literarischen, poetischen Ergebnis. Die wirtschaftliche Brauchbarkeit ist dann erst ein weiterer Schritt (die auf allen Gebieten des gewerblichen Rechtsschutzes zu fordernde Verkehrs- und Wettbewerbsfähigkeit). Freilich steht das technische Ergebnis, das eine Erfindung patentfähig macht, ihrer Art nach näher am wirtschaftlichen Ergebnis, als dies beim rein geistigen, künstlerischen Erzeugnis der Fall ist, obwohl auch dieses, wenn es Gegenstand des gewerblichen Rechtsschutzes sein will, notgedrungen in den Kreis des Wirtschaftslebens eintreten muß.

Daß beim Patentrecht die Erfindung allein noch kein volles Recht schafft (wie beim Urheberrecht), sondern erst noch eine obrigkeitliche formelle Erteilung hinzukommen muß, das hat seinen Grund lediglich in der Verschiedenheit des geschaffenen Gegenstandes: Das technische Erzeugnis verrät seinen Schöpfer nicht so leicht wie das literarische und künstlerische, seine Neuheit und Eigenart ist nicht so allgemein und leicht erkennbar wie bei den in Schriftform oder in Kunstform sich der Menschheit darstellenden Werken. Eine Erteilung des Rechtes an sich geschieht sowohl im Urheber- wie im Erfinderrecht. Denn auch die Festsetzung der dreißigjährigen Schutz-

[1] Beiträge zum Patentrecht I, Die patentfähige Erfindung und das Erfinderrecht (Berlin 1913), S. 8.

frist des literarischen und musikalischen Urheberrechts ist eine Erteilung des Rechts, nur daß es hier eben an sich nicht der amtlichen Prüfung des Gegenstandes bedarf.

Trotzdem bleibt natürlich Dunkhases Theorie[1] richtig, daß das Patent dem Erfinder als Lohn für die Offenbarung seiner Erfindung durch Anmeldung erteilt wird. In der Tat ist die Erteilung eines besonderen gewerblichen Rechtsschutzes der Lohn für die Veröffentlichung einer eigenen Neuschöpfung, die der Allgemeinheit aus dem Born der schaffenden Einzelpersönlichkeit zufließt. Diese Theorie von dem Schutzrecht als Lohn für solche Offenbarung trifft ebensogut für das literarische, musikalische und künstlerische Urheberrecht, ja ebenso auch für das Warenzeichenrecht und den Schutz des lauteren Wettbewerbs zu.

Über das Wesen der Erfindung (namentlich im Gegensatz zur Entdeckung) siehe unten § 40 B I a.

b) **Der Begriff des Patentrechts.**

Patentrecht ist

1. **subjektiv: Das Recht des Patentinhabers.**

Das subjektive Patentrecht ist ein andere ausschließendes Benutzungsrecht an einer eigenartigen gewerblichen Erfindung (Objekt oder Verfahren) zum Schutz gegen Wettbewerb.

Es gehört also zu den grundsätzlich ausschließlichen gewerblichen Schutzrechten und mithin zu den Wettbewerbsrechten im weiteren Sinne, hat eine Schöpfung (wie im Urheberrecht) zur Voraussetzung und eine gewerbliche Nutzbarkeit zur Bedingung. § 1 PG. fordert mithin „Neuheit" und „gewerbliche Verwertbarkeit".

2. **objektiv: Der Inbegriff der rechtswissenschaftlichen Behandlung der Patente.**

Hier scheidet sich das Patentrecht in materielles und formelles Patentrecht.

II. **Materielles und formelles Patentrecht.**

a) **Der Gegensatz.** Ein Recht, das so stark von der Wahrung von Formen abhängig gemacht ist wie das Patentrecht, hat naturgemäß einen so großen Komplex formaler Bestimmungen aufzuweisen, daß man diese zweckmäßigerweise als besondere Seite des Rechts betrachtet (wie man dies auch beim Gebrauchsmusterschutz tun kann). Aber dabei darf nie vergessen werden, daß das Formale im Recht — auch hier! — nie selbständige Bedeutung hat, sondern

[1] a. a. O.

immer nur Diener ist und sein darf für das einzig Relevante, das Materielle im Recht.

b) **Das formelle Patentrecht** umschließt die Fragen des Verfahrens vor dem Patentamt, die Vertretung vor dem Patentamt, das Verfahren bei Anfechtung u. dgl., namentlich aber den Antrag, die Beschreibung, Anmeldung, Prüfung, Erteilung, Versagung des Patents in ihrem gesetzlich geregelten formalen Gang, — kurz der staatlichen Akte. Auch die Rechtsstellung der Patentanwälte kann hierher gerechnet werden.

c) **Das materielle Patentrecht** hingegen weist nach, daß und warum das — so formal festgelegte — Recht entsteht, wirkt, untergeht, den Erfinder berechtigt zur Benutzung des Patents und zum Ausschluß anderer von der Benutzung.

d) Der gesetzlich festgelegte **Rechtsschutz** ist Folge beider Seiten, des formellen sowohl wie des materiellen Patentrechts, denn er beruht auf der sachlichen Berechtigung des Patentinhabers so gut wie auf der formalen Patenterteilung. Als Rechtsverletzung im Patentrecht aber gilt nur die Verletzung materieller Patentrechte, während eine Verletzung formaler Vorschriften als solcher entweder nur die Nichterteilung oder Nichtigkeit oder andere Rechtsnachteile des Patentbewerbers selbst zur Folge hat. Bei fälschlich erteilten Patenten, bei denen also der Rechtsschutz sich gegen die Patenterteilung richtet, dient dieser Rechtsschutz ebenfalls dem wahren materiellen Patentrechte.

Näheres über den Rechtsschutz und die Rechtsverletzung s. unten im § 44.

B. Der Zweck des Patentrechts.

Seinen Zweck hat das Patentrecht mit den anderen gewerblichen Schutzrechten gemein: es dient dem geistig-gewerblichen Schöpfer zum **Ansporn,** indem es ihm Schutz gibt, und fördert dadurch die **wirtschaftliche Arbeit** die Industrie, den Fortschritt der Kultur.

Über den besonderen Zweck der formellen Patenterteilung, die nach Dunkhase ein Entgelt für das Opfer der Offenbarung der Erfindung darstellen soll, ist schon oben sub A 1 a gesprochen worden.

Dieser besondere Zweck ist ein rein wirtschaftlicher, und zwar nach zwei Seiten: einmal die Volkswirtschaft zu fördern durch Anreiz zur Offenbarung der Erfindung, zweitens die wirtschaftlichen Zwecke des Erfinders durch Privilegierung zu fördern, weil aus solcher wirtschaftlich-egoistischer Rücksicht die Belebung des Erfindungsgeistes und der Anreiz zur Offenbarung der Erfindung sich herleitet.

Daher ist das Patentrecht so gestaltet, daß seine formalen Umständlichkeiten und Gebühren nach Möglichkeit ausgeglichen und überhöht werden durch die materiellen Vorteile, die dem Erfinder infolge der Rechtssicherung seiner Erfindung erwachsen. Ein Patentgesetz, das diese Aufgabe nicht erfüllte, würde seinen Zweck verfehlen, und eine amtliche Handhabung des Patentschutzes, die formalistische und bürokratische Schwierigkeiten häufen und fiskalische Gesichtspunkte in den Vordergrund rückte, würde dem Zweck des Patentrechts zuwiderlaufen.

§ 40. Gegenstand des Patentrechts.
(Sachliche Voraussetzungen der Patenterteilung.

A. Der Gegenstand des formellen Patentrechts

ist ein prozessualer oder prozeßähnlicher und ein verwaltungsrechtlicher: Verfahren, Prüfung, Erteilung usw. Das ist „Gegenstand" des objektiven Patentrechts, des Patentrechts als eines wissenschaftlichen und technischen Begriffs. Davon wird in § 41 (s. u.) die Rede sein. Hier handelt es sich zunächst um den Gegenstand in seiner Wesenheit, um das schutzfähige Objekt, um das Objekt des subjektiven Patentrechts. Also um folgendes:

B. Der Gegenstand des materiellen Patentrechts.

Gegenstand des materiellen Patentrechts ist **die patentfähige Erfindung.** Denn (§ 1 PG.) „Patente werden erteilt für neue Erfindungen, welche eine gewerbliche Verwertung gestatten". Darin liegen drei Erfordernisse: I. Erfindung, II. Neuheit, III. gewerbliche Verwertbarkeit.

I. **Erfindung.**

a) **Begriff der Erfindung und der Entdeckung.**

Eine allen Anforderungen genügende Begriffsbestimmung der patentfähigen Erfindung ist unmöglich, weil in dem Begriff Werturteile enthalten sein müßten, die sich nach dem einzelnen zu beurteilenden Fall wandeln.[1]

Das heißt aber nicht, auf eine nähere Darlegung des Begriffs Erfindung im patentrechtlichen Sinne, auf eine Zerlegung in die Bestandteile, verzichten zu müssen.

---

[1] Vgl. über die verschiedenen Definierungsversuche namentlich Schanze, Recht der Erfindungen, S. 27; vgl. auch Wassermann, Grundzüge, S. 8ff.

Es handelt sich dabei um **drei Bestandteile:**

(1) Die geistige Schöpfung (2) mittels Lösung einer technischen Aufgabe (3) zur Erfüllung eines gesellschaftlichen (sozialwirtschaftlichen) Bedürfnisses.

1. Im Bestandteil der **geistigen Schöpfung** liegt der Unterschied gegenüber der bloßen Entdeckung. Eine Entdeckung stellt einen Tatbestand (mit neuer Erkenntnis) fest; zur Erfindung wird sie erst, wenn zu der Erkenntnis noch ein positives Wirken im Sinne neuer Verwertbarkeit, Verbilligung, Verbesserung hinzutritt. Der schöpferische Akt ist die Erkenntnis in Verbindung mit neuer Zwecksetzung (Isay, S. 31ff.).

Beispiel: Wenn jemand findet, daß trotz Weglassung von A, einem bei einer Verbindung bisher mitgebrauchten Elemente, die gleiche Wirkung erzielt wird, weil das Element A ganz überflüssig war, so kann darin eine Erfindung liegen, wenn die Erkenntnis der Überflüssigkeit nicht nahe lag und die Weglassung des Elements A unter dem Gesichtspunkt der Vereinfachung, Verbilligung u. dgl. einen wesentlichen Fortschritt enthält. Die Tätigkeit besteht hier in der Herstellung ohne A (Seligsohn S. 28).

Der schöpferische Akt kann auch ein Verfahren zum Inhalt haben (nicht nur die Schaffung eines körperlichen Erzeugnisses). Dies gehört schon zur Frage der technischen Aufgabe und ihrer Lösung.

2. Im Bestandteil der **technischen Aufgabe und ihrer Lösung** liegen vier Probleme: α) Benutzung von Naturkräften β) zur Lösung der Aufgabe γ) einer Neuschöpfung von Gegenständen oder δ) eines Verfahrens.

α) **Benutzung von Naturkräften.** Dadurch unterscheidet sich die geistige Schöpfung im Patentrecht von der geistigen Schöpfung im Urheberrecht. Diese Benutzung von Naturkräften zu bestimmtem Zweck muß in ihrer technischen Verwertbarkeit erkannt sein und wiederholt werden können, darf also nicht rein zufällig und im Gelingen unsicher sein. Ob aber der Vorgang wissenschaftlich richtig erklärt ist oder nicht, ist gleichgültig. (RG. in Bl. f. Patentwesen 06, 190; 08, 155). So ist auch die Entdeckung eines Lehrsatzes, einer Methode, einer Hypothese an sich keine patentfähige Erfindung. Menschliches Können sind keine „Naturkräfte", also ein Verfahren, das lediglich auf individueller Kunstfertigkeit beruht, ist keine patentfähige Erfindung. Es muß Technik sein.

β) **Zur Lösung einer Aufgabe.** Die Stellung der Aufgabe, die Erkenntnis ihres Weges genügt nicht. Sie muß tatsächlich und erfolgreich gelöst sein und beliebig wiederholt werden können. Erst dadurch geht sie ins Gewerbliche über, was bei gewerblichen Schutzrechten wesentlich ist. Aber ein wirkliches gewerbliches Ausführen ist nicht erforderlich. Aus den Angaben des Erfinders muß der Kausalzusammenhang zwischen Mittel und Erfolg erkennbar sein (RG. in Bl. f. Patentwesen 00, 368; 03, 252) und es genügt, wenn die praktische Durchführung dem Fachmann nach der Beschreibung möglich ist, ohne daß der Erfinder die Sache schon ausprobiert hat. Aber er muß den praktischen Wert der Sache erkannt und dargetan haben. So hält das RG. es in ständiger Rechtsprechung für ausreichend, daß der Erfinder, der sich nur bekannt gewesener Mittel bedient hat, als erster den bisher bezweifelten Wert der Ausführung erkannt und praktisch dargetan hat, obwohl vorher die Lösbarkeit der Aufgabe theoretisch erkannt war. Das RG. sieht es als patentfähige Erfindung an, wenn jemand eine vorher bereits beschriebene, bestimmte Konstruktion im Gegensatz zu der herrschenden Anschauung für ausführbar und zweckmäßig erachtet und dies durch die Tat beweist (Bl. f. Patentwesen 09, 118; 12, 136). „Es ist mit Recht in allen diesen Fällen die bloße Beschreibung in vereinzelten Literaturstellen, die sog. papierne Technik, gegenüber der verdienstvollen Bereicherung der wirklichen Technik nicht für durchschlagend erachtet worden" (Seligsohn, S. 29).

Auch liegt das die Erfindung begründende Moment nicht in der Art der Lösung der Aufgabe (die ganz einfach und naheliegend sein kann), sondern darin, daß der sie Lösende sich überhaupt die Aufgabe stellte (RG. in Bl. f. Patentwesen 96, 5).

γ) **einer Neuschöpfung von Gegenständen.**

$\alpha\alpha$) Die Neuschöpfung muß einen **Fortschritt** bedeuten. Ob schwerer oder leichter erreichbar, bleibt sich gleich. Der Erfolg entscheidet; er muß deutlich spürbar sein, „sprunghaft über die naturgemäße Fortentwicklung der Technik zu einer höheren Stufe des technischen oder wirtschaftlichen Lebens führen" (Lutter, S. 23). Er kann in einer neuartigen technischen Wirkung oder in einer unverhältnismäßigen Steigerung einer bekannten Wirkung liegen.

Änderungen der Konstruktion zur Beseitigung von Mängeln, Umkehrung von Verfahren zur Erhöhung der Wirksamkeit, Vervielfachung der Wirkung durch Vervielfachung der Mittel sind an sich keine Erfindungen, wenn nicht der Fortschritt wesentlich, mit einem gewissen überraschenden Moment verbunden, praktisch erheblich ist. Die Entscheidung ist Tatfrage und oft sehr schwierig.

Über den Begriff der Neuheit s. unten sub II.

ββ) Die Neuschöpfung kann auch bei Vereinigung mehrerer bekannter Wirkungen zu einer neuen Gesamtwirkung vorliegen (**Kombinationspatent**). Das ist im Wesen nichts anderes als bei anderen Patenten. Mit Recht bestreitet Isay, daß es sich hier um einen besonderen Begriff handele. (Anderer Meinung Seligsohn.) Ist ein Patent für eine solche Kombination erteilt, so sind dadurch etwa darin enthaltene neue Einzelelemente soweit geschützt, als sie dem mit der Kombination erstrebten Zweck neu und erfindungsartig dienen. (Vgl. auch unten § 42 B II b.)

γγ) Durch positive Gesetzesvorschrift **vom Patentschutz ausgeschlossene Gegenstände** sind (§ 1 PG.):

Erstens: Erfindungen, deren Verwertung den Gesetzen oder guten Sitten zuwiderlaufen würde.

Das ist nichts spezifisch Patentrechtliches. Unsittliches ist von gewerblichen Rechtsschutz überhaupt wie von jedem Rechtsschutz ausgeschlossen. Es handelt sich aber um die bestimmungsgemäß sittenwidrige Verwertung, nicht um die Möglichkeit solcher Verwertung.

Zweitens: Erfindungen von Nahrungs-, Genuß- und Arzneimitteln, sowie von Stoffen, welche auf chemischem Wege hergestellt werden, soweit die Erfindungen nicht ein bestimmtes Verfahren zur Herstellung der Gegenstände betreffen.

Diese Ausnahme ist eine patentrechtliche Eigenart, begründet durch den Zweck der betreffenden Gegenstände. Nach den ‚Motiven' (S. 17) soll durch diesen Ausschluß „einmal eine Preissteigerung oder die Erschwerung der Zugänglichkeit, zweitens der Mißbrauch des gesetzlichen Schutzes zu marktschreierischer Anpreisung verhindert werden." Aber da diese Gegenstände doch die Patentierung ihres Herstellungsverfahrens zulassen, ist diese Äußerung der ‚Motive' wenig stichhaltig.

Legierungen und Gemenge sind keine auf chemischem Wege hergestellte Stoffe. Denn bei ihnen trifft das nicht zu, was die Eigenart des chemischen Stoffes ausmacht, jene Eigenart, die ihn als Gegenstand des Patentschutzes ungeeignet macht.

Diese Eigenart beruht auf rein tatsächlichen, naturwissenschaftlichen Ursachen, nicht auf rechtlichen Erwägungen. Kent, Kloeppel und Wassermann haben in ihren patentrechtlichen Büchern besonders auf diese Dinge hingewiesen. Wassermann (Grundzüge, S. 44) sagt abschließend: „Das Verdienst des Chemikers besteht vor allem darin, daß er einen neuen Weg findet; die Eigenschaften der Stoffe sind nicht sein Werk; die hat ihnen die Natur verliehen. Dies ist der logische Grund, weshalb das Gesetz ebenso wie die wissenschaftliche Entdeckung auch die chemischen Stoffe für nicht patentfähig erklärt, sondern den Patentschutz auf das Verfahren beschränkt". Diese Stoffe nämlich sind oft eigenwillig und von unerwarteten Eigenschaften, sind auch nicht ohne Auflösung oder Rückbildung zu erkennen und z. T. überhaupt noch nicht wissenschaftlich ausreichend bestimmt. Zudem kommt noch der schwerwiegende praktische Grund hinzu, daß durch die Patentierung eines chemischen Stoffes eine neue, bessere, leichtere, vollkommenere Herstellung desselben Stoffes durch das Patentrecht verhindert würde.

Schon hierin liegt die Zweckmäßigkeit von Verfahrenspatenten begründet.

δ) **eines Verfahrens.**

Im Gegensatz zum Musterschutz gewährt das Patentgesetz den Rechtsschutz auch dem Verfahren. Es ist sogar als eine besondere Stärkung dieses Verfahrensschutzes anzusehen, daß er auch gewährt wird bei Gegensätzen und Erzeugnissen, die an sich nicht patentfähig sind (Nahrungs-, Genuß-, Arzneimittel, chemisch hergestellte Stoffe, s. oben $\gamma\gamma$). Hier wird ausdrücklich ein bestimmtes Verfahren als patentfähig bezeichnet. Allgemein gehaltene Angaben genügen hier nicht wie überhaupt nicht beim Verfahrensschutz. „Das bestimmte chemische Verfahren ist die Einwirkung eines Mittels auf einen Stoff zur Erzielung eines anderen Stoffes unter Kennzeichnung der Stoffe und des Mittels in einer für die Auffindung genügenden Weise" (Seligsohn, S. 52).

Ähnlich ist auch — von diesem chemischen Sonderrechtsgebiet abgesehen — ein Verfahren: die Einwirkung eines Mittels auf einen Stoff zur Erzielung einer neuen Wirkung (oder eines Stoffes).

Neben dem Erzeugnis und außerhalb desselben kann das Verfahren, als die „ganze Reihenfolge des Handelns" (Isay, S. 68) erfinderische Bedeutung haben und es kann nebeneinander in derselben Angelegenheit Verfahren, Vorrichtung und Erzeugnis, jedes für sich, Gegenstand des Patents sein. Ja es kann neben dem Verfahren zur Herstellung des Erzeugnisses auch das Verfahren seiner Anwendung (Anwendungspatent) patentiert werden.

Der Verfahrens-Patentschutz ist so stark, daß (nach § 4 PG.) die Wirkung dieses Schutzes sich auch auf die durch das Verfahren unmittelbar hergestellten Erzeugnisse erstreckt.[1] Das ist

[1] Außer bei den vom Patentschutz ausgenommenen Gegenständen (Nahrungsmittel, chemische Stoffe, unsittliche Erzeugnisse).

ein Schutz gegen Umgehung des Verfahrensschutzes durch Herstellung im Auslande und Vertrieb der so hergestellten Erzeugnisse im Inlande. Unmittelbare Erzeugnisse sind die auf Grund des Verfahrens hergestellten Erzeugnisse selbst, nicht die weiteren Gegenstände, bei denen diese Erzeugnisse verwendet werden.

Ist das Verfahren neuartig, so braucht nicht zugleich das Erzeugnis neuartig zu sein. Der Verfahrenspatentschutz kann lediglich auf der Verbesserung des Verfahrens zur Herstellung bekannter und schon erzielter Wirkungen und Erzeugnisse beruhen. Aber auch für die Neuartigkeit des Verfahrens gelten die Erfordernisse des Fortschrittes, der sprunghaft-technischen Neuerung (wie beim Erzeugnis-Patentschutz).

3. **Zur Erfüllung eines gesellschaftlichen (sozialen) Bedürfnisses.**

Die Eignung der Erfindung zur Erfüllung eines gesellschaftlichen Zweckes gehört zum Begriff der Erfindung, weil der Begriff der Erfindung selbst ein sozialwirtschaftlicher ist. Dabei ist ‚sozial' nicht im Sinne einer Wertung, sondern nur im Sinne des sozialen Zusammenlebens zu verstehen. Der Begriff der Erfindung ist nicht im Begriffshimmel, sondern auf der Erde des gewerblichen Rechtsschutzes zu suchen. Damit ist nicht gesagt, daß die Erfindung zur Erfüllung eines löblichen oder gutzuheißenden Bedürfnisses dienen soll. Auch hier sind vielmehr Werturteile beiseite zu setzen. Nur für das gesellschaftliche Zusammenleben muß die Erfindung irgendeinen Zweck erfüllen und darin liegt, daß er nicht sittenwidrig und nicht vernunftwidrig sein darf. Das deckt sich nicht mit der Forderung der gewerblichen Verwertbarkeit (s. unten sub III), wächst aber auf ähnlichem Boden.

Alle möglichen Verwendungsfälle zur Befriedigung menschlicher Bedürfnisse braucht der Erfinder seines Erzeugnisses oder Verfahrens nicht zu kennen oder darzutun; stellt sich später heraus, daß sein Ergebnis auch zu Zwecken oder in Industriezweigen Anwendung finden kann, an die er bei der Anmeldung nicht gedacht hatte, so erfaßt trotzdem sein Patentschutz auch diese Anwendungsfälle (Kohler, Handbuch S. 221).

II. **Neuheit.**[1]

a) **Begriff der Neuheit.**

Neuheit gehört zunächst schon zum Begriff der Erfindung. Denn man kann nichts Altes „erfinden", es sei denn, daß das

---

[1] Vgl. Dunkhase, Die Neuheit der Erfindung nach Patent- und Gebrauchsmusterrecht. Berlin und Leipzig 1913.

Alte so in Vergessenheit geraten ist, daß es neu gefunden („erfunden") werden muß. In solchem Sinne ist schon oben sub I a 2c von der Neuschöpfung gesprochen worden. Aber wenn das Patentgesetz „Neuheit" der Erfindung noch besonders verlangt und von „neuen Erfindungen" spricht, so soll das kein Pleonasmus sein, sondern soll bedeuten, daß die Erfindung nicht nur **subjektiv** neu ist im Sinne des Schöpfers (der sie aus Eigenem originär geschaffen hat), sondern daß auch weitere **objektive** Erfordernisse ihrer Neuheit (im Sinne des gesellschaftlichen, sozialwirtschaftlichen Verkehrs) erfüllt sind. Neben der logischen Neuheit (im Begriff der Erfindung) gibt es also noch eine besondere patentrechtliche Neuheit als Erfordernis.

b) **Was ist patentrechtliche Neuheit?**

§ 2 PG. sagt: „Eine Erfindung gilt nicht als neu, wenn sie zur Zeit der auf Grund dieses Gesetzes erfolgten Anmeldung in öffentlichen Druckschriften aus den letzten hundert Jahren bereits derart beschrieben oder im Inlande bereits so offenkundig benutzt ist, daß danach die Benutzung durch andere Sachverständige möglich erscheint."

Wenn keiner dieser hier genannten Fälle vorliegt, so ist die Erfindung patentrechtlich neu. So die herrschende Meinung. (Daß die logische Neuheit als „Erfindung" hinzukommen muß, ist nach dem früher Gesagten selbstverständlich.)

Demnach gehört also zum patentrechtlichen Neuheitsbegriff:

1. Unbekanntheit, a) literarisch oder b) öffentlich,
2. zur Zeit der Anmeldung.

1a) Auch die **literarische Unbekanntheit** korrespondiert mit dem Begriff der öffentlichen Unbekanntheit. Denn es müßte eine öffentliche Druckschrift sein (nicht nur eine als Manuskript gedruckte), in der die Erfindung bekannt gemacht wäre, und läge dies bis 100 Jahre zurück, so tötet doch dieser Zeitpunkt das Bekanntsein.

Das ist natürlich eine willkürliche Fristsetzung des Gesetzes, aber irgendeine Grenze mußte gesetzt werden, um Errungenschaften aus älterer Zeit — ägyptische, indische, germanische, keltische usw. — einer Neuerfindung und Patentierung zugänglich zu machen.

Wer die Veröffentlichung der Druckschrift vorgenommen hat, und ob die Veröffentlichung berechtigt war, ist gleichgültig. Öffentlich heißt auch bei der Druckschrift: daß die Kenntnis nicht auf eine bestimmt begrenzte Zahl von Personen beschränkt ist.

Eine literarische Festlegung ersetzt die praktische Benutzung. Kenntnis der einschlägigen Literatur wird verlangt. Unbekanntheit in objektivem Sinne kann nicht behauptet werden, wenn das Erzeugnis oder das Verfahren in einer dem Suchenden und dem Fachmann zugänglichen öffentlichen Druckschrift beschrieben ist, mag auch die Beschreibung tatsächlich kaum beachtet worden sein. Geheime Niederschrift oder geheime Kenntnis verschiedener Leute von dem Erzeugnis oder dem Verfahren dagegen hindert die Patentfähigkeit nicht. Der Begriff der „Unbekanntheit" ist ein ziemlich handfester.

1b) **Offenkundige Vorbenutzung** liegt (zutreffend Seligsohn, S. 63) vor, wenn jemand eine der vier Handlungen, die der § 4 PG. als Wirkungen des Patents aufzählt, öffentlich unbeschränkt vornimmt, d. h.: den Gegenstand der Erfindung herstellt oder in Verkehr bringt oder feilhält oder gebraucht. Jede dieser Handlungen ist eine Benutzung der Erfindung, und ist offenkundig, wenn sie nicht bewußt geheim geschieht, d. h. im beschränkten Kreise der Beteiligten, denen Geheimhaltung zur Pflicht gemacht ist (auch nur allgemein und nach Lage der Dinge). ‚Offenkundigkeit' hat hier keine anderen Wesensmerkmale, als sie bei ‚Öffentlichkeit' gefordert werden.

Auch bei der offenkundigen Vorbenutzung kommt es nur auf die Tatsache als solche, nicht aber darauf an, ob die Benutzung berechtigt oder unberechtigt geschah. Eine rechtswidrige Vorbenutzung, die der Patentanmeldung vorausgeht, hindert die Patentfähigkeit ebenso wie eine vor der Patentierung geschehende offenkundige Benutzung durch den Erfinder selbst (RG. in Bl. 94/95, 229; 98, 207). Es ist das Publizitätsprinzip, das hier rein und absolut zur Geltung kommt, mag es im Einzelfalle auch für den Berechtigten nachteilig sein. Ein bloßer Geheimnisverrat, der keine offenkundige Benutzung oder druckschriftliche Darstellung zur Folge hat, wirkt nicht patenthindernd (Dunkhase, a. a. O., S. 18) und macht nicht etwa die Benutzung von vornherein zu einer „offenkundigen" (RGZ. 101, 36 gegen Kent).

Die oben genannten vier Akte der Benutzung müssen, um patenthindernd zu sein, so offenkundig geschehen, daß dem Fachmann durch einen dieser Akte (Herstellen, Inverkehrbringen, Feilhalten, Gebrauchen) die weitere Benutzung der Erfindung möglich ist (Dunkhase, a. a. O. S. 24, RGZ. 101, 36).

Nicht zu dem Tatbestand der offenkundigen Benutzung gehört z. B.: Probebenutzung der fertigen Maschine, um zu sehen, ob der Patentgedanke in der Wirklichkeit sich bestätigt, Anpreisung des patentierten Gegenstandes oder Verfahrens ohne Vorführung oder Vorlegung einer Zeichnung dgl., Wiederzusammensetzen einer zum Zweck der Versendung auseinander genommenen Maschine und Wiederingangbringen durch Leerlauf. Vorbereitende Akte der Benutzung sind noch nicht die Benutzung selbst (RGZ. 101, 36).

2. Der **Zeitpunkt der Anmeldung** ist wichtig, weil die Erfindung zur Zeit der Anmeldung nicht nur unbeschrieben und unbenutzt sein, sondern auch weil sie zu dieser Zeit durch andere Sachverständige unbenutzbar erscheinen mußte.

Ist also beispielsweise eine Erfindung zur Zeit ihrer Schöpfung neu gewesen, aber in der Zwischenzeit bis zur Anmeldung öffentlich bekannt geworden, so büßt sie die patentrechtliche Neuheit ein, kann sie aber trotzdem wiederum behalten, wenn sie zu dieser Zeit trotz des Bekanntwerdens kein Sachverständiger nachmachen konnte. Oder sie war unbekannt und unbenutzbar von anderen, aber zur Zeit der Anmeldung war gerade ein anderes Verfahren bekannt geworden, das die Benutzung jedem Sachverständigen ermöglicht, so daß trotz sonst vorhandener patentrechtlicher Neuheit diese Eigenschaft zur Zeit der Anmeldung eben durchkreuzt ist.

Maßgebend ist der Tag der Anmeldung, das Anmeldedatum. Für die Frage, ob eine offenkundige Vorbenutzung oder eine Beschreibung in öffentlichen Druckschriften, wenn sie am Tage der Anmeldung des Patents (oder des Gebrauchsmusters) erfolgt, der Erteilung des Patents (oder der Wirksamkeit des Gebrauchsmusters) hinderlich ist, schließt sich das Reichsgericht (RGZ. 101, 36) dahin an, daß unter „Zeit der Anmeldung" allgemein der kalendermäßige Beginn des Anmeldungstages verstanden werden muß, so daß eine Beschreibung, die druckschriftlich erst am Anmeldungstage selbst abgeschlossen vorliegt, oder eine Benutzung, die erst am Anmeldungstage selbst im Inlande erfolgt ist, als neuheitsschädlich nicht mehr in Betracht kommt. Der genaue Zeitpunkt des Eingangs der Anmeldung im Laufe des Tages läßt sich ja nicht feststellen, und irgendeine feste formale Grenze zu setzen, ist ja nun einmal in solchen Dingen nötig.

III. Gewerbliche Verwertbarkeit.

a) **Verwertbarkeit.** Nicht die tatsächliche Verwertung ist zum Patentschutz erforderlich, sondern lediglich die Verwertbarkeit, d. h. die Möglichkeit der Verwertung. Denn § 1 PG. spricht von Erfindungen, „die eine gewerbliche Verwertung gestatten". In diesem „gestatten" liegt, daß die Möglichkeit genügt. Verwertbarkeit heißt nicht nur Anwendbarkeit, es heißt auch Anwendbarkeit, die einen gewissen Wert hat, freilich ohne Rücksicht auf höheren oder geringeren Grad des gewerblichen Wertes. Nur eben nicht ganz wertlos, nutzlos darf die Erfindung sein (z. B. das Meer rot zu färben). Es bedeutet jedenfalls soviel, daß das Erzeugnis oder das Verfahren fürs praktische Leben irgendwo verwertbar sein muß und technisch faßbar ist.

b) **Gewerbliche Verwertbarkeit.** Aber nicht nur ins praktische Leben muß es eingreifen und technisch faßbar sein, es muß ins gewerbliche Leben eingreifen und kommerziell faßbar sein. Denn darin liegt das Wesen des gewerblichen Rechtsschutzes. Der Begriff des Gewerbes ist hier sachlich und kommerziell weit zu fassen. Auch Bergbau und Landwirtschaft gehört dazu, nicht nur das Gewerbe im nationalökonomisch engeren Sinne. Und nicht nur gewerbliches Erzeugnis gehört hierher, sondern auch Mittel des Gewerbes oder Gegenstand irgendwelcher gewerblicher Ausnutzung. Nicht gewerblich verwertbar sind Erfindungen, die ausschließlich wissenschaftliche Zwecke erfolgen (Verfahren astronomischer Messung) oder technologische Spielereien sind. Behandlungen des menschlichen Körpers können gewerblich verwertbar sein, gehören aber nicht hierher, weil sie nicht technisch sind. Als nicht gewerblich verwertbar müssen auch Erfindungen gelten, die in der Praxis nicht sicher funktionieren oder noch anderer nicht entdeckter Hilfen bedürfen, um zu funktionieren (RG. in Bl. 02, 43).

Formale Voraussetzungen der Patenterteilung. § 41.

A. Verhältnis zu den materiellen Voraussetzungen.

Was im § 40 über den Gegenstand des Patentrechts gesagt ist, umschließt die materiellen Voraussetzungen der Patenterteilung. Denn nur für eine patentfähige Erfindung kann ein Patent erteilt werden. Zu diesen kommen noch die persönlichen Voraussetzungen (s. § 42), d. h. ob die Erfindung für den Anmelder patentfähig ist. Aber das Vorhandensein einer patentfähigen Erfindung und eines daraus Berechtigten genügt noch nicht, es müssen noch formale Akte hinzukommen, die ebenfalls und gleich stark wie die materiellen Grundlagen als Voraussetzung der Patenterteilung anzusehen sind. Fast kann man das Formale hier als stärker bezeichnen, weil es einen konstitutiven Akt in sich schließt. Dadurch erst wird festgestellt, ob die materiellen Voraussetzungen vorliegen, und daraufhin das Patent erteilt, das also niemals

Wirklichkeit werden kann, wenn der Akt nicht vorgenommen wird (während umgekehrt durch diesen Akt auch einmal ein Patent erteilt werden kann, obschon die materiellen Voraussetzungen gar nicht gegeben sind, was dann erst wieder durch formale Akte beseitigt werden kann!)

Eine gewisse Durchbrechung des Formalprinzips bildet das Recht der Vorbenutzung (s. unten § 43).

B. Die Stufen der formalen Voraussetzungen.

I. **Existenz des Patentamts und Verkehr mit dem Patentamt.**

a) **Das Patentamt.** Das PA. ist eine höhere Reichsbehörde, die dem Reichsministerium des Innern untergeordnet ist. Das PA. hat seinen Sitz in Berlin. Es besteht aus einem Präsidenten, aus Mitgliedern, welche die Befähigung zum Richteramt oder zum höheren Verwaltungsdienst besitzen (rechtskundige Mitglieder) und aus Mitgliedern, welche in einem Zweige der Technik sachverständig sind (technische Mitglieder). Die Berufung der rechtskundigen Mitglieder erfolgt, wenn sie im Reichs- oder Staatsdienst ein Amt bekleiden, auf die Dauer dieses Amts, anderenfalls auf Lebenszeit. Die Berufung der technischen Mitglieder erfolgt entweder auf Lebenszeit oder auf fünf Jahre (§ 13 PG.). Durch Gesetz vom 18. Mai 1908 sind Stellen der Hilfsmitglieder geschaffen worden.

Das PA. ist für Patentangelegenheiten und für Angelegenheiten des Gebrauchsmusterschutzes zuständig.

b) **Aufgaben und Organisation des PA.** Da (nach § 13 PG.) durch das PA. die Erteilung, die Erklärung der Nichtigkeit und die Zurücknahme der Patente erfolgt, scheidet sich (nach § 14 PG.) das PA. in Anmeldeabteilungen, Nichtigkeitsabteilung und Beschwerdeabteilungen. (Vgl. auch § 17 PG.)

1. Das **PA. besteht** demnach zurzeit **aus:**

a) Prüfungsstellen (der Prüfer ist Einzelperson).

b) 12 Anmeldeabteilungen (Vorsitzender und Prüfer der betreffenden technischen Gebiete).

c) 1 Nichtigkeitsabteilung (5 Mitglieder; 2 rechtskundige, 3 technische).

d) 2 Beschwerdeabteilungen (3 Mitglieder, davon mindestens 2 technische).

Näheres über Zusammensetzung, Beratung und Abstimmung dieser Abteilungen und über andere organisatorische Fragen enthält die Ausführungsverordnung zum PG. v. 11. Juli 1891 (RGBl. S. 349).

2. Es gibt zurzeit 89 **Patentklassen** zur Gruppierung der Gewerbszweige. Das PA. ist ferner verpflichtet, auf Ersuchen der Gerichte über Fragen, welche Patente betreffen, Gutachten abzugeben, sofern in dem gerichtlichen Verfahren voneinander abweichende Gutachten mehrerer Sachverständiger vorliegen. Im übrigen ist das PA. nicht befugt, ohne Genehmigung des Reichskanzlers außerhalb seines gesetzlichen Geschäftskreises Beschlüsse zu fassen oder Gutachten abzugeben. (§ 18 PG.).

Die erstatteten Obergutachten unterliegen nur der Verfügung des um die Erstattung ersuchenden Gerichts, nicht des Patentamts. Aber auch das Gericht ist nicht an die in dem Obergutachten vertretene Ansicht gebunden. Dritten werden daher die erteilten Gutachten vom Patentamt nicht zugänglich gemacht; Anträge auf Erteilung von Abschriften oder auf Vorlegung von erstatteten Gutachten werden abgelehnt (Lutter, S. 182).

3. Das PA. führt eine **Patentrolle** (§ 19 PG.), welche den Gegenstand und die Dauer der erteilten Patente sowie den Namen und Wohnort der Patentinhaber und ihrer bei Anmeldung der Erfindung etwa bestellten Vertreter angibt. Der Anfang, der Ablauf, das Erlöschen, die Erklärung der Nichtigkeit und die Zurücknahme der Patente werden, unter gleichzeitiger Bekanntmachung durch den Reichsanzeiger, in der Rolle vermerkt.

Tritt in der Person des Patentinhabers oder seines Vertreters eine Änderung ein, so wird dieselbe, wenn sie in beweisender Form zur Kenntnis des Patentamts gebracht ist, ebenfalls in der Rolle vermerkt und durch den Reichsanzeiger veröffentlicht.

Die Einsicht der Rolle, der Beschreibungen, Zeichnungen, Modelle und Probestücke, auf Grund deren die Erteilung der Patente erfolgt ist, steht, soweit es sich nicht um ein im Namen der Reichsverwaltung für die Zwecke des Heeres oder der Flotte genommenes Patent handelt, jedermann frei.

Das Patentamt veröffentlicht die Beschreibungen und Zeichnungen, soweit deren Einsicht jedermann freisteht, in ihren wesentlichen Teilen durch ein amtliches Blatt.

Hierdurch ist der Grundsatz der Öffentlichkeit, der Offenhaltung der Patente verwirklicht (abgesehen von Geheimpatenten im Interesse der Landesverteidigung).

4. Die **Veröffentlichungsmittel** sind: α) die (eben genannte) Rolle, in die stets Einsicht genommen werden darf; β) Reichsanzeiger und amtliches Patentblatt.

α) Die Rolle hat folgende Rubriken:

Laufende Nr.	Gegenstand des Patents.	Inhaber des Patents. Name und Wohnort.	Vertreter des Patentinhabers. Name und Wohnort.	Dauer des Patents. Tag	Mon.	Jahr	Erlöschen, Erklärung der Nichtigkeit. Zurücknahme des Patents.	Bemerkungen

Weitere Rubriken dürfen nicht hinzugefügt werden. Das Anteilsverhältnis mehrerer Patentinhaber darf z. B. nicht eingetragen werden, ebensowenig Bemerkungen über Beschränkung oder Ausübung des Rechts u. dgl. mehr.

Die Einsicht in die Rolle steht jedermann frei, ohne daß er ein besonderes Interesse an der Einsicht nachzuweisen braucht.

β) Der Reichsanzeiger und das amtliche Patentblatt sind die offiziellen Veröffentlichungsstellen, letzteres in Verbindung mit den Patentschriften, die in besonderen Heften für jedes erteilte Patent getrennt von Amts wegen erscheinen. Während das amtliche Patentblatt alle gesetzlich vorgeschriebenen Bekanntmachungen enthält, werden daneben in einem seit 1894 erscheinenden „Blatt für Patent-, Muster- und Zeichenwesen" Gesetze, Verordnungen einschlägiger Art, Entscheidungen, Verfügungen usw. gebracht.

5. Auf die **Umschreibung** von einem Patentinhaber auf einen anderen wird unten im § 42 (Träger des Patentrechts) eingegangen.

c) **Verfahren vor dem Patentamt.**

Das Verfahren ist ein schriftliches (§§ 15, 20 PG.) und hat in deutscher Sprache zu geschehen (§§ 24, 34 PG.). Es ist nicht öffentlich. Es gliedert sich in das Erteilungsverfahren (Anmeldung, Prüfung, Erteilung) und das Nichtigkeitsverfahren (Beschwerdeverfahren). Es kann als amtliches Untersuchungsverfahren gekennzeichnet werden, denn das PA. ist an Angaben und Vortrag der Antragenden oder Beteiligten nicht gebunden, hat vielmehr von Amts wegen alles zu berücksichtigen, was sachdienlich erscheint. Aber nur der Antrag setzt das Verfahren in Bewegung, nur um das Beantragte geht die Untersuchung und die Entscheidung. Und dieser Antrag kann zurückgezogen werden und erledigt damit den Fall. Aber nur der Antrag ist widerruflich, nicht die zur Durchführung des Verfahrens vorgenommenen Prozeßhandlungen. (Vgl. a. §§ 29, 30, 31 PG.)

Patentverletzungen gehören nicht vor das PA., sondern vor die ordentlichen Gerichte. Die Gerichte haben dem PA. Rechtshilfe zu leisten (§ 32 PG.).

Gegen Entscheidungen des PA. ist Berufung (binnen 6 Wochen nach Zustellung) zulässig (ans Reichsgericht).

Die Vorschriften der ZPO. finden nur mit strenger Auswahl auf das Patentverfahren Anwendung. Darüber gibt es viele Streitfragen und wandelbare Ansichten.

Über das Verfahren im einzelnen bei der Anmeldung und Zurücknahme s. die Abschnitte über diese (unten sub II und unten § 44).

II. Erteilung des Patents.

a) Rechtliche Bedeutung der Anmeldung.

Die Lehre (Kohler, Handb. S. 272ff. und nach ihm die herrschende Meinung, auch die Kommentare von Isay, Seligsohn, Lutter) unterscheidet zwischen zivilistischer Anmeldung (nach § 3 PG.) und rechtspolizeilicher Anmeldung (nach § 20 PG.) Die Unterscheidung ist richtig, aber der Ausdruck und die dadurch hervorgerufene systematische Einstellung ist wenig glücklich. Die sog. zivilistische Anmeldung ist der materielle Rechtsakt, der zur Sichtbarmachung des Trägers des Patentrechts notwendig ist. Über diese ist daher im nächsten § 42 zu handeln der Ort. Die rechtspolizeiliche Anmeldung ist ein Teil des formalen Verfahrens, gehört also zu den formalen Voraussetzungen des Schutzes und ist hier zu besprechen.

b) Der formale Vorgang der Anmeldung und Erteilung.

Die Anmeldung einer Erfindung behufs Erteilung eines Patents geschieht schriftlich bei dem Patentamt. Für jede Erfindung ist eine besondere Anmeldung erforderlich. Die Anmeldung muß den Antrag auf Erteilung des Patents enthalten und in dem Antrage den Gegenstand, welcher durch das Patent geschützt werden soll, genau bezeichnen. In einer Anlage ist die Erfindung dergestalt zu beschreiben, daß danach die Benutzung derselben durch andere Sachverständige möglich erscheint. Am Schlusse der Beschreibung ist dasjenige anzugeben, was als patentfähig unter Schutz gestellt werden soll (Patentanspruch). Auch sind die erforderlichen Zeichnungen, bildlichen Darstellungen, Modelle und Probestücke beizufügen (§ 20 PG.).

Darauf folgt die Vorprüfung (event. unter Vernehmung von Zeugen und Sachverständigen [§ 25 PG.]).

Nach § 21 PG. geschah diese durch ein Mitglied der Anmeldeabteilung und es war hierbei (mit Seligsohn, S. 320) zu unterscheiden:

A. Der Vorprüfer findet weder formelle noch materielle Mängel — dann gibt er ohne Vorbescheid die Anmeldung zur Beschlußfassung an die Anmeldeabteilung ab.

B. Er findet Mängel

a) formelle — Vorbescheid auf Beseitigung derselben binnen bestimmter Frist;

b) materielle — Vorbescheid auf Äußerung binnen bestimmter Frist;

c) formelle und materielle — Vorbescheid auf Beseitigung und Äußerung binnen bestimmter Frist.

Der Anmelder erklärt sich

a) rechtzeitig — Beschlußfassung durch die Anmeldeabteilung,

b) nicht rechtzeitig — Anmeldung gilt als zurückgenommen.

Aber dies ist durch die Bundesratsverordnung über Vereinfachung im Patentamt v. 9. März 1917 (RGBl. S. 221) (deren Außerkrafttreten der Reichskanzler zu bestimmen hat, was zur Zeit der Drucklegung dieses Buches noch nicht geschehen ist) geändert. Die Geschäfte des Vorprüfers sind hiernach auf eine Prüfungsstelle (einem technischen Mitgliede der Anmeldeabteilung) übergegangen, ein Vorbescheid wird nicht mehr erlassen. Die Prüfungsstelle hat den Patentführer anzuhören. Es ergehen nur noch Zwischenverfügungen. Die Fristversäumnis hat keine nachteiligen Rechtsfolgen.

Auch die Anmeldeabteilung (§ 22 PG.) ist durch die erwähnte BundesratsVO. weggefallen.

Erachtet das Patentamt die Anmeldung für gehörig erfolgt und die Zurückweisung nicht für geboten, so beschließt es die Bekanntmachung der Anmeldung (§ 23 PG.).

Die Bekanntmachung geschieht in der Weise, daß der Name des Patentsuchers und der wesentliche Inhalt des in seiner Anmeldung enthaltenen Antrags durch den Reichsanzeiger einmal veröffentlicht wird. (Mit der Veröffentlichung ist der Gegenstand der Anmeldung einstweilen gegen unbefugte Benutzung geschützt.)

Gleichzeitig ist die Anmeldung mit sämtlichen Beilagen bei dem Patentamt zur Einsicht für jedermann auszulegen.

Die Bekanntmachung kann auf Antrag des Patentsuchers auf die Dauer von höchstens sechs Monaten, vom Tage des Beschlusses über die Bekanntmachung an gerechnet, ausgesetzt werden. Bis zur Dauer von drei Monaten darf die Aussetzung nicht versagt werden.

Ratschläge für die Vornahme der Anmeldung sind in der Bekanntmachung v. 21. Nov. 1919 erteilt worden, und zwar über die Art der Gebührenzahlung, die Abfassung der Gesuche und Beschreibungen, der Anfertigungen der Zeichnungen und Modelle, der Kennzeichnung des Patentanspruchs.

Gegen die Erteilung des Patents kann binnen zwei Monaten nach der Veröffentlichung schriftlich mit Angabe von Gründen Einspruch erhoben werden (§ 24 PG.), gegen die Zurückweisung der Anmeldung und gegen den Beschluß, durch welchen über die Erteilung des Patents entschieden wird, kann binnen einem Monat Beschwerde erhoben werden (§ 26 PG.).

Ist die Erteilung des Patents endgültig beschlossen oder endgültig versagt oder die Anmeldung zurückgenommen, so wird dies bekanntgemacht und im Falle der Erteilung eine Patenturkunde für den Patentinhaber ausgefertigt (§ 27 PG.). Beschlüsse und Entscheidungen sind schriftlich und mit Gründen auszufertigen (§ 15 PG.).

Über den Einspruch, die Beschwerde und das gesamte Verfahren wegen Erklärung der Nichtigkeit oder wegen Zurücknahme des Patents s. unten § 44 sub B II.

Für den geraden Weg zur Patenterteilung sind die formalen Voraussetzungen hiermit erschöpft. Die Anfechtung und Rücknahme steht systematisch auf einem anderen Blatt.

c) **Einzelheiten zu dem formalen Vorgang der Anmeldung und Erteilung.**

1. **Der Anmelder** muß geschäftsfähig sein. Gemeinschaftliche Anmeldung durch mehrere ist möglich, wodurch Gemeinschaft entsteht. Der Anmelder kann sich beim Verfahren eines Vertreters bedienen (Patentanwälte!; s. unten § 46).

2. **Einheitlichkeit und Zusatzpatent.** Daß für jede Erfindung eine besondere Anmeldung erforderlich ist, ist zunächst nur rein formale Vorschrift zur Erleichterung der Arbeit des Patentamts, hat aber eine der schwierigsten Fragen im Gefolge, nämlich wann es sich um eine einheitliche Erfindung handelt oder um mehrere. Das Problem der Einheitlichkeit ist sehr umstritten, namentlich im Falle zusammengesetzter Erfindungen, bei denen „aus dem Zusammenwirken einzelner Elemente sich eine eigenartige Wirkung ergibt" (Osterrieth, S. 138).

Die Grundsätze des Patentamts in dieser Hinsicht sind jetzt diese:

„1. Eine Erfindung ist einheitlich, wenn das ihr zugrunde liegende Problem einheitlich und alle ihre Teile zur Problemlösung nötig sind oder auch nur geeignet sind, sie zu fördern.

2. Ist das Problem als solches neu, so können mehrere selbständige Lösungen in einer Anmeldung behandelt werden.

Ist das Problem als solches bekannt und gelöst, so müssen die in einer Anmeldung zu behandelnden Lösungen unter sich auf demselben Lösungsprinzip beruhen.

In beiden Fällen hat jede Lösung oder Ausführungsform der unter 1 für die Erfindungsteile gestellten Forderung zu genügen."[1]

Gedanklich steht diesem Problem das Problem des Zusatzpatents nahe. Zu einer schutzfähigen Haupterfindung ist durch Verbesserung oder Weiterbildung eine Zusatzerfindung getreten, die unter den Erfindungsgedanken der Haupterfindung fällt und von dem Inhaber des Hauptpatents angemeldet wird. Nach § 7 PG. läuft die Dauer des Zusatzpatents mit der des Hauptpatents, mit deren Ende auch sie ihr Ende erreicht. Durch Nichtigkeitserklärung für das Hauptpatent kann das Zusatzpatent selbständig werden. Vgl. auch unten § 42 sub B II b.

Über die Gebühren s. unten § 45.

3. **Bezeichnung und Beschreibung** genießen selbständig Urheberrecht, wenn sie nach den Grundsätzen des Urheberrechts dafür geeignet sind.

4. **Der Patentanspruch** ist gewissermaßen der Tenor des Antrags, die Zusammenfassung, Definition, auf die sehr viel ankommt. Denn wer da zu viel sagt, engt den tatsächlichen Bereich des Anspruchs ein. Für mehrere selbständige Lösungen können mehrere Ansprüche gestellt werden, wobei dann meist Nebenansprüche neben einen Hauptanspruch treten. Für Verfahren und Erzeugnis (auch Apparat) kann gleichzeitig Patent beansprucht werden.

In einer Bekanntmachung v. 21. Nov. 1919 ist für die Kennzeichnung des Patentanspruchs u. a. empfohlen:

Der Patentanspruch soll in einem einzigen geschlossenen Satze nach Art einer logischen Begriffsbestimmung abgefaßt werden. Der Anspruch geht in seinen einleitenden Worten zweckmäßig von der dem Erfundenen nächst übergeordneten, bekannten oder geschützten Gattung technischer Gebilde aus. Dieser „Oberbegriff" des Anspruchs soll auch für die zur Veröffentlichung bestimmte Benennung — wörtlich oder abkürzungsweise — Verwendung finden. Im Anspruch einer Zusatzanmeldung ist auf das ältere Patent oder die ältere Anmeldung Bezug zu nehmen und weiterhin anzugeben, was am Gegenstande der früheren Erfindung durch die zusätzliche Erfindnng eine Verbesserung oder sonstige

[1] Vgl. Dunkhase, Die Prüfung und Erfindung auf Patentfähigkeit (Beiträge zum PR. III). Berlin und Leipzig 1913. S. 25.

weitere Ausbildung erfahren soll. Es sollen nur so viele Bestimmungsmerkmale in den Anspruch aufgenommen werden, als zur Kennzeichnung des Wesens des Erfindungsgegenstandes nötig sind. Nur wenn hierzu der Zweck gehört, ist auch er im Anspruch zu erwähnen. Von unbestimmten Verallgemeinerungen („oder dgl.", „usw."), sowie von Zweckmäßigkeitsangaben ist im Anspruch abzusehen. Unteransprüche sollen den sachlichen Zusammenhang mit dem Hauptanspruch oder mit anderen Unteransprüchen erkennen lassen. Sachliche Wiederholungen sind in Unteransprüchen zu vermeiden.

5. **Die Prüfung** bildet das wesentliche Unterscheidungsmoment des Patentrechts gegenüber dem Gebrauchsmusterrecht. Sie ist die Grundlage der Patenterteilung und erstreckt sich mithin auf die formellen wie die materiellen Voraussetzungen des Patentrechts. Zu letzteren gehören natürlich auch die subjektiven Voraussetzungen der Trägerschaft des Patentrechts (über die unten im § 42 gehandelt wird).

6. **Bekanntmachung der Anmeldung.** Der Bekanntmachungsbeschluß ist eine Zwischenverfügung, gegen welche Beschwerde nicht stattfindet. Mit der Bekanntmachung selbst tritt ein einstweiliger Schutz ein, der durch Beschwerde anfechtbar, durch Versagung des Patents auflösend bedingt ist (dann also von Anfang an als nicht eingetreten gilt).

7. **Die Patenturkunde** wird erteilt (und die Erteilung des Patents bekanntgemacht), wenn ein endgültiger Beschluß vorliegt, und dieser kann vorliegen, wenn keine Beschwerde zulässig oder die Beschwerdefrist abgelaufen war. Die Patenturkunde ist nur Beweismittel, nicht eine Art Inhaberpapier. Sie besteht aus Titelblatt und Patentschrift; das Titelblatt enthält den Namen des Patentinhabers, die Nummer und den Gegenstand des Patents, den Anfang der Dauer, den Hinweis auf das Patentgesetz, den Fälligkeitstag der Jahresgebühr. Die Patentschrift wird von Amts wegen verbreitet; sie enthält Bezeichnung, Beschreibung, Zeichnungen.

Träger des Patentrechts. § 42.

A. Grundsatz.

Wie im gewerblichen Schutzrecht überhaupt, hängt auch im Patentrecht die Trägerschaft des Rechts von dem Gegenstand ab. Aus dem Gegenstand entsteht das Recht des Schöpfers dieses Gegenstandes. Nur kommen im Patentrecht (im Gegensatz zum Urheberrecht) zu den materiell gegenständlichen

Voraussetzungen noch die formell gegenständlichen Voraussetzungen hinzu, ehe ein Recht für eine Person entsteht. Und zu dem Erfordernis der Originalität der patentfähigen Schöpfung (die man materielle Priorität, Priorität der Sache nennen kann) kommt das Erfordernis der formalen Priorität, der Priorität der Anmeldung, Priorität des Willens. Dies ist sogar eine besonders wichtige Voraussetzung für die Berechtigung eines Patentinhabers. Das Prioritätsproblem nimmt eine Sonderstellung ein zwischen den sonstigen sachlichen und formellen Legitimierungen des Berechtigten und zwischen den persönlichen Voraussetzungen wie Rechtsfähigkeit, Staatsangehörigkeit, Erwerb durch Vertrag oder von Todes wegen.

Bei der Prüfung durch das Patentamt wird untersucht: 1. ob die materiellen Voraussetzungen objektiv gegeben sind, also ob eine patentfähige Erfindung vorliegt (s. oben § 40); 2. ob die formellen Voraussetzungen gegeben sind (s. oben § 41); 3) ob die im folgenden gekennzeichneten materiellen Voraussetzungen (subjektiv) für den Anmelder vorliegen, so daß er Träger des Patentrechts werden kann.[1]

B. Die Begründung der Trägerschaft des Patentrechts (der Patentinnehabung).

I. **Durch Originalität** (§ 3 Abs. 2 PG.).

a) **Unberechtigte Entlehnung.** Originalität ist nicht Neuheit, sondern im vorliegenden Fall Nichtentlehnung; nicht objektive Neuheit der Erfindung vor dem Forum des Patentamts, sondern subjektive Neuheit, d. h. Selbstschöpfung vor dem Forum der Ehrlichkeit. Die Neuheitsfrage (Originalität) des patentfähigen Gegenstandes steht frei in der Welt der Erscheinungen, die Neuheitsfrage, um die es sich in § 3 Abs. 2 PG. handelt, steht in engster Anlehnung an den Patentsucher, an seine persönliche Berechtigung zu dem Gegenstand.

Unberechtigte Entlehnung liegt vor, wenn: die Erfindung entlehnt ist (1) in ihrem wesentlichen Inhalt (2) den Beschreibungen eines anderen (3) ohne dessen Einwilligung.

1. In ihrem wesentlichen Inhalt entlehnt ist eine Erfindung nicht bloß, wenn sie deutlich in allen wesentlichen Teilen identisch ist, sondern z. B. auch, wenn eine spezielle Konstruktion fertig der allgemeinen Lösung eines anderen entnommen ist, nicht

---

[1] Vgl. Dunkhase, Die Prüfung der Erfindung auf Patentfähigkeit (Beiträge zum PR. III). Berlin und Leipzig 1913.

aber, wenn die spezielle Konstruktion erst die Lösung bringt oder gegenüber dem allgemeinen Prinzip oder Versuch als eine Erfindung erscheint.

2. Den Beschreibungen entnommen ist eine Erfindung auch dann, wenn die Beschreibung nur eine mündliche war. Den Beschreibungen stehen gleich: Zeichnungen, Modelle, Erzeugnisse selbst, auch durch konkludentes Handeln also kann die Entnahme stattfinden (z. B. durch Angestellte).

3. Einwilligung des Berechtigten kann für irgend eine Verwendung vorliegen, aber wenn sie nicht für die Nutzung des Patents im ganzen gegeben ist, so ist jede über das Maß der Verwendungserlaubnis hinausgehende Benutzung eine Rechtsverletzung. Ob der Benutzer gutgläubig gehandelt hat, ändert an dem Charakter der Rechtsverletzung nichts (RG. in PBl. 81, 29; PA. in PBl. 82, 27).

b) **Einspruch durch den Verletzten.** Der Einspruch ist von essentieller Bedeutung. Die Tatsache der Entlehnung genügt noch nicht, um den Patentsucher abzuweisen, als formales Moment muß der Einspruch des Verletzten hinzukommen, ganz im Sinne des Zusammenwirkens von materiellen und formellen Elementen im Patentrecht überhaupt. Der Einspruch hat zivilistischen (deklaratorischen) wie prozessualen (konstitutiven) Charakter. Er muß dem PA. gegenüber erklärt werden

c) **Anmeldungsrecht des Verletzten.** Aus der Entdeckung der Entlehnung (materiell) und dem Einspruch (formell) ergibt sich — ganz analog den Grundsätzen des PR. — die Trägerschaft des PR. durch den Verletzten. Um alle etwaigen Schädigungen durch den Entwender zu beseitigen, wird die Neuanmeldung des Verletzten zurückbezogen auf den Tag vor der Bekanntmachung, wenn er das beantragt. Das berührt sich mit dem Problem der Priorität.

Über die Vorteile und Nachteile der grundsätzlichen Bevorzugung der Anmeldung vor der eigentlichen Erfindereigenschaft s. Wassermann, Grundzüge, S. 50ff. Unser Patentrecht will dadurch die Preisgabe der Erfindungen an die Allgemeinheit beschleunigen.

II. Durch Priorität.

a) Der Rechtsgedanke der Priorität.

Es ist ein durch das gewerbliche Schutzrecht hindurchgehender Grundgedanke, daß eine geistig-gewerbliche Schöpfung nur einmal rechtlich möglich ist. Ist diese Leistung erbracht, so kann sie nicht noch einmal original erbracht werden, wenigstens nicht mit den gewerbeschutzrechtlichen Folgen. Wenn also einer heute gleiche Gedanken mit gleichen Worten niederschreibt, wie es ein anderer vor ihm getan, so ist er kein des Schutzes würdiger Originalschöpfer, selbst wenn er aus Ureigenstem heraus ohne Kenntnis des Vorgängers geschaffen hätte —; das gleiche gilt, wenn einer heute unabhängig von dem Vorgänger eine Erfindung macht, die schon vor ihm gemacht worden ist. In beiden Fällen ist der zweite Schöpfer schutzlos, ja er setzt sich der Verfolgung durch den ersten aus. Dieser Rechtsgedanke ist ein praktischer, kein an sich theoretisch berechtigter; er hat praktische Zwecke und ist nicht auf das Patentrecht beschränkt, hier aber besonders scharf ausgebildet.

Die Erfindung wird objektiviert. Die geistige Leistung des Späteren wird, soweit sie mit der des Früheren identisch ist, patentrechtlich unbeachtet gelassen, gewissermaßen annulliert. Mag sie ebenso originär erbracht sein — in der Welt der Erscheinungen wird sie von dem Schatten des prius zugedeckt.

Aber dieses prius ist naturgemäß auch nur ein patentrechtliches, also mit stark formalem Einschlag. War die Erfindung vorhanden, ist aber aus irgendeinem Grunde nicht patentiert worden, so steht sie einem neuen Patent nicht im Wege — abgesehen von dem dem Vorbenutzer zustehenden Sonderrecht. Anders, wenn sie patentiert worden ist, aber das Patent infolge Fristablauf (Erlöschen) oder Zurücknahme nicht mehr besteht. Denn hier zeigt sich, daß es sich nicht lediglich um gewerbliche (nüchterne Wettbewerbs-) Fragen handelt, sondern um geistig-gewerbliche (Wettbewerb in höherem Sinne). Ausschlaggebend ist also die Tatsache, daß die frühere Erfindung den Patentschutz rechtmäßig (unanfechtbar, nicht irrtümlich) besessen hat. Nur ein rechtsgültiges, älteres Patentrecht, mag es noch bestehen oder nicht, steht einem neuen im Wege. Die herrschende Meinung will auch ein für nichtig erklärtes älteres Patent dem neuen im Wege sein lassen. Das halte ich für verfehlt, sofern die Gründe der Nichtigkeit persönliche, nicht sachliche waren oder die sachlichen inzwischen sich geändert haben.

Die patentrechtliche Priorität ist aber keine Priorität der Erfindung, sondern der Anmeldung der Erfindung, wiederum ganz im Sinne des formalen Einschlags des PR. Zeitpunkt und Umfang ergeben sich daraus: denn der erste Anmelder hat das Recht der Priorität und er hat es im Umfang der angemeldeten Erfindung. Änderungen, Umdatierungen, Erweiterungen, Beschränkungen sind demgegenüber nicht möglich, jedenfalls auf die Prioritätsfrage ohne Einfluß.

Über die sog. „Unionspriorität" s. unten den § 47 sub C I, der das internationale Patentrecht behandelt.

b) **Das Problem der Identität.**

Der Prioritätsbegriff ist beschränkt durch den Identitätsbegriff. Denn nur soweit streitet die Priorität für alte und gegen neue Erfindung, wie beide wirklich miteinander identisch sind. Das ist oft sehr schwierig festzustellen.

Es entspricht dies dem sehr ähnlichen Problem der „Bearbeitung" oder „freien Benutzung zu eigentümlicher Schöpfung" im Urheberrecht, wo es sich ebenfalls um schwer zu lösende Tatfragen handelt (vgl. oben § 11).

Völlige Identität wird sich leicht erweisen lassen, nicht so eine Identität, die nur mit äquivalenten Abweichungen vorhanden ist. Reichsgericht und Patentamt fordern, daß der Unterschied größer sein müsse als ein Äquivalent, aber keinen Erfindungscharakter zu tragen brauche (anderer Meinung Seligsohn). Das Reichsgericht sagt, Identität liege vor, wenn die jüngere Erfindung sich für Sachverständige ohne weiteres als äquivalent ergibt. (Lediglich konstruktive Abweichungen müssen als äquivalent angesehen werden.)

Isay (2. Aufl., S. 124) unterscheidet klar und zutreffend: 1. Gehört der Gegenstand der jüngeren Anmeldung einer anderen Kategorie an als der der älteren, so liegt keine Identität vor, wenn auch die Erfindung bei beiden dieselbe ist; 2. gehört der Gegenstand derselben Kategorie an, so ist die Frage der Aufgabe der Erfindung von Bedeutung: a) ist diese Aufgabe verschieden, so liegt keine Identität vor, b) ist die Aufgabe gleich, aber die Lösung verschieden, so ist die Identität nur dann ausgeschlossen, wenn die jüngere Lösung gegenüber der älteren eine Erfindung ist. (Vgl. a. RG. v. 21. Sept. 1910 in Mitt. v. Verb. d. Patentanwälte 11, 17). Dies ist wichtig auch für die Frage der Auslegung eines Patents, s. unten § 43 B III.

Bei teilweiser Identität wird die neue Patenterteilung naturgemäß auf den neuen Teil beschränkt.

Aber es wäre falsch (wie Dunkhase, Beiträge zum PR I (1913) S. 22 mit Recht betont), „jede Erfindung in ihre einzelnen Elemente aufzulösen und beim Nachweise, daß alle einzelnen Elemente bekannt sind, der Erfindung die Patentfähigkeit abzusprechen". Selbst dabei kann die Kombination noch eigenartig sein — über Kombinationspatent s. oben § 40 S. 151. Er hält weiter mit Recht die Patentfähigkeit auch dann für gegeben, wenn die verschiedenen — schon bekannten — Elemente so verschiedenartigen Gebieten angehören, daß ihre vereinigte Kenntnis nicht bei einem und demselben Fachmann vorauszusetzen ist und deshalb schon etwas Eigenartiges gegeben ist. Man darf hinzufügen — vgl. meine Ausführungen über die Auslegung des Patents unten § 43 B III —, daß auch der Wettbewerbsgedanke mit dem Erfindergedanken hier zusammenzuhalten ist: wo die Gegenstände weit voneinander entfernt sind, liegt in der Anwendung eines alten Erfindungsgedanken schon an sich etwas Neues, Eigenartiges.

Etwas Ähnliches, aber wohl davon zu Unterscheidendes ist die Abhängigkeit einer neuen Erfindung von einer älteren. Dabei handelt es sich darum, daß die Benutzung der neuen Erfindung nicht möglich ist, ohne in die ältere einzugreifen. Die abhängige Erfindung ist zwar nicht Gegenstand des auf die übergeordnete Erfindung erteilten Patents geworden, sie darf aber auch nicht ohne Erlaubnis des aus dem früheren Patent Berechtigten benutzt werden; das wäre Patentverletzung gegenüber dem älteren Patent. Über ein Abhängigkeitsverhältnis darf vom Patentamt im Verfahren (Erteilungs- oder Nichtigkeitsverfahren) nichts entschieden werden.

Auch die Frage des Zusatzpatents gehört zum Problem der Identität. Denn nur der Inhaber (oder Anmelder) des Hauptpatents kann ein Zusatzpatent beanspruchen und erhalten; ein anderer, der eine Verbesserung, Erweiterung oder Ausbildung eines bestehenden Patents sich patentieren lassen will, könnte dies nur im Wege des selbständigen Patents und steht dann natürlich etwas schwierigerer Prüfung gegenüber, weil die Kollision mit dem ersten Patent (Hauptpatent) ernstere Hemmnisse bereiten kann. Das Zusatzpatent richtet sich in seiner Dauer nach dem Hauptpatent (s. unten § 45), hat aber im übrigen ein patentrechtlich selbständiges Leben. Es kann mehrere Zusatzpatente zu einem Hauptpatent geben und es kann auch Zusatzpatent zum Zusatzpatent geben.

III. **Durch persönliche Legitimation.**

a) **Staatsangehörigkeit.**

Die Staatsangehörigkeit ist im Patentrecht — im Gegensatz zu manchen anderen Gruppen des gewerblichen Rechtsschutzes — nicht wesentlich für die Erlangung des Patentschutzes. Ausländer können wie Inländer Patente erlangen, es sei denn, daß (§ 12 Abs. 2 PG.) gegen Staatsangehörige bestimmter Länder ein Vergeltungsrecht in Anwendung gebracht wird.

Wesentlich aber ist der Wohnsitz (§ 12 Abs. 1 PG.). Wer nicht im Inlande wohnt, kann den Anspruch auf Patenterteilung und den Patentschutz nur geltend machen, wenn er im Inlande einen Vertreter bestellt hat. Der Vertreter muß prozeßfähig sein. Häufig werden Patentanwälte als Vertreter bestellt (über diese s. unten § 46). Der Vertreter kann die Vertretung ausüben im Verfahren vor dem Patentamt, in bürgerlichen Rechtsstreitigkeiten und bei Stellung von Strafanträgen; die spezielle Vollmacht kann diese Befugnisse erweitern, aber nicht verringern.

Über internationales Patentrecht s. unten § 47.

b) **Rechtsnachfolge durch Erbgang.**

Der Anspruch auf Patenterteilung und der Patentschutz gehen auf die Erben über (§ 6 PG.), und zwar ab intestato und ex testamento. Das gilt auch, wenn der Fiskus Erbe ist.

In den Fällen des Überganges des PR. auf einen anderen — sei es durch Erbgang oder auf vertraglichem Wege, s. unten sub c — erfolgt die Umschreibung in der Patentrolle. Der formell Legitimierte muß die Umschreibung beantragen oder, wenn sie von dem Erwerber beantragt wird, seine Einwilligung erteilen, es sei denn, daß eine hinreichend beweisende Urkunde vorgelegt werden kann (Handelsregisterauszug, Testament, Urteil oder dgl.).

c) **Rechtsnachfolge durch Vertrag.**

1. **Im allgemeinen.** Der Anspruch auf Patenterteilung und der Patentschutz können beschränkt und unbeschränkt auf andere übertragen werden. Dabei handelt es sich sowohl um einen obligatorischen Vertrag, der meist Kauf sein wird, wie um dingliche ‚Einigung', die in der Regel damit zusammenfällt. Die Beschränkung der Übertragung kann zeitlich, wohl auch räumlich, und unter Umständen auch gegenständlich sein, nur nicht geteilt hinsichtlich des Inhalts der Patentansprüche. Meist geschieht die Übertragung pro rata als Miteigentumsrecht. Ein besonderer Fall der gegenständlich geteilten Übertragung und zwar ein Fall von Wichtigkeit ist die Lizenzerteilung.

Änderungen in der Person des Patentinhabers oder seines Vertreters müssen in die Patentrolle eingetragen werden, um wirksam zu sein. Solange dies nicht geschehen ist, bleiben der frühere Patentinhaber und sein früherer Vertreter patentberechtigt und verpflichtet (§ 19 PG.). Über die Umschreibung s. auch oben sub b.

2. **Lizenz.** Lizenz ist Übertragung eines gegenständlichen Teils des Patentrechts, nämlich des Ausbeutungs- oder Benutzungsrechts. Auch diese Übertragung kann wiederum ausschließlich oder geteilt erfolgen, und auch bei ihr ist zwischen dem Lizenzvertrag und dem dinglichen Recht zu unterscheiden.

Die Lizenz ist nicht lediglich Verzicht des Patentinhabers auf seine Rechte auf Grund obligatorischer Bindung, sondern die dingliche Wirkung ist derart, daß der Lizenznehmer ein Patentrecht hat, das nach seinen eigenen Grundsätzen — u. U. auch gegen den Lizenzgeber — auszulegen ist, sofern der Vertrag nichts Besonderes darüber bestimmt hat. Dieser Vertrag ist meist ein kaufähnlicher oder pachtähnlicher, muß aber durchaus als Vertrag eigener Art angesehen werden, je nach seinem Inhalt (so mit Recht Lutter, S. 109), ähnlich wie auch der Verlagsvertrag als Rahmenvertrag sehr verschiedenartigen Vertragstypen zugehören kann. Der Vertrag bedarf keiner Form und keiner Eintragung in die Rolle. Im Falle der Abhängigkeit eines jüngeren Patents von einem älteren (über die Abhängigkeit s. oben § 42 B II b) hängt das Leben des jüngeren Patents von der Lizenzerteilung durch den Inhaber des älteren Patents ab, der dessen Ausübung sonst lahmlegen kann. Hier kann aber auch die Zwangslizenz (s. unten § 43 sub C III) helfen.

Man hat zu unterscheiden: α) Ausschließliche Lizenz. β) Einfache Lizenz.

α) **Ausschließliche Lizenz** ist nur anzunehmen, wenn sie aus dem Vertragsinhalt oder den Umständen des Falles klar hervorgeht; denn es liegt grundsätzlich im Wesen der gewerblichen Schutzrechte, daß ihr primär Berechtigter sich soviel Rechte vorbehält, wie er nicht ausdrücklich abgegeben hat. Denn diese Rechte sind an sich ausschließende Rechte. Wie beim Urheberrecht das Verlagsrecht nur eine festumgrenzte Beschränkung des primären Rechts ist, ist die Lizenz nur eine fest umgrenzte Beschränkung des Patentrechts.

Die ausschließliche Lizenz setzt, soweit sie reicht, den Lizenznehmer an die Stelle des Lizenzgebers im Patentrechte. „Soweit sie reicht", bedeutet dabei, daß auch die ausschließliche Lizenz Beschränkungen unterliegen kann, und zwar hinsichtlich Raum, Zeit und Art der Benutzung (d. h. für bestimmte örtliche Grenzen, auf bestimmte Zeitdauer, hinsichtlich Herstellung oder Verkauf oder Gebrauch). Trotzdem liegt ausschließliche Lizenz vor, wenn eben der Lizenznehmer innerhalb eines fest umgrenzten Bereichs (sachlichen, örtlichen, zeitlichen Bereichs) ausschließlich zur Benutzung des Patents berechtigt sein soll. Denn auf den Umfang kommt es bei der Ausschließlichkeit nicht an, sondern nur auf die Tatsache, daß von bestimmter Benutzung andere ausgeschlossen werden, also nicht mehrere nebeneinander auf demselben Gebiet berechtigt sind.

Das ausschließliche Lizenzrecht ist vererblich und veräußerlich. Ist es für einen bestimmten Betrieb erteilt, so kann es auch nur mit diesem vererbt und veräußert werden. Der Lizenznehmer kann Unterlizenzen erteilen.

β) **Einfache Lizenz** (Erlaubnislizenz) ist ganz eng auszulegen. Hier verzichtet der Patentinhaber nur auf gewisse Rechte zugunsten des Lizenznehmers, und diese Rechte sind nur obligatorischer, nicht dinglicher Natur. Denn neben ihnen kann der Patentinhaber gleichartige Lizenzen an andere erteilen. Mithin haben diese Lizenznehmer auch keine Patentrechte, und ihr Recht ist weder vererblich noch veräußerlich noch können sie weitere Lizenzen erteilen. Über Zwangslizenz s. unten § 43 sub C III.

3. **Angestellten-Erfinderrecht.**

Die praktisch oft schwierige Frage der Legitimation des Patentberechtigten, wenn die Erfindung im Betriebe von einem Angestellten gemacht wird, gehört in die Kategorie der Legitimation durch Vertrag. Denn die Entscheidung darüber, ob die Erfindung den Angestellten oder den Dienstherrn patentberechtigt macht, beruht auf der Auslegung des Arbeitsvertrags.

Theoretisch ist die Entscheidung der Frage nicht schwierig. Sie beruht klar in folgendem: gehörte das Erfinden zu den arbeitsrechtlichen Obliegenheiten des Arbeitnehmers, sei es, daß es unmittelbar oder mittelbarer Ausfluß seiner Pflichten war, so gehört die Erfindung dem Dienstherrn; er ist der Patentberechtigte. Gehörte die Erfindung dagegen nicht zu den Obliegenheiten des Arbeitnehmers, sei es, daß man von ihm dergleichen gar nicht erwarten konnte, sei es, daß die Erfindung außerhalb der Sphäre seiner Arbeit lag, so gehört die Erfindung dem Arbeitnehmer. Dabei ist es gleichgültig, ob er sie in der Betriebsstätte oder außerhalb, in der Dienstzeit oder außerhalb, mit Mitteln des Arbeitgebers oder mit seinen eigenen gemacht hat. (So mit Recht Seligsohn, S. 98, namentlich unter Hinweis auf praktische Erwägungen.) Natürlich aber muß die Erfindung, wenn sie dem Dienstherrn zustehen soll, während der Dauer des Arbeits- (Anstellungs-) Verhältnisses gemacht sein, und da ist maßgebend, ob während dieser Zeit die Lösung der Aufgabe im großen und ganzen gelungen ist, nicht ob schon bis in alle Einzelheiten die Durchführung fertig geworden ist.

Die für den Dienstherrn gemachte Erfindung ist von vornherein dessen Erfindung, originär auf seinem Rechtsboden erwachsen, nicht ihm vom angestellten Erfinder übertragen

(Ähnliches fanden wir auch im Urheberrecht, wenn beispielsweise ein Sänger im Auftrage und gegen Entgelt einer Firma auf die phonographische Platte singt).

Läßt sich die Erfindung, die in einem Betriebe gemacht ist, nicht auf einen bestimmten Angestellten zurückführen, so gehört sie selbstverständlich dem Dienstherrn als dem Eigentümer des Betriebes („Etablissementserfindung"), ein Grundsatz, der im Musterrecht noch weiter zugunsten des Dienstherrn ausgedehnt ist.

Wenn aber so auch die theoretische Rechtslage verhältnismäßig klar zu fassen ist, so hat sie doch in der Praxis erhebliche Schwierigkeiten und bietet naturgemäß — da es sich um eine mehr oder weniger sozialpolitisch gefärbte Frage — Raum für vielerlei Ansichten. So haben sich denn alle patentrechtlichen Schriftsteller eingehend dazu geäußert und es sind die entgegengesetztesten Meinungen vertreten worden, ja selbst die reichsgerichtliche Rechtsprechung war nicht recht einheitlich.

Auf zwei Juristentagen — in Kiel 1906, in Karlsruhe 1908 — und auf dem Kongreß des Deutschen Vereins für den Schutz des gewerblichen Eigentums in Stettin 1909 wurde das Erfinderrecht der Angestellten zum Gegenstand der Verhandlungen gemacht. Namentlich der 1909er Kongreß scheint das Richtige getroffen zu haben, wenn er sagt „daß er es für undurchführbar und überaus nachteilig für die deutsche Industrie und zwar sowohl für das Unternehmen wie für die Angestellten selbst hält, einen Rechtssatz des Inhalts aufzustellen, wonach jedem Angestellten, der eine Erfindung macht, schematisch ein Recht auf „Gewinnbeteiligung" zustehe. Mangels einer ausdrücklichen Vereinbarung soll das Recht an der Erfindung stillschweigend auf einen anderen übergehen, insoweit als der Erfinder kraft seines Dienst- oder sonstigen Vertragsverhältnisses dem anderen zu einer Beschäftigung verpflichtet ist, in deren Bereich Gegenstand oder Verfahren von der Art des Erfundenen fallen. Diese Bestimmung gilt mit folgender Maßgabe: Gehört die im Dienstverhältnis gemachte Erfindung nicht zum Bereich des Unternehmens, ist sie aber geeignet, in seinem Betriebe verwendet zu werden, so kann der Unternehmer eine freie Lizenz beanspruchen; wünscht er eine weitergehende Ausnutzung, so hat er den Angestellten angemessen zu entschädigen."

§ 43. Regelrechte Wirkungen des Patentrechts.

A. Wirkung des PR. und Rechtsverletzung.

Der Wirkungskreis des PR. gibt — wie der Wirkungskreis jedes Rechts und natürlich auch des Urheberrechts und des gewerblichen Schutzrechts — zugleich die Grenze für die Rechtsverletzungen an. Nur soweit das PR. reicht, ist Zuwiderhandlung eine PR.-Verletzung. In schwierigen Fällen ist der unnormale

Weg der Wirksamkeit zu beschreiten, die erst mit Beschwerde, Einspruch, Nichtigkeitsverfahren sichergestellt wird. Zunächst aber muß der normale Wirkungskreis fest umgrenzt werden.

I. **Der normale Wirkungskreis des PR.**

Nach § 4 PG. hat das Patent die Wirkung, daß der Patentinhaber ausschließlich befugt ist, gewerbsmäßig den Gegenstand der Erfindung herzustellen, in Verkehr zu bringen, feilzuhalten oder zu gebrauchen. Ist das Patent für ein Verfahren erteilt, so erstreckt sich die Wirkung auch auf die durch das Verfahren unmittelbar hergestellten Erzeugnisse.

Hierin liegen die essentiellen Elemente der Ausschließlichkeit des Rechts, und zwar für die drei Stufen gewerbsmäßiger Benutzung: Herstellung, Verbreitung und Gebrauch. Sowohl der Begriff der Ausschließlichkeit wie der der Gewerbsmäßigkeit wie namentlich der der Benutzung mit ihren verschiedenen Stufen gibt mancherlei Schwierigkeiten der Auslegung. Darüber unten sub B I.

Mit der Frage der Wirkungen des Patents geht die Entscheidung vom Patentamt auf die ordentlichen Gerichte über. Das Patentamt hat das Patent erteilt und hat festgestellt, wofür es erteilt ist. Das sind Tatsachen für die Gerichte. Wie weit nun aber im Einzelfalle gegenüber den Erscheinungen des Verkehrs und des Wettbewerbs Rechtswirkungen des so erteilten Patentrechts fließen, unterliegt dem gerichtlichen Urteil.

II. **Die Ausnahmen von der normalen Wirksamkeit des PR.**

Der normale Wirkungskreis des PR. wird eingeschränkt:

a) **Durch öffentlichrechtliche Verbote,** durch die allgemeine Rechtsregel der unsittlichen Benutzung u. dgl.

b) **durch Kollision mit anderen gewerbeschutzrechtlichen Ansprüchen,** ohne daß Rechtsverletzungen vorliegen.

c) Durch **Zwangslizenzen.**

d) Durch **Vorbenutzung.**

e) Durch **nationale** oder **internationale Rücksichten.**

Diese Ausnahmen, die in §§ 1, 3, 5, 10 und 11 PG. oder in allgemeinen Rechtssätzen ihre Quelle haben, bilden den Übergang von den normalen patentrechtlichen Berechtigungen zu den Rechtsverletzungen, ohne ihrerseits Rechtsverletzungen von Patentrechten in sich zu schließen.

Der normale Wirkungskreis des PR. wird durch diese Dinge de jure eingeschränkt, wie er etwa durch Patentverletzungen de facto eingeschränkt würde. Näheres s. unten sub B II.

III. **Rechtsverletzungen.**

Rechtsverletzungen im Rahmen des PR. geschehen entweder durch das erteilte Patent (nämlich gegenüber anderen Rechten) oder gegen das erteilte Patent (durch Patentverletzung).

Im ersteren Falle wird durch Nichtigkeits- oder Zurücknahmeverfahren, im letzteren Falle durch Klaganspruch auf Grund des PR. dagegen vorgegangen. Ersteres gehört vor das Patentamt, letzteres vor die ordentlichen Gerichte.

Näheres hierüber s. unten § 44.

B. Die normale Wirkung des PR. insbesondere.

I. **Die Benutzung.** (Umfang des PR.).

Die Benutzung des Patents ist grundsätzlich eine gewerbliche. Das spricht sich aus in den Stufen der Nutzungsrechte wie in der gesetzlichen Forderung der Gewerbsmäßigkeit.

a) **Erste Stufe der Benutzungsrechte; Herstellung.**

Der patentierte Gegenstand oder der mit patentiertem Verfahren zu schaffende Gegenstand muß zunächst hergestellt werden, damit das Patent in Wirkung treten kann. Ohne solchen Gegenstand, auf den das Licht des PR. fällt, würden seine Strahlen ins Blaue gehen und unsichtbar sein. Dies ist auch der Fall bei der Herstellung eines Erzeugnisses mittels des patentierten Verfahrens, wobei man natürlich nicht im Wortsinne von Herstellung, sondern nur von Anwendung des Verfahrens sprechen kann.

Einen wissenschaftlichen Unterschied hier zu konstruieren, ist verfehlt. Es ist in beiden Fällen die erste Stufe des Nutzungsrechts, kann natürlich dabei zugleich die letzte sein, indem sich die Benutzung des PR. dadurch, d. h. durch den vollständigen Gebrauch des Rechts, schon erschöpft. Ist das nicht der Fall, so schließen sich weitere Stufen der Benutzung an.

b) **Zweite Stufe der Benutzungsrechte: Verbreitung.**

Ähnlich wie im Verlagsrecht entspricht auch in den Erfinderrechten dem Herstellungsrecht als zweite Stufe ein Verbreitungsrecht.

Der § 4 PG. spricht von „in Verkehr bringen" und „feilhalten". Beides bedeutet die gewerbsmäßige Benutzung hergestellter Erzeugnisse. Während das „Feilhalten" sich dem Wortsinn nach nur auf Erzeugnisse beziehen kann, kann das „Inverkehrbringen" sich auch auf Verfahren beziehen. Es hieße dem Wortsinn Beschränkung auferlegen, wollte man das verneinen. Denn ein patentiertes Verfahren darf der Berechtigte nicht nur im stillen anwenden, er darf auch das Verfahren (nicht bloß das Erzeugnis) in Verkehr bringen (abgesehen davon, daß er es gewissermaßen mit dem Erzeugnis zugleich tatsächlich in Verkehr bringt), es bekannt geben, das „Rezept" weitergeben, und ist gegen solches Tun von unberechtigter Seite geschützt. Das Inverkehrbringen der Apparate für das Verfahren ist aber noch nicht identisch mit dem Inverkehrbringen des Verfahrens, ebensowenig wie eine für die Zeit nach Ablauf des Patents zugesagte Lieferung eines bisher noch patentierten Gegenstandes auch dann keine Patentverletzung ist, wenn der Gegenstand vor Ablauf der Zeit vorbereitend hergestellt wird. Gerade das ausdrückliche Zurückhalten der wirklichen Benutzung bis zu der patentfreien Zeit stellt sich als Wahrung, nicht als Verletzung des PR. dar (RGZ. 93, 172) — ähnlich wie auch im literarischen Urheberlecht der vorbereitende Druck kurz vor dem Ablauf der Schutzfrist erlaubt ist, wenn die Veröffentlichung ernstlich erst nach Ablauf der Schutzdauer beabsichtigt ist.

Inverkehrbringen bedeutet nicht nur erstmaliges Bringen in den Verkehr, sondern betrifft jeden Wiederholungsakt und behält ihn dem Berechtigten vor. Es tritt hier nicht etwas ein wie bei dem Gedanken der Vorbenutzung, etwa daß nach einmaligem Inverkehrbringen weitere Akte dieser Art für jedermann frei seien.

Es gibt auch unerlaubtes Inverkehrbringen rechtmäßig hergestellter Erzeugnisse, so, wenn die Gegenstände im Auslande hergestellt sind, aber im Inlande den Patentschutz verletzen würden — aber umgekehrt dürfen für erlaubte Auslandlieferung Gegenstände im Inlande hergestellt werden, die im Inlande nicht der Benutzung zugeführt werden dürften (RGZ. 75, 128).

Feilhalten ist gegenüber dem Inverkehrbringen der engere Begriff. Denn es setzt Öffentlichkeit nicht voraus; es genügt Feilhalten in einzelnem, privatem Fall. Ein Feilhalten ist auch ohne Vorweisung des körperlichen Gegenstandes möglich, in Ankündigungen usw. Auch auf Ausstellungen, in Vorträgen ist ein Feilhalten anzunehmen, wenn die Verkaufsabsicht jetzt oder später nicht ausgeschlossen ist.

Das alles gehört zu dem Umkreis der Rechte des Patentberechtigten.

c) **Dritte Stufe der Benutzungsrechte: Gebrauch.**

Gebrauch im weiteren Sinne kann erste, zweite oder dritte Stufe der Benutzung sein. Denn Gebrauch ist alles. Im besonderen — als dritte Stufe aber ist es jede Anwendung, Weiterbenutzung, Kombinationsbenutzung, Verwendung über den Inhalt der Patentschrift hinaus, auf Grund neuer Bedürfnisse usw. Nicht als selbständiger Gebrauch gilt aber der bloß vorbereitende Gebrauch

(s. oben c), wenn der wahre Gebrauch (unter anderen Rechtssätzen) ein anderer ist.

d) **Gewerbsmäßigkeit der Benutzung.**

In den Stufen der Benutzung (s. a—c) ist überall an gewerbliche Benutzung gedacht. Das Gesetz fordert die Gewerbsmäßigkeit aber noch ausdrücklich. Damit ist gesagt, daß — wie im gewerblichen Schutzrecht auch sonst — der Gebrauch für persönlichen oder häuslichen Bedarf des Einzelnen frei und erlaubt ist (RGZ. 66, 164 u. RG, in JW. 11, 250). Das Gewerbsmäßige ist nicht identisch mit Benutzung in einem bestimmten Gewerbebetriebe, sondern es bedeutet die Art der Benutzung. Also ist Benutzung zu Lehrzwecken (auch u. U. im Gewerbe) erlaubt, aber entgeltliche Benutzung außerhalb des Gewerbes nicht, auch unentgeltliche nicht, wenn sie einem Gewerbe dient.

II. **Ausschließlichkeit der Benutzung (Gebiet).**

Die Ausschließlichkeit ist eine sachliche und eine örtliche; sachlich, wie es im Wesen der geistig-gewerblichen Schutzrechte überhaupt gelegen ist, indem der Berechtigte während der Dauer seiner Berechtigung andere von der Nutzung der geistig-gewerblichen Schöpfung ausschließt, es sei denn, daß er etwas von seinen Rechten auf andere übertragen habe; örtlich, indem sich die patentrechtliche Ausschließlichkeit grundsätzlich nur aufs Inland bezieht (Territorialitätsprinzip). Über beide Gruppen muß näher gesprochen werden.

a) **Sachliche Ausschließlichkeit.**

Die oben sub I aufgezählten und besprochenen Stufen der Benutzung haben praktische Bedeutung als solche Benutzung, von der der Berechtigte jeden anderen ausschließen kann. Darin liegt ihr patentrechtlicher Wert. Wir haben gesehen, welchen Umfang die Benutzung hat, für die das PR. Ausschließlichkeit statuiert. Die Gewerbefreiheit ist gegenüber solchem Umfange der patentierten Erzeugnisse und Verfahren ausgeschlossen.

Die sachliche Ausschließlichkeit ist ein Grundsatz, der jedoch nicht jede Beschränkung ausschließt. Ebenso wie das Urheberrecht durch Begrenzung der Schutzdauer, durch Unsittlichkeit des Gegenstandes, durch internationale Einflüsse, durch Verlagsrecht-Bestellung u. dgl. m. beschränkt sein kann, ohne daß es seine grundsätzliche Ausschließlichkeit einbüßt, so auch im Patentrecht. Über diese Beschränkungen s. unten sub C.

Ebenso aber, wie der Begriff der Ausschließlichkeit erst Form gewinnt durch Beachtung des Umfangs der Benutzung (s. oben sub I), so gewinnt er gleichermaßen erst Gestalt durch die Festlegung des

Sachinhalts des Patents, also dessen, was denn ausschließlich geschützt sei (darüber s. unten sub III).

b) **Örtliche Ausschließlichkeit (Territorialprinzip).**

Die ausschließende Kraft des PR. ist auf das Deutsche Reich beschränkt, also örtlich streng begrenzt. Dieses Territorialprinzip bedeutet 1. daß ein Patentschutz im Auslande nur durch eigene Patenterteilung im Auslande erlangt wird, 2. daß die Herstellung eines in Deutschland geschützten Gegenstandes wie jede andere Benutzungshandlung im Auslande gestattet ist, 3. daß wegen ausländischer Patentverletzung deutsche Gerichte nicht zuständig sind, selbst wenn die Verletzung durch Inländer geschieht, 4. daß im Ausland hergestellte, in Deutschland patentverletzende Gegenstände in keiner Stufe der Benutzung (s. oben sub B I) das Inland berühren dürfen (Durchfuhr, Feilhalten usw.).

Über internationales Recht s. unten § 47 sub C.

III. **Auslegung des PR. (Sachinhalt, sachlicher Schutzbereich).**

Neben dem Umfang und dem Gebiet des PR. ist das dritte Hauptstück des Wirkungskreises der Inhalt. Also zu der Frage: worin besteht der Schutz? und zu der Frage: wo besteht der Schutz? die dritte Frage: was ist geschützt?

Was ist Gegenstand der Erfindung? Wie ist das Patent auszulegen?

Das Patentamt bestimmt den Inhalt der patentierten Erfindung, das Gericht urteilt über das Wesen dieser Erfindung. Das Patentamt sagt, was das Patent ist, das Gericht entscheidet, was das Patent bedeutet. Im Verletzungsstreit hat das Gericht, wie Lutter S. 73 sagt, „das erteilte Patent lediglich anzuwenden und auszulegen. Es hat zwei Aufgaben: einmal, zu ermitteln, was das Patentamt patentiert hat, und sodann, zu entscheiden, welche Wirkung dem Patent beizumessen ist." Das ist auslegende Tätigkeit, aber eine Auslegung zweierlei Art[1], je nachdem, ob sie das, was das Patentamt patentiert hat, (gegenständlich, beschreibend!) ermitteln oder ob es den Schutzumfang des Patents (ideell, urteilend!) feststellen soll.[2] Es handelt sich auch hier — wie im gewerblichen

[1] RG. in Bl. 17, 268; ferner in Bl. 16, 157.

[2] Das entspricht den namentlich von Isay und Schanze (der den Patentanspruch übersteigenden Schutzumfang als „akzessorischen Patentschutz" bezeichnet) sehr eingehend entwickelten Ansichten. (Vgl. namentlich die auch den Standpunkt des Reichsgerichts berücksichtigenden verschiedenartigen Äußerungen von Isay, Schanze, Hüfner, Wirth in GR. u. U. 1917, S. 129ff.)

Schutzrecht allenthalben — um den Schutz der in Form gebrachten Idee.[1] Nicht der Gedanke ist für Verwirklichung in beliebiger Form, sondern für seine Verwirklichung in der umgrenzten Form, wie es im Patentanspruch angemeldet und vom Patentamt angenommen, patentiert. Aber die Grenzen dieser Form sind nicht starr und formalistisch, sondern in Wahrung der überragenden Bedeutung des zugrundeliegenden Gedankens, nämlich seiner Bedeutung, auszulegen, so daß mit Recht die Lehre von den Äquivalenzen, d. h. von den gleichwertigen und gleichartigen Lösungen des Erfindungsgedankens entstehen und Geltung gewinnen konnte.[2] Es handelt sich dabei um die gleichen Grundsätze wie bei der aus dem Urheberrecht bekannten Ermittelung, ob etwas freie Benutzung zu eigentümlicher Schöpfung oder nur Wiedergabe in bearbeiteter, veränderter Form ist. Im letzteren Falle verstößt es gegen das Patentrecht, genau so wie das beim UR. der Fall sein würde, im ersteren Falle nicht. Daß die Grenzen hier wie dort flüssig sind, daß es Übergänge und Zweifelsfälle gibt, die große Schwierigkeiten bereiten, kann an der Gültigkeit des Grundsatzes nichts ändern.

Das Reichsgericht hat hierfür in einem Urteil v. 9. Febr. 1910 (RGZ. 80, 54) Grundsätze aufgestellt, die seitdem in Geltung geblieben sind und die lauten:

„Der Patentanspruch hat in erster Linie den Zweck, den Gegenstand der Erfindung für den Techniker möglichst genau zu bezeichnen, nicht aber den daraus sich ergebenden Patentschutz nach allen Seiten genau abzugrenzen. In dieser Beziehung muß vielmehr manches der späteren Auslegung vorbehalten bleiben. Besonders ist es regelmäßig untunlich, bei Erfindungen, die durch eine größere Zahl von Merkmalen zu charakterisieren sind, schon im Stadium der Patenterteilung festzustellen, welche Merkmale für den Patentschutz unbedingt erforderlich sind und welche ausscheiden können, oder welche einzelnen oder welche Gruppen von Merkmalen für sich den Patentschutz genießen. . . . Die Rechtsprechung des Reichsgerichts befolgt daher schon lange den Grundsatz, daß der Anmelder im Zweifel

[1] A. M. Hüfner, a. a. O., S. 147.

[2] Instruktiv für die Frage, ob eine bestimmte Lösung einer anderen gleichartig ist, ob der spezielle Erfindungsgedanke in einer anderen Erfindung wiederkehrt oder nicht, ist beispielsweise das RG.-Urt. in M. u. W. 20, 65. Die Wahl von Mitteln mit bestimmter beabsichtigter Wirkung ist danach schutzwürdig, auch wenn die Art der Wirkung noch nicht ganz geklärt ist; sie steht aber nicht einer gegen andere Einflüsse, wenn auch ähnlich wirkenden, Erfindung im Wege.

den Schutz und nur den Schutz beanspruchen kann, der ihm nach dem Stande der Technik zur Zeit der Anmeldung gebührt, ohne daß es wesentlich darauf ankommt, ob ihm selbst oder der patenterteilenden Behörde dieser Stand der Technik vollständig bekannt war."

Selbst wenn das PA. etwas patentiert hat, was bereits Gemeingut der Technik war, so ist das Gericht daran gebunden. Enthält das Patent einen Überschuß gegenüber dem Stande der Technik, so muß das Gericht ihm ebenfalls Schutz gewähren. Dadurch ist das Gericht in seiner Beurteilung nach dem „Stande der Technik" beschränkt.

Diese Bezugnahme auf den Stand der Technik zur Zeit der Patenterteilung ist herrschende Lehre geworden, obwohl auch vielerlei dagegen ins Feld geführt werden kann (vgl. Aron in Recht u. Wirtschaft 1913, S. 138ff.). Es bedeutet, daß der Erfinder nur das, aber auch alles das geschützt erhält, womit er die Technik bereichert hat (Seligsohn S. 125). So fallen Äquivalente der Lösung, die erst später erkennbar werden, doch unter den Schutz des alten Patents. Die Feststellung solcher Äquivalente ist manchmal eine Folgerung aus dem Grundsatz der Auslegung ‚nach dem Stande der Technik'. Eine starke Betonung dieses Grundsatzes gibt allerdings dem gesamten Patentrecht ein Moment der Unsicherheit und bringt eine Ungewißheit für die industrielle und erfinderische Arbeit mit sich. Denn den Stand der Technik späterhin für einen Zeitpunkt der Vergangenheit festzustellen, ist außerordentlich schwer, ja fast unmöglich. Aber die volle Bewertung der Leistung des Erfinders ist ein hinreichend wertvolles Moment, um jene Nachteile auszugleichen. So sagt treffend RG. in RGZ. 86, 204, es werde damit „eine mittlere Linie gezogen, die das deutsche Patentrecht nun einmal beherrschende Erteilungsprinzip soweit möglich in Einklang bringt mit der Forderung materieller Gerechtigkeit". (Dort sind weitere RG.-Entscheidungen zitiert). Durch den Hinweis auf die sachkundige Beurteilung der Leistungen des Patents ist ja auch in hinreichendem Maße dem Wahrheitsgedanken des Erfinderrechts genügt. Es liegt in alledem eine ausdehnende Interpretation des Patentanspruchs, und dies hängt eng zusammen mit dem Begriff der „Identität" (s. oben § 42 B II b). Die dort von Isay gegebenen Grundsätze sind wertvoll dafür. Denn es muß auch hier, wie ja grundsätzlich im ganzen gewerblichen Schutzrecht, darauf ankommen, ob die geistige Schöpfung wettbewerbsfähig mit einer anderen ist, weil ja nach dem Vorhandensein oder Nichtvorhandensein seiner engen Wettbewerbsfähigkeit auch das

Moment der Identität ein anderes sein muß. Derselbe Erfindungsgedanke in nah verwandten Objekten ist identisch. Wird er auf ganz anders geartete, weit abliegende Dinge übertragen, so kann in eben dieser Übertragung ein neues erfinderisches Moment liegen, und er wandelt sich ganz naturgemäß in seiner Gestalt und Wirkung eben durch das veränderte Objekt.[1]

Mit dieser Erkenntnis werden wir auch die Streitfrage der „Auslegung des Patents", d. h. seines Schutzumfangs leichter zu lösen imstande sein.

C. Beeinträchtigung der normalen Wirkung des PR.

Die normale Wirkung des PR. wird beeinträchtigt durch Rechtsverletzungen und durch andere Beschränkungen. Erstere sind unrechtmäßig, letztere beruhen auf Rechtssätzen. Das scheidet die beiden Arten der Beeinträchtigungen voneinander. Die Rechtsverletzungen werden im folgenden § 44 im Rahmen des Rechtsschutzes erörtert, hier muß der rechtmäßigen Beeinträchtigungen der Wirksamkeit des PR. gedacht werden.

I. **Beeinträchtigung durch Verbotsgesetze.**

Rechte können durch Gegenrechte beeinträchtigt werden. Es ist ein ewiges Widerspiel im Recht, daß das Gute dem Besseren, das niedere Recht dem höheren weichen muß. Deshalb kann auch die Patenterteilung nicht dem Rechtsgrundsatz, daß Sittenwidrigkeit jedes Recht tötet, entgehen. Und nicht nur vorhandene höhere Rechtssätze, auch künftige, noch zu erlassende Gesetze können früheren Abbruch tun. Nova lex derogat priori; lex specialis derogat generali. Diese Möglichkeiten im einzelnen zu betrachten ist hier nicht erforderlich.

II. **Beeinträchtigung durch Kollision mit anderen gewerblichen Schutzrechten.**

Liegt der Fall vor, daß mehrere Patente tatsächlich miteinander kollidieren, so ist — bis zur etwaigen Entscheidung der besseren Rechte des einen — die Benutzung des einen durch die Rechte des anderen beeinträchtigt. Das gleiche gilt in dem schon oben § 42 B II b besprochenen Fall der Abhängigkeit des einen Patents von einem anderen, wo also die Benutzung des Patents nicht ohne Benutzung eines anderen möglich ist. Auch ein gegenseitiges Eingreifen zwischen Patentrecht und Musterschutz gibt es. Und auch durch die Erteilung

[1] Eine ähnliche, wenn auch noch anders geartete Auffassung zeigt sich bei Dunkhase in M. u. W. 15, 300; 16, 120.

von Lizenzen wird das Patentrecht beeinträchtigt. Ein besonders gearteter Fall dieser Art ist die Zwangslizenz.

III. **Beeinträchtigung durch Zwangslizenz.**

Das PG. von 1901 kennt die Einrichtung einer Zwangslizenz noch nicht, diese ist erst durch die Novelle vom 6. Juni 1911 (RGBl. S. 243) festgelegt worden, ebenso wie im Urheberrecht die Zwangslizenz auch erst durch die Novelle von 1910 in das Gesetz gekommen ist.

Die Zwangslizenz unterscheidet sich von der gewöhnlichen und ausschließlichen Lizenz (s. oben § 42 B III c 2) durch ihre obrigkeitliche Erteilung durch das Patentamt auf Grund öffentlichen Interesses. Ein solches öffentliches Interesse liegt immer dann vor, wenn durch Nichtgebrauch oder Mißbrauch des Patents der normale Vorteil der Allgemeinheit aus der patentierten Erfindung beeinträchtigt wird, also beispielsweise auch, wenn der Patentinhaber Industriezweige terrorisiert oder neue, von dem seinigen abhängige[1], Patente und Fortschritte verhindert. Da es sich lediglich um Berücksichtigung öffentlicher Interessen bei der Zwangslizenz handelt, gehört sie systematisch unter die Beeinträchtigungen der normalen Wirkung, nicht unter die freiwilligen Übertragungen. Sie wird erteilt namentlich, wenn der Patentinhaber sich eine Nichtausübung seines Rechts zuschulden kommen läßt; da dies nicht sogleich nach Patenterteilung ersichtlich wird, ist die Zwangslizenz erst zulässig, wenn drei Jahre seit Patenterteilung verstrichen sind. Sie wird geltend gemacht durch Anspruch vor dem Patentamt. Der Anspruch setzt voraus, daß eine angemessene Entschädigung und Sicherheitsleistung geboten wird. Ein ausschließliches Recht des Erwerbers gibt die Zwanglizenz nicht; dieser kann keine Unterlizenzen erteilen.

Im übrigen richtet sie sich nach den Grundsätzen der gewöhnlichen Lizenz.

IV. **Beeinträchtigung durch Vorbenutzung.**

Ein besonders wichtiges Kapitel der Einschränkung des ausschließlichen Patentrechts ist das Recht des Vorbenutzers. § 5 Abs. 1 PG. bestimmt:

„Die Wirkung des Patents tritt gegen denjenigen nicht ein, welcher zur Zeit der Anmeldung bereits im Inlande die Erfindung in Benutzung genommen oder die zur Be-

---

[1] Über die Beziehungen zwischen Abhängigkeit der Patente und Zusprechung der Zwangslizenz s. RGZ. 91, 188.

nutzung erforderlichen Veranstaltungen getroffen hatte. Derselbe ist befugt, die Erfindung für die Bedürfnisse seines eigenen Betriebes in eigenen oder fremden Werkstätten auszunutzen. Diese Befugnis kann nur zusammen mit dem Betriebe vererbt oder veräußert werden."

Dies ist eine Anerkennung des Erfinderrechts gegenüber der sonstigen Bevorzugung des Anmelders einer Erfindung; denn es schützt den Erfinder, der aus irgendwelchen Gründen nicht angemeldet hat, gegen den späteren Erfinder, der anmeldet.

Hier ist ein dingliches Recht der Benutzung einer Erfindung trotz und gegen Patentrecht festgestellt unter folgenden Bedingungen: (1) Zur Zeit der Anmeldung vorhandene oder begonnene Benutzung (2) im Inlande (3) im Rahmen eines Betriebs.

1. **Zur Zeit der Anmeldung vorhandene oder begonnene Benutzung** liegt vor, wenn Veranstaltungs- (praktische, nicht bloß theoretische Vorbereitungs-) oder Ausführungshandlungen zur Zeit der Anmeldung vorhanden waren (nicht etwa gerade zur Zeit der Anmeldung unternommen wurden). Solche Handlungen müssen sich auf Herstellung, Feilhaltung, Gebrauch beziehen analog der Stufen der Benutzung (s. oben B I a—c). Bloße Zeichnungen, Käufe, Anschaffungen, Engagements genügen als Vorbereitungs- (Veranstaltungs-)Handlungen nicht; es muß praktisch-technisch an der Erfindung gearbeitet worden sein.

2. **Im Inlande** geschieht die Vorbenutzung, wenn auch nur eine der Stufen der Benutzung (s. oben B I a—c) im Inlande geschah. Dies entspricht dem Prinzip der Territorialität des PR.[1]

3. **Im Rahmen eines Betriebs** muß die Vorbenutzung geschehen sein und ist für Rechtsübergang auch an den Betrieb gebunden; das liegt im Wesen des PR. als eines geistig-gewerblichen Schutzrechts begründet. Aber gewerbsmäßig im Sinne der wiederholten gewerbsmäßigen Ausnutzung braucht die Vorbenutzung nicht geschehen zu sein. Dies ist eine Durchbrechung der Benutzungsgrundsätze zugunsten des Vorbenutzers. Und gewerblich brauchte der Betrieb auch nicht zu sein; es kann sich auch um einen mehr „geistigen", wissenschaftlichen oder sonstwie privaten ‚Betrieb' handeln. Aber die Benutzung mußte für eigene

[1] Über die Beziehungen des Unionsprioritätsrechts zum Vorbenutzungsrecht s. RGZ. 99, 145 und dazu Dunkhase in M. u. W. 20, 81.

Zwecke geschehen sein. Darin liegt zugleich, daß der Vorbenutzer die Benutzung nicht anderen gestatten, keine Lizenzen erteilen darf u. dgl. mehr; daß aber die zur Zeit der Patentanmeldung von dem Vorbenutzer bereits erteilten Lizenzen zu Recht bestehen bleiben, solange der Vertrag läuft.[1]

V. **Beeinträchtigung durch nationale oder internationale Rücksichten.**

Nach § 5 Abs. 2 u. 3 PG. tritt die Wirkung des Patents insoweit nicht ein, als die Erfindung nach Bestimmung des Reichskanzlers für das Heer oder für die Flotte oder sonst im Interesse der öffentlichen Wohlfahrt benutzt werden soll. Doch hat der Patentinhaber in diesem Falle gegenüber dem Reich oder dem Staate, welcher in seinem besonderen Interesse die Beschränkung des Patents beantragt hat, Anspruch auf angemessene Vergütung, welche in Ermangelung einer Verständigung im Rechtswege festgesetzt wird. — Vgl. auch Bundesrats-VO. über den Ausschluß der Öffentlichkeit für Patente und Gebrauchsmuster vom 8. Febr. 1917 (RGBl. S. 121). — Auf Einrichtungen an Fahrzeugen, welche nur vorübergehend in das Inland gelangen, erstreckt sich die Wirkung des Patents nicht.

Ersteres nennt man Patententeignung, wenn es auch keine eigentliche Enteignung ist, und sie tritt auch ein, wenn das Reich oder der Staat ohne weiteres die Benutzung des Patents für sich in Anspruch nimmt und angemessene Vergütung dafür bezahlt — wobei das Reich oder der Staat nur als Hoheitssubjekt, nicht als Fiskus in Betracht kommt; denn als Fiskus ist Reich oder Staat patentrechtlich Privatperson.

Gegenstände, die auf Fahrzeugen sich befinden, aber mit ihnen nicht verbunden sind, sind nicht „Einrichtungen an Fahrzeugen".

Rechtsschutz, Rechtsverletzungen. § 44.

A. Überblick und systematische Stellung.

Im PR. betreffen Rechtsschutz und Rechtsverletzungen zwei Seiten der Rechtswirkung: einmal die Wirkung des PR. und einmal die Wirkung gegen ein PR. Das hat im Urheberrecht nicht seinesgleichen. Dort sind die urheberrechtlichen Grundsätze das Überragende, das einzig Ausschlaggebende. Entweder sind sie gewahrt oder nicht, jede Verletzung richtet sich gegen ein wirkliches,

[1] Starck in GR. u. U. 1919, 87.

ein immanentes Recht, das eben nur richtig ausgelegt zu werden braucht. Auch im Verlagsrecht ist das nicht anders. Im Patentrecht kommt (was auch im Musterrecht möglich ist) ein neues Moment durch die formale Rechtserteilung hinein. Diese formale Erteilung eines Patents ist eine neue Fehlerquelle. Sie selbst, obwohl ein Rechtsakt, kann als Verletzung des wahren, höheren, immanenten Rechts, des (Urheber- oder) Erfinderrechts erscheinen und deshalb eine rechtliche Gegenwirkung auslösen.

Deshalb hat der Rechtsschutz im PR. zwei, und zwar ganz verschiedene, Seiten. Ihr Rechtsboden ist systematisch nicht der gleiche. Der Klageanspruch des Patentberechtigten auf Grund des PR. gründet sich auf das Erfinderrecht (als materiellem Recht) und zugleich auf das formale Recht (der Patenterteilung). Der Anspruch gegen den Patentberechtigten hingegen gründet sich einerseits auf das Erfinderrecht, aber andererseits nicht auf das formale Recht, gegen das er vielmehr sich wendet. Hier wird mit dem Einspruch-, dem Beschwerde-, dem Nichtigkeit- und Zurücknahmeverfahren ein auf schwankenden Füßen stehendes, fälschlich erteiltes, aber formell bestehendes Recht angefochten zugunsten besseren materiellen Rechts.

In beiden Fällen besteht natürlich der Rechtsschutz gegen Rechtsverletzungen, aber die Rechtsverletzungen selbst sind theoretisch ganz verschiedener Art.

Es ist klar, daß die Verfolgung der Rechtsverletzungen ersterer Art (des Patentrechts) vor die ordentlichen Gerichte, die Verfolgung der Rechtsverletzungen letzterer Art (gegen das Patentrecht) vor das Patentamt gehört.

B. Die beiden Seiten des Rechtsschutzes und der Rechtsverletzungen im PR.

I. **Der Rechtsschutz des Patents.**

a) **Der Klageanspruch.**

Für den Klageanspruch im PR. gibt das PG. verhältnismäßig nur wenige Bestimmungen (§§ 35 ff.), die sich auf materielles und Prozeßrecht beziehen. Für das Verfahren gelten natürlich die Vorschriften der ZPO. und der StPO ergänzend. Für das Zivilrecht gelten die Grundsätze des BGB., für das Strafrecht die des StGB., soweit sie nicht über die Spezialvorschriften des PG. hinausgehen. Denn Spezialgesetz geht auch hier dem allgemeinen Gesetz vor, aber innerhalb des Rahmens der Spezialvorschriften müssen die allgemeinen Rechtssätze zur Auslegung und Ausfüllung herangezogen werden.

Der Rechtsschutz ist sowohl zivil- wie strafrechtlicher Art. Bestrafung und Schadenersatz sind seine Rechtsmittel. Die Verfolgung des Rechts geht bis vor das Reichsgericht (§ 38 PG.). Für die zivilrechtlichen Folgen kommen §§ 35, 38, 39 PG., für die strafrechtlichen die §§ 36, 37, 40 PG. in Betracht.

Die Sätze des BGB. §§ 823ff. über die Folgen unerlaubter Handlungen können hier nicht herangezogen werden, wohl aber die Vorschriften über ungerechtfertigte Bereicherung (§§ 812ff., Seligsohn, S. 402).

b) **Zivilrechtlicher Schutz.**

1. Der Verletzte [d. i. der Träger des PR. oder des verletzten Teils des PR.] hat einen Anspruch gegen den Verletzer auf **Unterlassung.**

Nach ständiger Rechtsprechung des Reichsgerichts (vgl. Isay S. 196) besteht in allen Fällen, wo ein Schadensersatz- und Strafanspruch besteht, also auch im PR., ein Anspruch auf Unterlassung — als Vorbeugungs- und Beschleunigungsmittel im Interesse des Rechts. Auch Besorgnis vor einer Rechtsverletzung, wenn objektive Merkmale dafür vorliegen, genügt für die Verfechtung des Unterlassungsanspruchs.

Die Schadensersatzklage kann schon mit dem Unterlassungsanspruch verbunden werden.

Die Beweislast hat der Kläger.

Auch die Feststellungsklage ist zulässig, und zwar nicht nur wenn es sich um Feststellung der Gültigkeit eines Patents handelt. Wie die einstweilige Verfügung, die ebenfalls von Wichtigkeit ist, dient sie zur Unterstützung der anderen Rechtsmittel. Ja gemäß dem durch das ganze Gebiet des gewerblichen Rechtsschutzes gehenden Zug, daß schon die berechtigte Besorgnis einer Rechtsverletzung die Anwendung der Abwehrmittel rechtfertigt, sind auch im PR. diese Rechtsmittel von Wichtigkeit. In einer RG.-Entscheidung (RGZ. 101, 135 = M. u. W. 20, 215) heißt es in dieser Hinsicht sehr instruktiv: „Nach der Rechtsprechung des Reichsgerichts seien beide Klagen (Unterlassungs- und Feststellungsklage) schon dann begründet, wenn die gerechtfertigte Besorgnis einer bevorstehenden Patentverletzung vorhanden sei. Hierzu müsse es im vorliegenden Falle genügen, wenn beim Kaufe des Pulvers zwischen Käufer und Verkäufer Einigkeit darüber bestehe, daß es zum geschützten Verfahren verwendet werden solle. (Das Pulver war ein — notwendiges — Hilfsmittel zu dem patentierten Verfahren). Der Revision ist darin beizustimmen, daß auf dem Gebiete des Patentrechts, wie auf dem der gewerblichen Schutzrechte überhaupt, die zur Abwehr künftiger Eingriffe dienende Unterlassungsklage, die ihre rechtliche Grundlage im § 4 PG. und in der entsprechenden Anwendung des § 1004 BGB. hat, nicht ausschließlich an eine bereits betätigte Patentverletzung geknüpft ist, sondern auch schon dann erhoben werden kann, wenn Tatsachen vorliegen, welche die Vorbereitung und die Absicht eines solchen Eingriffs mit Sicherheit erkennen lassen (RGZ. Bd. 54, S. 415 f., Bolze: „Praxis des Reichsgerichts", Bd. 8, Nr. 148). Ebenso erscheint es für die Feststellungsklage zur Begründung des rechtlichen Interesses an der alsbaldigen richterlichen Entscheidung als genügend, daß durch das Verhalten des Beklagten das Schutzrecht der Klägerin gefährdet oder doch wenigstens ein erheblicher Anlaß zur Besorgnis einer solchen Gefährdung geboten wird" (vgl. auch RGZ. 65, 157 u. 95, 306).

Es genügt nach der Rechtsprechung des Reichsgerichts schon, daß die Möglichkeit der beabsichtigten rechtswidrigen Verwendung vorausgesehen werden konnte von dem, der auf Unterlassung in Anspruch genommen werden soll.

2. Der Verletzte hat einen Anspruch auf **Schadensersatz.**

„Wer wissentlich oder aus grober Fahrlässigkeit den Bestimmungen der §§ 4 und 5 PG. zuwider eine Erfindung in Benutzung nimmt, ist dem Verletzten zur Entschädigung verpflichtet.

Handelt es sich um eine Erfindung, welche ein Verfahren zur Herstellung eines neuen Stoffes zum Gegenstand hat, so gilt bis zum Beweise des Gegenteils jeder Stoff von gleicher Beschaffenheit als nach dem patentierten Verfahren hergestellt" (§ 35 PG.).

3. **Voraussetzungen des Anspruches.**

a) **Verschulden des Verletzers.**

Entgegen dem strafrechtlichen Schutz des PR. (s. unten c), macht auch grobfahrlässige Verletzung zivilrechtlich haftbar.

Entgegen dem Musterschutzrecht macht aber nur wissentliche, nicht fahrlässige Verletzung im PR. strafrechtlich haftbar.

Was doloses und grobfahrlässiges Verhalten ist, richtet sich nach den allgemeinen Rechtssätzen darüber. Auch wenn der Benutzer die Möglichkeit der Rechtsverletzung kennt und in diesem Falle die Tat unternimmt, liegt dolus vor. Tatsächlicher Irrtum steht dem dolus im Wege.

β) **Benutzung des Patents.**

Es kommt jede der Stufen der Benutzung (s. oben § 43 B I) in Frage (Herstellen, Feilhalten, Inverkehrbringen, Gebrauchen).

Widerrechtlich ist jede Benutzung, die sich nicht auf ein Recht (materielles Erfinderrecht, formales Patentrecht, dingliches oder obligatorisches Recht, Lizenz) stützt.

γ) **Entstehung eines Schadens.**

Nicht nur wirklich entstandener Schaden (damnum emergens), auch entgangener Gewinn (lucrum cessans) ist zu entschädigen. Der Schaden braucht auch nicht nur in der Person des auf Schadensersatz Klagenden entstanden zu sein.

Daß die Voraussetzungen des Anspruches (α—γ) vorliegen, hat der Kläger zu beweisen.

4. **Der Anspruch endigt** nicht schon durch Ablauf des PR. Maßgebend ist das Bestehen des PR. im Augenblick der Verletzung. Nur wenn das Patent für nichtig erklärt wird, kann auch der Anspruch auf Schadensersatz zuvor nicht bestanden haben. Der Anspruch auf Schadensersatz ist selbständig übertragbar, bleibt auch bei Übertragung des PR. u. U. beim Übertragenden.

Der Anspruch endigt durch Verjährung, und zwar rücksichtlich jeder einzelnen Handlung in drei Jahren (§ 39 PG.).

5. Über die **Buße** als Schadensersatz bei gleichzeitigem Strafverfahren s. unten c.

c) **Strafrechtlicher Schutz.**

1. Die **Strafe für Patentvergehen** lautet auf Geldstrafe bis zu 5000 M. oder Gefängnis bis zu einem Jahre (§ 36 PG.). Zugleich mit der Bestrafung ist dem Verletzten die Befugnis zuzusprechen, die Verurteilung auf Kosten des Verurteilten öffentlich bekannt zu machen, wobei die Art der Bekanntmachung und die Frist im Urteil zu bestimmen ist (§ 36 PG.). Ferner kann auf Einziehung der benutzten Gegenstände erkannt werden.

Das Patentvergehen ist Antragsdelikt. Der Antrag kann zurückgenommen werden (§ 36 PG.).

Zu der Verfolgung wegen Patentvergehens im engeren Sinne ermöglicht § 40 PG. noch eine Verfolgung wegen unlauterer Wettbewerbshandlungen, sofern sich diese auf Patentrechte beziehen. Danach wird mit Geldstrafe bis zu eintausend Mark bestraft:

1. wer Gegenstände oder deren Verpackung mit einer Bezeichnung versieht, welche geeignet ist, den Irrtum zu erregen, daß die Gegenstände durch ein Patent nach Maßgabe dieses Gesetzes geschützt seien;
2. wer in öffentlichen Anzeigen, auf Aushängeschildern, auf Empfehlungskarten oder in ähnlichen Kundgebungen eine Bezeichnung anwendet, welche geeignet ist, den Irrtum zu erregen, daß die darin erwähnten Gegenstände durch ein Patent nach Maßgabe dieses Gesetzes geschützt seien.

Das ist das Vergehen der Patentanmaßung.

Dies greift ins Markenschutzrecht (Schutz der Warenbezeichnungen) und in das Gesetz gegen unlauteren Wettbewerb über. Es ist ein verstärkter Schutz des PR. und ein erneuter Beweis des engen Zusammenhanges des gewerblichen Rechtsschutzes. Es tritt hier Gesetzeskonkurrenz mit den genannten Gesetzen ein.

2. **Voraussetzungen der Strafbarkeit** sind:

a) **Wissentliche** (dolose) **Rechtsverletzung** — nicht auch grobfahrlässige wie im Geschmacksmusterrecht —.

b) **Benutzung** der Erfindung in den verschiedenen Stufen.

c) **Entstehung eines Schadens** ist **nicht** Voraussetzung der Strafbarkeit.

d) **Stellung des Strafantrags** ist erforderlich, und zwar binnen 3 Monaten seit dem Tage, an welchem der Antragsberechtigte von der Verletzung Kenntnis erhielt, und schriftlich oder zu Protokoll beim Gericht oder Staatsanwalt.

3. Die **Strafverfolgung verjährt** in 5 Jahren.

4. Auf **Buße** kann auf Verlangen des Geschädigten neben der Strafe erkannt werden statt jeder aus dem PG. entspringenden Entschädigung, und zwar bis zum Betrage von 10000 Mark. Für diese Buße haften die zu derselben Verurteilten als Gesamtschuldner. Eine erkannte Buße schließt die Geltendmachung eines weiteren Entschädigungsanspruchs aus. Sie ist an den Geschädigten zu erlegen (§ 37 PG.). Hier ist natürlich Entstehen eines Schadens Voraussetzung. Die Buße ist Brücke zwischen zivil- und strafrechtlicher Begleichung wie im gewerblichen Schutzrecht überhaupt.

Bei der Bestrafung aus § 40 (Patentanmaßung) kann eine Buße nicht verlangt werden.

II. **Der Rechtsschutz gegen das Patent und das Patentamt.**

a) **Einspruch und Einspruchsverfahren.**

Innerhalb der Frist von zwei Monaten nach der Veröffentlichung kann gegen die Erteilung des Patentes Einspruch erhoben werden (§ 24 PG.). Der Einspruch muß schriftlich erfolgen und mit Gründen versehen sein.

Diese Gründe können nur materiellrechtliche nach §§ 1 u. 2 PG. sein (patentfähige Erfindungen, s. oben § 40) oder Prioritätsgründe nach § 3 PG. (Recht des ersten Anmeldens s. oben § 42 . . . .). Sie stützen sich also darauf, daß das Patent zu Unrecht erteilt ist. Handelt es sich um unrechtmäßig entlehnte Erfindungen, so ist nur der Verletzte einspruchsberechtigt; sonst ist jedermann ohne

Nachweis eines besonderen Interesses einspruchsberechtigt. Das Einspruchsrecht ist vererblich.

Eine Verletzung lediglich der Formvorschriften (s. oben § 41) rechtfertigt noch keinen Einspruch.

Der Einspruch muß die Tatsachen angeben, durch die das materielle Erfinderrecht verletzt worden ist, also warum die Erfindung nicht neu ist usw.

Der Einsprechende hat die Stellung einer Partei. Ist der Einspruch so offenbar unbegründet, daß das Patentamt ihm nachzugehen nicht für nötig zu halten braucht, so kann es ohne weiteres das Patent erteilen. Sonst gibt es den Einspruch dem Anmelder zur Gegenäußerung bekannt. Behauptete und nicht widerlegte Angaben gelten als erwiesen. Die Beschlußfassung des PA. kann immer erst nach Ablauf der zweimonatigen Frist erfolgen. Der Beschluß wird allen Beteiligten schriftlich zugestellt.

b) **Beschwerde und Beschwerdeverfahren.**

Die Beschwerde im PR. (vgl. § 16 PG.) gehört nicht lediglich zu dem Rechtsschutz gegen das Patent, wohl aber in jedem Fall gegen das Patentamt und gehört insofern hierher und nicht zu dem Umkreis des Rechtsschutzes aus dem Patent, der sich dinglich gegen Dritte richtet.

Innerhalb der Frist von einem Monat nach der Zustellung kann der Patentsucher oder der Einsprechende Beschwerde einlegen (§ 26 PG.) und zwar:

1. gegen den Beschluß, durch welchen die Anmeldung zurückgewiesen wird, der Patentsucher, und

2. gegen den Beschluß, durch welchen über die Erteilung des Patents entschieden wird, der Patentsucher oder der Einsprechende.

Also kann der Patentsucher Beschwerde einlegen gegen: 1. Zurückweisung der Anmeldung, 2. Versagung des Patents, 3. unberechtigte Beschränkung des Patentanspruchs.

Der Einsprechende kann Beschwerde einlegen gegen Erteilung eines Patents, nicht gegen Versagung eines Patents.

Die Zahlung der Gebühr (s. § 45) ist notwendig für die Einlegung der Beschwerde.

Es muß mündliche Verhandlung stattfinden

c) **Nichtigkeits- und Zurücknahmeverfahren.**[1]

Auch das Verfahren wegen Erklärung der Nichtigkeit oder wegen Zurücknahme des Patents erfolgt nur auf Antrag bei dem Patentamt (§ 28 PG.). Der Inhalt dieses Antrages ist maßgebend, das

---

[1] Vgl. Dunkhase Beiträge zum PR. VI, Berlin u. Leipzig 1914.

Patentamt hat nicht das Recht, bei der Nichtigkeitserklärung über den gestellten Antrag hinauszugehen, oder ohne Antrag Patente für nichtig zu erklären, selbst wenn es bei der Aufklärung einer Sache von Amts wegen zu dem Ergebnis kommen sollte, daß ein erteiltes Patent von Rechts wegen für nichtig erklärt werden müßte. Ist das PA. also in der Erforschung des Tatbestandes frei, so ist es doch in der Fällung eines formalen Nichtigkeitsurteils beschränkt, wie es auch bei Zurücknahme des Antrags das Nichtigkeitsverfahren einzustellen hat.

Das Patent wird für nichtig erklärt, wenn sich ergibt (§ 10 PG.):

1. daß der Gegenstand nach §§ 1 und 2 PG. nicht patentfähig war,

2. daß die Erfindung Gegenstand des Patents eines früheren Anmelders ist,

3. daß der wesentliche Inhalt der Anmeldung den Beschreibungen, Zeichnungen, Modellen, Gerätschaften oder Einrichtungen eines anderen oder einem von diesem angewendeten Verfahren ohne Einwilligung entnommen war.

Trifft eine dieser Voraussetzungen nur teilweise zu, so erfolgt die Erklärung der Nichtigkeit durch entsprechende Beschränkung des Patents. Das Patentamt ist auch hier an das Ausmaß des Antrags gebunden (s. o. und RG. in Bl. 04, 219).

Der Kläger kann einen oder mehrere dieser Gründe beliebig anführen, nach rechtzeitigem Widerspruch des Gegners aber kann er sich nicht auf einen andern noch nicht angeführten Grund berufen.

Diese materiellen Voraussetzungen der Nichtigkeitserklärung sind die Umkehrung der materiellen Voraussetzungen der Patenterteilung, wie sie oben in § 40 und z. T. in § 42 aufgezählt und besprochen sind. Also Erfindungseigenschaft, Neuheit, gewerbliche Verwertbarkeit, Priorität, Originalität — ähnlich wie bei den Einspruchsgründen (s. oben a).

Die Zurücknahmeklage geht auf Zurücknahme wegen Nichtausübung des Patents.

Erst die Nichtigkeitserklärung oder die Zurücknahmeerklärung macht das Patent nichtig, hat aber dann rückwirkende Kraft. Daher macht auch Verzicht auf das Patent nicht die Nichtigkeitsklage gegenstandslos; denn der Verzicht würde keine Rechtsfolgen für die Vergangenheit haben. Patentverletzung gegen ein solches Patent, die vorhanden schien, war es nicht. Aber erteilte Lizenzen haben zu Recht bestanden, hören aber auf.

Wegen formeller Mängel oder wegen subjektiver Mängel (arglistiges Verhalten) findet keine Nichtigkeitserklärung statt.

Das Nichtigkeits- und Zurücknahmeverfahren gehört in erster Instanz vor das PA., in zweiter vor das Reichsgericht. Kläger kann jedermann sein ohne Nachweis eines besonderen Interesses (nur bei Klage wegen widerrechtlicher Entlehnung kann es nur der Verletzte sein), und zwar geht die Klage nicht auf einen Klaganspruch des Klägers, sondern wird im öffentlichen Interesse erhoben.

Erlöschen des Patentrechts. Dauer. Gebühren. § 45.

A. Erlöschen und Gebührenzahlung im allgemeinen.

Wie bei den gewerblichen Schutzrechten überhaupt ist auch im PR. die Dauer des Rechts begrenzt. Das ist der normale Endigungs-(Erlöschungs-)grund, der seine letzte Ursache darin hat, daß alles menschliche Schaffen nicht restlos original und individuell ist, sondern abhängt von Vorarbeiten, von überkommenem Geistesgut, von sozialen Zusammenhängen. Daneben stehen — außer dem Verzicht — die unnormalen Erlöschungsgründe (durch Zurücknahme, durch Nichtigkeitserklärung, durch Erfolg des Einspruchs u. dgl.). Das Gesetz macht aber auch die Geltungskraft des PR. abhängig von der Gebührenzahlung und stellt dadurch eine enge Verbindung zwischen Erlöschen des Patents und Gebühren her und setzt so formale neben sachliche Auflösungsgründe. Dieses Aufhören des PR. durch Ausbleiben der Gebührenzahlung gehört entweder zu den unnormalen Erlöschungsgründen, insofern der Schuldige den Betrag ungehörigerweise schuldig bleibt, oder zu den normalen, insofern der Patentinhaber das Patent nicht zu erneuern wünscht und deshalb die mögliche Verlängerung unterläßt.

B. Erlöschungsgründe.

I. **Normales Erlöschen des Patents.**

a) **Erlöschen durch Ablauf der Schutzfrist.**

1. Die Schutzfrist läuft **15 Jahre nach der Anmeldung** ab. Der Lauf dieser Zeit beginnt mit dem auf die Anmeldung der Erfindung folgenden Tage (§ 7 PG.). Das Patent dauert also niemals volle 15 Jahre, da die Zeit von der Anmeldung bis zur Erteilung aus der Wirkungsdauer ausfällt. Der Anfangstag wird vom PA. mit dem Erteilungsbeschluß ausdrücklich festgestellt und in der Patentrolle vermerkt. Der Endigungstag kann auch ein Sonn- oder Feiertag sein. Schutzrechte, die während des Zeitraums vom 1. August 1914 bis 31. Juli 1919 abgelaufen sind, treten wieder in Kraft nach dem Gesetz v. 27. April 1920 (RGBl. S. 675) für eine entsprechende Zeit.

2. Durch Gesetz v. 27. April 1920 (RGBl. S. 675) ist die Möglichkeit gegeben gewesen, die **Schutzdauer** für Patente, die während des Krieges nicht genügend ausgenutzt werden konnten, **zu verlängern.**

Unter dieser Voraussetzung wird die Dauer eines Patents (ebenso wie die Schutzzeit eines Gebrauchsmusters) auf Antrag des Inhabers derart verlängert, daß der Zeitraum vom 1. August 1914 bis einschließlich 31. Juli 1919, soweit er in die gesetzliche Dauer fällt, nicht angerechnet wird. Fällt der Anfangstag in die angegebene Zeit, so gilt bei Patenten der Zeitabschnitt bis zum Beginne des auf den 31. Juli 1919 folgenden nächsten Jahrestags des Anfanges als erstes Patentjahr.

Der Antrag auf Verlängerung muß die die Verlängerung begründenden Tatsachen und die Mittel zu ihrer Glaubhaftmachung enthalten. Das PA. entscheidet über den Antrag in ähnlicher Weise wie bei der Anmeldung eines Patents. Die Gebühr hierfür betrug 60 **Mk.**

Wer vor dem 1. April 1920 die Erfindung, nachdem das Schutzrecht erloschen war, im Inland in Benutzung genommen oder wer vor diesem Tage im Inland die zur Benutzung erforderlichen Veranstaltungen getroffen hat, ist auch nach der Verlängerung berechtigt, die Erfindung für die Bedürfnisse seines eigenen Betriebs weiter zu benutzen. Das Weiterbenutzungsrecht kann nur mit dem Betriebe vererbt oder veräußert werden.

Lizenzverträge über Patente (oder Gebrauchsmuster), die im Zeitpunkt des Eintritts der Verlängerung noch nicht erloschen waren, laufen mit der ursprünglichen gesetzlichen Dauer des Schutzrechts ab, falls sich aus dem Vertrage kein früherer Ablauf ergibt. Der Lizenznehmer kann jedoch eine Verlängerung der Lizenz verlangen (gegen angemessene Vergütung).

Über die Erleichterungen während des Krieges, die auch noch bis auf weiteres für die Friedenszeit gelten und Fristen verlängern, Nachteile bei Fristversäumnis nicht eintreten lassen, Gebühren stunden usw., vgl. Bundesrats-VO. v. 10. Sept. 1914 (RGBl. S. 403), 31. März 1915 (RGBl. S. 212), 13. April 1916 (RGBl. S. 278).

3. **Zusatzpatente** (s. oben §§ 41 u. 42) endigen zugleich mit dem Hauptpatent (§ 7 PG.). Das gilt auch für den Fall, daß durch Verzicht, Nichtigkeitserklärung oder Zurücknahme des Hauptpatents das Zusatzpatent zu einem selbständigen Patent wird; auch da bestimmt sich dessen Dauer nach dem Anfangstage des Hauptpatents (§ 7 PG.). Bei Nichtzahlung der Gebühren für das Haupt-

patent erlischt auch das Zusatzpatent, weil es keine selbständige Zahlung für Zusatzpatente gibt (§ 8 Abs. 2 PG.). Zusatzpatente können ohne Erlöschen des Hauptpatents erlöschen, aber nicht lediglich durch Zeitablauf.

b) **Erlöschen durch Verzicht.**

1. Der Berechtigte kann auf das Patent verzichten, indem er den Verzicht schriftlich beim PA. (§ 9 PG.) erklärt und damit eine rechtsgeschäftliche Verfügung trifft (keine Prozeßhandlung).

2. Der Berechtigte kann auf das Patent verzichten, indem er es unterläßt, die fälligen Jahresraten der Gebühr zu entrichten (§ 9 PG.).

II. **Unnormales Erlöschen des Patents.**

a) **Erlöschen durch Nichtigkeits- oder Zurücknahmeerklärung.** Durch Nichtigkeitserklärung erlischt das Patent so, daß es niemals bestanden hat, was bei den anderen Erlöschungsgründen nicht der Fall ist. S. im übrigen oben § 44.

b) **Erlöschen durch Nichtzahlung der Gebühren.** Hier erlischt das PR. erst mit dem Ablauf der zweimal sechswöchentlichen Zahlungsfrist. Nach Gesetz vom 27. April 1920 (RGBl. S. 675) ist die in der Zeit vom 1. August 1914 bis 31. Juli 1919 eingetretene Fälligkeit einer Gebühr ohne Wirkung. Schutzrechte, die wegen Nichtzahlung einer Gebühr erloschen sind, treten wieder in Kraft. S. im übrigen den folgenden Abschnitt C.

C. Gebühren.

I. **Betrag der Gebühren.**

Die Gebühren sind zunächst durch Gesetz v. 4. Juni 1920 (RGBl. S. 1135) und dann nochmals durch Gesetz v. 6. Juli 1921 (RGBl. S. 826) nochmals erheblich erhöht worden.

Für die Anmeldung eines jeden Patentes (§ 20 Abs. 3 PG.) sind 100 Mk. und für das erste Patentjahr (§ 24 Abs. 1 PG.) ebenfalls 100 Mk. (nach PG. § 8 waren es zusammen nur 30 Mk.) zu entrichten. Mit Ausnahme der Zusatzpatente ist außerdem für das Patent mit Beginn des zweiten und jedes folgenden Jahres der Dauer eine Gebühr zu entrichten, die von 100 bis auf 1400 Mk. steigt (§ 8 Abs. 2 PG.).

Die Gebühren betragen also für ein Patent von normaler Dauer (15 Jahre) zusammen 8900 Mk.

Es betragen ferner:

für den Zuschlag bei Nachzahlung einer weiteren Jahresgebühr (§ 8 Abs. 3)	50	Mark.
für die Einlegung der Beschwerde (§ 26 Abs. 1)	100	"
für den Antrag auf Erklärung der Nichtigkeit oder auf Zurücknahme oder auf Erteilung einer Zwangslizenz (§ 28 Abs. 4)	300	"
für die Erhebung des Einspruchs (§ 24 Abs. 2)	50	"
für die Anmeldung der Berufung (§ 33 Abs. 1)	500	"
für den Antrag auf Wiedereinsetzung in den vorigen Stand	40	"
für den Antrag auf Umschreibung auf einen anderen Inhaber oder Anmelder	40	"
für den Antrag auf Erteilung einer weiteren Ausfertigung der Urkunde über das eingetragene Schutzrecht	20	"
für den Antrag auf Erteilung eines Rollenauszugs	20	"
für den Antrag auf Ausfertigung eines Prioritätsbelegs	50	"
für den Antrag auf Erteilung einer sonstigen Bescheinigung	20	"

II. **Entrichtung der Gebühren.**

Die Gebühr ist innerhalb 6 Wochen nach der Fälligkeit zu entrichten. Nach Ablauf der Frist kann die Zahlung unter Zuschlag von 50 (früher 10) Mark innerhalb weiterer 6 Wochen erfolgen und ist dann noch rechtzeitig im Rechtssinne. Fällig ist die Anmeldegebühr bei der Anmeldung, die erste Jahresgebühr 2 Monate nach der Veröffentlichung (§ 23 PG.), ferner beim zweiten und folgenden Jahre mit dem Beginn des Jahres der Patentdauer.

Einem Patentinhaber, welcher seine Bedürftigkeit nachweist, können die Gebühren für das erste und zweite Jahr der Dauer des Patents bis zum dritten Jahre gestundet und, wenn das Patent im dritten Jahre erlischt, erlassen werden. Weitere Jahresgebühren können nicht gestundet oder erlassen werden.

Bei Verzicht, Zurücknahme oder Nichtigkeit wird vorausgezahlte Gebühr zurückgezahlt.

§ 46. Patentanwälte.

(Ges. betr. die Patentanwälte v. 21. Mai 1909 [RGBl. S. 233]).

A. Wer ist Patentanwalt?

Patentanwalt ist der für die Patentanwaltschaft Befähigte, der in die Liste eingetragen ist und in Patentangelegenheiten andere vor dem PA. für eigene Rechnung berufsmäßig vertritt.

I. **Die Liste der Patentanwälte.**

Nur wer in die Liste der Patentanwälte eingetragen ist, ist Patentanwalt. Die Liste wird beim PA. geführt. Die Eintragung geschieht auf Antrag des Nachsuchenden.

Die Eintragung wird vom Patentamte gelöscht:

1. wenn der Eingetragene es beantragt;
2. wenn er gestorben ist;
3. wenn er keinen Wohnsitz im Inlande hat;
4. wenn er infolge gerichtlicher Anordnung in der Verfügung über sein Vermögen beschränkt ist;
5. wenn nachträglich Tatsachen bekannt werden, welche die Versagung der Eintragung begründen, oder wenn der Eingetragene die ihm obliegenden Pflichten verletzt.

In leichteren Fällen der Pflichtverletzung kann statt der Löschung in der Liste als Ordnungsstrafe ein Verweis oder eine Geldstrafe bis zu dreitausend Mark verhängt werden. Geldstrafe kann mit Verweis verbunden werden.

Über das Vorliegen solcher Gründe zu Nr. 5 entscheidet ein ehrengerichtliches Verfahren, über das besondere Vorschriften in dem oben genannten Gesetz (§§ 9—14) gegeben sind.

Eintragungen und Löschungen in der Liste der Patentanwälte sind zu veröffentlichen.

Nichteingetragene Vertreter können vom Präsidenten des Patentamts von dem Vertretungsgeschäft ausgeschlossen werden. Gegen die Versagung der Eintragung ist Beschwerde beim Patentamt zulässig. Wer sich als Patentanwalt bezeichnet, ohne in die Liste eingetragen zu sein, wird mit Geldstrafe bis zu 300 Mark bestraft.

II. **Voraussetzungen für die Befähigung zur Patentanwaltschaft.**

Die unter I genannte und als Bedingung der Tätigkeit als Patentanwalt festgesetzte Eintragung in die Liste ist nur unter besonderen Voraussetzungen zulässig. Danach muß der Bewerber:

a) technische Befähigung haben,
b) die erforderlichen Rechtskenntnisse nachweisen,
c) andere persönliche Eigenschaften besitzen.

a) **Als technisch befähigt gilt,** wer im Inland als ordentlicher Hörer einer Universität, einer technischen Hochschule oder einer Bergakademie sich dem Studium naturwissenschaftlicher und technischer Fächer gewidmet, alsdann eine staatliche oder akademische Fachprüfung bestanden, außerdem mindestens ein Jahr in praktischer gewerblicher Tätigkeit gearbeitet und hierauf mindestens zwei Jahre hindurch eine praktische Tätigkeit auf dem Gebiete des gewerblichen Rechtsschutzes ausgeübt hat.

Der Besuch ausländischer Universitäten oder Akademien und die Ausübung der praktischen Tätigkeit im Auslande kann durch Beschluß der Prüfungskommission als ausreichend anerkannt werden.

Die Fachprüfung muß auch in diesem Falle im Inland abgelegt werden.

b) **Der Besitz der erforderlichen Rechtskenntnisse** ist durch Ablegung einer Prüfung nachzuweisen. Zu derselben darf nur zugelassen werden, wer die technische Befähigung dargetan hat. Die Prüfung ist eine schriftliche und eine mündliche; sie ist insbesondere auch darauf zu richten, ob der Bewerber die Fähigkeit zur praktischen Anwendung der auf dem Gebiete des gewerblichen Rechtsschutzes geltenden Vorschriften besitzt.

Die Prüfung wird vor einer Kommission abgelegt, in welche Mitglieder des Patentamts und Patentanwälte durch den Reichskanzler zu berufen sind.

Im Falle des Nichtbestehens kann die Prüfung nach Ablauf einer von der Prüfungskommission festzusetzenden Frist von mindestens sechs Monaten einmal wiederholt werden.

Die näheren Bestimmungen über die Zusammensetzung und den Geschäftsgang der Prüfungskommission und über das Prüfungsverfahren und die Prüfungsgebühr sind durch eine vom Bundesrate erlassene Prüfungsordnung getroffen.

c) **Als persönliche Eigenschaften** sind noch erforderlich:

1. Wohnsitz im Inlande.
2. Vollendung des 25. Lebensjahres.
3. Nicht gerichtlich beschränkte Verfügung über sein Vermögen.
4. Kein unwürdiges Verhalten (wobei politische, wissenschaftliche, religiöse Ansichten oder Handlungen nicht als unwürdiges Verhalten angesehen werden dürfen).

Für Patentanwälte, die diese Tätigkeit schon vor dem Gesetz von 1909, nämlich seit 1. Januar 1899 betreiben, sind Erleichterungen für die Zulassung festgelegt.

III. **Vertreter der Patentanwälte.**

Die Patentanwälte können für Personen, welche sie mit ihrer ständigen Vertretung im Verkehre mit dem Patentamte beauftragt haben, die Eintragung in eine besondere Spalte der Liste nachsuchen. Auf die Eintragung finden die für Patentanwälte geltenden Vorschriften entsprechende Anwendung. Jedoch genügt es, wenn der Einzutragende das einundzwanzigste Lebensjahr vollendet und nach Ablegung der staatlichen oder akademischen Fachprüfung mindestens ein Jahr hindurch eine praktische Tätigkeit auf dem Gebiete des gewerblichen Rechtsschutzes ausgeübt hat.

B. Pflichten des Patentanwalts.

Der Patentanwalt ist verpflichtet, seine Berufstätigkeit gewissenhaft auszuüben und durch sein Verhalten in Ausübung des Berufs sowie außerhalb desselben sich der Achtung würdig zu zeigen, welche sein Beruf erfordert. Er wird auf die Erfüllung dieser Obliegenheiten durch Handschlag verpflichtet.

Die Art seiner Berufstätigkeit ergibt sich aus der Natur der Vertretung vor dem PA. und aus dem Wesen des Patentrechts in seiner materiellen und formellen Eigenart.

Geschichte. Ausland. Internationales Recht. § 47.

A. Geschichtliches.

Auch aus der Geschichte ergibt sich die enge Zusammengehörigkeit der Zweige des gewerblichen Rechtsschutzes, auch des Urheberrechts mit dem Patentrecht. Denn der Monopolgedanke hat sich zuerst in den Buchdruckerprivilegien des 15. Jahrhunderts ausgesprochen, die zugleich für das Erfinderrecht wie das Verlags- und Urheberrecht die Wiege waren. Während aber — charakteristischerweise — die Seite des geistig-gewerblichen Urheber- und Verlagsschutzes wesentlich in Deutschland ihre erste Ausbildung erfuhr, geschah die Förderung der anderen Seite, des gewerblich-geistigen Erfinderschutzes, zunächst — und auf lange Zeit ausschließlich — in England. Das römische Recht kannte einen Schutz technischer Erfindungen begreiflicherweise nicht, und das in Deutschland rezipierte römische Recht ist schuld daran, wie Wassermann zutreffend betont[1], daß sich die deutschen Rechtsgelehrten über Gebühr lange um solche Fragen nicht gekümmert haben.

Dagegen sind es die englischen Könige, die zur Hebung der Industrie ihres Landes Handwerker aus dem Auslande heranzogen (schon im 15. Jahrhundert), denen durch „litterae patentes“ (offene Briefe, daher der Name Patent) der Schutz des Königs und ein Privileg für die Ausübung des Gewerbes zugesichert wurde. Solche Privilegien wurden dann auch für einzelne Erfindungen erteilt, so[2] in den Jahren von 1561—1570 auf eine Baggermaschine, andere Maschinen und Öfen und chemische Produkte. Die Privilegerteilung

---

[1] M. Wassermann, Die Grundzüge des Deutschen Patentrechts, Berlin und Leipzig 1910, S. 1ff.

[2] Wassermann, a. a. O., S. 5.

entartete dann in der Folgezeit, näherte sich der willkürlichen Bevorzugung im Handelsverkehr und Wettbewerb mit dem Nebenzweck hoher Sporteleinnahmen auf solchem Wege und mußte dann durch ein Gesetz, das man als das erste wirkliche Patentgesetz bezeichnen kann, auf seinen patentrechtlichen Grundcharakter zurückgeführt werden. Dieses englische Monopolgesetz von 1623 hat bereits den Schutz für den wahren ersten Erfinder auf 14 Jahre gewährleistet; die Rechtsprechung kam in England bis 1835 mit diesem Gesetz aus. Inzwischen war aber Frankreich mit einer klaren Erfassung des Begriffs des unlauteren Wettbewerbs, der concurrence déloyale, und der gesetzlichen Bekämpfung dieser Unlauterkeit vorgegangen, die schon im Code civil ihre Grundlage hat. So kam Frankreich in die Lage, mit seinem Patentgesetz von 1791 einen weiteren Schritt zum modernen Patentrecht zu tun, indem es den Erfinder als den Eigentümer der Erfindung hinstellte, dem die Benutzung der Erfindung ausschließlich zustehen sollte; auch sah es einen bei der Behörde zu führenden Katalog der Erfindungen, also eine Patentrolle, vor.

Die bundesstaatlichen Anfänge einer deutschen Patentgesetzgebung, so die bayerische Patentgesetzgebung von 1825 bis 1862, waren doch nur unzureichend. Etwa 25 verschiedene Patentgesetze waren in Deutschland in Geltung, bevor eine Übereinkunft der im Zollverein vereinigten deutschen Regierungen vom 21. Sept. 1842 Grundsätze über Patenterteilung aufstellte, eher aber die Einleitung eines Abbaus des Patentschutzes bedeutete, worauf namentlich die Gewerbepolitik der 1860er Jahre hinzielte. Darauf entstand dann die Gegenwirkung, die einen verstärkten Patentschutz verlangte, in dem Maße, wie an Stelle der Freihandelslehre der Gedanke des nationalen Industrieschutzes an Geltung und Anerkennung gewann. Die Reichsverfassung von 1871 bezog die gewerblichen Schutzrechte in die Gesetzgebungskompetenz des Reiches ein, und so erging am 25. Mai 1877 das erste reichsdeutsche Patentgesetz, das als eine bedeutende Leistung gelten durfte, aber von Mängeln, namentlich in der Organisation des Patentamtes, nicht frei war. Diese wurden beseitigt durch das Gesetz vom 7. April 1891. Einige Abänderungen erfuhr dieses Gesetz durch das Gesetz betr. den Patentausführungszwang v. 6. Juni 1911, ferner durch die Reichsverfassung und den Versailler Friedensvertrag nebst Ausführungsgesetz.

B. Ausländisches Recht.

I. **England.** Der Beginn des englischen Erfinderschutzes durch das Monopolgesetz von 1623 ist von historischer Bedeutung für die gesamte Patentgesetzgebung. Es folgten Gesetze vom 25. August 1883 und 28. August 1907, die das Recht modernisierten. England gewährt dem ersten und wahren Erfinder einen Schutz von 14jähriger Dauer, läßt die Anmeldung einer Erfindung auf Verständlichkeit und Genauigkeit der Beschreibung u. dgl. prüfen, nicht auf Neuheit im Sinne der deutschen Vorprüfung, wohl aber darauf hin, ob die Erfindung schon in den letzten 50 Jahren beschrieben worden sei. Ähnlich dem deutschen Recht ist die Regelung der Ausschließlichkeit des Erfinderrechts, der Rechtsmittel (Einspruch, Anfechtung), der Zwangslizenz, des Datums des Beginns des Schutzes. Abweichend ist die Zulässigkeit einer späteren Abänderung und die Bestimmung, daß die Zurücknahme des Schutzes von jedermann beantragt werden kann, wenn die Ausführung des Patents vorzugsweise oder ausschließlich im Auslande geschieht.

II. **Frankreich.** Nach gesetzgeberischen Anfängen von 1791 und 1844 erging das jetzt geltende Gesetz vom 7. April 1902. Hier wird Neuheit zwar verlangt, aber die Prüfung betrifft nur das Vorhandensein der formalen Erfordernisse, nicht der materiellen Patentfähigkeit. Die Schutzdauer kann 5, 10 oder 15 Jahre betragen. Das Patentrecht ist ein ausschließliches.

III. **Vereinigte Staaten von Amerika.** Auch hier ist schon frühe eine erste gesetzliche Regelung ergangen: 1790, dann 1836 Maßgebend wurden die Gesetze vom 8. Juli 1870 und 6. März 1897. Neuheit der Erfindung wird verlangt. Patentierung im Auslande hindert die Patenterteilung in Amerika. Nicht der Anmelder als solcher ist der Berechtigte, er muß der ursprüngliche Erfinder sein. Prüfung geschieht formell und sachlich. Das Recht ist ein ausschließliches. Die Dauer beträgt 17 Jahre.

IV. **Die sich in der Hauptsache der deutschen Gesetzgebung anschließenden Staaten.**

a) **Österreich.** Gesetze von 1820, 1832, 1852 und 11. Jan. 1897.

b) **Schweiz.** Gesetze von 1888, 1893, 21. Juni 1907. Abweichung namentlich: Dauer für chemische Erfindungen nur 10 Jahre (sonst auch 15), bei Nichtneuheit nur Mitteilung an den Anmelder, der dann machen kann, was er will; auf diese Weise wird die Prüfung tatsächlich auch nur zu einer Prüfung auf Formalien.

c) **Schweden.** Gesetz vom 19. Mai 1884.

d) **Norwegen.** Gesetz vom 16. Juni 1885.

e) **Dänemark.** Gesetz vom 13. April 1894.

f) **Rußland.** Gesetz vom 20. Mai 1896.

V. **Italien** (Gesetze von 1859, 31. Jan. 1864 mit Zusätzen von 1899 und 1901) und **Belgien** (Gesetz vom 24. Mai 1859 mit Zusätzen von 1884) haben das Anmeldesystem ohne Vorprüfung auf Neuheit. Anfechtung (Nichtigkeit) wegen Patentunfähigkeit der Erfindung vor den ordentlichen Gerichten. Ähnlich **Spanien** (Gesetz vom 16. Mai 1902). Schutzdauer in Italien längstens 15, in Belgien und Spanien 20 Jahre.

C. Internationales Recht.

I. Unionsvertrag.

a) **Zeitliche und räumliche Geltung.**

Wie die Berner Übereinkunft für das geistig-gewerbliche Schutzrecht (Urheberrecht, s. oben § 21) ist die Pariser Übereinkunft vom 20. März 1883, revidiert in Brüssel am 14. Dezember 1900 und in Washington am 2. Juni 1911 (RGBl. 1913, S. 209), sedes materiae für das internationale Erfinderrecht, — kurz Unionsvertrag genannt. Der Beitritt Deutschlands zu der Internationalen Union datiert vom 1. Mai 1903. Nach dem Friedensvertrag von Versailles (FV.) Artt. 286 und 306 waren die Pariser wie die Berner Übereinkunft während des Krieges außer Kraft und sind durch den FV. mit Veränderungen wieder in Kraft gesetzt (s. unten III).

Die Verbandsländer sind zurzeit folgende:

Belgien, Brasilien, Cuba, Dänemark, Deutsches Reich, Dominikanische Republik, Frankreich und Algerien nebst Kolonieen, Großbritannien nebst Australischem Staatenbund, Ceylon, Neuseeland, Trinidad und Tobago, Italien, Japan, Marokko (französisch), Mexiko, Niederlande nebst Niederländisch-Indien, Surinam und Curaçao, Norwegen, Österreich, Polen, Portugal, Schweden, Schweiz, Serbien, Spanien, Tschecho-Slowakei, Tunis, Ungarn, Vereinigte Staaten von Amerika.

b) **Wesentlicher Inhalt.**

Die Untertanen oder Bürger der vertragschließenden Länder sollen in allen übrigen Ländern des Verbandes in betreff der Erfindungspatente, der Gebrauchsmuster, der gewerblichen Muster oder Modelle, der Fabrik- oder Handelsmarken, der Handelsnamen, der Herkunftsbezeichnungen und der Unterdrückung des unlauteren Wettbewerbes die Vorteile genießen, welche die betreffenden

Gesetze den Staatsangehörigen gegenwärtig gewähren oder in Zukunft gewähren werden. Demgemäß sollen sie denselben Schutz wie diese und dieselbe Rechtshilfe gegen jeden Eingriff in ihre Rechte haben, vorbehaltlich der Erfüllung der Förmlichkeiten und Bedingungen, welche den Staatsangehörigen durch die innere Gesetzgebung auferlegt werden. Die Verpflichtung, einen Wohnsitz oder eine Niederlassung in dem Lande zu haben, wo der Schutz beansprucht wird, darf den Verbandsangehörigen nicht auferlegt werden (Art. 2).

Gleichgestellt sind die Untertanen und Bürger von Nichtverbandsländern, wenn sie in einem Verbandsland Wohnsitz oder gewerbliche Niederlassung haben (Art. 3).

Insbesondere hat derjenige, der in einem der Verbandsländer ein Gesuch um ein Erfindungspatent, ein Gebrauchsmuster, ein gewerbliches Muster oder Modell, eine Fabrik- oder Handelsmarke vorschriftsmäßig hinterlegt, oder sein Rechtsnachfolger ein Prioritätsrecht für nochmalige Hinterlegung in anderen Verbandsländern, und zwar für 12 Monate (Art. 4): „Unionspriorität".[1] Dies ist eine Maßnahme echten materiellrechtlichen Erfinderschutzes, denn es gibt demjenigen, der in einem Unionsstaate ein Patent rechtmäßig erwarb, das Recht auf Nachanmeldung so spezifiziert, daß ihm von vornherein ein gewisser Rang, ein zeitlich festgelegter Neuheitsrang, gewährleistet ist. Aus der Uranmeldung (Stammanmeldung) ersteht ihm ein Recht auf Nachanmeldung, aber ohne daß etwa schon in formalem Sinne diese Nachanmeldung selber dadurch eingeleitet wäre. Die Nachanmeldung ist nicht etwa Geltendmachung eines schon bestehenden Anspruchs. Dieser Anspruch wird vielmehr erst durch die Nachanmeldung geschaffen und neuer Prüfung nach den Gesetzen des Landes der Nachanmeldung unterworfen. Formal ist also der mit der Nachanmeldung erfolgende Antrag etwas Neues, ex nunc zu Behandelndes; aber materiell als Kundgebung einer Erfindung ist er ex tunc, nämlich nach dem Zeitpunkt der Uranmeldung, zu behandeln. Diese Kundgebung der Erfindung an die Öffentlichkeit ist für die Nachanmeldung so maßgebend, wie sie bei der Uranmeldung erfolgt ist, sachlich und im gewissen Sinne zeitlich (aber nicht etwa in dem Sinne, daß die Dauer des Patentrechts dadurch beeinflußt wurde). Uranmeldung und Nachanmeldung müssen aber sachlich miteinander übereinstimmen, wenn das Unions-

[1] S. namentlich Dunkhase, Beiträge zum Patentrecht I (1913), S. 80 ff.

prioritätsrecht in Geltung treten soll. Berechtigt ist also der Anmelder der Uranmeldung oder sein Rechtsnachfolger, und zwar für dieselbe Erfindung (Identität von Rechtssubjekt und Gegenstand). Die Prioritätsfrist kann (nach Seligsohn, S. 521) von der ersten, zweiten oder noch späteren Anmeldung an laufen, aber immer von derjenigen, von der der die Priorität Ansprechende sie ableitet.

Die während der Prioritätsfrist angemeldeten Patente sind sowohl hinsichtlich der Gründe der Nichtigkeit und des Verfalls wie auch hinsichtlich der gesetzmäßigen Dauer unabhängig voneinander.

II. **Einige internationale Sonderübereinkommen.**

Es sind insbesondere noch abgeschlossen worden: Übereinkommen zwischen dem Deutschen Reich und Österreich v. 17. Nov. 1908 (RGBl. S. 655), zwischen dem Deutschen Reich und Ungarn v. 17. Nov. 1908 (RGBl. S. 659), zwischen dem Deutschen Reich und Italien v. 8. Januar 1892 (RGBl. S. 293) und v. 4. Juni 1902 (RGBl. S. 178), zwischen dem Deutschen Reich und der Schweiz v. 13. April 1892 (RGBl. S. 511) und v. 26. Mai 1902 (RGBl. S. 181), zwischen dem Deutschen Reich und den Vereinigten Staaten von Amerika v. 23. Febr. 1909 (RGBl. S. 895).

Sie enthalten einige Erleichterungen und Vergünstigungen im gegenseitigen Recht und Verkehr. Die Verträge mit Italien und Amerika müssen als aufgehoben gelten (durch den FV.).

III. **Der FV. von Versailles v. 28. Juni 1919.**

Deutsches Gesetz über diesen Friedensschluß v. 16. Juli 1919 (RGBl. S. 687) nebst Ausführungsgesetz v. 31. August 1919 (RGBl. S. 1530).

§ 306 VF. setzt die Rechte der Vorkriegszeit auf dem Gebiete des gewerblichen Rechtsschutzes wieder in Kraft, also — wenn auch mit Einschränkung — für die vor dem Kriege entstandenen und die künftig entstehenden Rechte, nicht aber die in der Übergangszeit entstandenen. („Sind während des Krieges durch eine gesetzgebende, ausführende oder verwaltende Stelle einer alliierten oder assoziierten Macht hinsichtlich der Rechte deutscher Reichsangehöriger auf dem Gebiete des gewerblichen, literarischen oder künstlerischen Eigentums Sondermaßnahmen ergriffen worden, so behalten die auf Grund derselben getroffenen Anordnungen weiterhin ihre Gültigkeit und volle Wirksamkeit.")

Ersatzansprüche oder Klagerechte haben Deutschland und deutsche Reichsangehörige für Widerrechtlichkeiten während des Krieges nicht und der weitere Inhalt des langen Art. 306 führt dies in dem sonst gültigen Geiste des FV. weiter aus. So sind die oben erwähnten Einschränkungen derart vorgesehen, daß deutsche Rechte sich Nutzungsbeschränkungen, insbesondere Zwangslizenzen gefallen lassen müssen, soweit dies die Ententestaaten für „notwendig“ erachten.

Alle Fristen, deren Einhaltung notwendig gewesen wäre, werden auf 1 Jahr nach Friedensschluß verlängert und alle durch Fristversäumnis verfallenen Schutzrechte werden wiederhergestellt, nicht ausgeführte oder nicht benutzte werden verlängert (Art. 307), wiederum mit Einschränkungen für deutsche Rechte. Vgl. aber auch das deutsche Gesetz v. 27. April 1920 — oben § 45 B I a 2). Die Prioritätsfristen werden ebenfalls verlängert (Art. 308). Verfolgung von Rechtsschutzverletzungen, die während des Krieges begangen sind (außer gegenüber den Einwohnern der von Deutschland besetzten Gebiete) findet nicht statt (Art. 309). Bestehende Lizenzverträge sind mit Kriegsausbruch erloschen (Art. 310). Erneuerung der Lizenz ist vorgesehen, aber den Deutschen wiederum erschwert.

IV. **Berner Abkommen v. 30. Juni 1920** (RGBl. S. 1557) und deutsches Gesetz dazu v. 3. August 1920 (RGBl. S. 1557).

Das Abkommen hilft dem Mangel ab, der durch das Fehlen von Bestimmungen für die am FV. nicht beteiligten Länder für die Rechtsverluste bezüglich des gewerblichen Rechtsschutzes während des Krieges entstanden ist. Unter Vorbehalt der Ratifikation ist das Abkommen am 30. Juni 1920 in Bern von den Bevollmächtigten von Deutschland, Frankreich, der Niederlande, von Polen, Portugal, Schweden, der Schweiz, der Tschecho-Slowakei und von Tunis unterzeichnet worden.

Das Abkommen lehnt sich im Wortlaut eng an den Friedensvertrag an und beschränkt sich auf die Regelung von drei Hauptpunkten. Dies sind: die Verlängerung der Prioritätsfristen, die Gewährung einer Frist, um gewissen unerfüllt gebliebenen Verpflichtungen nachträglich zu genügen, und zeitliche Vergünstigungen betreffs der tatsächlichen Ausübung gewerblicher Schutzrechte.

Die Fristen sind hier gegenüber den Fristen des FV. verlängert. Die Prioritätsfristen, die nach Art. 308 FV. am 10. Juli 1920 enden, werden durch Art. 1 des neuen Abkommens bis zum Ablauf von 6 Monaten nach dem Inkrafttreten des Abkommens (spätestens 30. Sept. 1920) erstreckt, was eine geräumige Zeit zur Vorbereitung der in den Unionsländern beabsichtigten Anmeldungen ergibt. Die

Frist für Rechte nach Art. 307 FV. läuft im Herbst 1921 ab, in Fällen der Nichtausübung des Patents erst im Herbst 1922. Die Bestimmungen sichern nur ein Mindestmaß von Schutz und stehen der Anwendung weitergehender Vorschriften nicht entgegen. Andererseits aber berühren die Bestimmungen in keiner Weise die Bestimmungen des FV., soweit diese Vorbehalte, Ausnahmen oder Einschränkungen enthalten. Unberührt bleiben die Rechte desjenigen, der vor dem Inkrafttreten eines gewerblichen Schutzrechts den Gegenstand in gutem Glauben im Inland in Benutzung genommen hat.

In einem Gesetz v. 6. Juli 1921 (RGBl. S. 828) ist vorgesehen, Angehörigen eines ausländischen Staates hinsichtlich der Begründung, Erhaltung oder Wiederherstellung gewerblicher Schutzrechte Vergünstigungen über das Gesetz v. 3. Aug. 1920 hinaus zu gewähren, wenn und soweit es erforderlich ist, um den deutschen Reichsangehörigen den Genuß gleichartiger Vergünstigungen in dem ausländischen Staate zu verschaffen.

VI. Warenzeichenrecht.

(Gesetz v. 12. Mai 1894, RGBl. S. 441).

Das Wesen des Warenzeichenrechts. § 48.

A. Sinn und Zweck des Warenzeichenrechts.

Das Warenzeichenrecht gehört zu den unmittelbaren Wettbewerbsrechten. Es nähert sich in manchen Dingen den Urheberrechten (Persönlichkeitscharakter des Zeichens), in anderer Hinsicht den Erfinderrechten (Ausstattung, Kennzeichnung, Namengebung als Erfindung), aber es ist weder Urheber- noch Erfinderrecht, sondern eine Spielart des Wettbewerbsrechts, ein unmittelbares Hilfsmittel gegen unlauteren Wettbewerb (die §§ 14, 15 WZG. berühren sich auch in der Tat sehr eng mit den §§ 1 und 16 UWG.), eine Unterstützung des lauteren Wettbewerbs, eine Verstärkung des Namen- und Firmenrechts.

Das Zeichenrecht dient dem Zweck, dem alle gewerblichen Schutzrechte dienen, daß nämlich niemand zu eigenem Nutzen die Früchte der geistig-gewerblichen Arbeit ernte, die ein anderer gesät hat. Es gehört also zu den immateriellen Güterrechten, da es auf dem Grunde persönlicher geistiger Leistung beruht, aber einem gewerblichen Vermögenszweck dient. Wenn dies von der herrschenden Meinung bestritten wird (vgl. Seligsohn, WZR. S. 14ff., Freund-Magnus, WZR. S. 2 und die dort angeführten), weil das WZR. kein Urheberrecht sei, keinen schöpferischen Gedanken in einem Werke verkörpere und auch bekannte Waren mit bekannten Zeichen neu versehen könne, so verkennt man, daß das Schöpferische in der Verbindung eines Zeichengedankens mit einer Ware besteht. Das ist das Schöpferische. Ob es mehr oder weniger neu oder wertvoll ist, bleibt sich auch beim Urheberrecht gleich. Und der gewerbliche Gedanke liegt in dem Veröffentlichen und Verbreiten und in dem zu allem Urheber- und Erfinderschutz hinzutretenden Wettbewerbsgedanken.

So vereinigen sich auch hier Persönlichkeitsrecht und Vermögensrecht (ausschließendes, absolutes Vermögensrecht), das dem Berechtigten Rechte der Benutzung (affirmative Seite) zugleich mit dem Recht andere auszuschließen (prohibitive Seite) gewährt. Diese Eigenschaft teilt das Zeichenrecht mit den anderen Gebieten des gewerblichen Rechtsschutzes.

B. Abgrenzung gegen andere gewerbliche Schutzrechte.

Das Zeichenrecht ist ein sachlich enger begrenztes Gebiet als die anderen gewerblichen Schutzrechte. Sein Gegenstand ist kein Werk oder eine Erfindung an sich, sondern die (erfinderische) Bezeichnung einer Ware. Also ein Ausschnitt aus urheberrechtlichen, erfinderrechtlichen und wettbewerbsrechtlichen Gedanken.

Mit dem Patentrecht und dem Gebrauchsmusterschutz wird das Zeichenrecht enger verbunden durch die Notwendigkeit der Eintragung zur vollen Entstehung des Rechts. Aber das ist nur eine äußerliche Ähnlichkeit.

C. Wesen des Zeichenschutzes.

I. **Subjektives Zeichenrecht.**

Öffentliches und privates Recht treffen sich auf dem Gebiet des Zeichenrechts und schützen das persönliche und vermögensrechtliche Gut nicht nur um seiner selbst willen, sondern auch im Interesse des Verkehrs und des Staates. Dies drückt sich in der Verstärkung des materiellen Rechts durch formale Vorschriften aus.

Das Zeichenrecht entsteht in seiner Wirkung erst durch die Eintragung in die Zeichenrolle, und zwar — wie beim deutschen Patentrecht — nach dem Vorprüfungssystem (s. oben § 41). Erst das vorgeprüfte und eingetragene Zeichen gibt dem Anmelder das subjektive Zeichenrecht:

„Die Eintragung eines Warenzeichens hat die Wirkung, daß dem Eingetragenen ausschließlich das Recht zusteht, Waren der angemeldeten Art oder deren Verpackung oder Umhüllung mit dem Warenzeichen zu versehen, die so bezeichneten Waren in Verkehr zu setzen, sowie auf Ankündigungen, Preislisten, Geschäftsbriefen, Empfehlungen, Rechnungen oder dergleichen das Zeichen anzubringen." (§ 12 WZG.)

II. **Objektives Zeichenrecht**
ist der Inbegriff der rechtswissenschaftlichen Behandlung der Warenzeichen. Hier scheidet sich das Zeichenrecht in materielles (s. namentlich unten § 49) und in formelles Zeichenrecht (s. unten § 50). (Vgl. auch oben § 39 A II.)

Gegenstand des Warenzeichenschutzes. § 49.

A. Die beiden Hauptarten des Warenzeichenschutzes.

Ein Warenzeichen kann bestehen I. in einem bestimmten eingetragenen Zeichen, II. in dem Gesamteindruck der Ausstattung einer Ware. Der Ausstattungsschutz, der auf § 15 WZG. beruht, ist der weitere Begriff, aber sachlich — nach Sinn und Zweck des Zeichenrechts, s. oben § 48 A — nicht vom speziellen Zeichenrecht verschieden. Wenn, wie Seligsohn (WZR. 1905, S. 28 u. 209) noch sagte, das Reichsgericht ein besonderes Recht der Ausstattung als ein durch stillschweigende Anerkennung in den beteiligten Kreisen entstandenes Zeichenrecht nicht anerkannte und nur eine Verbotsbestimmung im § 15 WZG. erblicken wollte, so ist dies heute nicht mehr der Fall; das Reichsgericht hat sich der Stellungnahme der Literatur angeschlossen und erkennt (s. unten B) einen besonderen Ausstattungsschutz an. Dieser beruht auf dem Gedanken des Zeichenrechts ohne formale Voraussetzungen, schützt die Ware und schmückt sie zugleich, beruht lediglich auf der Anschauung der beteiligten Kreise, genießt aber etwas minderen Strafschutz als das eingetragene Zeichen.

B. Ausstattungsschutz. (Der Schutz des nicht eingetragenen Warenzeichens.)

I. **§ 15 WZG. als sedes materiae.**

„Wer zum Zweck der Täuschung im Handel und Verkehr Waren oder deren Verpackung oder Umhüllung, oder Ankündigungen, Preislisten, Geschäftsbriefe, Empfehlungen, Rechnungen oder dergleichen mit einer Ausstattung, welche innerhalb beteiligter Verkehrskreise als Kennzeichen gleichartiger Waren eines anderen gilt, ohne dessen Genehmigung versieht oder wer zu dem gleichen Zweck derartig gekennzeichnete Waren in Verkehr bringt oder feilhält, ist dem Verletzten zur Entschädigung verpflichtet und wird mit Geldstrafe von 100—3000 Mk. oder mit Gefängnis bis zu 3 Monaten bestraft."

Losgelöst von jedem formalen Erfordernis geht hier das Zeichenrecht über den übrigen Inhalt des Warenzeichengesetzes hinaus und steigt in das Gebiet des Gesetzes gegen den unlauteren Wettbewerb. Die Folge dieser Feststellung ist, daß die Grundsätze des Wettbewerbsgesetzes, also namentlich auch die Generalklausel des § 1 UWG. und der § 826 BGB. hier ergänzend eingreifen und den Ausstattungsschutz verbessern. Dem Tatbestand des § 15 WZG. „Versehen mit einer Ausstattung zum Zweck der Täuschung usw." tritt ergänzend jeder gleichartige sittenwidrige, unlautere Wettbewerbs-Tatbestand zur Seite, so z. B. Entfernung der kennzeichnenden Ausstattung (Verpackung) zum Zwecke der Täuschung.

Der Sinn des Paragraphen ist weniger speziell zeichenrechtlich als vielmehr wettbewerbsrechtlich.

II. Inhalt des Ausstattungsschutzes.

a) Inhalt des Schutzes.

Der Ausstattungsschutz besagt:

1. Nur der Berechtigte darf die Ware mit der geschützten Ausstattung versehen und in Verkehr bringen (§§ 15 u. 12 WZG.),
2. Nachahmung ist strafbar (§ 15 WZG.),
3. unlautere und täuschende Machenschaften zum Zwecke des Wettbewerbs sind strafbar (§ 15 WZG., § 1 UWG. und § 826 BGB.).

Zusammengefaßt ergibt sich daraus der Sinn, daß die Ware nur so in Verkehr gebracht werden soll, wie der Berechtigte es wünscht; denn seine Ausstattung ist geschützt. Das heißt: Die geschützte Ausstattung soll ihre Wirkung tun.

Diese Kenntlichmachung kann vereitelt werden: a) durch täuschend ähnliche Verpackung von Konkurrenzwaren; b) durch Ändern oder Beseitigen der Originalverpackung. Beides steht für den Zweck des Schutzes gleich. Denn der Käufer, der die in bekannter Packung im Verkehr befindliche Ware kaufen will, wird genau so getäuscht, wenn er die Verpackung vermissen muß und deshalb die gesuchte Ware nicht vor sich zu sehen glaubt, wie wenn er infolge nachgeahmter Verpackung die falsche Ware für die richtige halten muß — in beiden Fällen wird versucht, ihm die echte Ware vorzuenthalten.[1]

Die Täuschung braucht sich keineswegs lediglich auf die Ware oder den Wert der Ware zu beziehen; es genügt Täuschung

---

[1] Näheres darüber in meinem Aufsatz „Schutz der Verpackung von Markenartikeln" in M. u. W. 18, 23.

bezüglich des Zeichens oder der Ausstattung (vgl. unten C II b 2 β). Daß der Ausstattungsschutz jetzt auch vom Reichsgericht als selbständiger Schutz gegen täuschenden Wettbewerb angesehen wird, ergibt sich u. a. aus der RGEntsch. in RGZ. 77, 431, wo es heißt, das Bewußtsein der Nachahmung ergebe den unmittelbaren Vorsatz der Täuschung, denn die Nachbildung erfolge unbestritten zu Zwecken des Wettbewerbs, und so erfülle es den Tatbestand des § 1 UWG. und des § 826 BGB. „Die Erlangung eines gewerblichen Vorteils auf Kosten des Konkurrenten durch Täuschung der Abnehmer verstößt gegen die guten Sitten." Also auch das „Nachempfinden" ist in solchem Sinne schon verletzende Nachahmung.

Es handelt sich also um Behandlung einer Ausstattung (Versehen, Inverkehrbringen, Feilhalten der Ware, Ablösen, Ändern der Ausstattung) zum Zweck des Wettbewerbs und zum Zweck der Täuschung. Wettbewerbszweck und Täuschungsabsicht müssen zusammenhängen. Dabei aber genügt die Absicht; ob der Zweck der Täuschung oder des Wettbewerbs wirklich erreicht wird, ist hier — wie grundsätzlich im Wettbewerbsrecht — gleichgültig.

Der so gegebene Schutz besteht in einem Schadensersatzanspruch und in der Strafbarkeit des Delikts (Geldstrafe von 100—3000 Mk. oder Gefängnis bis zu 3 Monaten). Die Strafverfolgung tritt nur auf Antrag ein; die Zurücknahme des Antrags ist zulässig. Durch Genehmigung des Berechtigten wird die Nachahmung oder sonstige Behandlung der Ausstattung zu einer rechtmäßigen Handlung. Vgl. unten § 53.

Über die Bedeutung der Verwechselungsfähigkeit s. unten § 59. Die Verwechselungsfähigkeit muß in enger Beziehung zu der Kennzeichnungseigenschaft des Zeichens oder der Ausstattung stehen, um als Rechtsverletzung des hier gegebenen Rechtsschutzes zu erscheinen; das beruht auf den Grundbegriffen dieses Schutzrechts. Vgl. auch RG. in GR. u. U. 1917, 192 und Rosenthal in GR. u. U. 1919, 108.

b) **Inhalt des Ausstattungsbegriffs.**

Der Ausstattungsbegriff hat 3 Komponenten:

1. Es muß sich um Ausstattung, d. h. Beigabe, nicht Bestandteil und Aussehenseigenschaft der Ware handeln,
2. die Ausstattung muß als Kennzeichen gelten,
3. und zwar als Kennzeichen in beteiligten Kreisen.

1. **Was ist Ausstattung**? Ausstattung heißt: besondere Zutat zur Ware, Veredelung der Ware als Verkehrsgut durch eine geistig-gewerbliche Zutat zum Schmucke oder zur wettbewerblichen Anlockung oder zur Kennzeichnung oder zu mehreren dieser Zwecke.

Nicht auf praktische, technische Zutaten bezieht sich der Ausstattungsschutz des WZG., sondern nur auf ästhetische. Für technische Besserungen ist der Patent- oder Musterschutz da. „Es ist unmöglich, ein subjektives Alleinrecht auf eine industrielle Verbesserung, eine technische Ausgestaltung außerhalb des Patent- und Gebrauchsmusterschutzrechts zu erwerben. Das würde aber geschehen, wenn die bloße Absicht, diese technische Gestaltung gleichzeitig oder allein als Warenkennzeichnung zu verwenden, ausreichen könnte, sie als Ausbeute im Sinne des Warenzeichengesetzes § 15 anzusehen. Ob eine Formgestaltung Ausstattung im Sinne dieser Vorschrift ist oder nicht, ist nur nach objektiven Gesichtspunkten zu entscheiden, und die Absicht, die der Formgeber verfolgte, ist dabei ohne Bedeutung. Erfüllt die Formgebung tatsächlich eine technische Funktion, und steht sie insoweit nicht unter Patent- und Gebrauchsmusterschutz, so ist sie dem Gemeingebrauch freigegeben, und es kann ein Alleinrecht auf sie auch dann nicht begründet werden, wenn die Formgestaltung neben dieser technischen Funktion nicht nur ästhetische Funktionen wie ein Geschmacksmuster, sondern auch kennzeichnende Funktionen wie ein Warenzeichen oder eine zur Kennzeichnung der Ware gewordene Ausstattung ausübt" (RGZ. 100, 250). Vgl. auch RGZ. 69, 32 u. in GR. u. U. 1917, 192.

Nicht das Aussehen der Ware, nicht z. B. der notwendige Bucheinband, nicht die übliche Verpackung ist Gegenstand des Ausstattungsschutzes, sondern das darüber Hinausgehende, das Individuell-Schöpferische. Also beispielsweise der durch Eigenart hervorstechende Einband, die durch individuelle Gestaltung wirkende Form oder Farbe der Schachtel, Flasche, Umhüllung usw.

Als besondere „Zutat" zur Ware ist auch die Ausstattung der allgemeinen geschäftlichen Einrichtungen anzusehen, soweit sie dem Publikum sichtbar werden und von wettbewerblicher Wirkung für die Waren sein können (Geschäftswagen, Anstrich des Ladens u. dgl.). Technische Patentfähigkeit ist aber kein Gegenstand des Ausstattungsschutzes.

2. **Ausstattung als Kennzeichen.** Eine Ausstattung wird zum Kennzeichen ausschließlich durch die Auffassung des Publikums (RGZ. 77, 432): „Wodurch dieses dazu geführt wird, in der Ausstattung einer Ware das Kennzeichen für ihre Herkunft zu erblicken, ist belanglos. Insbesondere ist dies nicht davon abhängig, daß die Ausstattung mehr oder minder neu und eigenartig ist, wenn schon die größere Eigenartigkeit die Erlangung der Kennzeichnungskraft zu beschleunigen vermag. (RG. in M. u. W. 16, 245.) Ein wichtiger Umstand ist zweifellos die längere Zeit hindurch geübte Verwendung einer bestimmten Ausstattung, so daß sich das Publikum

an sie gewöhnt hat und sie in der Erinnerung behält." Daher geht aber auch der Schutz durch Mitbenutzung der Ausstattung seitens eines Konkurrenten verloren (vgl. RGZ. 79, 292). Aber die Eigenartigkeit muß zum mindesten soweit vorhanden sein, daß die Benutzung dieser Ausstattung für diese Ware eigenartig und wirkungsvoll ist. So treffend RG. in RGZ. 71, 386: „Was im Verkehr im allgemeinen Gebrauche steht, kann nicht eine individuelle Ausstattung sein" (nichts „Eigenes"). Daß auch vereinzelte andere Waren so ausgestattet werden, und daß das früher auch geschah, spricht nicht gegen einen Ausstattungsschutz. „Nur wenn eine solche Ausstattung jetzt noch so in allgemeinem Gebrauch stände, daß das Publikum darin lediglich ein Entgegenkommen für seinen Geschmack und die Mode fände, nicht einen Hinweis auf die Herkunft, würde die Möglichkeit einer Irreführung entfallen." Auch der Wettbewerbsgedanke ist dabei zu berücksichtigen (RG. in GR. u. U. 1921, 67 u. M. u. W. 20, 33).

Verletzung der Kennzeichnung ist also Unwirksammachen der Kennzeichnung.

3. **Kennzeichen in den beteiligten Kreisen** muß die Ausstattung sein, um wirksam zu sein. Diese Forderung bedeutet ein gewisses fachmännisches Urteil, eine Einbürgerung im Eigengebiet eines Gewerbszweiges, u. U. eine Art Geheimsprache der Fachgenossen. Die beteiligten Kreise sind die, auf die die Wirkung berechnet ist, also die Abnehmerkreise (Großabnehmer und Kleinhändler, Publikum). In diesem Kriterium liegt ein Hinweis auf den auch hier wieder zutage-tretenden Wahrheitsbegriff im gewerblichen Rechtsschutz.

Dies wird ergänzt durch die vom RG. in JW. 1906, 440 ausgesprochene wichtige Ansicht, daß die von einem Gewerbetreibenden beabsichtigte Verwechselung eine Vermutung der Verwechselungsgefahr in den beteiligten Kreisen ergibt.

C. Spezieller Zeichenschutz.
(Der Schutz des eingetragenen Warenzeichens).

I. **Formelle und materielle Voraussetzungen.**

Im Gegensatz zu dem laut WZG. gegebenen Ausstattungsschutz hat der spezielle Zeichenschutz neben den materiellen Voraussetzungen auch formelle Voraussetzungen wie im Patentrecht und im Gebrauchsmusterrecht. Über den Gegenstand des formellen im Gegensatz zum materiellen Zeichenrecht gilt hier dasselbe, was oben im § 40 sub A hinsichtlich des Patentrechts darüber gesagt ist. Auch hier verlangt das im WZG. gegebene Vorprüfungssystem und Erteilungsverfahren eine ganze Reihe von Rechtssätzen, die zum objektiven Zeichenrecht gehören und die erfüllt sein müssen, wenn ein subjektives Zeichenrecht entstehen soll. Über dieses formelle Zeichenrecht wird unten im § 50 gehandelt. Hier handelt es sich zunächst um den Gegenstand in seiner Wesenheit, um das schutzfähige Zeichen.

II. **Inhalt des Zeichenschutzes.**

a) **Inhalt des Schutzes.**

Der Inhalt des Schutzrechts äußert sich in den vom Gesetz gegebenen regelrechten Wirkungen, die auf Grund der Eintragung entstehen. Darüber wird unten im § 52 gesprochen.

b) **Inhalt des Zeichenbegriffs.**

Voraussetzung des durch Eintragung entstehenden Schutzes ist das Vorliegen eines den gesetzlichen Anforderungen entsprechenden Zeichens (das angemeldet wird). Ein solches Zeichen liegt vor, wenn es folgenden Bedingungen entspricht:

1. Es muß ein Zeichen sein, das zur Kennzeichnung geeignet ist.

2. Es muß ein Zeichen sein, dessen Gebrauch nicht anstößig ist.

1. **Ein zur Kennzeichnung geeignetes Zeichen.**

Daher sind ausgeschlossen: *α*) Freizeichen (gemeingebräuchliche Zeichen; *β*) unzureichende Zeichen; *γ*) berichtende Zeichen.

α) **Freizeichen.** (§ 4 WZG.) Nach dem älteren Markenschutzgesetz (von 1874) § 10 sind Freizeichen „Warenzeichen, welche bisher im freien Gebrauch aller oder gewisser Klassen von Gewerbetreibenden sich befunden haben". Hier kommt ein ähnlicher — nur umgekehrt wirkender — Gesichtspunkt wie beim Ausstattungsschutz in Betracht. Die Macht des Publikums bestimmt durch die Übung im Verkehr, ob eine Ausstattung als Kennzeichen gilt oder ob ein Zeichen nicht mehr als Kennzeichen gilt. Das Publikum individualisiert dort oder generalisiert hier. Die Verkehrssitte ist maßgebend, aber sie kann sich nicht über die durch Eintragung gewonnene Warenzeichenqualität eines Zeichens hinwegsetzen, steht nur vor der Eintragung u. U. der Zeichenqualität im Wege.

Maßgebend ist auch hier — wie beim Ausstattungsschutz — die Anschauung der beteiligten Kreise (auch gemäß § 9 WZG.) und die Tatsache, daß eine genügende Mehrzahl von Personen, nicht nur vereinzelte, dafür eintreten würden. Welche Kreise das sind, ist ebenso wie beim Ausstattungsschutz (s. oben sub B II b 3) zu beurteilen. Ebenso wie dabei die Länge der Zeit allgemeiner Benutzung wichtig ist für die Eigenschaft eines Zeichens als Freizeichen, kann auch durch zeitlich längere Individualkennzeichnung aus einem Freizeichen ein als Warenzeichen brauchbares Zeichen werden. Da sich solche Individualisierung oder Generalisierung immer nur in einer Verbindung bestimmter Zeichen mit bestimmten Waren entwickeln kann, gibt es auch keine absoluten Freizeichen, sondern nur Freizeichen eben für bestimmte Warengattungen, die für andere Warengattungen Individualzeichen sein oder werden können. Durch erheblichere Änderungen und Zutaten können aus Freizeichen echte Zeichen werden.

β) **Unzureichende Zeichen.** Mangel an Kennzeichnungseigenschaft — also der gleiche Grund wie beim Freizeichen — ist auch der Grund, aus welchem andere Zeichen als unzureichend zu bezeichnen sind. Das sind (nach § 4 Ziff. 1 WZG.) Zeichen, die ausschließlich in Zahlen oder Buchstaben bestehen. Bloße Zahlen und bloße Buchstaben sind keine Wörter oder Bilder und — da es nur Wortzeichen oder Bildzeichen oder deren Verbindung als Zeichen gibt — mithin keine brauchbaren Zeichen. Aber aus Konsonanten und Vokalen — auch ohne Sinn und nur 3 Buchstaben oder nach moderner Art ausgeschriebene Kunstwörter Wumba, Pebeco, Hapag usw. sind zeichenfähig, auch GEG in besonders charakteristischer Zeichnung der Buchstaben.

γ) **Berichtende Zeichen.** Ebenfalls der Kennzeichnungseigenschaft (zur Unterscheidung und daher Vorbeugung gegen Verwechselung) ermangeln und nicht eintragungsfähig sind: Wörter, die Angaben über Art, Zeit und Ort der Herstellung, über die Beschaffenheit, über die Bestimmung, über Preis-, Mengen- oder Gewichtsverhältnisse der Ware enthalten (§ 4 Ziff. 1 WZG.). Der Grund für die Nicht-Zeichenfähigkeit dieser Wörter ist ein urheberrechtlicher und wettbewerbsrechtlicher: ein urheberrechtlicher, weil diese Wörter Namen und Nachricht und nicht erfundene, schöpferische Bezeichnung sind; ein wettbewerbsrechtlicher, weil solche berichtenden Angaben an sich nicht unterscheidungsfähig und daher verwechselungsgefährlich sind.

Die Motive zum WZG. sagten, die gewählten Wörter müßten zu der Ware oder ihren Besonderheiten „in keiner durch den Begriff des Wortes gegebenen Beziehung stehen". Die Phantasie, also der schöpferische Gedanke soll irgendwie mit im Spiele sein.

Eine restlose Einigung, welche Worte hiernach selbstschöpferisch genug sind, um eintragungsfähig zu sein, wird nicht möglich sein.

Als schutzfähig wurden u. a. angesehen: Gloria, Es ist erreicht, Wäschewohl, Feldherr, Wir haun uns durch, Deutsche Einigkeit. Besonders gilt dies auch von einem Firmennamen, der unabgekürzt sich als Warenbezeichnung eingeführt hat, z. B. „Köhler" für Nähmaschinen, so daß ein anderer Nähmaschinenfabrikant Köhler seine Maschinen nicht mit dem Namen Köhler ohne besonderen Zusatz versehen darf, obwohl dies einen wahrheitsgemäßen Grund hätte (RGZ. 90, 88). Ähnlich durfte ‚Birresborner Sprudel' nicht von einer neuen Gesellschaft benutzt werden, obwohl es eine wahre Angabe war, da die Birresborner Mineralbrunnen-A.-G. für den Namen Birresborn Schutz genoß (RGZ. 95, 292) und es durfte eine Fabrik L. L. ihre Nähmaschinennadeln, die u. a. für die Pfaff-Nähmaschinen bestimmt und brauchbar sind, nicht mit dem warenzeichenmäßig hervorgehobenen Wort ‚Pfaff' in Verbindung mit anderen Wörtern bezeichnen, obwohl es der Wahrheit entspricht (RGZ. 95, 209). Andererseits ist eine Bezeichnung „Berliner Rollmops" solange für nicht aus Berlin stammende Waren (als Phantasiebezeichnung) eintragungsfähig, wie nicht aus Berlin stammende Erzeugnisse gleicher Art sich einbürgern (RGZ. 85, 199). Über die bei alledem immer mitwirkenden wettbewerbrechtlichen Gesichtspunkte (Verwechselungsgefahr) s. unten im § 52.

Die zweite Verwendung beruht hier immer auf dem Gedanken der Herkunfts- oder Bestimmungsangabe und ist mithin als Warenzeichen nicht schutzfähig, wenn es gegen ein als Namen eingetragenes Zeichen verstößt. Der Schutz beruht also auf rein wettbewerbrechtlicher Grundlage, ohne jedoch mit Sätzen des Zeichenrechts in Widerspruch zu geraten.

Wenn Art, Zeit und Ort der Herstellung, Beschaffenheit und Bestimmung der Ware nicht mit den üblichen, sondern mit phantasieerdachten Namen bezeichnet werden, so sind diese Namen zeichen- und eintragungsfähig; so z. B. lateinische Bezeichnungen (Bavaria, Rhenania, Styria), Kunstwörter auf —ol, —in, —on usw., die an die richtige Beschaffenheitsbezeichnung angehängt sind. Nicht eintragbar sind lobende Bezeichnungen, die als solche allgemein üblich sind (prima, extra, standard), nicht eintragbar oder schutzfähig auch solche Herstellungs- und Beschaffenheitsbezeichnungen in wörtlicher oder bildlicher Darstellung, die sich als Gattungsbezeichnung eingebürgert haben, wie z. B. eine Gerstenähre für Kaffee-Ersatz (RGZ. 101, 344). Beschaffenheitsangabe sind auch die Symbole ganzer Betriebe, selbst wenn sie noch nicht geradezu als Warenzeichen benutzt worden sind, und haben „nicht die Fähigkeit, auf einen bestimmten einzelnen Betrieb hinzuweisen, also ein Warenzeichen zu sein, sondern weisen immer nur allgemein auf die Art des Betriebs hin, aus dem die Ware herrührt. So findet sich das Hufeisen als Hinweis auf die Betriebsstätte einer Schmiede, das Barbierbecken als Hinweis auf die Betriebsstätte eines Barbiers, und ihre Verwendung für alle Arten von Waren aus diesem Betrieb ist immer nur ein Hinweis auf die Art des Betriebs, nicht auf einen bestimmten Betrieb" (RGZ. 101, 344).

Erst die neue charakteristische, selbständig unterscheidende Art des Gattungsbildes durch Zutaten von „besonderem Charakter" (vgl. auch KG. in M. u. W. 20, 90) macht es wieder warenzeichenfähig.

Maßgebend ist immer, wie naheliegend die Bezeichnung ist, wie sie im Verkehr verstanden wird. Die Grenzen sind flüssig und die Entscheidung ist oft sehr schwierig. Patentamt und Reichsgericht ringen hier nach allgemeingültigen Grundsätzen, ohne doch allen verschlungenen Pfaden des Wettbewerbs immer folgen zu können.

Aber auch Zeichen und Namen, die ursprünglich einmal auf eine ganz bestimmte Herkunft oder Firma hinweisen, können sich im Laufe der Zeit zu reinen allgemeinen Warennamen entwickeln und damit ihre Eignung als einzutragendes Warenzeichen einbüßen. So heißt es in einer RG.-Entscheidung (RGZ. 100, 3): „Hat sich einmal ein Wortzeichen als Benennung einer Ware so eingebürgert, daß damit lediglich noch die Vorstellung einer bestimmten Eigenschaft von ihr verbunden wird und es den Hinweis auf die Herkunft aus einem bestimmten Betriebe gänzlich abgestreift hat, also zum reinen Warennamen geworden ist, dem auch nicht gleichzeitig noch ein Hinweis auf eine bestimmte Betriebsstätte anhaftet, so kann ein einzelner Gewerbetreibender diesen zur Benennung der Waren jedermann unentbehrlichen Namen sich nicht mehr beliebig aneignen und durch Erwirkung eines Zeichenschutzes für sich monopolisieren." Ob das der Fall ist, ist natürlich Tatfrage und wurde (RGZ. 100, 82) z. B. für den Gervais-Käse verneint, für ‚Simonsbrot' (RGZ. 101, 407) bejaht, weil in letzterem Falle der Berechtigte selbst für die Erweiterung der persönlichen zu einer Gattungsbezeichnung des Namens gesorgt hatte. Die hier maßgebenden Gesichtspunkte spielen ganz allgemein auch im Recht gegen den unlauteren Wettbewerb eine erhebliche Rolle (vgl. unten § 58 B sub I a 2).

2. **Ein Zeichen, dessen Gebrauch nicht anstößig ist.**

Daher sind ausgeschlossen: *α*) Staats- und Gemeindezeichen; *β*) unsittliche Zeichen.

α) **Staats- und Gemeindezeichen** (§ 4 Ziff. 2 WZG.) sind im Privatgebrauch anstößig, weil sie dem Privatgebrauch nicht zukommen. Es sind also nicht eintragungsfähig Zeichen, die Staatswappen oder sonstige staatliche Hoheitszeichen oder Wappen eines inländischen Ortes, eines inländischen Gemeinde- oder weiteren Kommunalverbandes enthalten. Zulässig sind: nicht mehr geführte oder nicht öffentliche Wappen (Familienwappen), Hoheitszeichen, die keine Wappen sind (Flaggen), ausländische Wappen und Wappen oder Hoheitszeichen, zu deren Führung der Anmelder befugt ist (Gesetz zur Ausführung der revidierten Pariser Übereinkunft v. 31. März 1913, RGBl. S. 236). Das Wappen ist nur als Ganzes verboten für Warenzeichen; von dem Warenzeichen aber braucht es nur ein Teil zu sein. Der Reichsadler und das Rote Kreuz (letzteres seit 1. Juli 1901) sind als Warenzeichen verboten.

β) **Unsittliche Zeichen** sind Zeichen, welche Ärgernis erregende Darstellungen oder solche Angaben enthalten, die ersichtlich den tatsächlichen Verhältnissen nicht entsprechen und die Gefahr einer Täuschung begründen. (§ 4 Ziff. 3 WZG.)

Das ganze Gebiet der Sittenwidrigkeit ist hiermit erfaßt: Ärgerniserregung in sittlicher, religiöser, nationaler Beziehung, Irreführung, Unwahrhaftigkeit, Arglist.

Also sind untersagt: sexual unsittliche Worte und Darstellungen, Namen von Heiligen oder religiösen Personen, unwahrhaftige Angaben bei objektiver Unwahrheit ohne subjektive mala fides des Anmeldenden oder Benutzenden und auch bei objektiver Richtigkeit dann, wenn die Bezeichnung in ihrer Wirkung auf falsche Fährten weist (u. U. also ausländische Namen für deutsche Waren).

Was hier Wahrheit oder Unrichtigkeit ist, muß nach den gleichen Grundsätzen wie im Wettbewerbsgesetz beurteilt werden, da der Grund durchaus nur ein wettbewerblicher ist. Vgl. also die näheren Ausführungen unten im § 58. „Täuschungsgefahr" ist hier nicht dasselbe wie Verwechselungsgefahr. Verwechselungsgefahr bezieht sich auf zwei bestimmte konkurrierende Waren, Täuschungsgefahr auf die eine bestimmte durch Zeichen oder Namen gekennzeichnete Ware gegenüber einer unbestimmten Menge oder Art anderer konkurrierender Waren und Firmen. Die Täuschungsgefahr muß beim Publikum (dem Abnehmerkreis) wirksam zu werden geeignet sein und hinsichtlich von Waren, die überhaupt etwas miteinander zu tun haben.

Über die Rechtswirkung und die Verwechselung s. Näheres unten in § 52.

Formelle Voraussetzungen des Warenzeichenschutzes. § 50.

A. Verhältnis zu den materiellen Voraussetzungen.

Im vorigen § 49 sub B II wurde dargelegt, was als Warenzeichen von vornherein brauchbar und mithin eintragungsfähig erscheint. Wie im Patentrecht muß für den speziellen Zeichenschutz behufs seiner vollen Wirksamkeit die Erledigung der Formalitäten hinzukommen. Auch hier handelt es sich um einen konstitutiven Akt der Behörde, wie oben im § 41 dargelegt. Vgl. auch unten sub B II b.

B. Die Stufen der formalen Voraussetzungen.

I. **Existenz des Patentamts und Verkehr mit dem Patentamt.**

a) Über **Organisation und Aufgaben des PA.** im allgemeinen s. das oben im § 41 sub B I a u. b Gesagte.

b) **Die besonderen Einrichtungen des PA. für das Warenzeichenrecht (die Zeichenrolle).**

Der Interessent für ein Warenzeichen kann dieses Zeichen zur Eintragung in die Zeichenrolle anmelden (§ 1 WZG.). Die Zeichenrolle wird beim Patentamt geführt (§ 2 WZG.). Die Zeichenrolle soll enthalten (§ 3 WZG.):

1. den Zeitpunkt des Eingangs der Anmeldung;
2. die nach § 2 Absatz 1 der Anmeldung beizufügenden Angaben (vgl. unten sub II a über die Anmeldung);
3. Namen und Wohnort des Zeicheninhabers und seines etwaigen Vertreters, sowie Änderungen in der Person, im Namen oder im Wohnorte des Inhabers oder des Vertreters;
4. den Zeitpunkt einer Erneuerung der Anmeldung;
5. den Zeitpunkt der Löschung des Zeichens.

Die Einsicht der Zeichenrolle steht jedermann frei (ohne Nachweis eines besonderen Interesses). Jede Eintragung und jede Löschung wird amtlich bekannt gemacht. Das PA. veröffentlicht in regelmäßiger Wiederholung Übersichten über die in der Zwischenzeit eingetragenen und gelöschten Zeichen, und zwar im „Warenzeichenblatt" und in der Warenzeichenbeilage des Reichs- und Staatsanzeigers.

Beim PA. bestehen besondere Warenzeichenabteilungen, bei denen wieder die Geschäfte nach Warenklassen verteilt sind.

c) **Verfahren vor dem PA.**

Anmeldungen von Warenzeichen, Anträge auf Übertragung und Widersprüche gegen die Löschung derselben werden in dem für Patentangelegenheiten maßgebenden Verfahren durch Vorbescheid und Beschluß erledigt. Hierüber s. oben § 41 sub B Ic.

Gegen den Beschluß, durch welchen ein Antrag zurückgewiesen wird, kann der Antragsteller, und gegen den Beschluß, durch welchen Widerspruchs ungeachtet die Löschung angeordnet wird, der Inhaber des Zeichens innerhalb eines Monats nach der Zustellung bei dem PA. Beschwerde einlegen.

Zustellungen, welche die Eintragung, die Übertragung oder die Löschung eines Warenzeichens betreffen, erfolgen mittels eingeschriebenen Briefes. Kann eine Zustellung im Inlande nicht erfolgen, so wird sie durch Aufgabe zur Post nach Maßgabe der §§ 161, 175 der Zivilprozeßordnung bewirkt (§ 10 WZG.).

Das PA. ist verpflichtet, auf Ersuchen der Gerichte über Fragen, welche eingetragene Warenzeichen betreffen, Gutachten abzugeben, sofern in dem gerichtlichen Verfahren voneinander abweichende Gutachten mehrerer Sachverständigen vorliegen (§ 11 WZG.).

II. **Eintragung des Warenzeichens.**

a) **Die Anmeldung.**

Nach § 2 WZG. und den vom Patentamt erlassenen „Bestimmungen über die Anmeldung von Warenzeichen" v. 30. April 1920 (mit Erläuterungen dazu) ist folgendes festgesetzt:

Die Anmeldung eines Warenzeichens hat in der Form eines schriftlichen Gesuchs bei dem Patentamt zu erfolgen. Jeder Anmeldung muß die Angabe des Namens und Wohnortes oder der Hauptniederlassung des Anmelders (bei Verbandszeichen [s. unten § 51 sub B III c] Angabe des Namens und Sitzes des Verbandes), Bezeichnung des Geschäftsbetriebes, in welchem das Zeichen verwendet werden soll (bei Verbandszeichen nicht nötig), ein Verzeichnis der Waren, für welche es bestimmt ist (in zwei Ausfertigungen), sowie eine deutliche Darstellung und soweit erforderlich eine Beschreibung des Zeichens beigefügt sein; ferner der Antrag auf Eintragung; die Aufführung der Anlagen unter Angabe ihrer Nummer und ihres Inhalts; falls der Anmelder einen Vertreter bestellt hat, die Angabe der Person, der Berufsstellung und des Wohnorts des Vertreters; als Anlage ist eine Vollmacht beizufügen; die Unterschrift des Anmelders oder seines Vertreters. Es ist auch eine Prioritätserklärung abzugeben (gemäß Pariser Übereinkunft v. 2. Juni 1911). Die dem Gesuch beizufügende Darstellung des Zeichens soll in zwölf Ausführungen vorgelegt werden. Eine davon ist auf einem mit Heftrand versehenen halben Bogen anzubringen. Die Ausführungen müssen sauber und dauerhaft sein und die wesentlichen Bestandteile des Zeichens deutlich erkennen lassen. Wird die Darstellung im Laufe des Verfahrens verändert, so sind vor der Eintragung neue Ausführungen einzureichen, oder es ist zu erklären, daß der Abdruck des Druckstocks als Darstellung gelten soll. Die Größe der Darstellung darf 33 cm in der Höhe und 25 cm in der Breite nicht übersteigen. Größere Darstellungen, wie Plakate u. dgl., werden als Probestücke behandelt. In diesem Falle sind entweder Ausführungen in kleinerem Maßstabe nachzureichen oder oder es ist zu erklären, daß der Abdruck des Druckstocks als Darstellung gelten soll. Die Darstellung darf nur einseitig bedruckt sein. Bei Zeichen, die ausschließlich in Wörtern bestehen, kann die Beifügung der Darstellung durch Aufnahme des Wortes in das Gesuch und die Erklärung ersetzt werden, daß der Abdruck des Druckstocks als Darstellung gelten soll.

Das Verzeichnis der Waren, für die das Zeichen bestimmt ist, ist in zwei Ausfertigungen einzureichen. Ist das Verzeichnis von geringem Umfang, so kann es in das Gesuch aufgenommen werden. Die Beschreibung des Zeichens ist, wenn der Anmelder sie für erforderlich hält, oder wenn das Patentamt sie erfordert, dem Gesuch in zwei Ausfertigungen beizufügen. Unter der gleichen Voraussetzung sind Modelle und Probestücke der mit dem Zeichen versehenen Ware sowie Nachbildungen des Zeichens in der Form, wie es im Verkehr verwendet wird, und zwar in einer Ausführung vorzulegen. Gegenstände, die leicht beschädigt werden können, sind in festen Hüllen einzureichen. Gegenstände von kleinerem Umfange sind auf steifem Papier zu befestigen. Bei Verbandszeichenanmeldungen ist die Zeichensatzung in zwei Ausfertigungen einzureichen. Ebenso sind Nachträge und Änderungen der Zeichensatzung in je zwei Ausfertigungen einzureichen.

Zugleich mit der Anmeldung oder auf spätere Aufforderung ist ein für die Vervielfältigung des Zeichens bestimmter Druckstock einzureichen, der das Zeichen in allen wesentlichen Teilen, einschließlich der Inschriften, deutlich und sauber wiedergibt. Auch bei Zeichen, die ausschließlich in Wörtern bestehen, ist ein Druckstock erforderlich. Der Druckstock muß aus Holz, Zink oder einem anderen zum Drucke geeigneten Stoffe bestehen und eine Druckhöhe von 2,4 cm haben. Es darf nur hartes, glattes, nicht poröses Holz (Zedernholz) benutzt werden. Zu Metallplatten, die mit dem Holz fest verbunden sein müssen, darf kein sprödes, leicht brüchiges Metall verwendet werden. Der zum Festmachen des Metalls auf dem Holze bestimmte Rand darf nicht zu schmal und dünn sein, so daß die zur Befestigung bestimmten Nägel auch noch an anderer Stelle eingeschlagen werden können. Seine Größe darf für Wortzeichen 6,5 cm, für andere Warenzeichen 10 cm in Höhe und Breite nicht übersteigen. Der Druckstock muß in allen Fällen aus einem Stück bestehen. Soll ein Zeichen mehrfach eingetragen werden, so ist für jede Eintragung ein besonderer Druckstock einzureichen. Auf Antrag kann die Anfertigung des Druckstocks oder die Nachbildung eines schon vorhandenen Druckstocks auf Kosten des Anmelders durch das Patentamt veranlaßt werden. Ein mittels des Druckstocks gefertigter Abdruck des Zeichens ist in zwei Ausfertigungen beizufügen.

Die Anlagen des Gesuchs müssen mit einer ihre Zugehörigkeit zur Anmeldung kennzeichnenden Aufschrift versehen sein. Dasselbe gilt für Modelle, Probestücke, Nachbildungen, Zeichensatzungen und Druckstock. Schriftstücke, die anderen Personen mitzuteilen sind oder die mehrere Anmeldungen betreffen, sind in der dazu erforderlichen Zahl von Ausfertigungen einzureichen. Zu allen Schriftstücken ist dauerhaftes, nicht durchscheinendes weißes Papier, zu Schriftstücken, die Anträge enthalten oder die Unterlagen der Anmeldung selbst betreffen, Papier in der üblichen Seitengröße (zurzeit 33 cm zu 21 cm) zu verwenden. Alle Schriftstücke müssen unverwischbar, leicht lesbar sein und dürfen nicht abfärben. Die Schriftzüge müssen in dunkler Farbe ausgeführt sein. Schriftstücke, besonders die mittels Schreibmaschine hergestellt sind, müssen zwischen den einzelnen Wörtern und Zeilen einen angemessenen Zwischenraum aufweisen. Allen Schriftstücken, die nicht in deutscher Sprache abgefaßt sind, ist eine von einem öffentlich bestellten Sprachkundigen angefertigte deutsche Übersetzung beizufügen. Die Unterschrift des Übersetzers sowie die Tatsache, daß dieser für derartige Zwecke öffentlich bestellt ist, bedarf auf Anfordern des Patentamts der urkundlichen Beglaubigung.

Die rechtliche Bedeutung der Anmeldung ist hier die gleiche wie im Patentrecht (s. oben §§ 41 u. 42).

b) **Die Eintragung.**

Die Formalien der Eintragung sind oben sub B I b erwähnt. Die rechtliche Bedeutung der Eintragung ist die gleiche wie die der Erteilung des Patents im Patentrecht (s. oben §§ 41 u. 42), aber die Bedeutung der Zeichenrolle ist eine wesentlich andere als die der Patentrolle und der Musterrolle. Die Eintragung ist auch maßgebend für den Umfang des Schutzes. „Es findet eine Ähnlichkeit mit der Musterrolle insofern statt, als die Eintragung in diese zwar auch Voraussetzung für die Entstehung des Musterschutzes ist, aber nicht die einzige; dagegen wird dem eingetragenen Gebrauchsmuster der Rechtsschutz beim Fehlen der übrigen Voraussetzungen versagt. Die Eintragung in die Patentrolle hat gar keine Bedeutung, die Rolle ist nur Publikationsorgan" Seligsohn, Warenzeichenrecht, S. 63).

§ 51. Träger des Warenzeichenrechts.

A. Grundsatz.

Auch im Warenzeichenrecht entsteht die Trägerschaft des Rechts aus der Tauglichkeit des Gegenstandes des Rechts, wie oben im § 42 bezüglich des Patentrechts dargelegt. Auch was dort hinsichtlich der formalen Priorität gesagt ist, gilt hier. Originalität und Priorität sind auch hier die Erfordernisse für das Entstehen eines Zeichenrechts für einen bestimmten Berechtigten. Hinzu kommen aber zwei neue wichtige Gesichtspunkte: 1. der Gesichtspunkt der relativen Priorität, d. h. der berechtigte Träger muß das Recht ausüben, um alleiniger Träger zu sein und es anderen zu verwehren (wobei aber die Eintragung des Zeichens — „Defensivzeichen"! — schon als Ausübung des Rechts genügt!); 2. der Gesichtspunkt der relativen Originalität, d. h. das Zeichen oder die Ausstattung muß nur neu sein für die bestimmte Art von Waren, für die es gebraucht wird, während für nicht gleiche oder gar nicht gleichartige Waren ein bekanntes

Zeichen wieder verwendet werden darf. Hier kommt der wettbewerbrechtliche Gesichtspunkt der Verwechselungsgefahr hinzu, der die Trägerschaft des Rechts beeinflußt. Die Grundsätze sind sehr ähnlich denen im Patentrecht, aber nicht ihnen gleich, sie verschieben sich in sachlicher und persönlicher Hinsicht etwas, wie aus folgendem bei einem Vergleich mit § 42 sich zeigt.

B. Die Begründung der Trägerschaft des Zeichenrechts.

I. **Zeichenrecht auf Grund (relativer) Originalität.**

Originalität ist Priorität der Sache, und hier sogar noch mehr: Priorität im Verhältnis von Zeichen und Ware (§§ 5, 9 und 20 WZG.). Daher wird gefordert: (a) Nichtübereinstimmung einer neuen Ausstattung mit der älteren oder eines neuen Zeichens mit einem (eingetragenen) älteren (b) in Verbindung mit Gleichheit oder Gleichartigkeit der betreffenden Waren. Zu beiden Fragen gehört die Frage der Verwechselungsgefahr.

a) **Nichtübereinstimmung der Zeichen oder der Ausstattung.**

Es widerstreitet die noch benutzte Ausstattung und das schon oder noch eingetragene (nicht gelöschte) Warenzeichen einer neuen übereinstimmenden Ausstattung oder einem neuen übereinstimmenden Warenzeichen. Übereinstimmung ist dabei wettbewerbrechtlich auszulegen, d. h. ausschlaggebend ist die Verwechselungsgefahr und damit ein wettbewerbrechtliches Moment! Denn § 20 WZG. sagt: „Die Anwendung der Bestimmungen dieses Gesetzes wird durch Abweichungen nicht ausgeschlossen, mit denen fremde Namen, Firmen, Zeichen, Wappen und sonstige Kennzeichnungen von Waren wiedergegeben werden, sofern ungeachtet dieser Abweichungen die Gefahr einer Verwechselung im Verkehr vorliegt." Auch das also ist ein Stück Relativität bezüglich der Forderung der Originalität des schutzwürdigen Zeichens!

1. Dabei ist wie immer im gewerblichen Schutzrecht die **Anschauung der beteiligten Verkehrskreise,** und zwar ihre durchschnittliche, vernünftige Anschauung maßgebend. Das sind also zumeist die Abnehmerkreise und zwar je nach ihrer höheren oder geringeren durchschnittlichen Bildung oder Sachkunde[1], ferner

[1] OLG. Hamburg (in OLGR. 35, 287) sagte z. B., ‚Continental' und ‚Occidental' können auch von einfachen Leuten unterschieden werden, und verneinte mit Recht die Verwechselungsgefahr. RG. (in M. u. W. 20, 86) führt aus: „Es kann hiernach in wissenschaftlichen oder sprachkundigen Kreisen recht wohl auch ein lateinisches Wort als Beschaffenheitsangabe, dasselbe Wort aber in Kreisen, denen seine Bedeutung fremd ist, wie ein Phantasie-

nach der Gewohnheit, die Waren und Zeichen länger zu beobachten oder nur flüchtig zu sehen, weiter nach den besonderen Umständen, unter denen die Waren und die Zeichen gesehen und wirksam zu werden pflegen. Die Verwechselungsgefahr kann sich dadurch ändern — vermindern! —, daß das Publikum sich an schärferes Unterscheiden gewöhnt oder längere Zeit hindurch zwei Zeichen auseinanderzuhalten gelernt hat (RG. in M. u. W. 20, 155).

Je origineller (stärker) ein Zeichen ist, um so wirksamer ist also an sich auch sein Schutz. „Schwache Zeichen", „Zeichen mit schwachen Motiven" haben eine tatsächlich geringere Wirksamkeit und mithin geringere Schutzkraft (vgl. auch unten § 52 sub B I c).

Das gilt für Wortzeichen wie für Bildzeichen wie für kombinierte Wort- und Bildzeichen. Denn auf die Wirksamkeit kommt es an; worauf diese beruht, ist gleichgültig.

So heißt es zutreffend in Freund-Magnus, WZR., S. 239: „Demgemäß sind Wortzeichen, auch wenn das Wort oder die Worte in bestimmter typographischer Gestaltung wiedergegeben sind, nicht nur nach ihrer Bildwirkung, sondern auch nach ihrer Klangwirkung und nach ihrem Sinn geschützt. Die Verwechselungsgefahr kann daher bei ihnen durch den ähnlichen Eindruck α) der Wortbilder auf das Auge, β) des Wortklanges auf das Ohr, γ) des Wortsinnes auf das Vorstellungsvermögen begründet sein: Nichtübereinstimmung besteht daher nur dann, wenn nach keiner dieser drei Richtungen eine Gefahr der Verwechselung besteht".

Aber das gilt nicht nur für Wortzeichen. Der Sinn, der in dieser Anschauung liegt, ist umfassender. Er bezieht sich auf die Kennzeichnungseigenschaft und Wirksamkeit im ganzen. Auch Bilder haben Sinnwirkung. Auch zwischen Wort- und Bildzeichen besteht mithin Wechselwirkung!

2. Das **Moment der Übereinstimmung** muß sich nach unbestrittener Ansicht **auf das Wesentliche,** auf das Gesamtbild, das Einprägsame, das in der Erinnerung haftet, beziehen. Ob diese Wirkung vom Bilde oder vom Worte ausgeht, muß sich daher gleichbleiben, denn in der Seele des Menschen verwandeln sich Bild und Wort.

---

wort als Herkunftsbezeichnung wirken (vgl. auch Kohler, Markenrecht, 2. Auflage, S. 88 und 89 und die dort angezogenen Entscheidungen). Es kommt hierbei auf die maßgebende Gesamtheit dieser Kreise an und selbstverständlich nicht darauf, daß ein weniger gebildeter Teil von ihnen ausnahmsweise die Bedeutung des Wortes nicht kennt."

3. Ob ein Bildzeichen mit einem Wortzeichen verwechselungsfähig ist, wird von der Lagerung des einzelnen Falles abhängen. Wenn das Bildzeichen sehr bekannt ist und im Publikum genannt wird (mit Worten!), so ist die Verwechselungsgefahr durchaus gegeben.

So die Meinung des Patentamts und die überwiegende Meinung der Gelehrten gegen das Reichsgericht. Aber das Reichsgericht hat sich dieser Auffassung doch schon sehr beträchlich genähert; denn in einer neueren Entscheidung — v. 9. März 1920, RGZ. 98, 229 — heißt es: „Wenn auch das Reichsgericht annimmt, daß Bildzeichen und Wortzeichen in ihren besonderen zeichenrechtlich geschützten Bereich nicht gegenseitig eingreifen, so schließt das doch nicht aus, daß tatsächlich beide über die Herkunft der Ware Verwechselungen erzeugen können. Dies ist auch vom Reichsgerichte niemals in Abrede gestellt worden, das vielmehr nur aus formalzeichenrechtlichen Gründen die Eintragung des Bildzeichens nicht für das Wortzeichen wirken läßt. Daher ist anerkannt, daß mit beiden unlauterer Wettbewerb ausgeübt werden kann, und um dieser Verwechselungsmöglichkeit willen werden auch Wortzeichen als Defensivzeichen für Bildzeichen eingetragen, die den gleichen Begriff ausdrücken. Dann aber kann auch ein Wortzeichen im Verkehr ein Bildzeichen gleichen Begriffs in seiner Kennzeichnungskraft so schwächen, daß beide nunmehr zu „schwachen Zeichen" werden, denn lediglich das tatsächliche Nebeneinanderbestehen verwechselungsfähiger Zeichen ist es, das die Kennzeichnungskraft beider schwächt." Mit diesen höchst beachtenswerten Äußerungen gibt auch das Reichsgericht unserer oben gegebenen Auffassung in ihrem wesentlichen Punkt die Bestätigung.

Das gleiche gilt für Worte, deren Sinn der gleiche ist, obwohl sie anders lauten und geschrieben werden (Phöbus und Apollo, Sonnenlicht und Sunlight, Mohr und Neger). Denn Name ist Schall und Rauch und „gewöhnlich glaubt der Mensch, wenn er nur Worte hört, es müsse sich dabei auch etwas denken lassen."

Der Beispiele, die das Patentamt und die Gerichte beschäftigt haben, gibt es hier unzählige (vgl. die Kommentare). Sie aufzuführen, fehlt hier der Raum, da jedesmal die Lagerung der Umstände des Falles als wesenswichtig mit Rücksicht auf die Verwechselungsgefahr mitgeteilt werden müßte. (Relativität der Übereinstimmung unter Berücksichtigung der Gleichartigkeit der Waren usw.!; größeres Hervortreten des Sinnes oder des Wortes und Bildes!?) Aber ein neueres instruktives Beispiel für viele: Es wurde (nach RG. in RGZ. 82, 243) ein Dreieck mit einem auf einem Kopfe sitzenden dreieckigen Hut nicht für verwechselungsfähig erklärt. Werde jedoch durch Färbung (die an sich bedeutungslos sei) das Bild verändert, so daß eine Verwechselungsgefahr infolge dieser Veränderung entstehe, dann ändere sich das Urteil ganz naturgemäß. Diese Entscheidung des RG. ist sehr treffend und aufschlußreich (auch in anderer Hinsicht, s. darüber unten im § 52).

Liegt Verwechselungsgefahr vor, dann darf die verwechselungsfähige Bezeichnung auch nicht in den Firmennamen aufgenommen werden. Ist eine Bezeichnung als Warenzeichen geschützt, so verbietet § 12 WZG. die Verwendung dieses Zeichens zum Zwecke jeder Warenbezeichnung und schlechthin, gleichviel auf welchem Wege diese betätigt wird. Da nun eine Firma zunächst und unmittelbar zwar nur der Bezeichnung des Geschäftsbetriebes dient, mittelbar dadurch aber auch die Herkunft der aus ihm stammenden Waren kennzeichnet, so wird das Warenzeichen auch dadurch, daß es in einer Firma als deren Bestandteil gebraucht wird, in einer Weise verwendet, die in den nach § 12 WZG. geschützten Rechtskreis des Warenzeichenschutzes eingreift. Mit Recht wird dies vom RG. (in M. u. W. 20, 156) hervorgehoben; denn das Warenzeichen umfaßt den ganzen geschäftlichen Umkreis und ist sehr empfindlich gegen unwahrhaftige, irreführende Wirkung. Daher darf auch ein mit einem geschützten Warenzeichen versehenes Erzeugnis nicht von anderer Seite bearbeitet und verändert werden (z. B. Bemalung von Meißener Porzellan in fremder Werkstatt (RGZ. 100, 23), das würde eine Verletzung des Warenzeichenrechts bedeuten.

b) **Nichtübereinstimmung der Waren.**

Die Waren dürfen nicht gleich oder gleichartig sein. Gleichheit ist leicht zu bestimmen, Gleichartigkeit schwer. Auch hier ist der wettbewerbliche Gedanke der Verwechselungsgefahr des Zeichens entscheidend! Reichsgericht in RGZ. 67, 37 sagt u. a., bei Beantwortung des Erfordernisses der Gleichartigkeit sei der Hauptwert nicht darauf zu legen, ob die Waren, für welche ein Zeichen angemeldet sei, sich von den Waren, für welche es bereits geschützt sei, durch Herstellung und Material unterscheiden, sondern daß auch hier danach zu urteilen sei, ob die Möglichkeit einer Verwechselung oder Täuschung im Verkehr vorliege. „Es wird also immer auf die tatsächlichen Verhältnisse des einzelnen Falles ankommen, ob dieselben so liegen, daß Verwechselungsgefahr im Verkehr anzunehmen ist, wenn das eingetragene Zeichen in einem anderen Geschäftsbetriebe zur Bezeichnung von Waren gebraucht wird, die an und für sich nicht mit den Waren übereinstimmen, für die das erstere Zeichen eingetragen ist." Als gleichartig werden solche Waren angesehen, „die in den gleichen Geschäften an den gleichen Kundenkreis vertrieben zu werden pflegen."

Rücksichten auf den Verkehr bestimmen den Begriff.

So wird auch ein Zeichen, das für Handschuhknöpfe eingetragen ist, niemanden hindern können, ein solches Zeichen für Handschuhe zu verwenden; denn wenn alle Waren, an denen Knöpfe sind, mit in den Schutz gezogen würden, so wäre das eine Auswirkung des Schutzes, der die ganze Konfektionsbranche vom Knopfe aus zeichenrechtlich beherrschte (so RG. in RGZ. 95, 229). Da hat die Unlauterkeit im Wettbewerb ihre natürliche Grenze infolge der Andersartigkeit der Waren (RGZ. 87, 91).

Wie durchweg im gewerblichen Schutzrecht, können solche Begriffe — wie dieser Begriff der Gleichartigkeit der Ware — nicht aus sich selbst (aus dem Begriffshimmel) erklärt werden, sondern nur aus den Realitäten des Verkehrs, die Täuschungs- und Verwechselungsmöglichkeit bei lebenden Durchschnittsmenschen. Also weniger der Stoff und auch nicht immer die wissenschaftlich festzustellende Gattung der Ware, sondern der seelische Eindruck, die Wirksamkeit im geschäftlichen Verkehr auf den wirtschaftenden Menschen bestimmt, ob Waren im zeichenrechtlichen Sinne „gleichartig" sind oder nicht.

II. **Zeichenrecht auf Grund (relativer) Priorität.**

Priorität ist Priorität des Willens und hat im Warenzeichenrecht erhöhte Bedeutung, da der vermutlich Verletzte gefragt wird und sein Widerspruch von großer Wichtigkeit ist. Auch hier wird die in dem Zeichen liegende ‚Erfindung' — wie im Patentrecht — objektiviert, für neue, nochmalige Verwirklichung desselben Gedankens annulliert (s. oben § 42 sub B II a), soweit das Zeichen wirklich benutzt wird und ein materielles, reales Interesse an dem Schutz besteht. Die Benutzung und die Anwendung gehören also hier zum rechtlichen Tatbestand ebenso wie der Widerspruch des Verletzten — zusammengefaßt also: Das Bewußtsein der Berechtigung.

a) **Anmeldung und Benutzung.**

1. Die **Anmeldung** ist beim speziellen Zeichenschutz zeitlich maßgebend für die Priorität, sachlich maßgebend für den Umfang des Schutzes hinsichtlich der Waren, für die das Zeichen gelten soll, und hinsichtlich des Aussehens des Zeichens und des rechtlichen Inhalts des Gesuchs (also ganz ähnlich wie im Patentrecht).

2. Die **Benutzung** ist

α) beim Ausstattungsschutz **Ersatz** der Anmeldung (vgl. oben § 49 sub B),

β) beim speziellen Zeichenschutz teilweise **akzessorisches Erfordernis.** So kann (nach § 9 Ziff. 2 WZG.) die Löschung eines Warenzeichens verlangt werden, wenn der Geschäftsbetrieb, zu welchem das Warenzeichen gehört, von dem eingetragenen Inhaber nicht mehr fortgesetzt wird. Ebenso ist erforderlich, wie LG. Dresden in GR. u. U. 1920, 113 folgerichtig ausführt, daß die im Warenverzeichnis für das Zeichen angegebenen Waren von dem Zeichenberechtigten weiter geführt werden, und, wie RGZ. 101, 372 sagt, daß die Waren gehandelt werden; es genügt nicht, daß sie im Betriebe selbst verarbeitet oder benutzt oder verbraucht werden und nicht aus ihm herausgehen, sog. Hilfsartikel. Auf diese erstreckt sich die schützende und verbietende Kraft des Warenzeichens nicht, denn sie treten im Verkehr nicht in Wettbewerb mit den durch Zeichen geschützten Handelswaren, sind in solchem Sinne res extra commercium, wie denn auch (RGZ. 101, 372) Waren, die im Restaurationsbetriebe verzehrt werden, keines Warenzeichens des Restaurants bedürfen, vielmehr mit einem solchen Zeichen höchstens auf den Lieferer des Restaurants hindeuten, also leicht Mißverständnisse hervorrufen würden.[1]

Mit dieser Auffassung stimmt es auch überein, daß auch das Nichtbeginnen des Geschäftsbetriebes dem Warenzeichenschutz entgegensteht, womit nicht gesagt ist, daß nicht zeitweilige Einstellung des Betriebes gestattet sei oder daß etwa zu jeder Zeit der Schutzfrist die tatsächliche Benutzung des Zeichens geschieht. Es genügt, daß zu jeder Zeit die Benutzungsmöglichkeit (grundsätzliche und regelrechte Führung der betreffenden Waren) gegeben ist. Das genügt auch für den Zweck des Warenzeichenrechts. Als Reform wurde auf dem Kongreß für gewerblichen Rechtsschutz (Berlin 21.—23. Okt. 1920) gefordert, daß das Warenzeichen innerhalb von 5 Jahren in Gebrauch genommen werden muß.

Das alles hängt aufs engste zusammen mit der Frage der **Vorratszeichen,** die der Anmelder nur gelegentlich oder unbestimmt zu verwenden gedenkt, oder der **Defensivzeichen,** die er wegen naheliegender Verwechselungsgefahr mit seinem zunächst gewählten Zeichen vorsorglich mit in den Schutz einbezogen wissen will (s. auch unten § 52 B I c 2).

Als Reform wurde auf dem 1920er Kongreß für gewerblichen Rechtsschutz hierfür das Institut der Zusatzzeichen ohne Gebrauchszwang vorgeschlagen.

[1] So begrüßt mit Recht Osterrieth die erwähnte Dresdener Entscheidung mit besonderer Hervorhebung, daß der Warenzeichenschutz nicht weiterreichen soll, als das Wettbewerbs- und Verkehrsinteresse es erfordert (a. M. Seligsohn, S. 130).

b) **Der Widerspruch des Verletzten oder Gefährdeten.**

Erachtet das Patentamt, daß ein zur Anmeldung gebrachtes Warenzeichen mit einem anderen, für dieselben oder für gleichartige Waren früher angemeldeten Zeichen übereinstimmt, so macht es dem Inhaber dieses Zeichens hiervon Mitteilung. Erhebt dieser nicht innerhalb eines Monats nach der Zustellung Widerspruch gegen die Eintragung des neu angemeldeten Zeichens, so ist das Zeichen einzutragen. Im anderen Falle entscheidet das Patentamt durch Beschluß, ob die Zeichen übereinstimmen (§ 5 WZG.). Ein Vorbescheid wird nicht erlassen.

Das Widerspruchsrecht beschränkt sich hiernach auf die vom Patentamt nach vorläufiger Prüfung benachrichtigten Zeicheninhaber. Das ist, da bisher noch kein Aufgebotsverfahren stattfindet (dessen Einführung freilich von den Reformern verlangt wird), eine schwerwiegende Befugnis des Patentamts und eine gewisse Gefahr für die Zeicheninhaber. Der Widerspruch braucht nicht begründet zu werden (die Begründung liegt schon gewissermaßen in der Tatsache der Benachrichtigung des Patentamts an den betreffenden Zeicheninhaber). Der Widerspruch richtet sich gegen die Verbindung des Zeichens mit bestimmten Waren (gemäß der relativen Priorität und Originalität) und kann sich gegen das ganze oder gegen einen Teil richten. Das Patentamt entscheidet dann über die Tragweite des Widerspruchs, d. h. ob Übereinstimmung der Zeichen oder der Waren (in Relation zueinander!) vorliegt und kann auch mündliche Verhandlung anordnen.

Wird durch den Beschluß die Übereinstimmung der Zeichen verneint, so ist das neuangemeldete Zeichen einzutragen. Wird durch den Beschluß die Übereinstimmung der Zeichen festgestellt, so ist die Eintragung zu versagen (§ 6 WZG.).

Sofern der Anmelder geltend machen will, daß ihm ungeachtet der durch die Entscheidung des Patentamts festgestellten Übereinstimmung ein Anspruch auf die Eintragung zustehe (z. B. weil die Priorität des anderen nicht gegeben sei oder er den Geschäftsbetrieb nicht führe), so hat er diesen Anspruch im Wege der Klage gegenüber dem Widersprechenden zur Anerkennung zu bringen. Die Eintragung auf Grund einer zu seinen Gunsten ergehenden Entscheidung wird unter dem Zeitpunkte der ursprünglichen Anmeldung bewirkt (§ 6 Abs. 2 WZG.).

c) **Sperrfrist.**

Zeichen, welche gelöscht sind, dürfen für die Waren, für welche sie eingetragen waren, oder für gleichartige Waren zugunsten eines anderen als des letzten Inhabers erst nach Ablauf von zwei Jahren seit dem Tage der Löschung von neuem eingetragen werden (§ 4 Abs. 2 WZG.). Vgl. auch unten § 52 sub B I c 1. Als Reform wird Fallenlassen der Sperrfrist vorgeschlagen.

III. **Durch persönliche Legitimation.**

a) **Staatsangehörigkeit.**

Wie im Patentrecht, ist auch im Zeichenrecht nicht die Staatsangehörigkeit der Person, sondern der Wohnsitz der Niederlassung ausschlaggebend.

Wer im Inlande eine Niederlassung nicht besitzt, hat auf den Zeichenschutz nur Anspruch, wenn in dem Staate, in welchem seine Niederlassung sich befindet, nach einer im Reichs-Gesetzblatt enthaltenen Bekanntmachung deutsche Warenbezeichnungen in gleichem Umfange wie inländische Warenbezeichnungen zum gesetzlichen Schutz zugelassen werden. (Über Einfuhr und Ausfuhr von Waren in bezug auf das Zeichenrecht §§ 17 und 22 WZG.)

Der Anspruch auf Schutz eines Warenzeichens und das durch die Eintragung begründete Recht können nur durch einen im Inlande bestellten Vertreter geltend gemacht werden. Der letztere ist zur Vertretung in dem nach Maßgabe dieses Gesetzes vor dem Patentamt stattfindenden Verfahren sowie in den das Zeichen betreffenden bürgerlichen Rechtsstreitigkeiten und zur Stellung von Strafanträgen befugt. Für die das Zeichen betreffenden Klagen gegen den eingetragenen Inhaber ist das Gericht zuständig, in dessen Bezirk der Vertreter seinen Wohnsitz hat, in dessen Ermangelung das Gericht, in dessen Bezirk das Patentamt seinen Sitz hat.

Wer ein ausländisches Warenzeichen zur Anmeldung bringt, hat damit den Nachweis zu verbinden, daß er in dem Staate, in welchem seine Niederlassung sich befindet, für dieses Zeichen den Markenschutz nachgesucht und erhalten hat. Die Eintragung ist, soweit nicht Staatsverträge ein anderes bestimmen, nur dann zulässig, wenn das Zeichen den Anforderungen des deutschen Warenzeichengesetzes entspricht (§ 23 WZG.).

Vgl. auch RG. in RGZ. 85, 30.

b) **Rechtsfolge durch Erbgang und durch Vertrag.**

Das durch die Anmeldung oder Eintragung eines Warenzeichens begründete Recht geht auf die Erben über und kann durch Vertrag oder durch Verfügung von Todes wegen auf andere übertragen werden. Das Recht kann jedoch nur mit dem Geschäftsbetrieb, zu welchem das Warenzeichen gehört, auf einen anderen übergehen. Der Übergang wird auf Antrag des Rechtsnachfolgers in der Zeichenrolle vermerkt, sofern die Einwilligung des Berechtigten in beweisender Form beigebracht wird. Solange der Übergang in der Zeichenrolle nicht vermerkt ist, kann der Rechtsnachfolger sein Recht aus der Eintragung des Warenzeichens nicht geltend machen (§ 7 WZG.).

Die Bindung des Rechtsübergangs an den Gewerbebetrieb ergibt sich aus der gewerblich-wettbewerbrechtlichen Seite des Zeichenrechts und aus der hier schon wiederholt hervorgehobenen Bindung des Zeichens an bestimmte Waren und Warengattungen und an die Benutzungsmöglichkeit. Daraus ist auch zu erklären, warum ein etwa unlauterer Erwerb des Zeichens durch den ersten Erwerber beim Übergang auf den Rechtsnachfolger, der das Zeichen nicht in unlauterer Absicht und Art verwendet, geheilt wird (RGZ. 81, 330); denn es handelt sich hier nicht um persönliche Rechte, sondern um gewerbliche Verknüpfungen, die jeweils von der Art der gegenwärtigen Benutzung abhängen.

Auch Lizenzerteilung an Warenzeichen ist denkbar und ausführbar, aber auch da stets in Verbindung mit einem im Gange befindlichen Gewerbebetrieb — mit einigen aus der Natur der Sache sich ergebenden Abweichungen von der patentrechtlichen Lizenz (s. oben § 42 sub B III c 2) namentlich hinsichtlich der dinglichen Seite des Rechts.

c) **Verbandszeichen.**

Durch das Gesetz zur Ausführung der revidierten Pariser Übereinkunft v. 2. Juni 1911 zum Schutze des gewerblichen Eigentums v. 31. März 1918 (RGBl. S. 236) ist die Einrichtung besonderer Verbandszeichen eingeführt worden als §§ 24a—h des WZG.

Danach können rechtsfähige Verbände, die gewerbliche Zwecke verfolgen, auch wenn sie einen auf Herstellung oder Vertrieb von Waren gerichteten Geschäftsbetrieb nicht besitzen, Warenzeichen anmelden, die in den Geschäftsbetrieben ihrer Mitglieder zur Kennzeichnung der Waren dienen sollen.

Die juristischen Personen des öffentlichen Rechts stehen den bezeichneten Verbänden gleich.

Der Anmeldung des Verbandszeichens muß eine Zeichensatzung beigefügt sein, die über Namen, Sitz, Zweck und Vertretung des Verbandes, über den Kreis der zur Benutzung des Zeichens Berechtigten, die Bedingungen der Benutzung und die Rechte und Pflichten der Beteiligten im Falle der Verletzung des Zeichens Auskunft gibt. Spätere Änderungen sind dem Patentamt mitzuteilen. Die Einsicht der Satzung steht jedermann frei.

Das durch die Anmeldung oder Eintragung des Verbandszeichens begründete Recht kann als solches nicht auf einen anderen übertragen werden.

Ein Dritter kann unbeschadet der Vorschriften im § 9 Nr. 1, 3 die Löschung des Verbandszeichens beantragen,

1. wenn der Verband, für den das Zeichen eingetragen ist, nicht mehr besteht;

2. wenn der Verband duldet, daß das Zeichen in einer den allgemeinen Verbandszwecken oder der Zeichensatzung widersprechenden Weise benutzt wird. Als eine solche mißbräuchliche Benutzung ist es anzusehen, wenn die Überlassung der Benutzung des Zeichens an andere zu einer Irreführung des Verkehrs Anlaß gibt.

Der Anspruch des Verbandes auf Entschädigung wegen unbefugter Benutzung des Verbandszeichens umfaßt auch den einem Mitglied erwachsenen Schaden.

Wird dem Patentamt nachgewiesen, daß ein eingetragenes Warenzeichen bis zum Inkrafttreten dieses Gesetzes von einem Verband als Verbandszeichen geführt wurde, so ist das Zeichen auf Antrag des Verbandes als Verbandszeichen in der Rolle umzuschreiben.

§ 52. Regelrechte Wirkungen des Zeichenrechts.

A. Das Wesentliche des Wirkungskreises.

I. Die Elemente.

Das Zeichenrecht entlehnt aus dem urheber- und erfinderrechtlichen Rechtskreis das Element der Ausschließlichkeit des Benutzungsrechts: auf eigene unbeschränkte Benutzung und auf Ausschluß anderer von der Benutzung. Die Ausgestaltung dieses Rechts ist hier aus dem wettbewerbrechtlichen Kreis so stark entnommen, daß die Verbindung der beiden Rechtskreise, des Ausschließungs- und des Wahrheitselements, hier potentiell und graduell noch deutlicher wird als im Urheber-, Verkehrs-, Patent- und Musterrecht. Es geschieht dies aber hier in solcher Art, daß die enge Verbindung dieser Elemente grundsätzlich dadurch auch für die genannten Gebiete des gewerblichen Rechtsschutzes aufs neue bekräftigt wird. Hier ist das Ausschließungselement in engste Verbindung gebracht mit dem Wahrheitselement (und seine Umkehrung, dem Täuschungs- und Verwechselungselement), also rein wettbewerbrechtlichen Gedanken. So wird das Ausschließungsrecht (§ 12 WZG.) beeinträchtigt durch das Recht eines störenden Wettbewerbers auf Wahrheit im eigenen Namengebrauch (§ 13 WZG.), aber dieses wieder zugunsten des ersteren beeinflußt durch das Schutzrecht gegen unlautere, täuschende Benutzung wahrer Namen unter Verwechselungsgefahr (§ 20 WZG.) Die §§ 12, 13 und 20 WZG. bilden methodisch eine eng zusammengehörige Einheit.

Für § 13 im Verhältnis zu § 12 ist das ganz unbestritten. Für § 20 sagt das RG. in RGZ. 97, 96: „In § 20 wird nicht ein besonderer, erweiterter und von dem in § 12 abweichender Rechtsschutz begründet, sondern lediglich der Umfang des Rechtsschutzes umschrieben, den ein nach § 12 begründeter Zeichenschutz nach dem Willen des Gesetzes hat."

II. **Die gesetzlichen Vorschriften.**

§ 12 WZG.: Die Eintragung eines Warenzeichens hat die Wirkung, daß dem Eingetragenen ausschließlich das Recht zusteht, Waren der angemeldeten Art oder deren Verpackung oder Umhüllung mit dem Warenzeichen zu versehen, die so bezeichneten Waren in Verkehr zu setzen, sowie auf Ankündigungen, Preislisten, Geschäftsbriefen, Empfehlungen, Rechnungen oder dergleichen das Zeichen anzubringen.

§ 13 WZG.: Durch die Eintragung eines Warenzeichens wird niemand gehindert, seinen Namen, seine Firma, seine Wohnung, sowie Angaben über Art, Zeit und Ort der Herstellung, über die Beschaffenheit, über die Bestimmung, über Preis-, Mengen- oder Gewichtsverhältnisse von Waren, sei es auch in abgekürzter Gestalt, auf Waren, auf deren Verpackung oder Umhüllung anzubringen und derartige Angaben im Geschäftsverkehr zu gebrauchen.

§ 20 WZG.: Die Anwendung der Bestimmungen dieses Gesetzes wird durch Abweichungen nicht ausgeschlossen, mit denen fremde Namen, Firmen, Zeichen, Wappen und sonstige Kennzeichnungen von Waren wiedergegeben werden, sofern ungeachtet dieser Abweichungen die Gefahr einer Verwechselung im Verkehr vorliegt. (In Verbindung mit § 4 Ziff. 3 und § 9 Ziff. 3 WZG.)

Rechtsverletzungen (s. unten § 53) stehen also an der Peripherie dieses Einheitskreises und entstehen erst, wenn die drei genannten Momente gegeneinander abgewogen ein Plus auf der Seite der Unlauterkeit ergeben. Dabei kann namentlich der durch § 13 bezeichnete Teil des Einheitskreises wegfallen und die Entscheidung dann vereinfachen. Ein Etwas von ihm wird aber oft sich in dem konkurrierenden Zeichengebrauch finden.

III. **Ein erläuterndes Beispiel.**

Oben in § 49 sub C II b 1 γ wurden einige Reichsgerichtsentscheidungen aufgeführt, nach denen wahrheitsgemäße Namen (Köhler für Nähmaschinen, Birresborn für Mineralwasser) als namen- und zeichenrechtverletzend gegen andere Berechtigte angesehen wurden, die sich dieser Namen zuvor rechtmäßiger Weise bedienten.

Daraus ergibt sich in unserem hier interessierenden Zusammenhang:

Der Nähmaschinenfabrikant Köhler, der seinen Namen als Zeichen seiner Fabrikate rechtmäßig und als eingebürgerte Bezeichnung gebraucht, hat nach § 12 WZG. ein ausschließliches Recht auf Führung dieses Wortzeichens. Nach § 13 WZG. findet dieses Recht seine Schranke an dem Namenrecht eines anderen Nähmaschinenfabrikanten Köhler, der seinen Namen auf seinen Waren anbringen und im Geschäftsverkehr gebrauchen darf. Aber auch dieser findet wieder seine Schranke an § 20 WZG. Denn er darf diesen eigenen Namen, der zugleich ein „fremder" Name ist, nicht so gebrauchen, daß eine besondere Gefahr der Verwechselung heraufbeschworen wird, d. h. sich nicht zwanglos und natürlich ergibt, sondern für Wettbewerbszwecke an den Haaren herbeigezogen wird.

Nach dem Wahrheitsprinzip muß hier eine formale Wahrheit der höheren Wahrheit im Wettbewerbssinne des Gesetzes weichen. Im Wettbewerbssinne, d. h. nach der Priorität des Gebrauchs. Mithin geht das ältere, vor dem Zeichenrecht des anderen eingeführte Namen- und Firmenrecht vor, nicht aber kann der Name als Bezeichnung auf andere gleichartige Waren ausgedehnt werden, für die er noch nicht verkehrsmäßig eingeführt war.

Die Namenbefugnis ist allgemein und das Warenzeichenrecht ist nicht stärker als das Namens- oder ältere Firmenrecht, sagt hierzu das RG. in RGZ. 90, 91. Aber sie reicht nicht dazu hin, den Namen ohne einen deutlichen, die Erzeugnisse von denen der Namenskonkurrenz unterscheidenden Zusatz zur Warenbezeichnung anderer Waren zu verwenden, für die der Name nicht schon eingeführt war (ebenda S. 90). Die Führung des berechtigten Namens muß sich natürlich und zwanglos ergeben, die Wahl des Firmennamens, des Wohnsitzes muß durch Gründe des Verkehrs, der Sitte und der wirtschaftlichen Notwendigkeiten begründet sein.

B. Die Einzelheiten des Wirkungskreises.

1. **Das Ausschließungsmoment.**

a) **Die beiden Seiten des Ausschließungsmoments:** Die affirmative und die negative, zeigen sich hier wieder wie in den anderen Zweigen der gewerblichen Schutzrechte als ausschließliche Rechte. Affirmativ heißt: Der Berechtigte darf sein Recht in jeder Art benutzen; negativ heißt: er darf anderen eine Benutzung von gleicher Art verbieten. Der Umfang des affirmativen Rechts entspricht dem Umfang des negativen Rechts; soweit das aktive Benutzungsrecht reicht, reicht auch das Verbietungsrecht. Dies zeigt sich sowohl an dem Gegenständlichen der Waren wie an dem Gegenständlichen der Zeichen.

b) **Das Benutzungsrecht bezüglich der Waren.**

Das ausschließliche Benutzungsrecht an dem Zeichen hat Geltung 1. für die Anbringung des Zeichens an den eingetragenen und den diesen gleichartigen Waren, 2. für die mit dem Zeichen versehene Umhüllung und Verpackung, 3. für das Inverkehrbringen dieser Waren mit dem Zeichen, 4. für die mit dem Zeichen versehene Ankündigung der Waren.

1. Das Benutzungsrecht bezieht sich auf die für das Zeichen **eingetragenen Waren** und deren **gleichartige Waren** (was das bedeutet, darüber oben § 51 B I b). Nicht die Waren, für die das Zeichen angemeldet, sondern die, für die es eingetragen ist, kommen in Betracht. Die Anbringung an den Waren selbst kann Veränderungen in der Färbung des etwa zunächst für die Umhüllung vorgesehenen Zeichens bedingen. Wenn das Zeichen in seiner Schauwirkung dasselbe bleibt (vgl. auch RGZ. 82, 246), so macht solche Änderung nichts aus. Das Recht der Anbringung bezieht sich grundsätzlich auf die Ware und beschränkt sich nicht auf Umhüllung oder Verpackung.

2. Das Benutzungsrecht bezieht sich auch auf die **Verpackung** und **Umhüllung.** Gewöhnlich wird das Zeichen zunächst für die Verpackung oder Umhüllung vorgesehen; dann muß es ebenso auch für die Anbringung auf oder an der Ware selbst geschützt sein — auch wenn geringe Abwandlungen im (technischen!) Aussehen (s. oben sub 1) dabei nötig werden. Verpackung ist jede Art von Behältnis (Körbe, Flaschen, Kartons, Dosen, Krüge usw.). Umhüllung ist der weitere Begriff, da er z. B. Buchumschläge, Bilderrahmen, Schutzgitter umfaßt, also Dinge, die keine Verpackung sind und doch nicht organisch zur Ware gehören.

Der Schutz der Umhüllung und Verpackung (wie auch auf der Ware selbst) hat wiederum eine positive und eine negative Seite. D. h.: ein anderer darf die Zeichen nicht nur nicht für andere Waren nachahmen oder benutzen, sondern auch nicht von den geschützten Waren entfernen. Das liegt auf der Brücke zum folgenden:

3. Das Benutzungsrecht bezieht sich auf das **Inverkehrbringen** der Waren mit dem Zeichen und auf das **Aus-dem-Verkehr-Nehmen** des Zeichens von der Ware. ‚Verkehr' ist dabei in ziemlich weitem Sinne zu fassen, braucht nicht Geschäftsverkehr oder gewerblicher, entgeltlicher, öffentlicher Verkehr zu sein, jedweder Verkehr fällt darunter. Nur reiner Privatgebrauch ist kein Inverkehrbringen. Das hängt auch mit der Möglichkeit des Wettbewerbs, der Täuschung u. dgl. zusammen.

Über die Unerlaubtheit des Inverkehrbringens herrscht Meinungsübereinstimmung. Nicht so über das Entfernen des Zeichens oder der Verpackung — eine Frage, die noch kaum beachtet worden ist. Das bezieht sich auf die Ausstattung ebenso wie auf das spezielle Zeichenrecht.

Eine Nachahmung bedeutet ein Unwirksammachen des Kennzeichens für den Berechtigten. Ein solches Ergebnis wird durch das Entfernen des Kennzeichens ebenso herbeigeführt wie durch Nachahmung, ja noch vollständiger. Während die Nachahmung gewissermaßen das Kennzeichen unterstreicht (obschon sie es betrüglich für einen Unberechtigten nutzbar macht), sucht Entfernung oder Beschädigung der Marke das Kennzeichen wirkungslos zu machen, ist also (von diesem Gesichtspunkt aus) Eingriff! Durch Nachahmung sucht der Unberechtigte vorzutäuschen, daß er den als wertvoll erkannten Markenartikel vorlege, durch Entfernung hingegen will er die Marken als unwesentlich bezeichnen.

Würde der Schutz vor der Entfernung zum Wettbewerbszweck Halt machen, so hätte der Schutz keinen Zweck. Dazu, daß unlautere Wettbewerbsmachenschaften gegen diese Ausstattung verboten und strafbar sind, muß notgedrungen auch die Entfernung oder Beschädigung der Verpackung gehören. Denn der letzte Zweck der Schutzvorschrift ist, die Ware eines Erzeugers durch die geschützte Verpackung kenntlich zu machen.

Neben dem gleichen objektiven Erfolg ist hier auch das subjektive Vorgehen des Unberechtigten rechtlich gleich; denn in beiden Fällen greift er in die geschützte Rechtssphäre des anderen ein. In beiden Fällen vergeht er sich an dem Ausstattungsrecht — einmal mehr virtuell: durch Nachahmung, das andere Mal mehr substantiell: durch Vernichtung; der Eingriff in die Rechtssphäre, d. h. in die verkehrstechnische Wirksamkeit der geschützten Ausstattung, ist beide Male der gleiche und jedenfalls gleichwertig.

(Vgl. über die ganze Frage meinen Aufsatz „Schutz der Verpackung von Markenartikeln" in „Markenschutz und Wettbewerb", 18, 23ff.)

4. Das Benutzungsrecht bezieht sich auf die mit dem Zeichen versehene **Ankündigung** der Waren. Dahin gehört jede geschäftliche Anpreisung, Mitteilung, auch Geschäftspapiere wie Briefbogen u. dgl.

c) **Das Benutzungsrecht bezüglich der Zeichen.**

Die Frage der Ausschließlichkeit des Zeichens hat zwei Seiten: 1. die Frage, ob wirkliche Benutzung des Zeichens Voraussetzung des Ausschließungsrechts ist und 2. die damit zusammengehörige Frage, wie weit Vorratszeichen und Defensivzeichen zum Zweck der Erweiterung des Ausschließungsrechts beansprucht werden können.

1. **Ist Benutzung notwendig als Voraussetzung des Zeichenrechts?** Daß ein Geschäftsbetrieb vorhanden sein muß als Grundlage der Möglichkeit der Zeichenbenutzung, ist schon oben § 51 B II a 2 β ausgeführt. Ein Nichtbeginnen des Betriebs steht dem Nichtmehrfortsetzen des Betriebs rechtlich gleich. Daß das Zeichen wirklich benutzt wird, wird nicht gefordert. Sonst wäre auch die Eintragung von Vorrats- und Defensivzeichen nicht möglich, s. unten sub 2.

Hierher gehört auch die Frage der **Sperrfrist.** Zeichen, welche gelöscht sind, dürfen für Waren, für welche sie eingetragen waren, oder für gleichartige Waren zugunsten eines anderen als des letzten Inhabers erst nach Ablauf von zwei Jahren seit dem Tage der Löschung von neuem eingetragen werden (§ 4 Abs. 2 WZG.). Dieses Recht des letzten Inhabers ist eine Verlängerung seines durch Benutzung erworbenen Kennzeichnungsrechts, das weiter wirkt, auch wenn die Erneuerung verabsäumt wurde. Das hängt mit der kennzeichnenden Wirkung des Zeichens zusammen, was vom Reichsgericht in RGZ. 97, 100 methodisch sehr scharf festgelegt wird: „Dieser allein durch den Gebrauch im Verkehr hergestellte Zusammenhang zwischen Zeichen, Geschäftsbetrieb und Ware wird als ein zunächst fortbestehender tatsächlicher Zustand vom Gesetzgeber anerkannt."

Die zweijährige Sperrfrist soll die Kennzeichnungskraft abschleifen; deshalb ist es aber (nach dem RG.-Urteil) Voraussetzung der Geltung dieser Sperrfrist, daß es sich „um ein Warenzeichen handelt, das im Verkehr als solches verwendet worden ist und deshalb die seinem Wesen entsprechende Kennzeichnungskraft erlangt hat. Denn nur ein solches ist ein taugliches Mittel, zu unlauterem Wettbewerb durch mißbräuchliches Aufgreifen verwendet zu werden." Die Nichteröffnung des Geschäftsbetriebes schließt also auch den Anspruch auf die Sperrfrist aus. Aber hiernach muß auch tatsächliche Nichtbenutzung des Zeichens den Anspruch auf die Sperrfrist aufheben, obwohl die Nichtbenutzung sonst nicht das Zeichenrecht negiert. § 4 Abs. 2 WZG. „hat den Regelfall im Auge, daß das Zeichen auch im Verkehr verwendet worden ist", sagt das zitierte Urteil des Reichsgerichts. Eine gewisse Durchlöcherung des — reformbedürftigen! (s. oben) — Satzes, daß Benutzung nicht nötig ist, liegt also schon hierin, und der Vorschlag des Fallenlassens der Sperrfrist erhält um so größere Berechtigung.

2. **Vorrats- und Defensivzeichen.**

Die Gültigkeit sog. „Vorrats-“ und „Defensiv“-Zeichen ist der Ausfluß des formalen Zeichenrechts als eines Rechts des Geschäftsbetriebs. Es darf aber, wie das Reichsgericht in neuester Rechtsprechung sehr beachtlicherweise betont (RGZ. 97, 93) „nur ausgeübt werden innerhalb der Grenzen, die das Recht höherer Ordnung gibt, insbesondere nur innerhalb der Grenzen des lauteren Wettbewerbs und guter Sitten, in dessen Dienst auch das formale Zeichenrecht steht.“

Aber damit ist nicht gesagt, daß die Eintragung von Vorratszeichen schon an sich etwas Rechts- und Sittenwidriges ist. Ein Bedürfnis der Industrie nach vorläufigen Anmeldungen von Warenzeichen auf Vorrat wird ausdrücklich anerkannt, weil es wichtig ist, für den Vertrieb neuer Waren sofort nicht nur ein passendes, sondern auch ein geschütztes Zeichen zur Hand zu haben. Daß zur Erfüllung dieses Zweckes andere Formen (Zusatzzeichen) besser geeignet sind, weil rechtliche Bedenken gegen die jetzige Ordnung nicht ganz zu unterdrücken sind, wurde schon oben im § 51 sub B II a 2 angeführt. Andererseits aber verlangt es der Wettbewerbscharakter der Warenzeichen, daß die Vorratszeichen nicht ins Blaue hinein okkupiert werden, vielmehr muß „schon bei der Anmeldung die Absicht vorliegen, den bezeichneten Geschäftsbetrieb in angemessener Zeit zu eröffnen und die aufgeführten Waren tatsächlich zu führen, und es muß weiter auch die Verwirklichung dieser Absicht in angemessener Zeit erfolgen“ (RGZ. 101, 372).

Defensivzeichen haben darüber hinaus noch die methodisch stärkere Bedeutung, daß sie ein tatsächlich benutztes Zeichen noch wirksamer zu schützen bestimmt sind, indem sie die etwa naheliegenden und den Wirkungskreis des Hauptzeichens vermutlich gefährdenden Zeichen mit in den formalen Schutz einbeziehen, um es zu verteidigen zu helfen gegen Angriffe. Das hat um so größere Bedeutung, je geringer die Kennzeichnungskraft des Hauptzeichens ist (sog. „schwache Zeichen“). (Vgl. RGZ. 97, 302.) Aber darin liegt zugleich eine Kritik an solcher Regelung, und man hat Anlaß, über eine zu große, mißbräuchliche Ausdehnung des Rechts auf Vorrats- und Defensivzeichen Klage zu führen. Ein wirklich gutes, schöpferisches Zeichen hat Defensivzeichen am wenigsten nötig, und die schöpferische Kraft im Zeichenrecht wird auch immer noch Mittel finden, ohne Vorratszeichen das Zeichenrecht zu nutzen.

II. **Das Wahrheitsmoment.**

Über die Bedeutung des Wahrheitsmomentes als Begrenzung des formalen Zeichenrechts s. oben sub A I. Diese Beschränkung entsteht aus höherem Recht, als es das formale Zeichenrecht ist. Das bezieht sich auf die positive Seite des Problems: auf die Wirksamkeit der Wahrheit; die negative Seite: die Wirksamkeit der Unwahrheit hängt mit dem Täuschungsproblem zusammen.

a) Diese Wahrheit liegt in der **gesetzmäßigen und verkehrsrechtlichen Namenbenutzung**, also in der Benutzung des bürgerlichen Namens (§ 12 und die familienrechtlichen Vorschriften des BGB.), des Pseudonyms, wenn es für den Benutzenden als Kennzeichen bereits eingeführt ist, der Firma gemäß § 17 ff. HGB. Auch die Angabe des Domizils und der Wohnung als Zutaten zur Kennzeichnung der Identität eines Berechtigten gehört hierher, wenn sie der Wahrheit entspricht.

b) Diese Wahrheit liegt weiter in den Angaben über **Herstellungsart und Beschaffenheit der Waren.** Diese kann natürlich leicht identisch sein mit der Herstellungsart und der Beschaffenheit von Konkurrenzwaren. Aber wenn nur das Identische hervorgehoben, das wesentliche Abweichende nicht angegeben wird, so ist das keine wahrheitsgemäße Angabe. So muß z. B. Ersatz einer anderen Ware auch als Ersatz gekennzeichnet werden.

Hierzu kommen die Gesichtspunkte, die beim unlauteren Wettbewerb in solcher Hinsicht maßgebend sind, analog zur Geltung.

c) Für **Preis und Mengenbestimmung**
gelten die gleichen Grundsätze der Wahrheit, die streng auszulegen sind.

III. Verwechselungs- und Täuschungsgefahr.

a) Täuschung und Wahrheit.

Selbst wahre Angaben haben eine Grenze, wenn sie anderen wahren Angaben durch Täuschungsgefahr den Wettbewerb erschweren und mit Unlauterkeit gepaart sind. Was Täuschungsgefahr und Unlauterkeit dabei bedeutet, auf wessen Urteil (Abnehmerkreise, beteiligte Verkehrskreise) es ankommt, daß nicht die Täuschungsabsicht, sondern die Wirkung entscheidend ist, das ist nach den Grundsätzen zu beurteilen, die an anderer Stelle dieses Buches (s. § 58 sub B I a 3) dargelegt sind.

Die abstrakte und fernliegende Möglichkeit einer Täuschung genügt nicht (z. B. wenn die zeichenrechtlich geschützte Ware nicht gleichartig ist mit der anderen, aber wenn sie in Berührung miteinander kommen können und dadurch die Zeichen in bedenkliche Nähe rücken, RGZ. 87, 274). Der regelmäßige Verkehr und eine regelrechte Aufmerksamkeit und Sorgfalt des Publikums wird hier vorausgesetzt. Ebenso wird nicht angenommen, daß man mit einem geläufigen Wort ein ungeläufiges nachahme (Hindenburg und Hindenberg), wohl aber umgekehrt (RGZ. 82, 392). Auch bedingt die bloße Möglichkeit unlauterer Benutzung noch keine Täuschungs- oder Verwechselungs„gefahr" (RGZ. 82, 243).

Die Wahrheit also stützt sich auf das ordentliche, regelrechte Urteil, und Täuschung, die „gefährlich" sein soll, ist abhängig von der ordentlichen, regelrechten Auffassung.

b) **Täuschung und Unwahrheit.**

Wie das Wahrheitsmoment dem Täuschungsmoment sehr stark im Wege steht, steht das Unwahrheitsmoment naturgemäß in sehr naher Hilfsstellung zu dem Täuschungsmoment.

Die Verwechselungs- und Täuschungsgefahr muß zu der Unwahrheit hinzukommen, um ein Zeichen eintragungsunfähig zu machen oder das Löschungsbegehren zu rechtfertigen. So sagt § 4 Abs. 3 WZG., die Eintragung sei zu versagen für solche Warenzeichen, welche „solche Angaben enthalten, die ersichtlich den tatsächlichen Verhältnissen nicht entsprechen und die Gefahr einer Täuschung begründen" (und fast genau so § 9 WZG. für die Löschung, nur fehlt hier das Wort „ersichtlich".)

Die Täuschungsgefahr liegt im Zusammenhang der Angaben oder des Zeichens mit der betreffenden Ware. Das heißt: die Unwahrheit der Angabe oder des Zeichens muß wettbewerbrechtlich von Erheblichkeit sein. Bloße Unrichtigkeit an sich ohne solche Täuschungs- und Verwechselungsgefahr in bezug auf die Ware ist hier ohne rechtliche Bedeutung.[1] So ist auch ein Warenzeichen nicht lediglich schon deshalb als inhaltlich unwahr und Täuschungsgefahr begründend zu erachten, weil es das eingetragene oder anerkannte Zeichen eines anderen ist (RGZ. 85, 200). Wettbewerbsgefahr müßte vorliegen.

§ 53. Rechtsschutz, Rechtsverletzung.

A. Allgemeines.

Die wissenschaftliche Grundlegung des Rechtsschutzes ist im Zeichenrecht ganz analog dem Patentrecht. Was dort (oben § 44) über den Rechtsschutz des Patentinhabers und den Rechtsschutz gegen den Patentinhaber Grundsätzliches gesagt ist, gilt auch für

[1] Vgl. H. Heimann, Zur Frage der Täuschungsgefahr im Zeichenrecht, Markenschutz und Wettbewerb, 1907, S. 8.

die Theorie des Rechtsschutzes des Zeicheninhabers und gegen den Zeicheninhaber. Auch die Begründung des zivil- und strafrechtlichen Schutzes trifft hier in gleicher Weise zu. Rechtsverletzung ist auch hier teilweise gegen materielles, teilweise gegen formelles Recht gerichtet. Die Ausführungen im folgenden können also kurz sein, da auch viele Einzelheiten (Unterlassungsklage, Schadensersatzklage, Bußanspruch u. dgl.) hier wie dort nach wesentlich gleichen Gesichtspunkten geregelt sind.

B. Der Rechtsschutz gegen Rechtsverletzungen im einzelnen.

I. **Die Stufen des Rechtsschutzes.**

a) **ohne Verschulden** des Verletzenden: **Unterlassungsklage** (§ 12 WZG.).

Über die Löschung als Folge objektiver Rechtsverletzung s. unten § 54.

b) **bei grober Fahrlässigkeit** des Verletzenden: **Unterlassungsklage** und **Schadensersatzklage** (§ 14, 15 WZG.);

c) **bei wissentlicher Verletzung:** **Unterlassungsklage, Schadensersatzklage, Bestrafung** (§ 14, 15, 16 WZG.).

II. **Die einzelnen Stufen.**

a) **Die Unterlassungsklage.**

Die Unterlassungs- (oder Abwehr-) Klage ergibt sich auch dem Recht der Ausschließlichkeit des Zeichens (§ 12 WZG.). Vgl. oben § 44. Die allgemeinen prozessualen Grundsätze werden auch hier angewendet. Die Unterlassungsklage wendet sich gegen jegliche — größere oder geringere, vollendete oder erst begonnene — Störung des Zeichen- und Ausstattungsrechts.

Hilfsweise kann die Feststellungsklage herangezogen werden und von erheblicher Bedeutung ist die einstweilige Verfügung, damit Rechtsnachteile vorbeugend abgewendet werden können.

Zuständig in letzter Instanz ist für alle aus dem Zeichenrecht sich ergebenden Rechtsstreitigkeiten das Reichsgericht (§ 21 WZG.), in den früheren Instanzen die ordentlichen Gerichte nach den Zuständigkeitsregeln der ZPO.

b) **Die Schadensersatzklage.**

Mit der Unterlassungsklage kann die Schadensersatzklage verbunden werden.

Bei wissentlicher oder grobfahrlässiger Verletzung jedes Zeichenrechts (§ 4 Abs. 1 WZG.) oder Ausstattungsrechts (§ 15 WZG.) ist der Entschädigungsanspruch gegeben.

Statt jeder Entschädigung kann auf Antrag des Beschädigten neben der Strafe auf eine an den Beschädigten zu erlegende Buße bis zum Betrage von 10000 Mk. erkannt werden (§ 18 WZG.).

Erfolgt eine Verurteilung (zu Schadensersatz oder Unterlassung), so ist bezüglich der im Besitz des Verurteilten befindlichen Gegenstände auf Beseitigung der widerrechtlichen Kennzeichnung, oder, wenn die Beseitigung in anderer Weise nicht möglich ist, auf Vernichtung der damit versehenen Gegenstände zu erkennen (§ 19 Abs. 1 WZG.).

c) **Die Bestrafung.**

Bei wissentlicher Verletzung des Zeichenrechts (§ 14 Abs. 2 WZG.) und bei doloser („zum Zweck der Täuschung in Handel und Verkehr") Verletzung des Ausstattungsschutzes (§ 15 WZG.) tritt Bestrafung ein, und zwar nach § 14 Abs. 2 (Zeichenrecht) Geldstrafe von 150 bis 5000 Mk. oder Gefängnis bis zu 6 Monaten — die gleiche Strafe bei der widerrechtlichen Verwendung von Wappen (§ 16 WZG.), nach § 15 (Ausstattungsschutz) Geldstrafe von 100—300 Mk. oder Gefangnis bis zu 3 Monaten. Also stärkere Bestrafung des formal geschützten Zeichenrechts.

In beiden Fällen geschieht Verfolgung nur auf Antrag und ist Antragzurücknahme zulässig.

Erfolgt die Verurteilung im Strafverfahren, so ist in den Fällen der §§ 14 und 15 dem Verletzten die Befugnis zuzusprechen, die Verurteilung auf Kosten des Verurteilten öffentlich bekannt zu machen. Die Art der Bekanntmachung sowie die Frist zu derselben ist in dem Urteil zu bestimmen.

Über die Auferlegung einer Buße s. oben sub b.

§ 54. Erlöschen des Zeichenschutzes. Dauer. Gebühren.

A. Erlöschen des Rechts und Gebührenzahlung im allgemeinen.

Wie das Patentrecht erlischt auch das Zeichenrecht aus sachlichen oder aus formalen Gründen, und sowohl auf normale wie auf unnormale Weise (vgl. oben § 45). Normal (und formal) ist das Erlöschen durch Zeitablauf, unnormal (und sachlich) ist das Erlöschen durch Nichtvorliegen der für Eintragung oder Geltung des Zeichens erforderlichen Rechtsgrundlagen. Das Ausbleiben der Gebührenzahlung ist hier, wie im Patentrecht, ebenfalls ein Erlöschungsgrund, da es im Zeichenrecht auch Verlängerung der zehnjährigen Dauer gibt, auf die der Berechtigte verzichten kann (Erneuerung nach § 2 WZG.).

B. Erlöschungsgründe.

I. **Normales Erlöschen des Zeichen- und Ausstattungsrechts.**

a) **Erlöschen durch Ablauf der Schutzfrist.**

Von Amts wegen erfolgt die Löschung (§ 8 WZG. Abs. 2 Ziff. 1), wenn seit der Anmeldung des Zeichens oder seit ihrer Erneuerung zehn Jahre verflossen sind. Durch Zahlung der Gebühr kann die Erneuerung beliebig oft nach Ablauf von je 10 Jahren erfolgen (vgl. auch oben § 50).

Die Frist läuft vom Tage der Anmeldung (dauert also nicht die ganze gesetzliche Zeit, wie auch im Patentrecht), da die Zeit von der Anmeldung bis zur Eintragung für die Wirksamkeit des Schutzes verloren geht.

Soll die Löschung ohne Antrag des Inhabers erfolgen, so gibt das Patentamt diesem zuvor Nachricht. Widerspricht er innerhalb eines Monats nach der Zustellung nicht, so erfolgt die Löschung. Widerspricht er, so faßt das Patentamt Beschluß.

Soll infolge Ablaufs der zehnjährigen Frist die Löschung erfolgen, so ist von derselben abzusehen, wenn der Inhaber des Zeichens bis zum Anlauf eines Monats nach der Zustellung unter Zahlung der Gebühr (Nachholungsgebühr) neben der Erneuerungsgebühr (s. unten sub C) die Erneuerung der Anmeldung nachholt; die Erneuerung gilt dann als an dem Tage des Ablaufs der früheren Frist geschehen.

b) **Erlöschen durch Verzicht.**

Auf Antrag des Inhabers wird das Zeichen jederzeit in der Rolle gelöscht (§ 8 Abs. 1 WZG.). Eine besondere Form des Antrages ist nicht vorgeschrieben. Auch die Nichtbenutzung des Rechts auf Erneuerung ist ein Verzicht.

Nichtbenutzung einer als Kennzeichnung geltenden Ausstattung bringt Erlöschen des Schutzes mit sich (§ 15 WZG.: „sich bedient"). Ebenso die Nichteröffnung eines Geschäftsbetriebs für das formale Zeichen (s. oben § 52 sub B I c 1).

II. **Unnormales Erlöschen des Zeichenrechts.**

a) **Erlöschen durch Löschung von Amts wegen.**

Eine Löschung von Amts wegen erfolgt nicht nur, wenn die Frist abgelaufen ist (normaler Grund), sondern auch wenn die Eintragung des Zeichens hätte versagt werden müssen (unnormaler Grund) (§ 8 Abs. 2 Ziff. 2 WZG.). Damit ist gesagt, daß hierfür nur der Zeitpunkt der Eintragung, also die Umstände zur Zeit der Eintragung maßgebend sind, ferner daß Versagungsgründe im Sinne des § 4 WZG. oder diesen gleichwertige Gründe vorgelegen haben müssen.

Nur materielle Versagungsgründe kommen in Frage, nicht nachträgliches Ersichtlichwerden eines Formmangels (Freund und Magnus, Warenzeichengesetz, S. 112/113). Diese materiellen Gründe sind im wesentlichen die oben im § 49 sub C genannten Voraussetzungen des speziellen Zeichenrechts. Also Nichteignung der Zeichen, Täuschungsgefahr, Fehlen des Geschäftsbetriebs usw. (§ 4 WZG.).

Das Verfahren bei der Löschung ist ein Amtsverfahren, bei dem ein Dritter höchstens eine „Anregung" gibt, aber keinen Antrag stellt. Freilich bekommt der Löschungsanreger die Rolle eines Parteigegners. Wie bei der Löschung wegen Zeitablaufs (s. oben sub I a) erfolgt auch hier Mitteilung an den Zeicheninhaber. Ein Beschwerderecht gegen den Beschluß auf Löschung hat der Zeicheninhaber, gegen den die Löschung ablehnenden Beschluß der Löschungsanreger.

b) **Erlöschen durch Löschung auf Antrag eines Dritten.**

1. **Gründe.**

Nach § 9 WZG. kann ein Dritter die Löschung eines Warenzeichens beantragen:

α) wenn das Zeichen **für ihn** auf Grund einer früheren Anmeldung für dieselben oder für gleichartige Waren in der Zeichenrolle oder in dem nach Maßgabe des Gesetzes über den Markenschutz vom 30. November 1874 geführten Zeichenregistern **eingetragen** steht (Kollision, Priorität!; hier kann nur dieser „Dritte" klagen);

β) wenn der **Geschäftsbetrieb,** zu welchem das Warenzeichen gehört, von dem eingetragenen Inhaber **nicht mehr fortgesetzt** wird (oder gar nicht begonnen wurde);

γ) wenn Umstände vorliegen, aus denen sich ergibt, daß der Inhalt des Warenzeichens **den tatsächlichen Verhältnissen nicht entspricht** und die Gefahr einer Täuschung begründet. (Ersichtlichkeit der Unwahrheit wird als Grund der Löschung nicht gefordert.)

In den Fällen α) und β) kann jeder Dritte ohne Nachweis eines besonderen Interesses klagen.

Ferner kann das außer den genannten Gründen noch geschehen:

δ) wegen **jeder** Verletzung **höherer Rechte,** z. B. des Urheberrechts, der Rechte gegen unlauteren Wettbewerb, Namenrechte, Musterrechte.

Die Gründe, die für amtliche Löschung gegeben sind — s. oben sub B II a) — gehören nicht in dieses Antragsrecht des Dritten; bei ihnen kann er nur Löschungsanreger sein (s. oben).

2. **Verfahren.**

Der Antrag auf Löschung ist im Wege der Klage geltend zu machen und gegen den eingetragenen Inhaber oder, wenn dieser gestorben, gegen dessen Erben zu richten (§ 9 Abs. 3 WZG.).

Hat vor oder nach Erhebung der Klage ein Übergang des Warenzeichens auf einen anderen stattgefunden, so ist die Entscheidung in Ansehung der Sache auch gegen den Rechtsnachfolger wirksam und vollstreckbar. Auf die Befugnis des Rechtsnachfolgers, in den Rechtsstreit einzutreten, finden die Bestimmungen der §§ 63—66 und 73 der Zivilprozeßordnung entsprechende Anwendung (§ 9 Abs. 4 WZG.).

In den Fällen des § 9 Abs. 1 Nr. 2 WZG. kann der Antrag auf Löschung zunächst bei dem Patentamt angebracht werden. Das Patentamt gibt dem als Inhaber des Warenzeichens Eingetragenen davon Nachricht. Widerspricht derselbe innerhalb eines Monats nach der Zustellung nicht, so erfolgt die Löschung. Widerspricht er, so wird dem Antragsteller anheimgegeben, den Anspruch auf Löschung im Wege der Klage zu verfolgen (§ 9 Abs. 5 WZG.).

Wegen Löschung eines Verbandszeichens s. oben § 51 sub B III c.

C. Gebühren.

Durch das Gesetz v. 4. Juni 1920 (RGBl. S. 1135) und dann nochmals durch das Gesetz v. 6. Juli 1921 (RGBl. S. 826) sind die Gebühren erheblich erhöht worden.

Sie betragen

für die Anmeldung (§ 2 Abs. 3 WZG.) (früher 30 Mark) . .	200	Mark
für die Anmeldung eines Verbandszeichens (§ 24b Abs. 2)	1000	„
für die Erneuerung (§ 2 Abs. 3) (früher 10 Mk.)	300	„
für die Erneuerung eines Verbandszeichens (§ 24b Abs. 2)	2000	„
für die Nachholung der Erneuerung (§ 8 Abs. 3)	50	„
für die Einlegung der Beschwerde (§ 10 Abs. 2)	100	„
für die Erhebung des Widerspruchs (§ 5 Abs. 1)	50	„
für den Antrag auf Löschung im Falle des § 8 Abs. 2 Nr. 2	100	„
für den Antrag auf Wiedereinsetzung in den vorigen Stand	40	„
für den Antrag auf Umschreibung auf einen anderen Inhaber oder Anmelder	40	„
für den Antrag auf Erteilung einer weiteren Ausfertigung der Urkunde über das eingetragene Schutzrecht	20	„
für den Antrag auf Erteilung eines Rollenauszugs . . .	20	„
für den Antrag auf Ausfertigung eines Prioritätsbelegs .	50	„
für den Antrag auf Erteilung einer sonstigen Bescheinigung	20	„

§ 55. Ausland. Internationales Recht.

A. Ausland.

Der Rechtsgedanke eines Markenschutzes ist ganz wesentlich auf deutschem Boden erwachsen. Die ausländische Gesetzgebung ist nicht so bedeutungsvoll, daß sie hier — etwa wie beim Patentrecht — näher betrachtet zu werden brauchte. Ein Vorprüfungssystem wie Deutschland haben Österreich, Schweiz, Holland; Anmeldesystem haben Frankreich, Italien, Belgien; Aufgebotssystem hat England, ein Mittelding Nordamerika. Die Schutzfristen sind 10—20 Jahre.

B. Internationale Rechtsbeziehungen.

I. **Nach dem deutschen Gesetz.**

a) Ein **Reziprozitätssystem** (Vergeltungsrecht, Retorsionsrecht) ist in den §§ 22 und 23 WZG. gegeben.

1. **in persönlicher Beziehung.**

§ 23 WZG. Abs. 1 u. 2 bestimmt:

Wer im Inlande eine Niederlassung nicht besitzt, hat auf den Schutz dieses Gesetzes nur Anspruch, wenn in dem Staate, in welchem seine Niederlassung sich befindet, nach einer im Reichsgesetzblatt enthaltenen Bekanntmachung deutsche Warenbezeichnungen in gleichem Umfange wie inländische Warenbezeichnungen zum gesetzlichen Schutz zugelassen werden.

Der Anspruch auf Schutz eines Warenzeichens und das durch die Eintragung begründete Recht können nur durch einen im Inlande bestellten Vertreter geltend gemacht werden. Der letztere ist zur Vertretung in dem nach Maßgabe dieses Gesetzes vor dem Patentamt stattfindenden Verfahren sowie in den das Zeichen betreffenden bürgerlichen Rechtsstreitigkeiten und zur Stellung von Strafanträgen befugt. Für die das Zeichen betreffenden Klagen gegen den eingetragenen Inhaber ist das Gericht zuständig, in dessen Bezirk der Vertreter seinen Wohnsitz hat, in dessen Ermangelung das Gericht, in dessen Bezirk das Patentamt seinen Sitz hat.

2. **in sachlicher Beziehung.**

α) Bezüglich der **Zeichen.**

§ 23 Abs. 3 WZG. bestimmt:

Wer ein ausländisches Warenzeichen zur Anmeldung bringt, hat damit den Nachweis zu verbinden, daß er in dem Staate, in welchem seine Niederlassung sich befindet, für dieses Zeichen den Markenschutz nachgesucht und erhalten hat. Die Eintragung ist, soweit nicht Staatsverträge ein Anderes bestimmen, nur dann zulässig, wenn das Zeichen den Anforderungen des deutschen Gesetzes entspricht.

β) Bezüglich der **Waren.**

§ 22 WZG. bestimmt:

Wenn deutsche Waren im Auslande bei der Einfuhr oder Durchfuhr der Verpflichtung unterliegen, eine Bezeichnnng zu tragen, welche ihre deutsche Herkunft erkennen läßt, oder wenn dieselben bei der Zollabfertigung in Beziehung auf die Warenbezeichnungen ungünstiger als die Waren anderer Länder behandelt werden, so ist der Bundesrat ermächtigt, den fremden Waren bei ihrem Eingang nach Deutschland zur Einfuhr oder Durchfuhr eine entsprechende Auflage zu machen, und anzuordnen, daß für den Fall der Zuwiderhandlung die Beschlagnahme und Einziehung der Waren erfolge. Die Beschlagnahme erfolgt durch die Zoll- und Steuerbehörden, die Festsetzung der Einziehung durch Strafbescheid der Verwaltungsbehörden (§ 459 der Strafprozeßordnung).

b) Eine **Zollbestimmung aus zeichenrechtlichem Grunde:**

§ 17 WZG. bestimmt:

Ausländische Waren, welche mit einer deutschen Firma und Ortsbezeichnung, oder mit einem in die Zeichenrolle eingetragenen Warenzeichen widerrechtlich versehen sind, unterliegen bei ihrem Eingang nach Deutschland zur Einfuhr oder Durchfuhr auf Antrag des Verletzten und gegen Sicherheitsleistung der Beschlagnahme und Einziehung. Die Beschlagnahme erfolgt durch die Zoll- und Steuerbehörden, die Festsetzung der Einziehung durch Strafbescheid der Verwaltungsbehörden (§ 459 der Strafprozeßordnung).

II. **Nach internationalem Übereinkommen:**

Für das Zeichenrecht gilt der den internationalen gewerblichen Rechtsschutz regelnde „Unionsvertrag" (Pariser Übereinkunft) v. 20. März 1883 in der revidierten Fassung v. 14. Dezbr. 1900 und 2. Juni 1911 (RGBl. 1913 S. 209). Über dessen Inhalt ist oben im § 47 sub C I das Erforderliche gesagt, das auch für den Zeichenschutz gilt. In Ausführung dieses Vertrages (durch deutsches Ausführungsgesetz v. 31. März 1913, RGBl. S. 236) wurde im § 4 WZG. die Bestimmung über die Benutzung von Staatswappen dahin geändert, daß ausländische Staatswappen für die Zeichenbenutzung frei wurden, und es wurde durch die §§ 24 a—h der Schutz eines „Verbandszeichens" (s. oben § 51 sub B III c) eingeführt.

Durch den Friedensvertrag von Versailles wurden die Zeichenrechte nicht wesentlich berührt, im Gegensatz zu den Patent- und Musterrechten. Nur bezüglich Verlängerung der Fristen und durch Fristversäumnis verfallene Schutzrechte gilt das oben im § 47 sub C III Gesagte auch hier. Daher werden gelöschte, durch den Versailler Friedensvertrag bzw. das deutsche Ausführungsgesetz v. 31. Aug. 1919 wiederhergestellte Zeichen vom Patentamt erneuert und als erneuert bekannt gemacht.

Dem Madrider Abkommen von 1891 (zwischen Spanien, Frankreich, England, Portugal und der Schweiz), das die Bekämpfung falscher Herkunftsbezeichnungen bezweckt, ist Deutschland nicht beigetreten, obwohl es selbst viel schärfere Bestimmungen in dieser Richtung hat. Man erwägt den Beitritt, damit der Schutz der Herkunftsbezeichnungen deutscher Waren voll international gewährleistet werde.

Für die Freie Stadt Danzig ist durch Bekanntmachung v. 27. März 1920 die Geltung des deutschen Warenzeichenrechtes ebenso wie die des Musterschutzgesetzes und des Gesetzes gegen den unlauteren Wettbewerb festgelegt.

VII. Unlauterer Wettbewerb.

(Gesetz v. 7. Juni 1909, RGBl. S. 499 ff.)

Der allgemeine Tatbestand des UW. § 56.

(Die Generalklausel.)

A. Lauterer und unlauterer Wettbewerb.

Auf Wettbewerb beruht aller wirtschaftlicher (und anderer) Fortschritt. Ihn zu beseitigen fällt keinem Gesetz ein. Eine Rechtsauffassung, die den unlauteren Wettbewerb bekämpft, will dadurch den lauteren Wettbewerb in seinem Recht erhöhen und bekräftigen. Aus alten und neuen Grundsätzen setzt sich dieses Recht zusammen: ‚Qui suo jure utitur, neminem laedit' steht der concurrence déloyale grundsätzlich im Wege; das heißt: unlauter ist ein Wettbewerb nur, wenn er sich nicht auf das Recht des Individuums zur Betätigung stützt — mag diese auch einen anderen schädigen —, sondern wenn er rechtswidrig ist. Hierbei ist auch jede ‚Sittenwidrigkeit' eine ‚Rechtswidrigkeit', und „Rechtswidrigkeit" ist umfassender als „Gesetzwidrigkeit". Denn „unlauter" bedeutet das Gleiche wie sittenwidrig, „Verstoß gegen die guten Sitten", gegen „Treu und Glauben", wie dies im § 1 UWG. und im BGB. bezeichnet wird.

Ähnlich wie im § 12 UWG., wo von der Angestelltenbestechung die Rede ist und das „unlautere" Verhalten des Angestellten zum Tatbestand der „Bestechung" gehört, gehört überhaupt zum rechtswidrigen Wettbewerb die Unlauterkeit. Denn Gewerbebeschränkungen politischer und wirtschaftlicher Art gibt es nicht mehr — abgesehen von den vorübergehenden Erscheinungen der Kriegszwangswirtschaft —, wohl aber die sittenrechtlichen Beschränkungen des UWG. und der §§ 823—826 BGB.

Die Möglichkeit, allgemeine Grundsätze für den Tatbestand unlauteren Geschäftsgebarens aufzustellen, und Einzeltatbestände solcher Verfehlungen so zu definieren, daß höhere umfassende Gesichtspunkte dabei zur Geltung kommen, ist für das deutsche Recht erst durch das Gesetz von 1909 gegeben. Das erste Gesetz gegen den unlauteren Wettbewerb (vom 27. Mai 1896) nannte nur eine Anzahl von Fällen und mit dieser Kasuistik war nicht allzuviel anzufangen, während beispielsweise im französischen Recht, dem wir den Rechtsgedanken der Sonderbekämpfung der concurrence déloyale verdanken, bereits im code civil von 1804 (§§ 1382 u. 1383) die Verantwortlichkeit jedes Menschen für jeden Schaden, den er einem anderen zufügt, festgelegt ist und neben einer sehr ausgedehnten zivilrechtlichen Praxis besondere Gesetze von 1824, 1857, 1890 und 1895 dieses Rechtsgebiet ausgebildet haben.

Die leichtere Anpassung des französischen und des englischen Richters an neue Tatbestände, denen die Gesetze noch nicht gerecht geworden sind, waren in dieser Hinsicht von Vorteil. Seitdem aber durch das Gesetz von 1909, namentlich durch die Generalklausel des § 1 dieses Gesetzes, dem deutschen Richter nicht nur eine Handhabe, sondern geradezu eine Aufforderung gegeben ist, die Lauterkeit des Geschäftsgebarens durch Rechtsprechung zu stützen und der Unlauterkeit nach innerem, keineswegs mehr formalistischem Recht entgegenzutreten, haben die deutschen Gerichte, voran das Reichsgericht, Meisterhaftes in dieser Hinsicht geleistet und in zahlreichen Entscheidungen methodisch höchst Wertvolles geschaffen.

B. Der Begriff des unlauteren Wettbewerbs.

I. **Die Bestandteile des Begriffs.**

„Wer im geschäftlichen Verkehr zu Zwecken des Wettbewerbs Handlungen vornimmt, die gegen die guten Sitten verstoßen, kann auf Unterlassung und Schadensersatz in Anspruch genommen werden." (§ 1 UWG.)

Darin liegen zunächst drei zusammenhängende Bestandteile des Begriffs des UW.: (1) Verstoß gegen die guten Sitten (Sittenwidrigkeit, Unlauterkeit) (2) im geschäftlichen Verkehr (3) zu Zwecken des Wettbewerbs.

II. **Die einzelnen Bestandteile des objektiven Tatbestands.**

a) **Sittenwidrigkeit, Unlauterkeit.**

1. Nach der Rechtsprechung des Reichsgerichts (namentlich RGZ. 48, 124; 55, 372) handelt es sich um einen **objektiven Maßstab**, nicht um subjektiv größere oder geringere unlautere Absicht oder Gesinnung. Was dem Anstandsgefühl aller billig und gerecht Denkenden zuwiderläuft, ist sittenwidrig und unlauter, mag

der Täter größeres oder geringeres Bewußtsein von der Rechts- und Sittenwidrigkeit haben. Zu dem objektiven Maßstab gehört, daß die Sittenwidrigkeit beruhen muß in den Anschauungen des betreffenden Berufskreises, in den Anschauungen des Durchschnittsmenschen in diesen Berufskreisen. Das ist aber eine Steigerung des Begriffs; denn was außerhalb des Kreises ganz allgemein sittenwidrig ist, wird nicht durch Üblichkeit in dem betreffenden Kreise sittlich, wohl aber wird Indifferentes sittenwidrig, wenn es in dem betreffenden Kreise als unfair angesehen wird.

2. Nicht Sittenwidrigkeit schlechthin, sondern **gewerbliche** Sittenwidrigkeit muß vorliegen. Die Sittenwidrigkeit muß sich auf die beiden anderen Merkmale, den Geschäftsverkehr und den Wettbewerbszweck, beziehen. Irgendeine sittenwidrige Handlung eines Konkurrenten — etwa wenn er stark pikante Bilder in sein Lokal hängt und Kunden dadurch angelockt werden — ist nicht schon eine sittenwidrige Wettbewerbshandlung, sondern die Handlung muß **wettbewerblich sittenwidrig** sein, das Anreißerische müßte also in den Waren oder Geschäftspraktiken selbst liegen. Verstoß gegen private oder auch staatliche Verbote, selbst strafbare Handlung, ist nicht identisch mit der Sittenwidrigkeit des unlauteren Wettbewerbs, um die es sich hier handelt. Die Unlauterkeit muß gerade in dem Wettbewerbscharakter der Handlung liegen (RGZ. 78, 78).

Weiter sagt das Reichsgericht einmal (RGZ. 88, 186): „Dieses Verhalten der Beklagten, ihr Hinweis auf die Verwechselungsfähigkeit ihrer Ware mit derjenigen der Klägerin und damit auf die dem Ankäufer gegebene Gelegenheit, diese Eigenschaft ihrer Ware in unlauterer Weise auszunutzen, verstößt gegen die guten Sitten im Sinne von § 1 UWG., da der Hinweis erfolgte, um den eigenen Wettbewerb zu fördern und denjenigen der Klägerin zu schädigen." Denn hierin gerade zeigt sich der geistig-gewerbliche Diebstahl, der ernten will, wo er nicht gesät hat.

3. Nicht Sittenwidrigkeit in einem kleinen Teil einer Handlung, sondern **im ganzen Umfange und in ihrer Wirkung** ist zu berücksichtigen. Beweggrund, Handlung selbst und Wirkung sind als Einheit zu betrachten. Sittliche Handlung mit gutem Ziel kann selbst bei unsittlichem Motiv nicht sittenwidrig sein. Wohl aber kann sittenwidriges Wettbewerbsziel indifferente Handlungen sittenwidrig machen.

Sittenwidrige Handlung kann etwas im Ziel Erlaubtes vergiften. So (vgl. RGZ. 88, 11), wenn eine Preisunterbietung in Markenartikeln erfolgt und der Erwerber weiß, daß die Ware auf dem Wege des Vertragsbruches erlangt ist oder erlangt sein kann. Hier ist nicht die Preisunterbietung an sich das unlautere Wettbewerbsmoment, sondern der Vertragsbruch und die damit zusammenhängende mala fides.

Wahre Äußerungen und berechtigte Handlungen aber werden durch Wettbewerbszweck nicht sittenwidrig, es sei denn daß die Art ihrer Verwendung sittenwidrig ist.

b) **Im geschäftlichen Verkehr**

muß die Wettbewerbshandlung begangen sein. ‚Geschäftlich‘ ist Gegensatz zu ‚Privat‘ und verbindet sich mit dem Erwerbszweck. Das Geschäftliche muß mit dem Wettbewerbszweck zusammenhängen, die inkriminierte Handlung muß geschäftlich und wettbewerblich am selben Zweig sitzen. Geschäftlich ist auch der geschäftliche Teil der freien Berufstätigkeit (Arzt, Schriftsteller usw.), die ja auch ein Gewerbe im weiteren Sinne sind. Daher auch die Bestimmung des § 2 UWG., daß zu den ‚Waren‘ und ‚Leistungen‘ im Sinne des Wettbewerbsgesetzes auch landwirtschaftliche Waren und Leistungen gehören. In besonderem Maße aber durchdringt der Wettbewerbsschutz die höheren Leistungen, wie aus den Sätzen über den Geheimnisverrat, den Namen-, Firmen- und Titelschutz u. dgl. hervorgeht (s. unten sub III b).

c) **Zu Zwecken des Wettbewerbs.**

Es genügt nicht, daß tatsächlich die Handlung wettbewerblich von Bedeutung sein kann; sie muß den Wettbewerb zum Zweck haben.

Dieser Wettbewerbszweck kann gegeben sein 1. zugunsten des eigenen Interesses, 2. zugunsten fremden Interesses, 3. zu Schaden fremden Interesses — in allen drei Fällen liegt ein rechtlich gleichwichtiger Wettbewerbszweck vor.

Das eigene und das fremde Interesse braucht sich nicht auf einen bestimmten Geschäftsbetrieb zu beziehen; es muß nur allgemein geschäftlich sein (OLGR. 30, 259).

Daß eine Schädigung eingetreten ist, gehört nicht zum Tatbestand. Der Zweck der Schädigung genügt, und zwar entspricht dem Zweck des Nutzens auf der einen der Zweck des Schadens auf der Gegenseite, wobei aber auch Verhinderung von lucrum cessans auf der einen Seite in Betracht kommen kann und nicht immer damnum emergens auf der Gegenseite in Betracht zu kommen braucht.

Wettbewerbszweck liegt insbesondere nicht vor, wenn ein Nichtmitbewerber sich über das Geschäft eines anderen ungünstig ausspricht, Urteile spricht, auch Unlauteres tut oder sagt, z. B. in der Presse oder in sachlich objektiven Äußerungen (vgl. OLGR. 27, 273).

III. Subjektive Voraussetzungen des unlauteren Wettbewerbs.

a) **Verschulden?**

Es ist in der Literatur streitig, ob für das Vorliegen des Tatbestandes des unlauteren Wettbewerbs ein subjektives Verschulden dessen, gegen den die Klage geführt wird, notwendig ist.

Lobe fordert (im Gegensatz zu der Mehrzahl der Kommentatoren und Schriftsteller) für die Schadensklage fahrlässige oder vorsätzliche Beeinträchtigung der freien und unbehinderten Erwerbstätigkeit des Mitbewerbers. In dem Werdegang des Gesetzes findet diese Auffassung keine Stütze und in dem Begriff des unlauteren Wettbewerbs auch nicht. Denn was für die Klage Voraussetzung sein soll, müßte es auch — da die Klagestellung nach § 1 des Gesetzes lediglich auf der sittenwidrigen Handlung beruht und diese Sittenwidrigkeit die Grundlage des ganzen Gesetzes bildet — für den Begriff des unlauteren Wettbewerbs sein.

Sittenwidrigkeit ist aber an sich schon Verschulden, ersetzt das Verschulden, ist objektives Verschulden, das über dem subjektiven steht und es mit umfaßt.

Mit um so größerer Berechtigung kann das hier festgestellt werden, als oben in § 7 gezeigt ist, daß es gerade der Wettbewerbsgedanke ist, der indifferente Verletzungen des Urheberrechts erst zu vollendeten Verletzungen im Rechtssinne macht oder eine Verletzung erst aufzeigt.

Der Wettbewerbsgedanke ist dabei geradezu die subjektive Ergänzung des objektiven rechtswidrigen Tatbestandes, ist das subjektive Verschulden beim objektiv rechtsverletzenden Tatbestand.

Andererseits werden die an sich normalen Wettbewerbshandlungen durch qualifizierte Überspannung unlauter und gestalten sich lediglich auf diese Weise zum rechtsverletzenden Tatbestand — so wenn durch ein Rundschreiben an eine ganze Klasse von Kunden des Mitwettbewerbers diese ihm abspenstig gemacht werden sollen oder wenn Zettel genau vor dem Hause des Mitwettbewerbers verteilt werden (OLGR. 25, 341, 342).

b) **Personenkreis.**

Zu den subjektiven Voraussetzungen der Aktiv- und Passivlegitimation in Wettbewerbsstreitigkeiten nach diesem Gesetz gehört auch die Feststellung des Personenkreises, auf den sich das Gesetz bezieht. Es handelt sich nach dem Ausdruck des § 1 (Generalklausel) grundsätzlich um geschäftlichen Verkehr, also kann sich das Gesetz nur auf Personen beziehen, die einen Geschäftsverkehr haben. Das trifft aber nicht allein für solche Personen zu, die ein Gewerbe, das unter die Gewerbeordnung fällt, betreiben, sondern nach übereinstimmender Ansicht haben auch die freien Berufe einen solchen Geschäftsverkehr, also Ärzte, Anwälte, Künstler, Schriftsteller. (So namentlich auch das Reichsgericht in JW. 1920, 778.) Dies wird bekräftigt dadurch, daß in diesen geistig-gewerblichen Kreisen Wettbewerbsfälle nicht selten und auch ganz naheliegend sind und daß das geistig-gewerbliche Recht sich aus den zwei Komponenten zusammensetzt: dem geistig-urheberrechtlichen Teil und dem gewerblich-wettbewerblichen Teil!

Der „Geschäftsverkehr" der Beamten im Amt ist Geschäftsverkehr nicht im eigenen Namen, sondern im Namen des Staates; mithin kann der Fiskus Subjekt und Objekt des Wettbewerbsschutzes sein, der Beamte für sich natürlich nicht.

C. Der Rechtsschutz gegen unlauteren Wettbewerb.

Aus dem Begriff des unlauteren Wettbewerbs entspringt der Begriff des Schutzes gegen den unlauteren Wettbewerb. Denn Schutz ist nur zu begreifen, wenn der Gegenstand des Schutzes oder der Gefährdung klar ist.

Der Schutz muß hier gegen die Unlauterkeit (die Sittenwidrigkeit) und gegen die Wettbewerbshandlung gerichtet sein, d. h. ihre Wiederholung verhindern, ihre Begehung ahnden — auf Grund objektiver Sittenwidrigkeit.

Daher sind die Mittel: Die Unterlassungsklage, der Anspruch auf Schadensersatz und die Bestrafung. Hierüber wird im einzelnen noch im § 61 gesprochen. Sie wenden sich sämtlich nicht gegen die geschäftliche Schädigung an sich oder gegen Wettbewerbshandlungen an sich, sondern lediglich gegen ihren sittenwidrigen Inhalt. Erst dieser rückt die Schädigung in den Bereich dieses Gesetzes bzw. der Rechtsverfolgung überhaupt.

Daraus ergibt sich zugleich, daß der Zweck dieses Schutzes nur der lautere Wettbewerb ist, mithin nicht das Publikum, sondern nur der Wettbewerber zur Klage aktiv legitimiert ist.

Er, der ‚lautere' Wettbewerbende, ist der durch unlauteren Wettbewerb Geschädigte. Das Publikum könnte nur wegen Betrugs gegen den Täter vorgehen oder als Geschädigter aus § 826 BGB. Ist aber nach manchem Einzelparagraph des Gesetzes nur der bestimmte Geschädigte aktiv legitimiert zur Klage, so sind es nach der Generalklausel des § 1 (gemäß § 13) auch unbestimmte Kreise gewerbetreibender Personen, die ein Interesse an der Ahndung jenes Wettbewerbs haben (vgl. Reichsgericht in RGZ. 79, 327).

D. Bedeutung der Generalklausel.

Die Wege des unlauteren Wettbewerbs sind mannigfaltig. Eine rein kasuistische Gesetzgebung würde bald überall zu kurz werfen, wie dies bei dem deutschen Gesetz von 1896 die Erfahrung gelehrt hat. Der Erfindungsgeist des Anstößigen würde immer durch die Maschen schlüpfen und immer den Maßnahmen der Bekämpfung der Einzeltatsache voraus-eilen. Deshalb die Generalklausel.

Ihre Bedeutung hat eine Reichsgerichtsentscheidung v. 3. Mai 1912 (RGZ. 79, 321 ff.) mustergültig mit folgenden Worten dargelegt. „An sich schon erscheint es nicht einleuchtend, daß der Gesetzgeber eine Verkürzung der Rechte deshalb eintreten lassen wollte, weil auch noch ein zweites Gesetz, nämlich außer dem § 1 WettbewG. auch noch dessen § 14, verletzt worden ist. ... Es weisen alle Betrachtungen, die möglich sind, darauf hin, daß der § 1 in Verbindung mit § 13 neben dem § 14 des Gesetzes zur Anwendung zu bringen ist .... Die Stellung, die dem § 1 an der Spitze des Gesetzes gegeben worden ist, sollte nach der Entstehungsgeschichte des § 1 schon äußerlich anzeigen, daß die in § 1 enthaltene Generalklausel das ganze Gesetz beherrsche; sie soll überall da eingreifen, wo die Einzelvorschriften des Gesetzes nicht ausreichen. Es sollte aber nicht gesagt werden, daß da, wo die Einzelvorschriften des Gesetzes einen für ihre Anwendung passenden Tatbestand vorfinden, nur diese unter Ausschluß des § 1 anwendbar sein sollten. Vielmehr wollte der Gesetzgeber dem § 1 seine Anwendbarkeit nicht versagen, wenn der für ihn bestimmte Tatbestand zugleich auch noch die Verletzung einer der nachfolgenden Einzelvorschriften darstellt."

Wie in dieser Entscheidung auf Grund des zu entscheidenden Falles beispielsweise vom § 14 WettbG. die Rede ist, so ließen sich die Beispiele zahlreich nennen. Wendet sich z. B. § 3 WettbG. nur gegen öffentliche unlautere Reklame, so kann nicht öffentliche sittenwidrige Reklame auf Grund der Generalklausel des § 1 verfolgt werden. Trifft § 12 WettbG. z. B. nur die Angestelltenbestechung, so kann § 1 Anwendung finden auf unlautere andersartige Verführung zum Kontraktbruch u. dgl. mehr.[1] Der § 1 WettbewG. ist der materielle, sinnschützende Wächter,

---

[1] In einer Reichsgerichtsentscheidung (JW. 1920, 778) ist auf Grund der §§ 1, 3 und 13 die Benennung als „Steueranwalt" für einen, der nicht Rechtsanwalt ist, untersagt worden; selbst wenn §§ 3 und 13 nicht genügen sollten, beruft sich das Reichsgericht also noch auf die allgemeine Sittenwidrigkeit gemäß § 1 UWG.

der immer hervortritt, wenn die Einzelbestimmungen dem Buchstaben nach versagen.

So korrespondiert der § 1 WettbG. natürlich auch sehr eng mit dem § 826 BGB., der gegen jede auf sittenwidrige Weise einem anderen zugefügte Schädigung einen Schadensersatzanspruch gewährt, aber nur bei vorsätzlicher Schädigung Platz greift. Der § 1 WettbG. geht also darüber hinaus aus dem Gesichtspunkt des Wettbewerbs, während der § 826 umfassender ist, wenn es sich um andersartige sittenwidrige Schädigung handelt (vgl. RGZ. 79, 415, OLGR. 35, 277).

§ 57. Besondere Tatbestände des unlauteren Wettbewerbs. Übersicht.

A. Kasuistik.

Das Gesetz zur Bekämpfung des unlauteren Wettbewerbes war zunächst ein kasuistisches Gesetz, das aber dann als Gegenmittel gegen die Mängel jeder gesetzlichen Kasuistik die Generalklausel des § 1 aufgestellt hat (s. den vorigen § 56). Die Kasuistik bleibt trotz der einheitlichen Grundgedanken wichtig. Sie gibt eine Reihe häufiger und markanter Fälle des UW. an und ahndet sie durch eingehende Vorschriften. Dadurch erst bekommt der Generalgedanke Fleisch und Blut. Die besonderen Fälle zeigen Richtung und Absicht des Gesetzes und geben mithin auch erst ein leidlich klares Bild von der Bedeutung der Generalklausel. Diese indessen soll über die Einzelfälle hinausgehen und sie zu höherer Einheit erheben.

B. Übersicht über die Einzelfälle.

I. **Einwirkungen auf das Publikum.**

a) durch unrichtige Angaben.

1. über die eigene geschäftliche Sphäre:

α) Unlautere Anpreisung — §§ 3, 4, 5 des Gesetzes,

β) Ausverkaufs-Ankündigungen — §§ 6, 7, 8, 9, 10 des Gesetzes,

γ) Warenmengen-Verschleierung — § 11 des Gesetzes.

2. über die fremde geschäftliche Sphäre:

Kreditschädigung, falsche Nachrede geschäftlicher Art — §§ 14, 15 des Gesetzes,

b) durch Namen- und Titelbenutzung die anderen von Rechts wegen zustehen — § 16 des Gesetzes.

II. **Einwirkungen auf Angestellte des Konkurrenten.**

Angestelltenverführung — § 12 des Gesetzes.

III. **Vertrauensbruch durch Angestellte.**
(Angestelltenverführung — s. sub II), Geheimnisverrat — §§ 17, 18, 19, 20 des Gesetzes.

Unrichtige Angaben. § 58.

A. Grundlagen der Unrichtigkeit.

I. **Die Elemente der unrichtigen Angabe.**

Die unrichtige Angabe als Wettbewerbskampfmittel kann sich entweder auf die eigene geschäftliche Sphäre beziehen, über die besonders Günstiges, oder auf die fremde (gegnerische), über die besonders Ungünstiges ausgesagt wird. Unlauter (sittenwidrig) ist diese Aussage nur, wenn sie unwahr, unrichtig ist, und zum unlauteren Wettbewerb gehört sie nur, wenn sie zur Wettbewerbswirkung geeignet ist.

Dabei gehören diese Komplexe zusammen:

(a) Die Einwirkungsfähigkeit (b) der unrichtigen Angabe, die (c) die eigene geschäftliche Sphäre günstiger oder die fremde ungünstiger erscheinen läßt

Die Einwirkung geschieht durch Ankündigung (Reklame, Prospekte); Auszeichnung der Ware (Mengenverschleierung); Geschäftsveranstaltungen (Ausverkauf) — wobei letztere auch mehr oder weniger zur bloßen „Ankündigung" gehören können; üble Nachrede gegen die Konkurrenz; sonstige unbenannte, beliebig zu erfindende Arten der Einwirkung durch unrichtige Angaben, also auch fein ausgedachte konkludente Handlungen können hierher gehören, oder symbolische Darstellungen oder dgl.

Vgl. z. B. die Herausgabe von Kopfblättern (Nebenblättern) von Zeitungen für andere Orte, was vom Reichsgericht (RGZ. 93, 189; 96, 298) als unwahre Angabe angesehen worden ist, da das Blatt dadurch den Anschein erwecke, als vertrete es die speziellen Interessen des Ortes oder sei für ihn besonders bestimmt, während das in Wahrheit gar nicht der Fall sei.

Über die psychischen Grundlagen der Einwirkung und ihr Objekt s. unten sub B I a 3.

II. **Was ist Wahrheit in Wettbewerbshandlungen?**

Mehrere der Paragraphen des UWG. verweisen ausdrücklich auf die Unwahrheit (§ 1, §§ 3—11, § 14) und machen sie zum Kriterium der Unlauterkeit und Sittenwidrigkeit. § 14 hebt hervor, daß er seinen Schutz dem durch Anschwärzung Verletzten nur gewähre, wenn es sich nicht um „erweislich wahre Tatsachen", die ihm vom Konkurrenten nachgesagt werden, handelt. Unrichtige Angabe ist unwahre Angabe (§ 3 u. ff.). Daß die Wahrhaftigkeit bei der Wirksamkeit des § 1 UWG. eine erhebliche Rolle spielt, wurde schon oben in § 56 gestreift. Da es sich hier aber geradezu um einen Rechtsgrundsatz der Wahrhaftigkeit handelt, muß näher darauf eingegangen und der Begriff festgelegt werden[1].

Denn er begrenzt auch die Publikationsberechtigung und das Publikationsinteresse des Wettbewerbers.

Der Wahrheit entsprechende Behauptungen sind durchweg gestattet. Es gibt ein Wahrheitsrecht in dem Sinne, daß solche Wahrheit, wenn nicht ein ganz schikanöser Gebrauch damit gemacht wird, die tatsächlich richtige Angabe auch zum Zweck scharfen Wettbewerbs in weitem Maße rechtfertigt. Das ist auch durchaus reichsgerichtliche Auffassung, die in vielen Entscheidungen nachzuweisen ist (Recht 1909, Beil. Nr. 3360, RGZ. 76, 110; 86, 125; 79, 321; Gruch. Beitr. 60, 498). Auch wenn die Verbreitung der Tatsachen in der Absicht oder mit dem Bewußtsein geschieht, einem anderen Gewerbetreibenden Kunden zu entziehen, verstößt diese Verbreitung wahrer Tatsachen nicht gegen die guten Sitten.

Aber die Grenze wird scharf gezogen. Wird dabei eine unlautere Überschreitung von Bezeichnungsrechten, eine Anwendung fremder Warenbezeichnungen mit gebraucht, oder wird längst verjährte ‚Wahrheit‘, die eben (nach dem Volksmunde) „schon gar nicht mehr wahr ist“, als frische Wahrheit benutzt, so erklärt das Reichsgericht solches mit Recht als unwahr und hat damit den Begriff verfeinert und verinnerlicht.

Wahrheit ist hiernach nicht schon das, was einmal wahr gewesen ist und es formell noch ist. Nein, die leise Verschiebung der Frische und Neuheit, die falschtönliche Übertreibung, indem längst Übermoostes als gegenwärtig hingestellt wird, macht es schon unwahr. Dieser ethisch hervorragende Standpunkt, der wirkliche Wahrheit (Wahrhaftigkeit) von formaler Richtigkeit scheidet, kann gar nicht hoch genug bewertet und stark genug unterstrichen werden.

Bei so hoher Einschätzung des Wahrheitsbegriffes ist es selbstverständlich, daß nicht nur die positive unwahre Aussage, sondern auch (negativ) das Verschweigen von Wahrheiten den Tatbestand der unrichtigen Angabe (im Sinne des unlauteren Wettbewerbs) in sich schließen kann. So liegt, wie es auch in Oberlandesgerichtsentscheidungen verschiedentlich festgelegt worden ist, das Moment der Irreführung (also die unrichtige Angabe) auch im Verschweigen

[1] Vgl. hierüber und über des Folgende auch meinen Aufsatz „Publikationsinteresse und Verbietungsrecht als geschützte Gewerberechte“ in GewRsch. u. U. 1917, 62f.

der Tatsache, daß die Verkäufer Händler sind, während in der Art der Ankündigung der Anschein erweckt wird, als handle es sich um Angebot aus Privathand (OLGR. 25, 348; 32, 253), oder im Verschweigen der Tatsache, daß es sich um eine gekürzte Buchausgabe handelt, wenn die Kürzung eine erhebliche ist (OLGR. 27, 277). Auch die Unzulässigkeit der Füllanzeigen (im Inseratenteil eines Blattes) gehört in diesen Gesichtskreis (OLGR. 30, 261). Unrichtig in solchem Sinne sind Mitteilungen also auch dann, wenn zwar der Wortlaut an sich nichts Falsches enthält, die Fassung und Art der Bekanntmachung aber einen anderen Sinn in der Auffassung des (hierfür maßgebenden) Publikums veranlassen. Vgl. auch unten sub B I 3 (Wirkungsmöglichkeit).

Die Wahrheit, die unter Umständen sogar in den Ankündigungen oder dgl. auch „zwischen den Zeilen" gelesen werden kann, ist ausschlaggebend, und diese hängt oftmals mit der Wirkungsmöglichkeit der Wettbewerbshandlung zusammen. Denn man kann auch wahre und richtige Tatsachen in einer Weise sagen, daß sie ganz anders verstanden werden sollen und normalerweise verstanden werden, — eine Art reservatio mentalis also, die hier — wie auch sonst — nicht Unrecht in Recht umbiegen kann (z. B. Aufhebung einer unrichtigen Angabe, die (bildlich gesprochen) herausgeschrieen wird durch den ganz leise gegebenen Zusatz des Richtigen). Das UWG. räumt mit solchen Praktiken gründlich auf und die Rechtsprechung des Reichsgerichts hat dies einheitlich durchgeführt. Objektive Unrichtigkeit genügt für den Tatbestand des UW. Dahin gehört auch Unterdrückung von Tatsachen, wenn ihre Nennung nach Lage der Dinge und zur Beurteilung des Ganzen hätte erwartet werden müssen. Näheres s. unten sub B I 3 (Wirkungsmöglichkeit).

III. **Wissentlichkeit, Fahrlässigkeit.**

Wissentlichkeit ist nicht gleich Vorsatz. Vorsätzlich kann auch die fahrlässig unrichtige, die unbewußt unrichtige Angabe gemacht sein.

Bei fahrlässiger Unwahrheit hat der Verletzer die Unterlassungsklage zu erwarten, bei wissentlicher oder grobfahrlässiger Unwahrheit auch die Schadensersatzklage und die Bestrafung. Vgl. das Nähere hierüber im § 61.

B. Die Sonderfälle der unrichtigen Angabe.

I. **Unrichtige Angaben über die eigene geschäftliche Sphäre.**

a) **Unlautere Anpreisung** (§§ 3—5 UWG.).

Für den Tatbestand der unlauteren Anpreisung ist wesentlich ihre Form, ihr Inhalt, ihre Wirkung.

1. **Die Form.**

Voraussetzung ist Öffentlichkeit, d. h. eine Form der Anpreisung, die sich an eine nicht begrenzte Zahl von Personen, oder beschränkte Öffentlichkeit, d. h. eine Form der Anpreisung, die sich an einen größeren Kreis von Personen (der irgendwie sachlich oder örtlich oder persönlich begrenzt sein kann) wendet.

Ob die Anpreisung wirklich dem Kreise, für den sie bestimmt ist, überhaupt oder in größerem oder geringerem Maße bekannt wird, ist nicht Voraussetzung des Tatbestandes. Eignung zum Bekanntwerden und Bestimmung zum Bekanntwerden genügt. Dies gilt auch für die beschränkte Öffentlichkeit; also Eignung und Bestimmung einer Verbreitung, die den Charakter des Privaten und des ‚Fest-in-der-Hand-behalten‘ der Mitteilung überschreitet.

In welcher individuellen Form die Anpreisung geschieht — ob als Prospekt, als Aufruf, als Aufdruck auf Waren oder deren Umhüllungen, als Lichtbild, ob klarer oder versteckter — bleibt sich völlig gleich.

Ebenso mannigfaltig wie die Mittel sind, ist auch die Fähigkeit des Rechts, sie zu verfolgen. Voraussetzung ist nur noch, daß die Anpreisung als solche von dem in Betracht kommenden Publikum verstanden wird.

2. **Der Inhalt.**

Der Inhalt der Anpreisung muß sich beziehen:

α) auf **geschäftliche Verhältnisse;** das beschränkt sich nicht auf die angepriesene Ware selbst, sondern betrifft auch das sie anpreisende Geschäft, die Firma (Alter, „erstes Haus am Platze", „Fabrik", „Exportlager", „konkurrenzlos"). Die Angaben müssen zum Geschäft, nicht nur zur Person des Inhabers gehören, wobei aber die Grenze, wie weit die Persönlichkeit des Inhabers als geschäftlich wichtig zu gelten hat, flüssig ist und nach verschiedenen Gewerbszweigen wechseln muß („Generalvertreter", „Treuhänder").

β) auf die **Ware,** d. h. auf Beschaffenheit, Ursprung und Herstellungsart, also alles, was zur Beurteilung der **Qualität** der Ware (alle körperlichen und unkörperlichen Eigenschaften, die bei der Würdigung ihrer Brauchbarkeit in Betracht kommen, RGSt. 33, 442) wesentlich ist: Echtheit, Benennung, Bestandteile, Verfahren; Patentierung nicht zulässig fürs Ganze anzugeben, wenn nur ein Teil patentiert ist (RGZ. 84, 195) oder Patent erst angemeldet ist (DRP. a.).

Was die **Benennung** der Waren (namentlich Herkunftsbezeichnung) anlangt, so mußte hier Rücksicht genommen werden auf die eingebürgerten Gattungsbezeichnungen, die sich aus Herkunfts- oder Verfahrensnamen gebildet, aber sich mit der Zeit ins Generelle verwässert haben (§ 5 UWG.: Namen, die zur Benennung gewisser Waren oder gewerblicher Leistungen dienen, ohne deren Herkunft bezeichnen zu sollen). Das hat schon viele Streitfragen geschaffen, die oft sehr schwer zu lösen sind. Mißbrauch und Unlauterkeit muß da scharf von allgemein gültigen Bezeichnungen geschieden werden. Beispiele genereller Bezeichnung, ohne daß die Herkunft damit übereinstimmen müßte, sind: Schweizer Käse, Westfälischer Schinken, Wiener Würstchen, Berliner Blau, Havanna-Zigarren usw. (während ein Zusatz „echt" auch diese Benennungen wieder zu Herkunftsbezeichnungen machen würde, RGSt. 47, 417). Dagegen wurden als Herkunftsnamen bezeichnet z. B. Pilsener Bier, Münchener Bier, Perser-Teppich, Ägyptische Zigarette, Gervais-Käse, Rheinlachs, so daß, obwohl in manchen Gastwirtekreisen Rheinlachs gleichbedeutend mit hochwertiger Lachsqualität betrachtet wird, die Verwendung dieses Namens für Lachs anderer Herkunft nicht erlaubt ist (RGZ. 100, 182, OLGR. 35, 273). Bei Pilsener, Münchener usw. Bier hat RG. (RGZ. 79, 250) einen Zusatz, der die Auffassung des Gattungsnamens als Herkunftsbezeichnung deutlich ausschließt (z. B. Radeberger Pilsener) gestattet; mit Recht, denn es soll nur die Ehrlichkeit gewahrt, aber die Verständigung nicht unnütz erschwert werden. Maßgebend ist die Verkehrssitte in den Fachkreisen, die jedoch auch der Wandlung mit der Zeit unterliegt (vgl. auch das Weingesetz). Siehe ferner unten § 59.

γ) **Art der Leistung,** d. h. dasselbe für die Leistung, was sub b für die Ware gefordert wurde: das für die Beurteilung ihrer Qualität Wesentliche (persönliche Eignung, Echtheit, Verfahren).

δ) **Bezugsart, Preisbemessung,** d. h. alles, was zur Beurteilung der **Wohlfeilheit** der Ware wesentlich ist („unter Einkaufspreis", „zum Selbstkostenpreis"), wozu auch folgendes unter ε Genannte gehört. Jeder darf natürlich an sich zu Preisen verkaufen, wie er will, er darf aber nicht unrichtige Angaben zur Verlockung benutzen.

ε) **Anlaß des Verkaufs, Menge der Vorräte,** also ebenfalls Dinge, die zur Bezeichnung der **Wohlfeilheit** als wesentlich betrachtet werden und sich als hervorhebenswert bezeichnen wollen („nur solange Vorrat reicht", „Gelegenheitskauf", Eile ratsam", „wegen Aufgabe des Geschäfts" usw.). Dies berührt sich mit den Ausverkaufsankündigungen, s. unten sub b). Als „Menge der Vorräte" darf richtigerweise nur angegeben werden, was der Anbietende selbst auf Lager hat oder als bereits gekaufte Ware sofort greifbar hat.

ζ) **Auszeichnung**, d. h. jede Angabe einer Auszeichnung oder einer bevorzugten Stellung (z. B. „gerichtlicher Sachverständiger") ist unrichtig, wenn der sich ihres Besitzes Rühmende zur Führung des Titels, zur Anlegung des Ordens, zum Gebrauch der Medaille nicht berechtigt ist.

So ist unerlaubt die Weiterführung eines verliehenen, aber wieder entzogenen Hoflieferantentitels (RGZ. 80, 293). Irreführend und daher unwahrhaftig ist auch eine Auszeichnung, die zwar gegeben, aber nicht von zuständiger Seite gegeben ist oder bei der eine solche ernste Bedeutung vom Publikum angenommen werden muß (RGZ. 41, 163, JW. 07, 317). Ebenso wenn die Auszeichnung dem Vorgänger persönlich, nicht der Firma erteilt war und von dem Nachfolger benutzt wird.

3. **Wirkungsmöglichkeit.**

„Es würde über die Zwecke des Gesetzes hinausgreifen, wenn man unwahre tatsächliche Angaben schlechthin wegen ihrer Unwahrhaftigkeit und ohne Rücksicht auf die Wirkung, welche sie im Verkehr ausüben können, zur Verantwortung ziehen wollte." (Begr. von 1896.)

Die Wirkungsmöglichkeit gehört zur Wahrhaftigkeit oder Unwahrhaftigkeit. Eine unrichtige Angabe ohne Wirkung bleibt der Rechtsverfolgung fern. Aber selbst richtige Angaben, die aber in einer Weise gemacht werden, daß die Wirkung bei der normalen in Betracht kommenden Öffentlichkeit eine irrige ist, werden aus diesem Grunde selbst zu irreführenden unwahren. Und zwar auf die Gesamtwirkung kommt es an. Die bona fides kommt hier wesentlich in Betracht (s. oben sub A II). Von dem Geist und dem Willen geht die Einwirkung aus. Wenn besondere Sachkunde des Publikums nötig ist, um diese in irrige Bahnen geleitete Auffassung zu korrigieren, so kann das dem Anpreisenden nicht zugute gehalten werden. So ist die Bezeichnung als „Steueranwalt" für Nicht-Rechtsanwälte als unlauterer Wettbewerb gegenüber Rechtsanwälten erklärt worden (Reichsgericht in JW. 1920, 778). Maßgebend ist das Urteil des für die betreffende Sache oder Angelegenheit in Betracht kommenden Publikums und der Eindruck des etwas flüchtigen, nicht des besonders aufmerksamen Lesers (RGZ. 58, 128, 293; 99, 28; RGSt. 40, 439; 47, 204; 48, 101; 50, 15). Auch das Verschweigen von Tatsachen, die zur Beurteilung wichtig sein würden, ist als wirkungsvolles Moment der unrichtigen Angabe zu betrachten (RGZ. 96, 243; RGSt. 46, 275).

Es genügt schon für die „Einwirkung", daß durch die falsche Angabe nur der „Anschein" eines besonders günstigen Angebots erweckt wird, die Eignung zur Anlockung der Käuferkreise (RGSt. 38, 372; 44, 144; 47, 280; RGZ. 92, 382; 93, 189; 96, 298). Ob die Anlockung wirklich geschieht oder nachhaltig ist oder bald als Irreführung erkannt wird, ist gleichgültig. Denn nicht das Publikum zu schützen vor wirklichem Reinfall, ist der Zweck des UWG., sondern die redlichen Wettbewerber vor den Nachteilen durch skrupellose Reklame (vgl. oben § 56 sub C). Dies ist von grundlegender Wichtigkeit bei allen Rechtsfragen des UW. und zeigt wiederum die nahe Verwandtschaft dieses Rechtsgebiets mit dem Urheberrecht und seine Zugehörigkeit zu den geistig-gewerblichen Schutzrechten im Gegensatz zu Publikumsschutzrechten wie Preistreibereigesetz, Ersatzlebensmittelverordnung, Nahrungsmittelgesetz u. dgl. Daher ändert es auch nichts an der Unlauterkeit, wenn der Anschein, der durch unlautere Wettbewerbshandlung erzielt wird, an sich sachlich zutrifft, ebensowenig wie nachträgliche Aufklärung über den wahren Sachverhalt die Wettbewerbshandlung zu einer lauteren macht. Auch Handelsmißbrauch kann eine falsche Benennung nicht zu einer erlaubten machen, es sei denn daß sie sich als Gattungsbezeichnung bereits eingebürgert hat. Der Wahrheitsgedanke greift hier eben tiefer und prüft die Redlichkeit; er führt mithin auch zu scharfer, strenger Auslegung der §§ 6, 7, 8 UWG., also bei Auslegung des Begriffs des Nachschiebens von Waren und der Herkunft aus einer Konkursmasse, wobei selbst an sich wahre Sachverhältnisse durch geringste Unlauterkeit zu unrichtigen werden (so RGSt. 45, 41 u. 46, 232).

Zur Wirkungsfrage gehört auch der Begriff des „besonders günstigen Angebotes", d. h. eines Angebotes von Vorteilen, die im allgemeinen nicht gewährt werden (objektiver Maßstab). Durch die Erkenntnis, daß solche nicht gewöhnlichen Vorteile geboten werden, entsteht die Wirkung der Anpreisung.

b) **Ausverkaufsankündigungen** (§§ 6—10 UWG.).

1. Ausverkaufsankündigungen gehören zu den Reklamehandlungen und haben **Öffentlichkeit** oder beschränkte Öffentlichkeit zur Voraussetzung (vgl. oben sub B I a 1).

2. **Verboten** ist:

α) **Bezeichnung als Ware aus einer Konkursmasse,** wenn die Ware zwar aus einer Konkursmasse stammt, aber im Augenblick des Verkaufs (nicht bloß im Augenblick der Ankündigung) nicht mehr zum Bestande der Konkursmasse gehört (§ 6 UWG., Diese Bestimmung, die anfangs vorwiegend aus gewerbepolizeilichen Gründen zu erklären war, ist als wesentlicher Bestandteil des Wahrheitsgedankens im Wettbewerbsrecht anzusehen. Denn der Verkauf von Konkurswaren durch den Konkursverwalter hat besondere Anlockungskraft, die nicht auf unkontrollierbare Weiterveräußerungen ausgedehnt werden soll, durch die sich die Bedeutung der Bezeichnung verschiebt, obwohl die Angabe an sich „wahr" wäre. Solche Herkunft der Waren darf mithin auch nicht als Grund für einen Ausverkauf angegeben werden (s. sub β; vgl. RGSt. 47, 117).

β) **Verschweigung des Grundes eines Ausverkaufs** (§ 7 UWG.). Bestrafung: Geldstrafe bis 150 Mk. oder Haft, ebenso auch für Zuwiderhandlung der etwa an den Betreffenden ergangenen behördlichen Anordnungen oder für unrichtige Angaben an die Behörde (§ 10 UWG.). „Grund" ist nicht Vorwand. Mithin genügen nicht etwaige phrasenhafte Bezeichnungen wie „Totalausverkauf", „Räumungsausverkauf", „weil Ware nicht mehr in allen Farben und Größen vorrätig" oder dgl. (RG. in GR. u. U. 1916, 124). Es muß ein wirklicher, ernstlicher und anständiger Grund sein, und wenn es sich um Teilausverkäufe handelt oder Versteigerungen im Sinne eines Ausverkaufs, so muß die Ankündigung den Sachverhalt klar und deutlich angeben, wie überhaupt irreführende, zweideutige Ankündigungen (vgl. RGSt. 50, 15) unerlaubt sind. Der Wahrheitsgedanke ist hier besonders hochzuhalten.

γ) **Nachschieben von Waren** bei einem angekündigten Ausverkauf (§ 8 UWG.). Bestrafung: Geldstrafe bis 5000 Mk. und Gefängnis bis zu einem Jahre. Auch das sog. **„Vorschieben"** von Waren gehört hierher. d. h. mißbräuchliche Ergänzung des Lagers vor der Ankündigung des Ausverkaufs. Selbst Nachschub aus eigenem Geschäft (wenn dieses nicht von vornherein in den Ausverkauf einbezogen war), ist verboten (so RG. entgegen einer früheren Entscheidung in RGSt. 46, 232). Denn auch darin liegt Irreführung und Unwahrheit in bezug auf die Wettbewerbshandlung des angekündigten Ausverkaufs! Ob es sich um größere oder geringere Anzahl von Waren handelt, bleibt sich gleich. Die Verletzung der Wahrhaftigkeit ist dabei die gleiche, denn Vorschieben und Nachschieben von Waren macht die Ankündigung des Ausverkaufs von selbst zu einer unwahren Angabe (RGSt. 45, 50 u. 372).

3. **Zulässig** sind: **Saison- und Inventur-Ausverkäufe,** die im ordentlichen Geschäftsverkehr üblich sind und nicht ungewöhnlich lange ausgedehnt werden (§ 9 UWG.). Sie haben den Zweck, die Räumung von Waren von verminderter Absatzfähigkeit in forcierter Form herbeizuführen, um das Lager für neue, den Bedürfnissen des Konsums entsprechende Waren freizumachen, sagt die Begründung des Gesetzes. Bei ihnen ist also eine wirtschaftliche Notwendigkeit maßgebend, die sie zu einer lauteren Geschäftsmaßnahme macht. Bei Saisonabschluß oder bei Gelegenheit der Inventuraufnahme

pflegt sich dies besonders deutlich zu klären. In solchem Sinne können auch „Weihnachtsverkäufe" zur Gruppe der erlaubten Ausverkäufe gehören (RGSt. 44, 63). Als zulässige Gründe anderer Ausverkäufe werden angesehen: Aufgabe des Geschäftes, eines Geschäftszweiges, Beschädigung der Waren durch bestimmte Vorgänge. — Sondertage, Weiße Wochen, Ausnahmetage werden nicht als Ausverkäufe angesehen. Natürlich muß der angegebene Grund wahr sein. Unerlaubtes darf nicht als Grund angegeben werden (z. B. Hinweis auf eine Konkursmasse, s. o. sub α).

4. Die Verwaltungsbehörde kann **vorherige Anzeige** des Ausverkaufs und sogar ein Verzeichnis der auszuverkaufenden Waren verlangen (§ 7 Abs. 2 UWG.).

c) **Warenmengenverschleierung** (§ 11 UWG.).

Es handelt sich um einen Sonderfall der Beschaffenheits-, Preisbemessungs- und Mengenangaben (s. oben sub B I a 1 β, δ, ε), aber einen Fall gewerbepolizeilicher Natur, ein öffentlichrechtliches Delikt ohne zivilrechtliche Verfolgung. Bundesratsverordnungen sollen übliche Mengenangaben, Eichungen u. dgl. sicherstellen und haben das getan (Bestrafung: Geldstrafe bis 150 Mk. oder Haft). Namentlich sind Mengeneinheiten festgesetzt z. B. für Garn, Bierkrüge, Kerzen. (Bek. v. 10. April 1918, RGBl. S. 181; Bek. v. 4. Dezember 1901, RGBl. S. 494, und v. 25. November 1915, RGBl. S. 621.)

II. **Unrichtige Angaben über die fremde geschäftliche Sphäre.**

Nicht durch Hervorhebung der eigenen Leistung, auch durch Herabsetzen der fremden Leistung wird Wettbewerb getrieben, und auch dagegen mußte im Gesetz ein Riegel vorgeschoben werden (§§ 14, 15 UWG.).

Üble Nachrede, Verleumdung, Kreditschädigung aller Art gehört hierher.

a) **Bestandteile** sind:

(1) Behauptung und Verbreitung von

(2) Tatsachen, die nicht erweislich und wahr und

(3) geeignet sind, den Geschäftsbetrieb oder den Kredit eines anderen zu schädigen und

(4) zum Zwecke des Wettbewerbs behauptet und verbreitet werden und

(5) das Erwerbsgeschäft, die Person des Inhabers oder Leiters, seine Ware oder gewerblichen Leistungen betreffen.

b) **Die Bedeutung dieser Bestandteile.**

1. **Öffentlichkeit** ist hier **nicht** Voraussetzung. Die Behauptung kann auch vertraulich an einen Einzelnen geschehen, die Verbreitung von diesem an einen anderen geschehen. Angabe der Quelle oder Berufung auf Gewährsmänner schützt nicht. Eine „Behauptung" liegt nicht nur in lauter, affirmativer Aussage, sondern auch in mittelbaren oder konkludenten Äußerungen und Handlungen, z. B. in dem stillschweigenden Verkauf anderer Waren als der geforderten (RGZ. 60, 189, RGSt. 45, 376 [Aspirin] und RG. in LZ. 1910, 851).

2. **Tatsachen** sind **konkrete Vorgänge,** die in der Vergangenheit oder Gegenwart in Erscheinung getreten und dadurch Gegenstand der Wahrnehmung geworden sind (RGSt. 22, 159), und umfassen auch Ereignisse, die im Innern des Menschen sich vollziehen, wie Beweggrund, Absichten und Ziele (RGSt. 24, 301). Sie müssen nur nachprüfbar und erweislich sein, also insofern über das bloße Urteil, über das man verschiedener Meinung sein kann, hinausgehen, da man die Meinungsfreiheit nicht unterbinden kann und da man nicht in der Lage ist, bei der Äußerung einer Meinung positiv anzugeben, ob sie unrichtig ist. Mithin beschränkt das Gesetz ausdrücklich diese ungünstige Rechtsfolge der Schadenshaftung auf die Behauptung und Verbreitung unrichtiger Tatsachen. Zu dem Begriff Tatsache äußert das Reichsgericht in M. u. W. 20, 158: „Als Tatsachen sind nicht rein subjektive Urteile und Kritiken zu verstehen. Wenn jedoch damit zugleich etwas als vorhanden hingestellt und an dieses ein Urteil geknüpft wird, um das als vorhanden Hingestellte zu beleuchten und zu bewerten, und damit die Möglichkeit gegeben ist, das Urteil auf seine Richtigkeit nachzuprüfen, so liegt eben darin gleichzeitig auch die Behauptung einer Tatsache. Das entspricht der ständigen Rechtsprechung des Reichsgerichts (RG. 58, 209: RG. II 156/09, 20. November 1909. Demgemäß ist namentlich auch der Vorwurf der Wertlosigkeit einer Ware nicht nur als subjektives Urteil, sondern als tatsächliche Behauptung anerkannt worden, RG. II 278/10, 11. April 1911." Ebenfalls nach RGZ. 94, 273 und RG. in JW. 06, 93 werden Urteile nur dann zu Tatsachen, wenn sie nicht bloß schlüssige Folgerungen durch logische Urteilstätigkeit enthalten, sondern auch objektiv nachprüfbar sind. Hierher gehört auch der Begriff des „Beweisbaren", da das Gesetz von Tatsachen spricht, die „nicht erweislich wahr" sind (über den Wahrheitsbegriff s. im übrigen oben sub A II). Über Einzelheiten s. Pinner-Elster, (Guttentagsche Sammlung Nr. 37, 7. Aufl. zu § 14).

3. Über die **„Eignung" zur Schädigung** des anderen vergleiche die Ausführungen über Wirkungsfähigkeit (oben sub B I a 3), mit der diese Frage gedanklich eng zusammenhängt. Schädigung ist in weitem Sinne zu fassen. Daß sie wirklich eingetreten sei, gehört nicht zum Tatbestand.

4. Über den **Zweck des Wettbewerbs** als Tatbestandsmerkmal vgl. oben § 56 sub B II c.

5. Über die Frage, wie weit die **persönliche Sphäre des Inhabers** oder Leiters **zum Erwerbsgeschäft gehört,** ist ebenfalls oben im § 56 schon allgemein gesprochen worden. Das gilt für den Inhaber und den Leiter; z. B. brauchen Dinge, die über den Leiter gesagt werden, nicht das ganze Erwerbsgeschäft ebenso schädigend zu treffen, wie wenn sie über den Inhaber gesagt werden (Kredit), und unter Umständen kann es auch umgekehrt sein (Sachkunde).

c) **Vertrauliche Mitteilungen,** bei denen **ein berechtigtes Interesse** vorliegt, sind nach dem Gesetz besser gestellt insofern, als die Beweislast umgekehrt wird, also der Verletzte die Unrichtigkeit nachzuweisen hat, um mit der Unterlassungsklage durchzudringen. Ist die Behauptung objektiv wahrheitswidrig, so liegt der Tatbestand des § 15 UWG. und des § 824 BGB. vor, wenn die Behauptung wider besseres Wissen aufgestellt ist, nur der des § 824, wenn sie fahrlässigerweise aufgestellt ist (RG. in JW. 1915, 34[16]). Aber in diesem Fall greift neben § 824 BGB. auch § 14 UWG. ein. Für Schadensersatz haftet nur, wer die Unwahrheit kannte oder kennen mußte (§ 14 Abs. 2 UWG.).

Berechtigtes Interesse ist aber nicht das bloße Wettbewerbsinteresse. Gedacht ist an Auskunfteien, da diese ihre Auskünfte nicht in eigenem Interesse und nur streng vertraulich abgeben.

d) Geschieht **die üble Nachrede usw. vorsätzlich wider besseres Wissen,** so steht Geldstrafe bis 5000 Mk. und Gefängnis bis zu einem Jahre darauf (§ 15 UWG.). Begeht ein Angestellter oder Beauftragter dieses Delikt, so haftet der Betriebsinhaber neben ihm, wenn die Handlung mit seinem Wissen geschah (§ 15 Abs. 2 UWG.). Auch hier also die gleiche Gegenüberstellung der dolosen Handlung gegenüber der nicht dolosen wie bei der unrichtigen Anpreisung nach §§ 3 und 4 UWG.

§ 59. Benutzung von Namen und Kennzeichnungen.

(§ 16 UWG.)

A. Grundsätzliches

Die Frage der berechtigten oder unberechtigten Titel- oder Namenwahl für gewerbliche Einrichtungen und Erzeugnisse unterscheidet sich von der Frage der unrichtigen Angaben dadurch, daß es sich hier nicht um eine Aussage (über Eigenes oder Fremdes) handelt, sondern um eine widerrechtliche Nutzbarmachung, die als solche in fremde Rechtssphären eingreifen kann. Dies kann sich freilich mit dem Problem der ‚unrichtigen Angabe' berühren, aber ebenso sehr mit dem Urheber- und Erfinderproblem. Mit beiden teilt es die Eigenschaft, daß ihre Wirkung in der Öffentlichkeit geschieht. Als Teil des Urheber- und Erfinderrechts, als Teil des Kennzeichnungs- und Verkehrsrechts reicht es auch in das Recht der Warenbezeichnungen (oben Abschnitt VI §§ 48—55) hinein. Das Gesetz hat aber den Verletzungen gegen den § 16 UWG. trotz dieser nahen Berührung mit den ebengenannten Gebieten keine Bestrafung als Rechtsfolge angehängt, da es sich hier, wie die Begründung des Gesetzentwurfs sagte, nicht um allgemeine Interessen, sondern um Interessen Einzelner handle. Da das UWG. die Aufgabe hat, den lauteren Wettbewerb grundsätzlich und allgemein zu schützen, so ist diese Ansicht der Motive falsch. Es wird aber nach diesem Gesetz eben nur Unterlassungs- und Schadensersatzanspruch gegeben, während wegen gröberer Verletzung des Namen- und Firmenrechts auf das Gesetz über den Warenzeichenschutz verwiesen wird.

B. Die Fälle der Benutzung von Namen und Kennzeichnung.

I. Allgemeine Bestandteile des Tatbestandes.

a) Kennzeichnung im weiteren Sinne.

Name ist stets ein Mittel der Kennzeichnung. Im gewerblichen Leben kommen als Mittel der Kennzeichnung in Frage: Name der Person, Name der Firma, Name der Ware. Wo der Name nicht ausreicht, greift man weiter zur Kennzeichnung durch Zeichen und Ausstattung. Ob Titel, Marke, Benennung — es dient immer der gewerblichen Kennzeichnung behufs Unterscheidung. Die Verletzung der Benutzung von Kennzeichnungen im weiteren Sinne ist stets Verletzung der Mittel der Unterscheidung, und als solche gehört dies zur Frage des Wettbewerbs und des unlauteren Wettbewerbs.

b) Es handelt sich um Kennzeichnungen **im Geschäftsverkehr.** Der Begriff Geschäftsverkehr ist hier wie überall im Wettbewerbsrecht weit aufzufassen, nicht nur im Sinne von Gewerbe nach der Gewerbeordnung. Beispielsweise kommt sowohl der landwirtschaftliche wie der Geschäftsverkehr der freien Berufe gleicherweise in Betracht. Der Geschäftsverkehr muß aber wettbewerblich von Bedeutung sein, d. h. seine Lebensäußerungen müssen im Wettbewerb Wirkung tun können. So würde die Bezeichnung eines Hotels als „Berghotel" in den Alpen wettbewerblich irrelevant sein, während ein Hotel an einem einsamen Berge im Flachland zum Unterschied von anderen am selben Orte, die nicht an dem Berge liegen, von wettbewerblicher Bedeutung sein würde.

c) **Benutzung.**

Wer im geschäftlichen Verkehr einen Namen, eine Firma oder die besondere Bezeichnung eines Erwerbsgeschäfts (auch Geschäftsabzeichen und Einrichtungen), eines gewerblichen Unternehmens oder einer Druckschrift in einer Weise benutzt, welche geeignet ist, Verwechselungen mit dem Namen, der Firma oder der besonderen Bezeichnung hervorzurufen, deren sich ein anderer befugterweise bedient, kann von diesem auf Unterlassung der Benutzung in Anspruch genommen werden (§ 16 UWG.).

Darin liegt die Festsetzung eines **Prioritätsrechts der Benutzung,** da hier berechtigte frühere Benutzung mit einer späteren Benutzung in Wettbewerb tritt. Die Benutzung muß tatsächlich geschehen zu der Zeit („sich befugterweise bedient"), wo ein anderer die Benutzung sich aneignet. Die Benutzung des Berechtigten darf also nicht aufgehört haben (etwa durch Eingehenlassen des Artikels, der Firma, der Zeitschrift) und sie muß natürlich bereits begonnen haben (private Vorbereitungshandlungen, die die Benutzung in der Öffentlichkeit nicht vollauf dokumentieren, genügen also nicht). Bloß zeitweise Unterbrechung der Benutzung mit der Absicht, die Benutzung beizubehalten, hebt die Priorität nicht auf. Wiederbenutzung einer tatsächlich aufgegebenen Benutzung läßt in der Zwischenzeit das Benutzungsrecht ruhen, hebt Priorität auf, läßt einem anderen die Benutzung in der Zwischenzeit frei mit einer für ihn entstehenden Priorität (vgl. RGZ. 74, 344). Das RG. hält durchaus an dem Standpunkt gegenwärtig andauernder Benutzung der Bezeichnung fest. Die Priorität als materielles Recht hat die

Kraft, die etwa formell ordnungsmäßige Eintragung einer Bezeichnung für einen anderen durch Klage zu beseitigen.

Der Begriff der „Benutzung' ist weit auszulegen. Jede Art geschäftlicher Benutzung kommt in Frage: als Aufschrift, als Unterschrift, als fakturierter Name, in Ankündigungen, als Kennwort, und zwar gilt jeder einzelne Fall wieder als neue „Benutzung".

Aber es können nur Benutzungen miteinander kollidieren, die gleichartig sind. So ist die Benutzung der Warenmarke als Hundename, einer Firmenbezeichnung als Buchtitel, eines historischen Bildes als Ausstattung nicht anfechtbar, schon weil es am Moment des „Wettbewerbs" dabei mangelt. Auch kann lediglich die Herstellung einer Probe, wenn der Artikel dann nicht wirklich geführt wird, nicht schon eine Priorität der Benutzung begründen.

d) **Verwechselungsmöglichkeit.**

Das Gesetz spricht von der Eignung, Verwechselungen hervorzurufen. Das gehört ebenfalls zum Wettbewerbsmoment. Es kommt nicht darauf an, ob die Waren verwechselungsfähig sind, sondern ob die Bezeichnungen es sind.

Die Verwechselungsgefahr muß in den maßgebenden Kreisen bestehen, in den Abnehmerkreisen, die für die Waren, für den Wettbewerb in Betracht kommen. Dabei ist es nicht schon ausschlaggebend, daß Verwechselungen vorgekommen sind, sondern daß sie nach Lage der Dinge vorkommen müssen. (RG. in JW. 98, Nr. 51.) Die Tatsache, daß Verwechselungen auf der Post vorgekommen sind, ist nicht maßgebend, da die Post nicht zu den Interessentenkreisen des betreffenden Geschäftszweigs gehört.

Nicht der Unaufmerksame, der alles Verwechselnde oder auch der ganz Pedantische ist hier der Maßstab, sondern der Durchschnittsfachmann, der diligens pater familias, der sorgfältige Kaufmann, der objektiv zu ermittelnde verständige homo publicus, der für die betreffenden Wettbewerbswirkungen in Betracht kommt — aber auch nicht der besonders Sorgsame oder Sachkundige ist maßgebend.

Dieser Durchschnittsfachmann ist also je nach dem Gegenstand des Wettbewerbs verschieden, bei wissenschaftlichen Zeitschriften also anders zu bewerten als bei Seifenmarken oder Briketts. Es genügt auch Irreführung eines Teils des Publikums.

Nicht maßgebend ist, daß die Verwechselungsgefahr bei Nebeneinanderhalten der Bezeichnungen oder der Waren verfliegt, sondern die Wirkung auf die Erinnerung, das Erinnerungsbild des Namens, des Zeichens oder der Ausstattung ist ausschlaggebend. Also ist das Schlagwort bei Zusammensetzungen wichtig, und daran wird nicht schon durch andere auffällige Abänderungen Wesentliches geändert. Näheres s. unten sub II b 2 (Titelschutz).

Verwechselungsabsicht gehört nicht zum Tatbestand. Wohl aber ist für den Schadensersatzanspruch Voraussetzung, daß der Benutzende wußte oder wissen mußte, daß die mißbräuchliche Art der Benutzung geeignet war, Verwechselungen hervorzurufen (§ 16 Abs. 2 UWG.). Vgl. auch oben § 49.

Die Frage des Ausstattungsschutzes beruht im wesentlichen auf dem Problem der Verwechselungsfähigkeit und der geistig-gewerblichen (also urheber- und erfinderrechtlichen) Originalität (s. unten sub II, b 3).

II. **Die einzelnen Tatbestände im besonderen.**

a) **Namen und Firmenschutz.**

Der allgemeine Schutz des Namens und der Firma ist durch BGB. (§ 12) und HGB. (§ 37) gewährleistet. Dazu kommt der Schutz des Warenzeichengesetzes (§§ 13 u. 14, s. oben § 52). Hier, nach § 16 UWG., handelt es sich um eine ergänzende Schutzbestimmung auf dem Gebiete des Wettbewerbs. Die Führung ähnlicher Namen, zu deren Führung der Benutzende auf Grund der allgemeinen und eben genannten Rechtsnormen befugt ist, kann auf Grund des Wettbewerbsgesetzes untersagt werden, wenn dadurch die Gefahr unlauteren Wettbewerbs gegeben ist, insbesondere wenn eine mißbräuchliche Ausnutzung solcher Ähnlichkeiten zu Wettbewerbszwecken naheliegt oder geüb twird.[1] Zwischen dem Recht der Benutzung und der Gefahr solcher Ausnutzung gibt es natürlich viele Spielarten, die nur im Einzelfall, und zwar mit eindringlichster Auslegung der subjektiven Wahrheit, der bona fides und der Verkehrsanschauung richtig beurteilt werden können. Jedenfalls sind Personen, die den gleichen Namen führen, verpflichtet, damit nicht unlauterem Wettbewerb Vorschub zu leisten, sondern Verwechselungen zu vermeiden (OLGR. Dresden in M. u. W. 15,237).

Es darf sich jemand wahrheitsgemäß „Schüler des Soundso" oder „Nachfolger des A" nennen, er darf seine Waren als nach dem System X hergestellt bezeichnen, aber er darf dies nicht so tun, daß der Genannte in mehr als berechtigtem Maße herangezogen oder mit Verwechselungsgefahr bedroht ist. Z. B. darf die Behauptung, daß eine Ware eine andere zu ersetzen geeignet ist, nicht so geschehen, daß die Ware mit dem Namen der anderen (RGZ. 86, 123: „Garlock-Ersatz") bezeichnet wird. RGStr. 45, 376 (Aspirin), RG. in JW. 1915, 280[7]. Das wäre nur der Fall, wenn der Name zu einem Gattungsnamen geworden wäre (z. B. Liberty-Seide). Vgl. ferner RGZ. 87, 148: „Wenn von der rechtswidrigen Verwendung eines Namens gehandelt wird, dessen ein anderer sich befugterweise bedient, so ist dabei an die

[1] Vgl. Rosenthal, Die Begrenzung des Rechts, den eigenen Namen zu gebrauchen, GR. u. U. 1918, 147.

Funktion des Namens gedacht, eine bestimmte Persönlichkeit zu kennzeichnen, und an die Verwendung dazu. Es muß die Gefahr einer Verwechselung der Persönlichkeit vorliegen, welche gemeint ist."

Auch bei längeren Eigen- und Firmennamen kommt es auf das Schlagwort in der ganzen Bezeichnung, auf das Wesentliche der Benennung an.

Vgl. RGZ. 95, 292: Birresborner Sprudelgesellschaft m. b. H. ist verboten gegenüber Birresborner Mineralbrunnen Akt.-Ges.

Die Abweichung muß größer sein, wenn die Wettbewerbsmöglichkeit näher ist, es genügen um so kleinere Abweichungen, je weniger die Firmen einander ins Gehege kommen. Sind sie an verschiedenen Orten und nur von lokaler Bedeutung, so können sie meist ohne Schaden gleichlauten, ohne daß Wettbewerbsverletzung durch Verwechselungsgefahr vorliegt. Sind sie von mehr als lokaler Bedeutung, so ist es natürlich anders (vgl. RG. in JW. 02, 27 Nr. 20, Recht 02, 23 Nr. 95).

Auch für Pseudonyme, die befugtermaßen geführt werden, besteht ein Schutz gegen Nachahmung, auch gegen irreführende Benutzung, wie z. B. im Namen Ossi-Filmgesellschaft, weil dieser Name auf Ossi Osswalda hinzuweisen schien, ohne daß diese Schauspielerin, die unter dem Namen länger bekannt war, daran beteiligt war (KG. in JW. 21, 348), s. oben § 5.

b) **Schutz von Kennzeichnungen.**

1. **Besondere Bezeichnung** eines Erwerbsgeschäfts, einer gewerblichen Unternehmung, einer Druckschrift, kennzeichnende Geschäftsabzeichen und unterscheidende Einrichtungen stehen wettbewerbsrechtlich gleich dem Namen- und Firmenrecht. Auch sie begründen ein auf Priorität beruhendes Schutzrecht gegen verwechselungsfähige Benutzung von anderer Seite.

Die Notwendigkeit solcher „besonderer" (eigenartiger) Bezeichnungen und Kennzeichnungen breitet sich mit zunehmendem Verkehr immer mehr aus. Jede im Geschäftsverkehr zu Wettbewerbszwecken verwendete Bezeichnung (des ganzen Geschäfts, des einzelnen Unternehmens, der Einrichtungen, der Ware oder Leistung) genießt solchen Schutz.

Viele Schwierigkeiten hat die Feststellung des Begriffes der „besonderen Bezeichnung" gemacht.

Über die besondere Spielart beim Titel einer Druckschrift s. unten 2.

Allgemein übliche und Gattungsnamen sind keine „besondere" Bezeichnung; es muß geistige Schöpferkraft sich kundtun, die aber nicht auf allgemeinen Regeln beruht, sondern nach dem Milieu zu beurteilen ist. Sie müssen also für das Gebiet, auf dem sie benutzt werden, neu und eigentümlich sein, während sie z. B. auf anderen Gebieten durchaus alt oder üblich sein können. So ist Kaufhaus, Kurhaus, Lichtspieltheater, Sparkasse Gattungsname; Goldene 110, Kleiderpascha, Zander-Institut, das lebende Bild, Stettiner Sänger dagegen besondere Bezeichnung. Die Neuheit und Eigentümlichkeit (Priorität und Originalität) hat insofern vorzuliegen, als es für die Unterscheidung zum Zweck des Wettbewerbs wichtig ist. Es handelt sich also meist um Schlagworte. Aber deren Kraft wandelt sich; je allgemeingültiger ein solches Schlagwort ist und je mehr es sich etwa zugleich von der Beziehung zu einem bestimmten Schaffenden oder einer Firma entfernt, um so leichter unterliegt es der allmählichen Wandlung zum Gattungsbegriff und zum Gemeingut. Es tauchen hier für die Auslegung nach den Umständen des Falles und nach der Verkehrssitte ähnliche Gedankenreihen auf wie bei der Auslegung des Schutzumfangs eines Patents nach dem Stande der Technik.

2. **Titelschutz.**

Hier spitzen sich einige der schon bisher erörterten Fragen in interessanter Weise zu. Das Wesentliche hierüber ist bereits im grundlegenden Teil dieses Buches oben § 7 sub B ausgeführt, worauf hier verwiesen sei. Aber einige Ausführungen auf Grund des § 16 UWG. sind hier noch erforderlich. Die Forderungen der Originalität, Priorität, der Verwechselungsmöglichkeit in den in Betracht kommenden besonderen Kreisen der Abnehmer und Interessenten erlangen hier im Sinne des bisher Ausgeführten (s. oben sub 1) erhöhte Bedeutung.

Ob im einzelnen Fall ein Gattungsbegriff oder eine besondere Bezeichnung vorliegt, ist oftmals recht schwierig zu bestimmen und hängt von sachverständiger Beurteilung der gewerblichen Verkehrssitte in hohem Maße ab. Die Schwierigkeit erhöht sich dadurch, daß individuell eigentümliche Bezeichnungen, wie sub 1 gesagt, allmählich in Gattungsbezeichnungen übergehen, was auf die Entwicklung der Sprache oder des Verkehrs zurückzuführen ist. Derartige Bezeichnungen sollen und können nicht durch die Wahl als Titel einer Druckschrift monopolisiert werden, damit die Sprache des Verkehrs nicht leide. Außerdem tritt die Fachsprache hier manchmal in Widerstreit mit der allgemeinen Sprache, und die Bedeutung der termini technici darf dabei nicht unberücksichtigt bleiben.

Die Stellungnahme des Reichsgerichts ist grundsätzlich klar. Geschützt wird nur eine „besondere Bezeichnung", also eine Bezeichnung, die selbst den Charakter eines gewissen Geisteserzeugnisses in sich trägt, nicht etwa nur eine Art Namen und Nachricht oder eben ein Gattungsbegriff ist. Auf die Verwechselungsgefahr kommt viel, aber nicht alles an; denn es wird — je nach dem Leserkreis — unter Umständen auch eine stärkere Unterscheidungskraft der Interessenten, eine sorgfältige Beachtung von Titelunterschieden verlangt. Auf die böse Absicht, sich aus den Errungenschaften einer fremden Arbeit Vorteile zu verschaffen, wird besonderes Gewicht gelegt, wenn der Tatbestand des unlauteren Wettbewerbs gegeben sein soll. Es fragt sich da, ob der, der den ähnelnden Titel wählte, zur geeigneten Bezeichnung der Sache einen anderen Titel wirklich nicht gut hat wählen können oder ob er unnützerweise Anlehnung gesucht hat.

An ein paar markanten, ja typischen Beispielen, die das Reichsgericht beschäftigt haben, mag dies deutlich gemacht werden.

Das Reichsgericht hat den Titel „Allgemeine Drogisten-Zeitung" neben dem älteren Titel „Drogisten-Zeitung" gestattet (RG. 4. 12. 1917) und ebenso den Titel „Neue Leipziger Illustrierte Zeitung" neben der bekannten „Illustrierten Zeitung" von J. J. Weber in Leipzig (RGZ. 90, 183), ebenso wie „Berliner Illustrierte Zeitung" gestattet ist.

Der Titel „Drogisten-Zeitung" hat keine Unterscheidungskraft, ist eine Bezeichnung, die sich durch den Inhalt der Druckschrift von selbst ergibt und als eine für sie notwendige erscheint, als reiner Gattungsname und zutreffendster Ausdruck für eine ganze Gattung von Fachblättern und selbst durch längeren Gebrauch nicht imstande, die nach § 16 UWG. erforderliche Individualisierungskraft zu gewinnen. Das vorgesetzte Wort „Allgemeine" gestaltet den Titel derartig um, daß bei Anwendung auch nur geringer Aufmerksamkeit, wie solche von den Interessentenkreisen der beiden Zeitungen zu erwarten ist, nicht zu befürchten steht, daß Verwechselungen in irgendwie erheblichem Umfange hervorgerufen werden können. Diese Stellungnahme des Reichsgerichts über Freiheit von notwendigen Gattungsnamen, die durch besondere Zusätze Unterscheidungskraft bekommen sollen, hat eine weitere Probe in dem Fall „Illustrierte Zeitung" und später in dem Fall „Welt-Echo" zu bestehen gehabt. Bei „Illustrierte Zeitung" kam die Schwierigkeit hinzu, daß dieser Titel, der an sich Gattungsname ist, durch den Verleger der in Leipzig seit langen Jahren erscheinenden bekannten „Illustrierten Zeitung" spezialisiert und monopolisiert, sozusagen entallgemeinert worden ist. Diese Kraft soll nach Ansicht des Reichsgerichts durch die „Berliner Illustrierte Zeitung" verloren gegangen sein. Der vom Publikum gewissermaßen aus Selbsthilfe gewählte Unterscheidungsname „Leipziger Illustrierte Zeitung" für die Webersche im Gegensatz zur „Berliner Illustrierten Zeitung" kann nach der Ansicht des Reichsgerichts nicht geschützt werden, weil sich die Berechtigte nicht dieses

Namens bedient. Dies ist meines Erachtens ein unzutreffender Schluß. Gerade wenn das Reichsgericht ausführt, daß der Verkehr stärker war als das Namenrecht, indem er den Namen „Illustrierte Zeitung" entfriedete, mußte das Reichsgericht logischerweise dem Verkehr auch die Kraft zuerkennen, schutzwürdige Unterscheidungsnamen zu schaffen.

Einer noch schwereren Probe waren diese Grundsätze bei der Frage der Zulässigkeit des Titels „Welt-Echo" gegenüber in dem Titel „Das Echo" unterworfen (RG. in GR. u. U. 1921, 59). ‚Echo' wird vom RG. nicht als Gattungsbezeichnung, sondern als bildliche Ausdrucksweise und mithin an sich zunächst als besondere Bezeichnung bewertet. Der Umstand, daß es vielfach für Zeitungstitel (und auch als Rubrik in Zeitungen und Zeitschriften!) gebraucht wird, stempelt (laut Reichsgericht) diesen Titel für sich allein noch nicht zu einer den Worten „Tageblatt" oder dgl. gleichwertigen Gattungsbezeichnung. Aber andererseits besteht kein Monopol auf das Wort ‚Echo', vielmehr kann es anderweit benutzt werden, wenn es durch hinreichend unterscheidungskräftige Zusätze begleitet wird. Bei Welt-Echo wird die Frage, ob der Zusatz ‚Welt' hinreichend unterscheidungskräftig ist, durch den Umstand erschwert, daß „Das Echo" tatsächlich ein Welt-Echo ist und sein will. Also Tatsache und Wahrheitsgedanke als Auslegungsmoment für das Wort! Daher wurde der Titel für verwechselungsfähig erklärt. Ein stärker unterscheidender Zusatz zum Worte Echo" würde den Mangel heilen. Das Unbefriedigende dieses Urteils[1] liegt darin, daß durch die ausschlaggebende Betonung der mangelnden Unterscheidungskraft des Zusatzwortes das Wort Echo tatsächlich als Gattungsbezeichnung vom Reichsgericht behandelt wird, obwohl es diese Einordnung zuvor ausdrücklich ablehnte. Ob die Wahl des Wortes „Echo" sprachlich notwendig war, kann jedenfalls unklar sein; denn hier liegt in der Tat ein Wort vor, dessen Stellung zwischen spezieller und Gattungsbezeichnung mitten inne steht und dessen Bedeutung in solchem Sinne im Fluß ist. So hätte das Gewicht auf den spezifischen Wettbewerbscharakter der beiden Blätter gelegt werden müssen, und das hätte vermutlich zu anderer Entscheidung geführt.[2]

Die Hinzunahme des Namens des Urhebers zu einem Gattungsnamen genügt, damit eine schutzfähige besondere Bezeichnung vor-

---

[1] Vgl. Osterrieth in GR. u. U. 1921, 60.

[2] Ähnlich, aber einwandfreier KG. in OLGR. 41, 4 („Welt-Jahr" gegen „Das Jahr"). Andere wichtige Entscheidungen in RGZ. 12, 116; 40, 19; 74, 345; JW. 32, 53; M. u. W. 17, 154.

liege, also würde z. B. „Meyers Choralbuch" genügend unterscheidend sein gegenüber anderen Choralbüchern (RG. in OLGR. 41, 4). Als verwechselungsfähig wurden „Das Jahr" und „Weltjahr" vor allen Dingen deshalb bezeichnet, weil die beiden Zeitschriften, abgesehen von dem ähnlichen Wortklang und Wortinhalt auch ganz ähnlichen Gesamtcharakter haben — dies ein Gesichtspunkt, auf den mit vollem Recht das Kammergericht großes Gewicht legt. Ebenda (OGR, 41, 5) wurde als verwechselungsfähig bezeichnet „Deutsche Musikerzeitung" und „Deutsche Musikzeitung", desgleichen „Landwirtschaftliche Maschinenzeitung" verwechselungsfähig mit „Deutsche Landwirtschaftliche Maschinenzeitung", wobei wiederum betont wird, daß der Interessenkreis der beiden Zeitschriften unstreitig derselbe ist, — eine sehr wichtige Betonung des Wettbewerbsmoments, das nicht übersehen werden darf! Dagegen wird mit Recht die Verwechselungsgefahr verneint bei den beiden Titeln „Elektro-Börse" und „Elektro-Markt", weil das Wort „Elektro" als Gattungsbezeichnung angesehen ist, und Börse und Markt sowohl nach Klang wie Bedeutung verschieden sind (OLG. Jena in OLGR. 41, 7). Irrtümlich ist meiner Ansicht nach das Urteil des OLG. Naumburg (ebenda 6), welches eine Verwechselungsgefahr zwischen „Deutsche Bergwerkszeitung" und „Mitteldeutsche Bergwerkszeitung" ausspricht, indem es Bergwerkszeitung als besondere Bezeichnung, nicht als Gattungsbegriff festlegt. Dies erscheint bedenklich und außerdem widerspricht diese Entscheidung der Reichsgerichtsentscheidung im Falle „Allgemeine Drogisten-Zeitung" und Drogisten-Zeitung". Die Unterscheidung „mitteldeutsch" ist markant genug im Wettbewerb. Solche Titel von Fachzeitschriften müssen aus naheliegenden Gründen eine gewisse Einheitlichkeit haben, wie dies auch schon gerichtsseitig anerkannt worden ist, und das Fachpublikum ist daran gewöhnt, hier recht genaue Unterscheidungen machen zu müssen. Diese Beispiele aus der oberstrichterlichen Rechtsprechung der jüngsten Zeit zeigen im ganzen genommen die zutreffenden Richtlinien für die Lösung dieser theoretisch und praktisch schwierigen Fragen, die aber in jedem Einzelfall sorgsamer Betrachtung unterworfen werden müssen.

3. **Ausstattungsschutz.**

Wie beim Titelschutz Urheberrechtliches mit Wettbewerbsrechtlichem zusammentrifft, so trifft beim Ausstattungsschutz Zeichenrechtliches, Musterrechtliches und Wettbewerbsrechtliches zusammen. Außer einigen Bemerkungen oben im § 7 sub B wird darüber im § 49 gehandelt, da sedes materiae des Ausstattungsschutzes der § 15 WZG. ist. Der § 16 UWG. tritt ergänzend hinzu und trägt die hier gezeichneten Grundgedanken des Wettbewerbsrechts beim Namensmißbrauch dort mit hinein, also: Verwechslungsgefahr, Priorität der Benutzung, besonders kennzeichnenden Charakter der Ausstattung, und zwar in der Anschauung derjenigen Kreise, die in wettbewerblicher Hinsicht dafür in Betracht kommen. Auch die Generalklausel des § 1 UWG. ist hier von Bedeutung. Das Nähere ist im Zusammenhange oben in § 49 erörtert.

Angestelltenbestechung und Geheimnisverrat. § 60.

A. Die Arten geheimer Wettbewerbshandlungen in ihrer Zusammengehörigkeit.

Den Arten des unl. Wettbewerbs, die als zweite große Gruppe (nach der Gruppe der „unrichtigen Angaben", s. § 58, und nach dem Spezialproblem der „Namen- und Titelbenutzung", s. § 59) zu besprechen sind, ist gemeinsam, daß sie — im Gegensatz zu den genannten anderen Tatbeständen — nicht die Öffentlichkeit suchen, um zur Wirkung zu gelangen, sondern geheime Wege gehen. Dies ist das verbindende Moment zwischen den Tatbeständen des § 12 UWG. und denen der §§ 17ff. UWG. Die Bestechung der Angestellten und der Geheimnisverrat dienen beide dem Zweck, Wege des Wettbewerbs schleichend zu gehen und hierzu das Vertrauensverhältnis, in dem der Angestellte steht, zu benutzen. Dabei handelt es sich aber nicht um Ahndung des Bruches dieses Vertrauensverhältnisses an sich, sondern um Ahndung einer Wettbewerbshandlung, die unter Bruch des Vertrauensverhältnisses geschieht und aus eben diesem Grunde unlauter (sittenwidrig) ist. Darüber hinaus wird dann auch (im § 17 Abs. 2) an Fälle gedacht, die außerhalb eines solchen Treueverhältnisses, aber auch sittenwidrig und geheim Wettbewerbshandlungen zum Inhalt haben.

B. Die Arten geheimer Wettbewerbshandlungen in ihren Eigenheiten.

I. **Schmiergelder** (Bestechung fremder Angestellter, § 12 UWG.).

a) **Bestandteile des Tatbestandes.**

Die Bestandteile des Tatbestandes sind: 1. Wettbewerbszweck, 2. im geschäftlichen Verkehr, 3. a) Anbieten, Versprechen, Gewähren, b) Fordern, sich versprechen lassen, Annehmen von Geschenken oder anderen Vorteilen, 4. an Angestellte oder Beauftragte eines geschäftlichen Betriebes, 5. für unlauteres Verhalten zur Bevorzugung des Bestechenden beim Bezuge von Waren oder gewerblichen Leistungen.

1. Der **Wettbewerbszweck** entspricht der gleichen Forderung bei den anderen Tatbeständen des UW. Es können auch andere Zwecke mit dem Wettbewerbszweck verbunden sein, aber der Wettbewerbszweck muß wirksam dabei sein. In Zweifelsfällen fragt es sich, ob der Wettbewerbszweck das ausschlaggebende Moment war.

2. Unter **Geschäftsverkehr** ist nicht nur jedes gewerbliche Verkehren, sondern in weiterem Sinne jedes Verkehren unter Geschäftszwecken, mit materiellen Zielen, das dem Wettbewerb Raum bietet, zu verstehen. Auch der Geschäftsverkehr der Behörden gehört hierher, aber nicht der nationale, nichtwirtschaftliche Verkehr der Behörden (z. B. staatliche Werften nach RG. in JW. 1918, 446[9]).

3. Der **Bestechende** wie der **Bestochene** ist strafbar. Die Bestechung und die Annahme der Bestechung ist in gleicher Weise unlauter, wenn die anderen Tatbestandsmerkmale vorliegen. Nicht nötig ist, daß eine Willenseinigung zwischen dem Bestechenden und dem zu Bestechenden hergestellt ist, die auf den unlauteren Wettbewerbszweck hinzielt. Schon die versuchte Bestechung, wenn dies zur Kenntnis des anderen Teils kommt, ist Vollendung des Delikts. Denn schon „Anbieten" usw. allein und schon „Fordern" allein genügt hier zum Tatbestand. Das Versprechen und die Annahme des Versprechens, das Gewähren und die Annahme des Gewährten sind weitere Schritte, bei denen die Vollendung des Delikts auf beiden Seiten geschieht und durch Willenseinigung zusammenkommt. Das kann beweisende und strafschärfende Bedeutung haben, systematische Bedeutung für den Tatbestand des UW. hat es nicht.

Diese Art des „Versuchs" der Bestechung oder des Schmiergelderwerbs ist nicht zu verwechseln mit dem (nicht zur Vollendung kommenden) „Versuch" des Anbieters; Versuch im Strafrechtssinne ist so nicht strafbar, wohl aber ‚Anbieten' als Versuch des ‚Gewährens'.

4. Der **Begriff des Angestellten oder Beauftragten** ist weit auszulegen und jeder zu erfassen, der in einem geschäftlichen Dienst-, Werkvertrags- oder Treueverhältnis zu einem Prinzipal steht, gegen den Wettbewerbshandlungen möglich sind.

5. Das **unlautere Verhalten** ist ein Zweckverhalten im Sinne des Wettbewerbs und entgegen den guten Sitten. Darauf kommt es an, nicht etwa darauf, daß die Handlung des Angestellten pflichtwidrig gegenüber seinem Prinzipal ist. Das wird sie häufig sein, aber das ist nicht das Wesentliche im Tatbestand des unlauteren Wettbewerbes; dieses Wesentliche ist viel-

mehr eine allgemeine Wertung, eine Wertung des objektiv Unanständigen, Sittenwidrigen, Unlauteren, Korrupten. Also auch wenn ohne Pflichtwidrigkeit gegen den Prinzipal durch Einwirkung auf die Kundschaft der Bezug von einem bestimmten Lieferer bevorzugt hat (z. B. der den Kellnern Korkgelder verspricht), so ist darin eine Unlauterkeit im Wettbewerb zu erblicken; denn das schutzwürdige Interesse nach dem Wettbewerbsgesetz ist das Interesse des Konkurrenten, und in der Gestaltung des Wettbewerbs soll das Gesetz bessernd und erzieherisch wirken (vgl. RGStr. 48, 291).

Indem man dies bewußt festlegte (bei der Beratung des Gesetzes und dann in Wissenschaft und Rechtsprechung), erleichterte man den Beweis für das Vorliegen des unlauteren Tatbestandes — denn nur nach allgemeinen Gesichtspunkten ist da zu urteilen — und man konnte damit auch die zu ahnenden Fälle trennen von denen, die nicht als Bestechung zu werten sind, weil für erlaubte lautere Gefälligkeiten oder fürsorgliche Behandlung im Rahmen des Nichtanfechtbaren ein Entgelt gegeben wird.

Das Tatbestandsmerkmal „zur Bevorzugung des Bestechenden beim Bezuge von Waren oder gewerblichen Leistungen" ist eine Erläuterung zum Begriff des objektiv unlauteren Verhaltens in Wettbewerbsdingen; denn gerade die Bevorzugung, d. h. die der Verkehrssitte zuwiderhandelnde Ausnahmebehandlung des Bestechenden ist das Ausschlaggebende. Der Begriff der „Bevorzugung" ist nicht zu eng auszulegen, soweit unlautere Momente darin enthalten sind.

b) **Begrenzung des Tatbestandes.**

Durch die begrifflich scharfe Erfassung der Tatbestandsmerkmale ist auch die unlautere Bestechungshandlung begrenzt; außerhalb dieses Rahmens ist Gewährung und Annahme von Vorteilen durch Geschäftsfreunde erlaubt bzw. hat mit dem Gesetz gegen den unlauteren Wettbewerb nichts zu tun, wenn es unter Umständen auch irgendwelchen anderen Rechtssätzen oder Vertragspositionen zuwider sein kann (gegenüber dem Prinzipal oder Dritten). Wenn „eine Verkehrsgewohnheit vorliegt, die dem Anstandsgefühl der beteiligten Kreise nicht widerspricht" (Pinner-Eyck, Kommentar, S. 92), dann ist Gewähren oder Annahme von Geschenken im Geschäftsbetrieb nicht unlauter. Und wenn es nicht unlauter ist, so kann es auch zu Wettbewerbszwecken geschehen, wobei aber der Begriff der Unlauterkeit gerade im Gesichtsfelde des Wettbewerbsbegriffs zu prüfen ist. Hat z. B. das unlautere Moment mit dem Wettbewerbsmoment nichts zu tun, so fehlt es an der hinreichenden Voraussetzung für den Tatbestand des § 12 UWG. Beide Momente müssen zusammengehören, müssen ineinandergreifen.

II. **Geheimnisverrat** (§§ 17 ff. UWG.).

a) **Begriff und Arten des Tatbestandes.**

Es handelt sich um **Geschäfts- oder Betriebsgeheimnisse**, nicht um persönliche Geheimnisse eines Geschäftsherrn. Betriebsgeheimnisse sind technisch-industrieller Natur, Geschäftsgeheimnisse kommerziell-ideeller Natur. Der Begriff deckt gleicherweise die urheber- oder erfinderrechtlichen Geheimnisse, die besonderen gewerblichen Rechtsschutz genießen, wie die nicht besonders geschützten, die nur als Geheimnisse geschützt sind. Geheimnis aber im Sinne dieses Gesetzes ist „dasjenige, was der Geschäftsgebarung, dem Fabrikbetrieb, der Handwerkertätigkeit so eigentümlich ist, daß es in anderen Kreisen nicht bekannt ist und nicht angewendet wird" (nach den Worten des Staatssekretärs von Boetticher bei der Beratung des Gesetzes von 1896). Auch wenn etwa eine Sache an sich nicht neu und daher nicht geheim ist, kann doch ihre Anwendung, d. h. die Tatsache, daß sie in bestimmtem Falle angewendet wird, „Geheimnis" sein. Einige Beispiele und Fälle s. bei Pinner-Elster, Guttentagsche Sammlung DRG. Nr. 37, 7. Aufl., S. 92. Mitteilung an eine beschränkte Zahl von Interessenten braucht durchaus noch nicht den Charakter als Geheimnis aufzuheben. Auch was Betriebsgeheimnis zu sein aufgehört hat, kann immer noch Geschäftsgeheimnisse in sich schließen.

Solche Geheimnisse kann verletzen 1. wer sie aus besonderem Vertrauen kennt, 2. wer sie auf unerlaubtem Wege kennen gelernt hat. Der § 17 UWG. hat diese beiden Möglichkeiten im Auge, § 18 spricht nur von unbefugter Verwertung anvertrauter Vorlagen, Vorschriften, Modelle, Schnitte, Rezepte usw. Ob aber eine besondere Treuepflicht verletzt oder die allgemeinen Regeln der Sittengemäßheit durchbrochen werden, bleibt sich für den Tatbestand gleich. In beiden Fällen liegt das Moment der Unlauterkeit vor, das zum Begriff des Geheimnisverrats gehört.

Auch hier also — ganz wie oben zu I b — muß das unlautere Moment mit dem Verratsmoment, d. h. mit dem Wettbewerbsmoment im selben Felde liegen; sie müssen zusammengehören, müssen ineinandergreifen.

Es handelt sich im wesentlichen um Verrat durch Angestellte (§ 17 Abs. 1 UWG.), kann aber auch durch andere geschehen (§ 17 Abs. 2 u. § 18 UWG.). In beiden Fällen liegt, wenn es eben Wettbewerbshandlung ist, der Tatbestand, der das UWG. auf den Plan ruft, vor; denn die Unlauterkeit bezieht sich auch hier begrifflich nicht allein auf das Treueverhältnis des Angestellten zum Prinzipal (obwohl die Verletzung gerade dieses Verhältnisses das Unlauterkeitsmoment nach § 17 Abs. 1 abgibt), sondern ist als Verletzung allgemeiner Anstands- und Sittenbegriffe zu werten (§ 17 Abs. 2).

b) **Die einzelnen Bestandteile und Voraussetzungen des Tatbestandes.**

α) beim Geheimnisverrat durch **besonderen** Treubruch **nach § 17 Abs. 1** UWG. (Angestellte usw.).

1. Dienstverhältnis als Angestellter, Arbeiter oder Lehrling eines Geschäftsbetriebs, und zwar noch andauerndes, noch bestehendes Dienstverhältnis. Dabei ist als Dauer des Dienstverhältnisses die rechtliche Dauer, nicht die rein tatsächliche (einseitige) Auflösung zu verstehen. (RGSt. 39, 83; 50, 130.) Ob das Dienstverhältnis länger oder weniger lange dauerte, ist gleichgültig.

2. Anvertrauen oder Zugänglichwerden des Geheimnisses vermöge des Dienstverhältnisses. Auch ein Anvertrauen an mehrere hebt den Charakter des „Anvertrauens" nicht auf. Zugänglichwerden kann ein Geheimnis auch auf unerlaubtem Wege (RGSt. 33, 354; s. unten sub *γ*).

3. Mitteilung des Geheimnisses an andere (nicht bloß an Konkurrenten),

4. zum Zwecke des Wettbewerbs oder in schädigender Absicht (gegen den Geschäftsherrn). Vgl. RGZ. 92, 135, RGSt. 45, 254; 51, 184.

β) beim Geheimnisverrat durch **besonderen** Treubruch **nach § 18** UWG. (In Geschäftsverbindung Stehende):

1. Geschäftlicher Verkehr (nicht Dienstverhältnis) zwischen dem Anvertrauenden und Empfangenden von Vorlagen oder Vorschriften technischer Art, insbesondere Zeichnungen, Modelle, Schablonen, Schnitte, Rezepte, ob urheberrechtlich geschützt oder nicht; bei vorliegendem Urheberrechtsschutz (Patentrecht, Musterrecht usw.) kommen die Vorschriften dieser Gesetze in Idealkonkurrenz mit UWG. in Betracht. Daß ein Vertragsverhältnis laufe, ist nicht erforderlich.

2. Anvertrauen vermöge dieses geschäftlichen Verkehrs. Anvertrauen kann man nur Dinge, die nicht ganz offenkundige sind (RGZ. 83, 387). Eigentliche „Geheimnisse" brauchen dies nicht zu sein.

3. Mitteilung an andere (nicht bloß Konkurrenten) oder eigene unbefugte Verwertung. (Letzteres Moment wird von § 17 Abs. 1 nicht getroffen, kann aber nach § 1 UWG. unlauterer Wettbewerb sein und danach verfolgt werden).

4. Zum Zwecke des Wettbewerbs.

Wie auch hier wieder, obschon die hier genannten 4 Tatbestandsmerkmale nicht vorliegen, doch die Generalklausel des § 1 UWG. und § 826 BGB. in Wirksamkeit treten können und, obwohl von einem „Anvertrauen" von Vorlagen nicht die Rede sein kann, ihre Verwertung und Ankündigung (z. B. im Katalog unter gleichen Nummern wie die Originale des anderen) den Fall doch als unlauteren Wettbewerb charakterisieren kann, zeigt die RG.-Entscheidung in RGZ. 83, 384.

γ) beim Geheimnisverrat durch **allgemeinen** Treubruch **nach § 17 Abs. 2 UWG.**

Hier handelt es sich um unbefugte Verwertung oder Weiter-Mitteilung von Geschäfts- oder Betriebsgeheimnissen, deren Kenntnis durch Mitteilungen von Angestellten oder durch eine gegen Gesetz oder gute Sitten verstoßende (unlautere) eigene Handlung erlangt worden ist. Hierher gehört auch der Geheimnisverrat durch Angestellte nach Beendigung ihres Dienstverhältnisses (wo sie dann auch das Delikt unbefugter Verwertung begehen können) oder durch Angestellte, die das Geheimnis von anderen erfahren haben und es also ohne eigenen besonderen Treubruch weitergeben.

c) **Begrenzung des Tatbestandes.**

Nicht unter den Tatbestand des § 17 Abs. 1 fällt, daß der Angestellte während des Dienstverhältnisses das Geheimnis für sich verwertet — was aber unter den Tatbestand des § 1 UWG. oder anderer arbeits- oder bürgerlichrechtlicher Vorschriften fallen kann — (vgl. RGZ. 65, 339, JW. 07, 252); ferner daß der Angestellte das Geheimnis nach Beendigung des Dienstverhältnisses an andere mitteilt. Immer ist die Grenze dort, wo der Wettbewerbszweck nicht vorliegt; das gilt auch für § 17 Abs. 2 und § 18 UWG.

C. Rechtsfolgen.

Auf die Wettbewerbsdelikte der §§ 17 und 18 findet die rechtliche Ausgleichung statt durch

1. die **Unterlassungsklage**, wie sich aus den auch vom Reichsgericht gutgeheißenen allgemeinen Gründen ergibt;

2. den **Schadensersatzanspruch**, wie § 19 UWG. ausdrücklich festsetzt;

3. die **Strafe**, wie sie §§ 17 u. 18 festsetzen, nämlich Gefängnis bis zu einem Jahre und Geldstrafe bis zu 5000 Mk.

Wer zu Wettbewerbszwecken einen anderen zur Verletzung der § 17 Abs. 1 u. 18 anstiftet, wird nach § 20 UWG. mit Gefängnis bis zu neun Monaten und Geldstrafe bis zu 2000 Mk. bestraft.

Vgl. im übrigen unten § 61.

Der Verletzte und sein Anspruch. § 61.

A. Wer ist Verletzter?

I. **Einzelne oder Gesamtheit.**

Wie im gesamten gewerblichen Schutzrecht geht auch hier Zivilrecht und Strafrecht dicht nebeneinander her und es kreuzen sich vielfach ihre Wege. Verletzter ist hier sowohl ein Einzelner wie die Allgemeinheit: ein Einzelner wegen der Beeinträchtigung seines ehrlichen Wettbewerbs, die Allgemeinheit wegen des Moments der Unlauterkeit. Das erstere ist quasideliktisch, das letztere rein deliktisch.

Daraus erklärt sich auch, daß nicht nur der Einzelne oder der Staat, sondern auch eine Personengruppe, eine Interessenvertretung, ein Verein, eine Standesorganisation Verletzter sein kann. - Vermögens- und immaterielle Werte werden gleichermaßen getroffen (so konnte z. B. der Anwaltverein in Wahrung der Interessen seiner Mitglieder gegen die Führung der Bezeichnung „Steueranwalt" durch einen Nicht-Rechtsanwalt mit Erfolg klagen, JW. 20, 778). Pinner u. Eyck (Kommentar, S. 97) bezeichnen die hier gegebene Unterlassungsklage als „subjektiv beschränkte Popularklage", zu welcher befugt sind: Gewerbetreibende gleicher oder verwandter Art, Verbände zur Förderung gewerblicher Interessen. Und wenn der Staat mit der Strafverfolgung einschreitet, so schützt er zwar die Lauterkeit im allgemeinen, aber auf Grund des UWG. doch nur den Wettbewerber gegen unlauteren Wettbewerb, nicht das Publikum.

II. **Das geschützte Interesse.**

Aus dem sub I Gesagten ergibt sich auch, warum die Aktivlegitimation für Erhebung der Unterlassungsklage nicht an den Nachweis eines im besonderen Fall vorliegenden rechtlich relevanten Interesses gebunden ist, sondern daß das allgemeine rechtliche Interesse, das verletzt wird oder verletzt zu werden droht, hierfür genügt. Die Konkurrenteneigenschaft auf der einen, die Unlauterkeit des Wettbewerbs auf der anderen Seite genügen für das Vorliegen des hierhergehörigen Tatbestands. Dabei ist die Konkurrenzeigenschaft ziemlich weit zu interpretieren, so daß auch die Interessenverbände zur Förderung gewerblicher Interessen zur Klage legitimiert sind. Diese sind es auch ohne Konkurrenteninteresse; sie brauchen nur Interessentenverbände und prozeßfähig zu sein und ihre Satzungen müssen eine Tätigkeit vorsehen, die dem inkriminierten Fall nicht absolut fremd ist, sondern in gewissem geschäftlichen Zusammenhang damit steht (vgl. RGZ. 86, 254).

Das spricht sich ganz deutlich auch darin aus, daß die meisten der vom UWG. geahndeten Delikte Antragsdelikte sind (§22 UWG.) und der Verletzte, der zum Strafantrag berechtigt ist, derjenige ist, gegen dessen geschütztes Rechtsgut der Angriff gerichtet ist (RGSt. 19, 251) und dieses geschützte Rechtsgut ist (nach RG. in Seuff. Bl. 06, 293) „der geschäftliche Friede, das natürliche Recht, nur mit loyalen Waffen bekämpft zu werden". Die Antragsberechtigung ist also nicht allein abhängig von der wirklich erfolgten Schädigung, sie ist auch gegeben durch die Tatsache der Innehabung eines Gewerbebetriebs, gegen den der Angriff gerichtet ist, oder (wenigstens für Verletzungen der §§ 4, 8, 12 UWG.) durch die Tatsache der Interessenvertretung für solche Gewerbebetriebe.

Die logische Voraussetzung einer Unterlassungsklage ist die Wiederholungsgefahr. Ohne die Möglichkeit einer Wiederholung der Schädigung gibt es keine Unterlassungsklage.

Der Rechtsanspruch auf Zahlung einer Buße neben einer verhängten Strafe beweist ebenfalls die enge Zusammengehörigkeit der zivil- und strafrechtlichen Seite des Wettbewerbsschutzes, die Verquickung von privater und öffentlicher Schutzbedürftigkeit gegen Verletzung durch Unlauterkeit. (§ 26 UWG.)

III. **Zivilrecht und Strafrecht.**

Alle diese Gesichtspunkte kehren mehr oder weniger in sämtlichen Zweigen des gewerblichen Rechtsschutzes wieder, deren enger systematischer und praktischer Zusammenhang mit dem allgemeinen Schutz gegen unlauteren Wettbewerb immer wieder zutage tritt. Daß diese nicht eindeutigen rechtlichen Tatbestände in Zivil- und Strafrecht hineinragen und nur auf zivil- und strafrechtlichem Wege gemeinsam bekämpft werden können, ergibt sich aus der Verbindung des geistig-gewerblichen Immaterialrechts mit dem Sittenwidrigkeitsmoment bei der Verletzung dieser Immaterialrechte — und der Gedanke des Wettbewerbsschutzes gegen Unlauterkeit trägt diese Verknüpfung des Individualschutzes mit dem Schutz der Allgemeinheit von selbst in sich. Vgl. auch oben § 8.

B. Zivilrechtliche Verfolgung.

I. **Die Unterlassungsklage.**

a) **Die Rechtsverletzung.**

Die Unterlassungsklage ist gegeben (§ 13 UWG.) gegenüber

1. Verletzung des § 1 (unlauterer, sittenwidriger Wettbewerb im allgemeinen),

2. Verletzung des § 3 (unrichtige Angaben),

3. Verletzung der §§ 6—10 (Verstoß gegen die Vorschriften über Ausverkäufe). Wenn auch im § 13 nicht alle diese Paragraphen genannt sind, so muß doch aus der Nennung des § 10 und der stärkeren Rechtsfolge, die dieser § 10 nennt, auch das Recht auf Unterlassungsklage bei Verletzung der §§ 7 u. 9 hergeleitet werden.

4. Verletzung des § 11 (Warenmengenverschleierung).

5. Verletzung des § 12 (Bestechung fremder Angestellter).

6. Verletzung des § 14 (laut § 14 selbst) (unrichtige Behauptungen über fremde Geschäfte, Kreditschädigung).

7. Verletzung des § 16 (laut § 16 selbst) Namen- und Firmenmißbrauch).

b) **Die Aktivlegitimation.**

Hierüber ist Grundsätzliches schon oben sub A gesagt worden, da dies mit dem Begriff der verletzten Person oder des verletzten Rechtsguts eng zusammenhängt. Hier ist noch nachzutragen:

Die Aktivlegitimation hängt eng mit dem Gewerbebetrieb zusammen, endigt mit dem Aufhören des Gewerbebetriebs, geht aber als vermögensrechtlicher Anspruch auf den Geschäftsnachfolger über (RGZ. 86, 254). Ähnlich wie es für § 16 UWG. (s. oben § 59) wichtig ist, ob sich der „Berechtigte" noch des Titels oder der Bezeichnung „bedient", ist es für die Unterlassungsklage überhaupt von Wichtigkeit, ob der sich verletzt fühlende Gewerbetreibende „Waren oder Leistungen gleicher oder verwandter Art hergestellt oder in den geschäftlichen Verkehr bringt" (§ 13 UWG.). „Bringt", nicht: gebracht hat. Selbständige Geschäftsführung berechtigt zur Klage. Die ‚Verwandtschaft' der Waren und Leistungen ist dabei ein Begriff, der weniger technisch oder wissenschaftlich als in praktisch-handelstechnischem Sinne zu fassen ist, die also vorliegt, wenn üblicherweise nach der Verkehrssitte der Handel mit diesen und jenen Waren sich eng zu berühren pflegt.

Diese starke Bedeutung des Geschäftsbetriebes zeigt sich ferner auch darin, daß der Prinzipal auch für unlautere Wettbewerbshandlungen des Angestellten haftet lediglich aus dem Grunde, weil dieser sein Angestellter ist (ähnlich dem Haftungsgrundsatz im Reichshaftpflichtgesetz, im § 833 BGB. — Tierhalterhaftung — und bei der Automobilhaftpflicht), weil der Prinzipal sich des Angestellten als seines eigenen verlängerten Armes bedient, also ohne Rücksicht auf Verschulden des Prinzipals, auch ohne Rücksicht darauf, daß er den Angestellten sorgfältig ausgewählt, überwacht, seine Handlung nicht hat vorhersehen oder verhindern können Das kann zu harten Ergebnissen führen, beruht aber auf dem gewerberechtlichen Grundgedanken des Wettbewerbsrechts. Unlautere Handlungen des Angestellten, die jedoch nicht als Wettbewerbshandlungen des Geschäfts wirksam werden, sondern dieses eher selbst schädigen, gehören nach dem Sinne des Wettbewerbsgesetzes nicht hierher (z. B. schlechte Lieferung ohne Preisunterbietung, vgl. RGZ. 83, 424).

II. Die Schadensersatzklage.

Der Schadensersatzanspruch bedeutet gegenüber dem Unterlassungsanspruch das zivilrechtliche Rechtsmittel gegen qualifiziertes Wettbewerbsdelikt.

Es muß also ein besonderes Schuldmoment als Voraussetzung hinzukommen. Das ist aber nicht ganz einhellig im UWG. festgelegt.

a) Die Rechtsverletzung.

Die Schadensersatzklage ist gegeben gegenüber:

1. Verletzung des § 1 (unlauterer, sittenwidriger Wettbewerb im allgemeinen). Vorsatz oder Fahrlässigkeit wird hier als Schuldmoment nicht besonders verlangt. Verletzung des § 1 rechtfertigt in jedem Fall einen Schadensersatzanspruch, weil sittenwidriges Verhalten schlechthin als Schuldmoment gewertet wird.

2. Verletzung des § 3 (unrichtige Angaben). Vorsatz (Kennen der Unrichtigkeit) oder Fahrlässigkeit (Kennenmüssen der Unrichtigkeit) wird in § 13 UWG. als Voraussetzung verlangt, wenn Schadensersatzanspruch gegeben sein soll. Bei Verbreitung unrichtiger Angaben durch Redakteure, Verleger, Drucker oder Verbreiter von periodischen Druckschriften muß Vorsatz vorliegen, Fahrlässigkeit genügt nicht (§ 13 UWG.).

3. Verletzung der §§ 6—10 (Verstoß gegen die Vorschriften über Ausverkäufe). Vorsatz oder Fahrlässigkeit Voraussetzung der Schadensersatzklage (§ 13 UWG.).

4. Verletzung des § 11 (Warenmengenverschleierung). Vorsatz oder Fahrlässigkeit Voraussetzung der Schadensersatzklage (§ 13 UWG.).

5. Verletzung des § 12 (Bestechung fremder Angestellter). Vorsatz oder Fahrlässigkeit Voraussetzung der Schadensersatzklage (§ 13 UWG.).

6. Verletzung des § 14 (unrichtige Behauptungen über fremde Geschäfte, Kreditschädigung). Diese Rechtsverletzung gibt dem Verletzten einen Schadensersatzanspruch, ohne daß Vorsatz oder Fahrlässigkeit vorliegt (wie oben sub 1). Nur bei vertraulicher Auskunft oder bei berechtigtem Interesse zu der Mitteilung wird Kenntnis oder Kennenmüssen der Unrichtigkeit verlangt.

7. Verletzung des § 16 (Namen- und Firmenmißbrauch). Kennen oder Kennenmüssen der Verwechselungsgefahr Voraussetzung des Schadensersatzanspruchs.

8. Verletzung der §§ 17, 18 (Verrat von Geheimnissen). In der Tat selbst liegt das Schuldmoment wie oben sub 1 u. 6 (§ 19 UWG.).

b) **Die Aktivlegitimation.**

Ist für den Unterlassungsanspruch die enge Verknüpfung mit einem im Gange befindlichen Gewerbebetrieb wesentlich (s. oben sub I b), so ist dies für den Schadensersatzanspruch nicht der Fall. Die Tatsache, einen Schaden erlitten zu haben, genügt als Aktivlegitimation. Daher hat auch — ganz folgerichtigerweise — der Prinzipal nicht ohne weiteres für den Schaden einzutreten, der durch unlautere Wettbewerbshandlungen seiner Angestellten einem Dritten entsteht, sondern die Ersatzpflicht tritt nur ein, wenn die erforderliche Sorgfalt (§ 831 BGB.) vom Prinzipal außer acht gelassen ist. Aus dem gleichen Grunde ist auch die Antragsberechtigung der gewerblichen Interessenvertretungen (§§ 13, 22 UWG.) beschränkt; denn wenn sie nicht selbst geschädigt sind, können sie keinen Strafantrag stellen, es sei denn, daß der Vorstand es als Bevollmächtigter seiner geschädigten Mitglieder tut. In den Fällen der §§ 4, 8, 12 UWG. gelten sie, falls ihre Interessenvertretung dem inkriminierten Fall nicht schlechterdings fremd ist, als generell geschädigt, weil sie mitwirken sollen bei der Läuterung des geschäftlichen Wettbewerbs.

III. **Der Anspruch auf Buße.**

„Neben einer nach Maßgabe dieses Gesetzes verhängten Strafe kann auf Verlangen des Verletzten auf eine an ihn zu erlegende Buße bis zum Betrage von 10000 Mk. erkannt werden. Für diese Buße haften die dazu Verurteilten als Gesamtschuldner. Eine erkannte Buße schließt die Geltendmachung eines weiteren Entschädigungsanspruchs aus" (§ 26 UWG.).

Ein Anspruch auf Buße ist gegeben, wenn ein Verletzter da ist, der einen Schadensersatzanspruch hat.

IV. **Verjährung.**

Die Ansprüche auf Unterlassung und Schadensersatz verjähren in 6 Monaten von dem Zeitpunkt an, in welchem der Anspruchsberechtigte von der Handlung und von der Person des Verpflichteten Kenntnis erlangt, ohne Rücksicht auf diese Kenntnis in 3 Jahren von der Begehung der Handlung oder von dem Zeitpunkt an, in welchem der Schaden entstanden ist (§ 21 UWG.).

V. **Prozessuales.**

Der Ort der Zuständigkeit ist der Ort der gewerblichen Niederlassung oder in Ermangelung einer solchen der Ort des Wohnsitzes, bei Ausländern der inländische Aufenthaltsort oder der Ort der Begehung der Handlung (§ 24 UWG.). Ausländer genießen Schutzrecht nur, wenn in ihrem Lande Deutsche diese Schutzrechte besitzen (§ 28 UWG.). Für einstweilige Verfügungen, die immer zur Sicherung der Ansprüche erlassen werden können, ist auch das Amtsgericht, in dessen Bezirk die Handlung begangen ist, zuständig (§ 25 UWG.). Bürgerliche Rechtsstreitigkeiten in Wettbewerbssachen gehören vor die Kammern für Handelssachen (§ 27 UWG.), in letzter Instanz entscheidet auch hier wie im gesamten gewerblichen Rechtsschutz das Reichsgericht.

C. Strafrechtliche Verfolgung.

1. Das **Strafmaß**, das auf die einzelnen Verletzungen des Wettbewerbsrechts gesetzt ist, ist an den betreffenden Stellen in den vorhergehenden Paragraphen jeweils erwähnt worden. Ein einheitlicher strafrechtlicher Tatbestand ist die Verletzung des Wettbewerbsrechts nicht. Die Unlauterkeit oder Sittenwidrigkeit als solche (§ 1 UWG.) ist auch im Wettbewerb an sich noch nicht strafbar.

2. Abgesehen von einigen besonders hervorgekehrten Tatbeständen (s. die folgende Ziff. 3) tritt die Strafverfolgung **nur auf Antrag** ein (§ 22 UWG.), wobei zum Strafantrage berechtigt der Verletzte ist, d. h. gegenüber den Verletzungen der §§ 4, 8 u. 12 UWG. (wissentliche unwahre Angaben, Nachschieben im Ausverkauf, Angestelltenbestechung) der interessierte Gewerbetreibende oder auch die interessierten Verbände, gegenüber Verletzungen des § 15 (wissentliche üble Nachrede) der Inhaber des verletzten Gewerbebetriebs, gegenüber Verletzungen der §§ 17—20 (Geheimnisverrat) der Geschäftsinhaber zur Zeit der Schädigung (s. oben sub B II b). Zurücknahme des Antrags ist zulässig. Die Frist zur Stellung des Antrags richtet sich nach den allgemeinen Grundsätzen (§ 61 RStGB.).

3. In den Fällen der §§ 6—11 (Ausverkauf, Warenmengenverschleierung) wird Verletzung **auch ohne Antrag** verfolgt. Die Staatsanwaltschaft soll nur dann einschreiten, wenn dies im öffentlichen Interesse liegt (§ 22 UWG.), also namentlich wenn es allgemeine Mißstände zu beseitigen gilt.

4. Strafbare Handlungen, deren Verfolgung nur auf Antrag eintritt, können von den zum Strafantrage Berechtigten im Wege der **Privatklage** verfolgt werden, ohne daß es einer vorgängigen Anrufung der Staatsanwaltschaft bedarf. Für diese Privatklage sind Schöffengerichte zuständig (§ 22 UWG.).

5. Wird in den Fällen der §§ 4, 6, 8, 12, 15 UWG. auf Strafe erkannt, so kann auf **Urteilsbekanntmachung** auf Kosten des Schuldigen erkannt oder dem Verletzten die Befugnis dazu zugesprochen werden.

Auch das Freisprechungsurteil muß auf Antrag des Freigesprochenen bekannt gemacht werden. Auch bei der Unterlassungsklage kann der obsiegenden Partei die Urteilsbekanntmachung zugesprochen werden (§ 23 UWG).

Auch dies alles zeigt, wie hier Privates und Öffentliches, Geistiges und Gewerbliches, Sittliches und Geschäftliches ineinander läuft, um zu einem einheitlichen Rechtsgedanken zu gelangen — einem einheitlichen Rechtsgedanken nicht nur für das Gebiet des unlauteren Wettbewerbs, sondern in weiterer sinngemäßer Auswirkung für das Gesamtgebiet des gewerblichen Rechtsschutzes. Der letzte Grundgedanke ist der Schutz der eigenen geistigen Schöpfung, die vor der bequemen, mißbräuchlichen, nichteigenschöpferischen Ausnutzung durch einen anderen bewahrt werden soll, und in diesem Sinne steht die Ausnutzung fremder Gedanken der Ausnutzung fremder Arbeiten gleich (z. B. RGZ. 83, 384 u. in JW. 1913, 1107) und der Wahrheitsgedanke, der in der Tatsache der Eigenschöpfung seinen Sinn am reinsten zum Ausdruck bringt, trägt den Sieg im Kampfe um das Recht davon.

Gesetzesregister.

Bürgerliches Gesetzbuch.

Handelsgesetzbuch.

Gesetz über das Urheberrecht.

Gesetz über das Verlagsrecht.

Kunstschutzgesetz.

Geschmacksmusterschutzgesetz.

Gebrauchsmusterschutzgesetz.

Patentgesetz.

Gesetz betr. die Patentanwälte.

Gesetz zum Schutze der Warenbezeichnungen.

Gesetz gegen den unlauteren Wettbewerb.

Berner Übereinkunft.

Pariser Übereinkunft.
(Unionsvertrag).

Versailler Friedensvertrag.

Sachregister.

(Die Zahlen geben die Seiten an.)

(Die Zahlen geben die Seiten an.)

(Die Zahlen geben die Seiten an.)

Kolibri 360 GmbH
Ferdinand-Jühlke-Straße 7
99095 Erfurt, Deutschland
produktsicherheit@kolibri360.de